LA VERDAD BIOLÓGICA EN LA DETERMINACIÓN DE LA FILIACIÓN

MARICELA GONZÁLES PÉREZ DE CASTRO

LA VERDAD BIOLÓGICA EN LA DETERMINACIÓN DE LA FILIACIÓN

MARICELA GONZÁLES PÉREZ DE CASTRO

Prólogo
Dr. Ramón Durán Rivacoba

UNIVERSIDAD DE PIURA

Dykinson, S. L.

Colección "Monografías de Derecho Civil"
Dirección de D. Mariano Yzquierdo Tolsada

Editorial DYKINSON, S.L. Meléndez Valdés, 61 - 28015 Madrid
Teléfono (+34) 91 544 28 46 - (+34) 91 544 28 69
e-mail: info@dykinson.com
http://www.dykinson.es
http://www.dykinson.com

Consejo editorial: véase www.dykinson.com/quienessomos

ISBN: 978-84-9031-661-0
Depósito Legal: M-28299-2013

A mi marido y mejor amigo, Eduardo, por su incondicional apoyo.

A mis padres, Lina y Julio, por ser el pilar fundamental en todo lo que soy.

ÍNDICE

TABLA DE ABREVIATURAS

AC	Aranzadi Civil
ADC	Anuario de Derecho Civil
AJ	Actualidad Jurídica
AJA	Actualidad Jurídica Aranzadi
ATC	Auto del Tribunal Constitucional
BGB	*Bürgerliches Gesetzbuch* (Código Civil alemán)
BOE	Boletín Oficial del Estado
BIMJ	Boletín de Información del Ministerio de Justicia
CC	Código Civil
CCJC	Cuadernos Civitas de Jurisprudencia Civil
CE	Constitución Española
CF	Código de Familia
cfr.	Confróntese
CDN	Convención sobre los Derechos del Niño
CP	Código Penal
DGRN	Dirección General de los Registros y del Notariado
fasc.	Fascículo
f. j.	Fundamento jurídico
LEC	Ley de Enjuiciamiento Civil
LOPJ	Ley Orgánica del Poder Judicial
LOPJM	Ley Orgánica de Protección Jurídica del Menor
LRC	Ley del Registro Civil
LTRHA	Ley de Técnicas de Reproducción Humana Asistida
nº	Número
ob. cit.	Obra citada
p. (pp.)	Página (s)
R. (RR.)	Resolución (es)
RTC	Repertorio Aranzadi del Tribunal Constitucional

R(R)DGRN	Resolución (es) de la Dirección General de los Registros y del Notariado
RDN	Revista de Derecho Notarial
RDP	Revista de Derecho Privado
RJ	Repertorio de Jurisprudencia Aranzadi
RJC	Revista Jurídica de Catalunya
RRC	Reglamento del Registro Civil
s.	Siglo
ss.	Siguientes
SAP	Sentencia de Audiencia Provincial
S(S)TC	Sentencia (s) del Tribunal Constitucional
S(S)TEDH	Sentencia (s) del Tribunal Europeo de Derechos Humanos
S(S)TS	Sentencia (s) del Tribunal Supremo
STJCE	Sentencia del Tribunal de Justicia de las Comunidades Europeas
STSJ	Sentencia del Tribunal Superior de Justicia
t.	Tomo
TEDH	Tribunal Europeo de Derechos Humanos
v. gr.	*Verbi gratia*
vid.	Véase
vol.	Volumen
VV.AA.	Varios autores

PRÓLOGO

El Derecho de familia era no hace tanto el sector del ordenamiento jurídico donde primaba la certeza como principio básico. Esta garantía institucional acabó cayendo en desuso ante un progresivo respaldo normativo a la libre autodeterminación de los protagonistas de sus relaciones típicas. El orden público prácticamente ha cedido por completo en la esfera conyugal. Leyes tan permisivas como las aprobadas acerca del matrimonio entre personas del mismo sexo (Ley 13/2005) y el nuevo sistema de divorcio sin causa ni plazo apreciable (Ley 15/2005), difuminan el carácter jurídico de un presupuesto social tan fundante y lo convierten en un modelo irreconocible antaño.

Ahora bien, una de las facetas esenciales del Derecho de familia parecía transcurrir al margen de dicho fenómeno de paulatina, pero completa, sociologización del matrimonio. Trayectoria que parece, además, interesada, en la medida que a menudo responde más bien a modas que a realidades, si atendemos a la elocuente respuesta de cuantas consultas populares abiertas se ha convocado sobre dichas materias y en sociedades no precisamente poco desarrolladas. La filiación como vínculo jurídico seguía cifrada en términos de seguridad, que reclama entre otros axiomas el *favor filii*, reconocido expresamente por textos internacionales e internos del más alto valor.

La reciente deriva jurídica del asunto, con todo, va tomando el mismo rumbo de cuanto acontece con el matrimonio. Una vez la propia Constitución reestableció en nuestro Derecho la pauta de la verdad biológica para el establecimiento de la paternidad (cfr. art. 39.2 CE), que se había perdido por influencia del *Code Napoleon*, las cosas no han hecho sino distorsionarse de forma determinante, y creo que no libre de polémica.

El hecho biológico como punto de partida para definir el vínculo jurídico de la filiación se vertebra muy a menudo sobre bases estadísticas o fórmulas estándar. La presunción de paternidad del marido de la madre supone su mejor exponente. Dicho sistema clásico aún perdura en los ordenamientos modernos, porque da respuesta válida en la mayoría de los casos y, además, obedece al esquema ordinario del desarrollo de la familia radicada en el matrimonio. Sin embargo, el estudio de la medida y sus vicisitudes jurídicas a partir de las nuevas disposiciones sobre la disolución del matrimonio se hacía perentoria. Este libro es un buen ejemplo de cómo las cosas evolucionan y sus presupuestos quedan afectados, sobre todo en cuanto a la posible colisión de presunciones establecidas en los artículos 116 y 117 del Código Civil.

Por otro lado, en el orden jurisprudencial se ha producido una verdadera remodelación de la disciplina. El Tribunal Constitucional ha emprendido una tarea muy profunda de revisión de los artículos 133 (STC 273/2005) y 136 (SSTC 138 y 156/2005), ambos del Código Civil, sobre posibles impugnaciones de la filiación matrimonial, que se limitaron en las normas por efecto del *favor filii* y la paz hogareña. El debate que introduce la Doctora GONZÁLES acerca de su nuevo panorama constituye un primer intento de su construcción conjunta dentro del actual régimen jurídico, en proceso de amplia reforma. No se trata ya de comentarios, que los hay abundantes respecto a determinadas sentencias, sino analizar sus implicaciones en el horizonte global de nuestro sistema, como aquí se realiza, según creo con indudable acierto y brillantez.

Esta justa reivindicación de la verdad biológica, por el contrario, choca con otros imponderables derivados de la introducción de mecanismos paralelos al natural para obtener la filiación. Ensayo su catálogo con arreglo a tres denominaciones: jurídica o adoptiva, médica o artificial, y normativa o derivada de matrimonios entre personas del mismo sexo.

En cuanto a la primera, el vínculo de adopción permite que, mediante mecanismos jurídicos oportunos, los menores en trance o circunstancia de desamparo logren un remedo familiar a sus carencias. La sustitución de los vínculos naturales se produce a causa del beneficio de las víctimas de dicha tesitura. Sin embargo, se ha producido recientemente una curiosa reivindicación de la verdad biológica en este panorama que parecía por completo ajeno a su vigencia, si se subrogan los lazos de sangre por los jurídicos afines. Nuestro Tribunal Supremo (STS de 21 de septiembre de 1999) ha decidido que la declaración de desconocimiento que antes autorizaba el Reglamento del Registro Civil (cfr. arts. 167 y 182 RRC de 1958) a las madres en grave riesgo social de conflicto y exclusión decaiga por inconstitucionalidad sobrevenida. Lo hace por imperativos de la verdad biológica, que se aplica en dicho episodio, a mi juicio, con un rigor más que discutible, atendiendo a los intereses en juego, especialmente la pervivencia del hijo a causa de su posible aborto en dicha coyuntura extrema. Este criterio choca frontalmente con la doctrina mantenida después por el Tribunal Europeo de Derechos Humanos en el caso Odrièvе

(STEDH 2003/8) –con padre biológico español, por cierto–, que ofrece las otras perspectivas del problema, tratado en esta monografía con notable pericia e interés. En esta misma línea, modernas reformas legales instauran en nuestro Derecho la posibilidad de que los adoptados puedan conocer a *posteriori* la identidad de sus auténticos progenitores. Luego resulta indudable la pertinencia de la presente publicación, su actualidad rabiosa y la enorme trascendencia jurídica de las cuestiones que aglutina.

Con todo, el ordenamiento español en este punto muestra una falta de coherencia llamativa. En abierta discordancia con lo anterior, y desvelando que acaso en la disciplina existan otro tipo de valores muy discutibles –que ponen en tela de juicio la certidumbre y, sobre todo, la justicia de nuestro sistema–, el Tribunal Constitucional falla el recurso presentado en su día contra la Ley de Reproducción Asistida. En su Sentencia 116/1999 permite que los padres puedan seguir siendo anónimos en cuanto donantes del esperma, y de paso impide que los hijos conozcan su origen biológico en este tipo de situaciones, salvo que medie un problema genético de salud que así lo autorice. Las razones aducidas en pro de su polémico criterio es la necesidad de conseguir voluntarios en sus aportaciones genéticas para conseguir la fecundación, más que motivaciones jurídicas que avalen semejante solución. Si no se garantiza esa especie de beneficio, muy pocos varones estarían dispuestos a participar en el proceso, a riesgo de que, como ha sucedido en otros países de nuestro entorno, se vean sujetos a una determinación de paternidad múltiple y acaso inimaginable. Ahora bien, pese a la lógica que pudiera inspirar semejante idea, con ello parece reponerse dentro de nuestro régimen jurídico la discriminación ominosa que antes existía entre sendas responsabilidades que por filiación recaían sobre las madres y los padres. De tal suerte, los varones pueden quedar liberados de la determinación en el supuesto de donar esperma, pero las mujeres gestantes nunca lo podrán conseguir, por mucho que su situación sea incluso dramática y digna de amparo. Esta doble vara de medir está puesta de relieve con gran acierto en estas páginas.

Por último, queda el dato meramente normativo, y hasta ideológico me atrevería incluso a decir. El Diccionario de la Real Academia creo que acierta en su versión recientemente reformada cuando designa el matrimonio como "*unión de hombre y mujer, concertada mediante ciertos ritos o formalidades legales, para establecer y mantener una comunidad de vida e intereses*", a la que añade para "*determinadas legislaciones, unión de dos personas del mismo sexo, concertada mediante ciertos ritos o formalidades legales, para establecer y mantener una comunidad de vida e intereses*". En efecto, solo por el dato juridico-positivo, y en su exclusiva medida, cabe imponer una óptica de las cosas que difiere de la estructura social básica fundada en su apertura, si quiera sea como mera hipótesis, a la posible descendencia. En este sentido, parecía evidente que las cortapisas respecto a la filiación de los matrimonios entre personas del mismo sexo perdurarían, porque se basan en presupuestos fisiológicos infranqueables. La propia ley 13/2005 era taxativa en este punto. Su Exposición de Motivos reclamaba que "*las referencias al marido y a la mujer se han sustituido por la mención a los cónyuges o a los consortes. En virtud de la nueva redacción del artículo 44 del Código Civil, la acepción jurídica de cónyuge o de consorte será la de persona casada con otra, con independencia de que ambas sean del mismo o de distinto sexo*", aunque "*subsiste no obstante la referencia al binomio formado por el marido y la mujer en los artículos 116, 117 y 118 del Código, dado que los supuestos de hecho a que se refieren estos artículos sólo pueden producirse en el caso de matrimonios heterosexuales*". Al margen de que parece olvidar el legislador que la diferencia persiste también en otros preceptos no citados –así los artículos 108 y 136 del propio Código y en otras leyes especiales, como la de reproducción asistida, posteriormente conservada en su reforma– y que definir al matrimonio como binomio resulta poco esclarecedor, es evidente que las disposiciones cifraban la filiación y su establecimiento jurídico en el marco de la biología, que no es buena ni mala, sino como es y, en todo caso, muy tozuda.

Con todo, existen dos novedades en Derecho español sabiamente tratadas en este libro. La primera concierne a la posible determinación de la filiación a favor de la esposa de la gestante por su mera voluntad, introducida de forma subrepticia y por sorpresa en la Ley 3/2007, *reguladora de la rectificación registral de la mención relativa al sexo de las personas*. Procede, fuera de su coordenadas legales y objeto, a la reforma del artículo 7 de la Ley 14/2006, *sobre técnicas de reproducción humana asistida*. Añade un novedoso número 3, a cuyo tenor, "*cuando la mujer estuviere casada, y no separada legalmente o de hecho, con otra mujer, esta última podrá manifestar ante el Encargado del Registro Civil del domicilio conyugal, que consiente en que cuando nazca el hijo de su cónyuge, se determine a su favor la filiación respecto del nacido*". La norma es trasunto del artículo 118 del Código Civil, según el cual "*aun faltando la presunción de paternidad del marido por causa de la separación legal o de hecho de los cónyuges, podrá inscribirse la filiación como matrimonial si concurre el consentimiento de ambos*", pero en este caso se permite por la sola voluntad de la esposa y sin requerir a la madre consentimiento de ninguna especie. Las numerosas incertidumbres jurídicas que siembra este mecanismo se ofrecen con sugerencias oportunas y soluciones factibles en su desarrollo. Asimismo, la citada ley de reproducción asistida establece que será nulo de pleno derecho el contrato por el que se convenga la gestación, con o sin precio, a cargo de una mujer que renuncie a la filiación materna a favor del contratante o de un tercero. Para estos casos, previene que la filiación de los hijos nacidos por gestación sustituida será determinada por el parto y queda en pie la posible acción de reclamación de la paternidad respecto del padre biológico, conforme a las reglas generales. Mas la Resolución de la Dirección General de los Registros y del Notariado de 18 de febrero de 2009 permite inscribir los hijos reclamados por un matrimonio de varones españoles que acuden a dicho procedimiento gestatorio permitido en California –donde, por cierto, el matrimonio entre personas del mismo sexo se impide gracias a dos consultas populares consecutivas–, aunque se prohíba en el Derecho español, amparándose para ello en el *favor filii* de ambas criaturas así concebidas. En su respaldo, el propio Centro Directivo publica con fecha de 5 de octubre de 2010 una Instrucción al respecto. La causa esgrimida es atender "a la finalidad de dotar de plena protección jurídica el interés superior del menor, así como de otros intereses presentes en los supuestos de gestación por sustitución". El recurso del fiscal permitió que los tribunales negasen semejante pretensión, aunque ha originado un fructífero debate jurídico del que se da muestra en la presente monografía.

Por último, tampoco cabe desconocer que algunas hipótesis extremas aconsejan huir de un llamémosle fundamentalismo biológico en la determinación de la paternidad, cuando se deriven efectos lesivos para la propia prole. Son ejemplos significativos, pero no únicos, la búsqueda de una estabilidad familiar alternativa que ofrece la fórmula del artículo 124 del Código Civil, o el caso de la filiaciones incestuosas que contempla el precepto siguiente. Mientras este último supuesto se circunscribe al *favor filii*, como también sucede con la eficacia condicionada del reconocimiento de los mayores (cfr. art. 123 CC), el primero admite mayor discusión jurídica. Es más, debe ser observada en el marco social en que se circunscribe. A esta misma tendencia responde también el debate acerca de la eficacia de los llamados reconocimientos de complacencia. La doctora Gonzáles sostiene una postura permisiva de la que discrepo, si bien he de advertir su escrupulosa línea de argumentación. El análisis jurídico que realiza sobre la base de la doctrina de los autores y de los Tribunales resulta muy elocuente y abre perspectivas novedosas.

He tenido múltiples ocasiones de tratar estas materias en diversas Universidades latinoamericanas. Hay que advertir que se registra un amplio margen de discrepancias en este asunto, que obedecen, más que a devaneos ideológicos, a dispares presupuestos culturales vigentes en cada espacio geográfico, cuyo mayor interés desaconseja procurar fórmulas universales. Otra idea más uniformante, incurría en una de las lacras de la globalización, como es el pensamiento único, poco ajustado a las características de cada sociedad, cuyas necesidades e historia pueden reclamar disciplinas divergentes en cada espacio. Se ve que la dinámica uniformadora tampoco resulta la panacea universal que tanto se nos quiere imponer. En todo caso, reducir la enorme riqueza de posibilidades a fórmulas vagas en la línea de lo políticamente correcto, del criterio útil y lábil al mismo tiempo acaso no resulte la receta más oportuna si se desea mantener con firmeza los criterios de justicia y servicio a la realidad, que reclaman más que nunca las soluciones legislativas. Si se piensan bien las cosas, el diferente marco social y económico impulsa distintas soluciones, que deben ser respetadas y cuyo análisis enriquecerá la perspectiva jurídica en sendos ámbitos. En el fondo, bien puede responder el problema con arreglo al título que define cada escenario: el Viejo Continente y el Nuevo Mundo. Las sociedades emergentes precisan de instrumentos jurídicos de apoyo que tal vez desborden el marco de otras consolidadas y en claro declive demográfico. Es por ello que trabajos como el presente aportan una muy adecuada radiografía del sistema español y ofrecen la plataforma ideal para posteriores estudios de la Profesora Gonzáles en el ámbito peruano, al que se reintegró tras obtener su título de doctor con todos los honores.

...

Confieso muy gravosa la tarea de formar profesores con cuyo auxilio luego no contarás en el desarrollo de tu ordinario cometido académico. El hecho de favorecer los estudios doctorales de tantas excelentes personas que luego, en justa correspondencia con los esfuerzos realizados por sus familias e instituciones universitarias, deben retornar a su país, no sé si es suficiente consuelo ante su posterior ausencia obligada. Junto a la sensación del deber cumplido y de asistir al despegue de Universidades del otro lado del Océano, queda el pesar por su partida. Los activos de cuantos acudieron a nuestro país, y van siendo ya numerosos, resultan tan evidentes que muchos consiguieron en convocatoria pública Becas del mayor reconocimiento en respaldo de sus evidentes méritos académicos. En el caso de la Profesora GONZÁLES resultaba notorio a la vista de su muy destacado *curriculum*. Sin duda su notable trayectoria permitirá que la Universidad de Piura, que la tuvo de alumna y la recibe ahora como docente, se vea muy enriquecida por su concurso. Pienso que ha merecido la pena el esfuerzo y solo espero que su retorno, aunque temporal, sea posible. Cuanto antes y con más miembros de su familia, mejor.

Ramón Durán Rivacoba
Catedrático de Derecho Civil
Universidad de Oviedo

INTRODUCCIÓN

La verdad biológica es un importante principio en la determinación de la filiación, pues el ordenamiento español pretende, en la medida de lo posible, hacer coincidir la filiación jurídica con el hecho biológico de la procreación. Junto a la verdad biológica, la Constitución de 1978 recoge otros principios a los que otorga un papel fundamental en la determinación del vínculo filial: el *favor filii* o beneficio del hijo (cfr. artículo 39.2), la protección de la familia (cfr. artículo 39.1 CE) y la seguridad jurídica (cfr. artículo 9.3), que integran la verdad social.

Hasta hace algunas décadas, la verdad biológica y social se apoyaban la una en la otra. No obstante, después de algunos decenios, el principio de verdad de sangre se ha emancipado y ello debido a la certeza de las pruebas biológicas. En consecuencia, a menudo, con mucho más frecuencia que en el pasado, las dos verdades se oponen y contradicen.

Precisamente, una de las controversias más candentes y polémicas, planteadas en la actualidad, consiste en resolver si el principio de verdad biológica ha de prevalecer siempre, o si ha de conciliarse o ceder frente a la verdad social.

El tema representa un verdadero *leitmotiv*. Ha generado una división en la doctrina civilística española y ha dado origen a una heterogénea jurisprudencia del Tribunal Supremo y Constitucional. Un sector de la doctrina nacional y de pronunciamientos jurisprudenciales propugna la conciliación de principios y que en determinadas circunstancias la verdad biológica debe menguar, prevaleciendo la verdad social. Otra corriente, que viene imponiéndose, otorga valor absoluto al principio biológico y defiende su primacía, aunque ello signifique dejar de lado la seguridad jurídica del estado de filiación y la paz familiar o introducir cambios, vía jurisprudencia, en la legislación común. Por otro lado, a esta polémica no permanece ajeno el entorno jurídico comparado, en especial, Francia, Italia y Alemania, destacando las Sentencias del Tribunal Europeo de Derechos Humanos.

La trascendencia de la materia (pues el conflicto se presenta en todas las clases de filiación: matrimonial, no matrimonial, adoptiva y la derivada de las técnicas de fecundación artificial) y los intereses en juego exigen un norte seguro y hacen necesario redescubrir el verdadero alcance de la verdad biológica, justificando una profundización en su régimen jurídico. Pretensión que recoge y desarrolla esta investigación. El panorama se presenta bastante complejo: sentencias contradictorias, cuestionadas declaraciones de inconstitucionalidad y voces que reclaman una modificación de varias normas que regulan el vínculo filial.

Para abordar el tema, el trabajo se divide en cuatro capítulos. El primero, sobre la verdad biológica y verdad social, tiene por objeto estudiar ambos principios, establecer correctamente su relación y los límites del criterio biológico. Este análisis conduce a dedicar una parte del capítulo a las pruebas biológicas ya que desde que se admitieron en las acciones de estado, se tiende a preferir la verdad de sangre. Asimismo, el análisis de los límites de la verdad material implica el estudio del *favor filii*, profundizar en su significado y su alcance, y de la posesión de estado que, con la finalidad de proteger la paz familiar y la seguridad jurídica de la filiación, materializa la protección integral de la prole.

El capítulo segundo estudia la presunción de paternidad, centrando el análisis en las controversias planteadas por la aplicación a ultranza de la verdad biológica. Entre otros temas, examina la posibilidad de destruir registralmente la presunción de paternidad si se demuestra al encargado del Registro Civil la verdad material de la filiación, mediante pruebas, incluso biológicas, de la falsa paternidad del marido. También resulta de gran interés la posible colisión entre presunciones de paternidad, que tras la reforma del Código Civil en materia de separación y divorcio, Ley 15/2005, de 8 de julio, ha visto ampliado los supuestos en conflicto. Asimismo, presta especial atención a la acción de impugnación de la paternidad por el marido, del artículo 136 CC, y a la jurisprudencia en torno a su *dies a quo* y la declaración de inconstitucionalidad por omisión del inciso primero del precepto, en cuanto no incluye como término inicial el momento en que el marido toma conocimiento de la filiación extramatrimonial. Aspecto que coloca en el centro de la discusión la controversia de los límites de la verdad biológica y el papel que cumplen los otros principios en materia de filiación.

El capítulo tercero examina la filiación *ex voluntate*. En este sentido, estudia el reconocimiento, en cuanto acto voluntario de aceptación expresa de la filiación por naturaleza, específicamente, la "complacencia" con que se permite la impugnación de los reconocimientos de complacencia matrimoniales. En cuanto a la filiación no matrimonial, llama la atención la facilidad con que los tribunales permiten al progenitor no matrimonial, sin posesión de estado, reclamar su paternidad e impugnar la contradictoria. Esta situación, *prima facie*, parece encontrar amparo en la declaración de inconstitucionalidad por omisión artículo 133.1 CC. Dicho tema exige un análisis a fondo para constatar si esta jurisprudencia responde verdaderamente a una investigación de la paternidad en beneficio del hijo.

En la filiación adoptiva examino, exclusivamente, el derecho al conocimiento de los orígenes biológicos en comparación con otros ordenamientos que también lo regulan. Finalmente, el capítulo concluye con las técnicas de fecundación asistida que originan una filiación en la que paradójicamente, a diferencia de lo que sucede en las otras clases de filiación, la verdad biológica declina, sin más, por la pura voluntad de las personas. No es otra cosa que la supremacía del deseo, convertido en derecho absoluto de las personas, a conseguir un hijo. Ello explica la admisión de procedimientos médicos de inseminación artificial o de fecundaciones *in vitro* con donante o *post mortem;* así como la permisión a los matrimonios homosexuales a usar estas técnicas, en pro de lograr la tan deseada igualdad con el matrimonio heterosexual. Todo ello ha llevado a la creación de reglas que ponen a esta filiación voluntaria lejos de la verdad biológica, lejos de la realidad y algunas veces lejos de la corrección.

Por último, el capítulo cuarto estudia el principio *mater semper certa est*. Analiza con detenimiento el anonimato materno en la filiación no matrimonial y la maternidad subrogada.

Como se observa, el estudio del antiguo, y a la vez novedoso, principio de verdad biológica reviste un amplio interés académico, así como social y práctico. Genera, sin duda, nuevos planteamientos en materia legal, doctrinal y jurisprudencial. Es de una indudable vigencia social y constituye un novedoso tema de investigación.

Finalmente, desde esta breve introducción quiero mostrar mi profundo reconocimiento a quienes han hecho posible el cumplimiento de esta labor. De manera especial expreso mi agradecimiento al profesor Ramón Durán Rivacoba, mi director, extraordinario maestro y guía, a quien debo mi formación investigadora. Quien tenga la suerte de cruzárselo en el camino académico o profesional comprobará, como yo, que es un amigo incondicional.

Agradezco también a los profesores del Área de Derecho civil de la Universidad de Oviedo por su apoyo y estímulo desde mi primer día en tierras asturianas, especialmente a Julio Carbajo, Camino Sanciñena, Aurora González, Herminia Campuzano, Ana Sanz, Eduardo Estrada y Eduardo Serrano y a mis compañeros doctorandos, Patricia Lescano, Karen Peña y Juana Rey.

Doy gracias al Ministerio de Educación de España por otorgarme la beca predoctoral de Formación del Profesorado Universitario (FPU). A la Universidad de Piura, especialmente a la Facultad de Derecho, por su gran apoyo humano y material durante todos estos años.

Agradezco a mis amigos, quienes cerca o lejos físicamente, siempre estuvieron a mi lado, para todo. A Rosa, de quien me llevo un especial recuerdo.

Finalmente, pero no por ello menos importante, agradezco a mi familia: Julio César y Alina, mis padres, Julio, mi hermano, y, especialmente, a Eduardo, mi marido, quien sacrificando sus aspiraciones personales me acompañó en esta tarea y es mi principal fuente de motivación.

CAPÍTULO PRIMERO
VERDAD BIOLÓGICA Y VERDAD SOCIAL

I. LA VERDAD BIOLÓGICA Y SU PRUEBA

La filiación constituye un hecho natural y jurídico. Como hecho natural, la filiación siempre existe, pues es consecuencia de la procreación, por lo que todas las personas tienen unos padres de los cuales descienden. Ahora bien, para que la filiación como hecho natural adquiera relevancia (exista) para el Derecho ha de ser *determinada*[1].

Determinar la filiación no es otra cosa que la constatación, a través de los mecanismos legales (presunción de paternidad, reconocimiento, sentencia judicial, etc.), de la identidad de los padres de un hijo; atribuyendo a esos progenitores el *status* jurídico de padre o madre (paternidad y maternidad jurídica)[2]. Por lo tanto, la determinación no es constitutiva, sino únicamente

---

[1] Como bien lo explica Carbajo González: "La filiación es la relación o vínculo que une a una persona con sus progenitores. Evidencia un lazo sanguíneo, carnal, biológico. Se es hijo por nacimiento de unos padres, lo cual constituye una circunstancia puramente natural, a la que ningún ser humano es ajeno. A los ojos del Derecho, sin embargo, la filiación consiste en algo más que una pura relación biológica. La filiación es esencialmente una relación de índole jurídica entre dos personas, padre o madre e hijo; es decir, es una relación de nacimiento elevada a la categoría de jurídica. La filiación para que produzca efectos jurídicos, tiene que ser conocida por el Derecho, tiene que estar reafirmada jurídicamente, porque, si esto no ocurre, el vínculo sanguíneo resulta, en principio, irrelevante" (*Manual de Derecho de Familia*, Edisofer, Madrid, 2007, p. 297).

[2] Cfr. De La Cámara Álvarez, M., *Comentarios al Código Civil y Compilaciones Forales. Artículos 108 a 141 del Código Civil*, dirigidos por Albaladejo y Díaz Alabart, t. III., vol. 1, Edersa, Madrid, 2000, pp. 1 y 5; Díez de Corral, J., "La inscripción de la filiación en el Registro Civil", *RDN*, enero-marzo, 1984, pp. 13-18; Díez-Picazo y Ponce de León, L. y Gullón Ballesteros, A., *Sistema de Derecho Civil*, vol. IV, Tecnos, Madrid, 2007, p. 223; Lacruz Berdejo, J. L., *Elementos de Derecho Civil*, t. IV, Nueva edición revisada y puesta al día por Joaquín Rams Albesa, Dykinson, Madrid, 2002, pp. 323 y ss.; Peña y Bernaldo de Quirós, M., *Derecho de Familia*, Universidad de Madrid Facultad de Derecho Sección de Publicaciones, Madrid, 1989, pp. 402-403; Puig Brutau, J., *Compendio de Derecho Civil*, t. IV, Bosch, Barcelona, 1991, p. 125.

declarativa (de un hecho natural)[3], y, en consecuencia, tiene eficacia retroactiva al momento del nacimiento, en cuanto sea compatible y la Ley no disponga lo contrario (cfr. artículo 112 CC).

Determinado el vínculo filial, se genera el estado civil de filiación; es decir, la situación jurídica o posición que una persona ocupa dentro de la familia (*status familiae*) en calidad de hijo (*status filii*)[4]. Surge, por tanto, una relación jurídica entre padres e hijos que lleva consigo un entramado de derechos y deberes, con unos efectos propios para la prole: atribución de apellidos (cfr. artículos 109 CC y 55 LRC), asistencia y alimentos (cfr. artículo 110 CC), y derechos sucesorios (cfr. artículo 807 y siguientes).

El ordenamiento pretende, sobre la base del principio de verdad biológica, la coincidencia entre la filiación jurídica y biológica, pero en la medida de lo posible. Así, la misma legislación, en ciertos casos, prescinde de base biológica en la determinación de la filiación, como ocurre en la adopción[5]. Sin embargo, también puede suceder que, pese a que el elemento biológico sí sea importante en la determinación del vínculo filial, la filiación jurídica no llegue a existir o, existiendo, no coincida con el hecho biológico de la procreación. Para paliar estas dos últimas situaciones se permite, en beneficio del hijo, investigar la paternidad y lograr así la determinación judicial del vínculo filial o impugnar la filiación inexacta y reclamar la verdadera[6]. Procesos en los que la prueba biológica ha adquirido un importante valor como prueba directa de la verdad material.

A. La investigación de la paternidad

La investigación de la paternidad no ha tenido siempre la misma trascendencia en el ordenamiento español.

[3] La generación es el hecho constitutivo de la filiación y esta relación biológica es anterior y preexiste a la determinación (cfr. PUIG BRUTAU, J., *Fundamentos de Derecho Civil*, t. IV, Bosch, Barcelona, 1985, p. 188; TORAL LARA, E., "Novedades en materia de determinación y prueba de la filiación", en *Nuevos Conflictos de Derecho de Familia*, coordinado por EUGENIO LLAMAS POMBO, La Ley, Madrid, 2009, pp. 315 y ss.; VERDERA SERVER, R., *Determinación y Acreditación de la Filiación*, Bosch, Barcelona 1993, pp. 30-31; entre otros).

[4] Cfr. CATTANEO, G., *Filiazzione Legittima,* diretto da G. GROSSO e F. SANTORO-PASSARELLI, vol. I, fasc. IV, Casa Editrice Dr. Francesco VALLARDI, MILANO, 1961, pp. 3 y ss.

[5] Lo mismo sucede en las técnicas de fecundación asistida. No obstante, es de justicia diferenciar ambos tipos de filiación porque responden a finalidades distintas, como analizaré más adelante.

[6] Por ello, ALBALADEJO sostiene que a pesar de que la filiación biológica pueda ser otra, la ley no puede sino estimar que a cada persona le corresponde la filiación que resulte legalmente determinada para ella, y ésta es la que jurídicamente tendrá valor para tal persona hasta que legalmente se establezca– si es que llega a establecerse– otra, que pasará entonces a ser su filiación ante el Derecho (cfr. *Curso de Derecho Civil*, t. IV, Edisofer, Madrid, 2008, p. 207).

Este último, inspirado por la tradición canónica y romana, recogía la regla de la libre investigación de la paternidad[7]. Sin embargo, la influencia del Código Civil francés de 1804 propició, en toda Europa, la norma de la prohibición a la investigación del origen biológico. Ello produjo una normativa totalmente discriminatoria respecto de los hijos nacidos fuera el matrimonio, a quienes se les llamaba ilegítimos y se les diferenciaba entre naturales y no naturales. Sólo la condición de hijo legítimo (matrimonial) constituía un *status* privilegiado[8].

En este panorama, la investigación de la paternidad se ejercía de manera excepcional y en situaciones específicas determinadas por ley. La finalidad de esta limitación era proteger la paz y el honor de la familia legítima y evitar demandas atentatorias contra la fama y hacienda de los padres, impidiendo, de esta manera, que cumplan con sus funciones tuitivas y de asistencia para con la prole. Bajo esta regulación, muchos hijos veían indeterminada su filiación o, determinada, pero de manera inexacta y sin poder atacarla.

En el caso de la filiación matrimonial, era muy difícil tener éxito en una acción de impugnación de la presunción de paternidad (cfr. artículo 108 CC en

---

7 Regla que el Derecho catalán, ajeno a toda influencia, mantuvo y mantiene actualmente. Sobre este tema *vid.* PARÉS MAICAS, M., "La investigación de la paternidad en el Derecho catalán y el Código Civil español", en *Boletín del Instituto de Derecho Comparado de México,* enero-abril, 1958, pp. 9 y ss. (www.juridicas.unam.mx).

8 Los hijos ilegítimos naturales eran los procreados fuera del matrimonio, pero entre personas que no presentaban impedimento para contraer matrimonio entre sí. Los no naturales, provenían de uniones especialmente rechazadas (incesto, adulterio y sacrilegio). Existían, además, los llamados hijos legitimados, es decir, los que nacían fuera del matrimonio, pero que accedían a la condición de legítimos, ya sea por una legitimación ordinaria (por subsiguiente matrimonio de los padres) o por vía de privilegio (por concesión del príncipe). Sólo los hijos naturales podían ser legitimados (cfr. artículo 119 CC en su anterior redacción), aunque con un *status* diferente según lo fueran por subsiguiente matrimonio o por concesión real (cfr. artículos 122 CC y 127 CC en su anterior redacción).

Esta distinción se acentuaba en razón de los distintos derechos que los hijos ostentaban frente a los padres. Existía discriminación respecto de los alimentos, derechos sucesorios e investigación de la paternidad, según el tipo de hijo que fuere. Sólo los llamados hijos legítimos ostentaban la plenitud de derechos y un verdadero *status filii* y *status familiae.*

En efecto, el artículo 134 CC, establecía que el hijo ilegítimo natural reconocido era titular únicamente de tres derechos: llevar el apellido del reconocedor, recibir alimentos y, en su caso, adquirir la porción hereditaria que se determinaba en el Código Civil, careciendo de legítima respecto de los abuelos, pues el artículo 805 CC establecía que eran herederos forzosos los hijos y descendiente *legítimos* respecto de sus padres y ascendientes legítimos. En peor situación y totalmente postergados se hallaban los ilegítimos no naturales. Sólo podían exigir a sus padres, por razón de alimentos, los auxilios necesarios para su subsistencia (es decir, se excluía el concepto amplio de alimentos y la posibilidad de variación de ellos según la capacidad económica del alimentante), siendo inviable que pudieran ser reconocidos o reclamar la filiación extramatrimonial. Para un estudio detallado sobre la filiación ilegítima, puede consultarse MARTÍNEZ CALCERRADA, L. *La discriminación de la filiación extramatrimonial,* Montecorvo, Madrid, 1977; POLO ARÉVALO, E. M., *Igualdad y filiación,* Aranzadi, Pamplona, 2011 y PROSPERI, F., *La famiglia non "fondata sul matrimonio",* Scuola di perfezionamento in diritto civile dell' Università di Camerino, Camerino, 1980.

su antigua redacción). El supuesto de hecho en que se apoyaba era demasiado concreto (contra la presunción de que el marido era el padre del hijo de su mujer, no se admitía otra prueba que la imposibilidad física de aquél para tener acceso con su esposa en los primeros ciento veinte días que hubiesen precedido al nacimiento[9]); la legitimación activa correspondía únicamente al padre (excepcionalmente a los herederos) y los plazos para ejercer la acción eran demasiado breves (la acción debía ejercitarse dentro de los dos meses siguientes a la inscripción del nacimiento en el Registro Civil[10]). La investigación de la paternidad era muchísimo más restrictiva para los hijos ilegítimos naturales[11] y se excluía para los no naturales[12].

Este panorama cambia a mediados del s. XX. Varias naciones europeas se adhieren a tratados internacionales sobre Derechos Humanos que resaltan la importancia del principio de verdad biológica y consagran, como valor supremo, la protección del hijo, independientemente del origen del vínculo[13]. La adhesión a estos tratados propició la modificación de las legislaciones en materia de filiación, entre ellas, la española[14]. Así, se inicia en Europa un Derecho de filiación caracterizado por la superación de la discriminación de la

---

[9] Cfr. Cattaneo, G., ob. cit., pp. 115 y ss.

[10] Dicho plazo se ampliaba a tres meses si el marido estaba ausente, pero residía en España; y, a seis, si residía fuera del país. Además, el *dies a quo* variaba si se ocultaba el nacimiento del hijo, en cuyo caso el plazo se contaba a partir del momento en que se descubriera el fraude (cfr. artículo 113 en su anterior redacción).

[11] La determinación de su filiación dependía exclusivamente de la voluntad del progenitor, de tal forma que si éste no reconocía al hijo, su paternidad, en principio, no podía reclamarse judicialmente, salvo en los supuestos en que existiera escrito indubitado del presunto padre, o cuando el hijo disfrutaba de la posesión de estado por actos directos del padre o de su familia o como consecuencia de sentencia penal por delito contra la honestidad. Además, el excepcional ejercicio de esta acción de reconocimiento forzoso sólo podía llevarse a cabo en vida de los presuntos padres. Sin embargo, respecto de la madre la acción de investigación de la maternidad estaba abierta siempre que se probase el hecho del parto y la identidad del hijo (cfr. Base 5 de la Ley de Bases del Código Civil, de 11 de mayo de 1888, y los artículos 135 y 136 CC en su antigua redacción).

[12] La posibilidad de su establecimiento era imposible (cfr. artículos 140 y 141 CC en su redacción original). Del modificado artículo 190 RRC se infería que los reconocimientos de hijos ilegítimos, en quienes no concurría la condición de naturales, no eran inscribibles.

[13] La Declaración Universal de los Derechos Humanos, de 10 de diciembre de 1948, proclama que todos los hijos, matrimoniales o no, tienen derecho a igual protección social (cfr. artículos 2 y 7). De igual forma lo manifiesta la Declaración de los Derechos del Niño, de 20 de Noviembre de 1959; el Pacto Internacional de los Derechos Civiles y Políticos y el Pacto Internacional de Derechos Económicos y Culturales, firmados en Nueva York el 19 de diciembre de 1966. En el ámbito europeo destaca el Convenio para la Protección de los Derechos Humanos y de las Libertades Fundamentales (en adelante el Convenio), firmado en Roma el 4 de Noviembre de 1950; la Carta Social Europea de 1961 y la Convención Europea sobre el estatuto jurídico de los hijos nacidos fuera de matrimonio, de 1975.

[14] Modificaron sus Constituciones: Alemania, Holanda y Gran Bretaña en 1969; Austria, en 1970; Francia e Italia, en 1975; Portugal, en 1977 y, en 1978, España.

filiación y el establecimiento del principio de verdad biológica y de *favor filii* como elementos fundamentales en la determinación del vínculo filial[15].

En efecto, la Constitución española de 1978 proclama como principios primordiales de la filiación, la protección integral de la prole (cfr. artículo 39.2 y 39.3 CE), la igualdad de los hijos (cfr. artículo 14 CE), la protección de la familia (cfr. artículo 39.1 CE) y reintroduce el principio de verdad biológica (cfr. artículo 39.2 CE).

Este último se materializa en la permisión de la investigación de la paternidad, que se subordina al servicio y beneficio exclusivo de los hijos[16], no de los padres biológicos ni putativos[17]. Es decir, la Constitución instituye un principio de verdad biológica sometido a límites[18]. La propia expresión *posibilitar* la investigación de la paternidad del artículo 39 CE significa *facilitar,* pero no que se exija ilimitadamente[19]. Luego, la filiación no es, irremediablemente, una situación derivada de un hecho biológico. La filiación jurídica se ve influenciada por factores distintos a la procreación: *favor filii*, protección de la familia y seguridad jurídica en el estado de filiación, reconocidos constitucionalmente.

Por otra parte, el artículo 39.2 CE establece que será la ley la que posibilitará esta investigación. Lo que quiere decir que la verdad biológica se erige en un principio constitucional, cuyo desarrollo, la propia Constitución, delega a la norma legal.

En este sentido, la Ley de 13 de mayo de 1981 de Reforma del Código Civil en materia de Filiación, Patria Potestad y Régimen Económico del Matrimonio articula el principio de investigación de la paternidad y, en general, adapta el Código Civil de 1889 a los nuevos principios constitucionales.

---

15 Sobre la reforma del Derecho de filiación en Europa puede consultarse con provecho VV. AA, *La réforme du droit de la filiation. Perspectives Européennes,* Bruylant Bruxelles, Belgique, 1981.

16 El ordenamiento francés es categórico en este aspecto y establece que la investigación de la paternidad sólo corresponde al hijo (cfr. artículo 327 CC).

17 Como bien acota Fosar Benlloch, "el deseo de lograr la verdad biológica posibilitando para ello la investigación de la paternidad constituye un objetivo en la medida que con ello se logra una mayor protección del hijo, es decir, la previsión constitucional de hacer posible la investigación de la paternidad se presenta como un instrumento al servicio del principio de igualdad y no discriminación de la filiación y no como un derecho fundamental del progenitor" (*Estudios de Derecho de familia,* t. I, Bosch, Barcelona, 1981, p. 244).

18 Debe tenerse mucha cautela en cómo y hasta dónde se va a llegar en la investigación de la paternidad. "No aceptarla, sería injusto; admitirla sin más o sin imponerle unos correctos límites podría dar a lugar a enormes problemas, no sólo familiares, sino incluso sociales" (*Ibídem*, p. 244).

19 Sillero Crovetto y Asencio Sánchez especifican que la expresión posibilista ha de ser entendida en el sentido de que es un mandato al legislador post-constitucional encaminado a una modificación efectiva de la ley en aras a permitir la investigación de la paternidad, pero con límites (cfr. "La investigación de la paternidad: principio y derecho en nuestro ordenamiento jurídico", *Act. Civ.*, nº 4, 1998, p. 1087).

En primer lugar, elimina toda discriminación entre los hijos, incluida la peyorativa distinción de hijos legítimos e ilegítimos. De esta forma, toda la prole, sin importar el origen de su vínculo, ostenta la plenitud de derechos frente a sus padres. Un verdadero *status filii* y *status familiae*[20]. Todos los hijos, por tanto, matrimoniales o no, podrán acceder a los tribunales para lograr la declaración o impugnación de su filiación y reclamar los derechos que les corresponden[21].

Además, la Ley, *ex* artículo 127.1 CC (cuyo contenido es recogido hoy por el artículo 767.2 LEC), establece, expresamente, el ámbito en que ha de ejercitarse esta investigación de la paternidad: en un específico proceso judicial de filiación, cuando se interpone una acción de estado. Por ello, se derogaron las restricciones del Código Civil en este sentido y se instauró todo un sistema de acciones de impugnación y reclamación de la filiación matrimonial y no matrimonial[22]. Asimismo, se permite en estos juicios de filiación, la admisión de todo tipo de pruebas, incluidas las biológicas[23].

---

[20] "Una fecha llama poderosamente la atención: 1978. La Constitución Española supuso directamente el comienzo de los espectaculares cambios legislativos (...) la Ley II/1981, 13 de mayo (...) consagró la igualdad de derechos de todos los hijos suprimiendo las diversas clases de ellos –legítimos, naturales, legitimados, ilegítimos– incluidos los derechos sucesorios, art. 807 CC, y en relación con la adopción, esta equiparación se plasma en la Ley 21/1987 de II de noviembre" (TORRES GARCÍA, T., "Régimen económico matrimonial y uniones de hecho", en *Matrimonio y uniones de hecho,* coordinado por E. M. MARTÍNEZ GALLEGO, Ediciones Universidad de Salamanca, Salamanca, 2001, p. 39).

[21] La Exposición de Motivos de la Ley de 13 de mayo de 1981 estableció que una materia clave de la reforma de la filiación era la equiparación de derechos y oportunidades de todos los hijos de un mismo progenitor, estuvieran o no los padres casados entre sí y pudiera o no el uno casarse con el otro. Por ello, hoy en día, resulta inadmisible un trato diferenciado entre hijos por razón de su filiación. Como afirma DURÁN RIVACOBA, "en una cultura moderna y avanzada en la que triunfa el axioma de la responsabilidad y, sobre todo, el desagravio a las víctimas inocentes, no había margen para que los padres quedaran exentos de los deberes que acompañan la generación" ("El anonimato del progenitor", *AC,* nº 1, 2004, p. 2081).

[22] El contenido del artículo 108 CC en su antigua redacción es reemplazado por la regulación de los artículos 136 y 137 CC. Éstos amplían el supuesto de hecho (que ya no se limita a la imposibilidad física del marido para tener acceso con su mujer en los primeros ciento veinte días que precedieron el nacimiento), la legitimación activa (que además del padre y sus herederos, se amplía al hijo, a sus herederos y a la madre, en representación del hijo menor o incapaz) y los plazos para impugnar la presunción *pater is est* (un año desde la inscripción de la filiación en el Registro Civil, convirtiéndose en imprescriptible siempre que la acción la incoe el hijo y no haya existido posesión de estado de filiación matrimonial). Con fortuna, la STS de 14 de octubre de 1985, que resuelve un caso de impugnación de paternidad matrimonial, se refiere a la reforma de 1981 como un cambio profundo en relación con la normativa precedente "que limitaba el supuesto a la evidencia de la imposibilidad física de acceso carnal en el período de la concepción (artículo 108 párrafo segundo)".

[23] Las SSTS de 14 de octubre de 1985 y 8 de mayo de 1989 se referían al artículo 127 CC como la norma que consagraba "el principio de la libre investigación de la paternidad y maternidad mediante toda clase de pruebas, incluso las biológicas, siguiendo así un principio de libertad en la práctica de las pruebas que tiende, en realidad, a buscar el principio de verdad material en el proceso".

Ahora bien, que la investigación de la paternidad sólo pueda ejercitarse en una acción de filiación, me lleva a sostener, por un lado, que en el ordenamiento español la investigación de la paternidad y, por ende, el principio de verdad biológica, no puede ejercitarse extrajudicialmente. Por otro, que ni la Ley de 13 de mayo de 1981 ni la Constitución española amparan o exigen una acción de mero conocimiento del origen biológico. Es decir, una acción tendente simplemente a conocer la identidad de los padres, sin que ello implique la determinación o la impugnación y reclamación de la paternidad[24].

Igualmente, la Ley de 13 de mayo sigue la pauta marcada por la Constitución y desarrolla una investigación de la paternidad en beneficio del hijo. En esta dirección, toda la reforma de filiación de 1981, si bien se caracteriza por facilitar la adecuación de la filiación legal a la real, también propicia la fijación de diferentes plazos y legitimación para las acciones, que supone el establecimiento de lindes y contrapesos al principio de verdad biológica[25].

La propia Exposición de Motivos del Proyecto de Ley de Modificación del Código Civil en materia de filiación[26], que dio origen a la Ley de 13 de mayo de 1981, establece con tal claridad tales límites, que no deja lugar a dudas. Sostiene que la Ley de Reforma al regular la determinación del vínculo de filiación refleja la afluencia de dos criterios encontrados: *"De una parte, el de hacer posible el descubrimiento de la verdad biológica"*, pero condicionando dicha búsqueda a la realización del *favor filii*, *"para que siempre pueda hacerse efectivo el deber de los padres de prestar asistencia de todo orden a sus hijos"*. Además, *"se ha procurado impedir que a voluntad de cualquier interesado puedan llevarse sin límite ante los Tribunales cuestiones que tan íntimamente afectan a la persona. Por ello, y, sobre todo, para dar estabilidad a las relaciones de estado en beneficio del propio hijo, sobre todo cuando ya vive en paz una determinada relación de parentesco. En la redacción de las nuevas normas se ha procurado conjugar equilibradamente, según las circunstancias, estos criterios*[27]*, declarando la admisibilidad de toda clase de pruebas en materia*

---

[24] Cfr. *Infra*, Capítulo III.

[25] Por este motivo, HERRERA CAMPOS afirma que el espíritu del legislador de la reforma de 1981 fue hacer coincidir la verdad jurídica y biológica en todo aquello que sea humanamente posible (cfr. *La investigación de la paternidad y la filiación no matrimonial*, Universidad de Granada, Granada, 1987, p. 99). En el mismo sentido, BARBER CÁRCAMO, R., "Nuevos retos ante el derecho español de filiación", *RDP*, nº 7-8, 2009, pp. 3-47.

[26] Esta Exposición de Motivos no fue introducida en el cuerpo legal, pero resulta de gran importancia. Ella recoge todo el espíritu de la Ley de 13 de mayo de 1981 y es clave para la interpretación de las normas de filiación: las normas se interpretarán según el sentido propio de sus palabras, en relación con el contexto, los antecedentes históricos y legislativos y la realidad social del tiempo en que han de ser aplicadas, *atendiendo fundamentalmente al espíritu y finalidad de aquéllas* (cfr. artículo 3.1 CC).

[27] La búsqueda de este equilibrio de principios era claramente resaltada por el Sr. RUIZ RISUEÑO, portavoz de la Comisión de Justicia e Interior, en la exposición del dictamen en relación

de filiación, y en particular las biológicas; confiriendo especial relevancia a la posesión de estado, tanto para facilitar las acciones coincidentes con ella como para dificultar o impedir las que la contradicen; y exigiendo, para que el juez pueda dar curso a la demanda en virtud se reclama o impugna un estado de filiación, la existencia y presentación de un principio de prueba suficiente de los hechos en que se funde"[28].

Esta normativa confirma que, en el ordenamiento español, la verdad biológica es el punto de partida en la determinación de la filiación, pero no una norma absoluta ni distorsionadora del orden interno familiar del que gozan las personas[29]. Cabe precisar que, usualmente, verdad biológica y *favor filii* pueden conciliarse e, incluso, llegar a ser suplementarios[30]. No obstante, también puede suceder que la verdad biológica no sirva a los intereses del hijo o le perjudique, por lo que ante esta situación ha de menguarse o claudicar. Es decir, el conflicto entre verdad biológica y *favor filii* deberá ser resuelto a favor de los hijos.

Éste es el espíritu de la Constitución y de la Ley de 13 de mayo de 1981 y concuerda con los principios establecidos en importantes documentos internacionales de protección del menor. En efecto, el artículo 7 CDN[31] establece que la inscripción del niño debe realizarse inmediatamente después de su nacimiento.

---

con el Proyecto de Ley de Modificación del Código Civil en materia de Filiación, Patria Potestad y Régimen Económico Matrimonial. Expuso que la modificación del Código era una exigencia de la sociedad, en el sentido que ella "demanda la posibilidad de que los hijos puedan investigar y saber quiénes son sus padres". Agregando que se había intentando "en este resbaladizo tema de la investigación de la paternidad, conciliar adecuadamente el ejercicio legítimo de ese derecho con lo que la doctrina clásica denomina la deferencia de la paz y del orden social y familiar" (cfr. Diario de Sesiones del Senado de 31 de marzo y 1 de abril de 1981, en la página oficial del Congreso de los Diputados, www.congreso.es).

[28] Esto explica que el legislador de 1981 conceda al hijo legitimación durante toda su vida para determinar su verdadera filiación (cfr. artículos 131, 132 y 133 CC); e impida a los progenitores la reclamación de la paternidad no matrimonial cuando no ostenten la posesión de estado (cfr. artículo 133 CC) o a los padres legales la impugnación de la filiación vivida, transcurrido un determinado plazo, aunque ello signifique consolidar una filiación que no coincide con la verdad biológica (cfr. artículos 136 y 140 CC).

[29] Cfr. Durán Rivacoba, R., "El anonimato del progenitor y derecho a la identidad de hijo. Decisiones judiciales encontradas sobre reserva de identidad en los casos de madre soltera y donante de esperma", en *Ius et Praxis,* nº 1, 2010, pp. 3-4.

[30] Cfr. Durán Rivacoba, R., "La eficacia del reconocimiento de la filiación extramatrimonial del menor o incapaz", *ADC*, nº 1, 1987, p. 143.

[31] Convención sobre los Derechos del Niño de 10 de noviembre de 1989, adoptada por la Asamblea General de las Naciones Unidas, de 20 de noviembre de 1989. Ratificada por España el 30 de noviembre del año siguiente y publicada en el BOE el 31 de diciembre de 1990.

La importancia de esta Convención radica en ser la primera ley internacional, jurídicamente vinculante, sobre los derechos de los niños y niñas (cfr. www.unicef.es). Marca el inicio de una nueva filosofía en relación con el menor, basada en un mayor reconocimiento del papel que éste desempeña en la sociedad y en la exigencia de un mayor protagonismo para el mismo. A este acuerdo internacional se remite, específicamente, la Ley Orgánica de Protección Jurídica del Menor en su artículo tercero: *"Los menores gozarán de los derechos que les reconoce la Constitución y los*

Agrega que, desde ese momento, aquél tiene derecho a un nombre, a adquirir una nacionalidad y, *en la medida de lo posible*, a conocer a sus padres y a ser cuidado por ellos. Por otro lado, la Carta Europea de los Derechos del Niño, Aprobada por Resolución A 0172/92, de 8 de julio de 1992, prevé la posibilidad de condicionar y restringir el descubrimiento de la verdad biológica. El artículo 8 establece que *"todo niño tiene derecho a la protección de su identidad y, dado el caso, deberá poder conocer ciertas circunstancias relativas a sus orígenes biológicos, con las limitaciones que impongan las legislaciones nacionales para la protección de los derechos de terceras personas. Se deberán determinar las condiciones bajo las cuales se otorgarán al niño las informaciones relativas a sus orígenes biológicos así como las condiciones necesarias para proteger al niño de la divulgación de dichas informaciones por terceros"*.

La doctrina científica[32] y la jurisprudencia del Tribunal Constitucional y Supremo refrendan, inicialmente, esta regulación. Los tribunales defienden que la verdad biológica no es un dogma en las relaciones parentales (cfr. STS de 28 de mayo de 1997) y que la finalidad de la investigación de la paternidad y de las pruebas biológicas responden únicamente a la defensa de los derechos del hijo (cfr. STC de 17 de enero de 1994; ATC de 2 de octubre de 1996 y STS de 14 de marzo de 1994). Por tanto, que la investigación de la paternidad no lleva anejo un derecho incondicionado a la averiguación de la verdad biológica, ya que existen causas justificadas, basadas en el *favor filii*, que la limitan o atemperan (cfr. STC 17 de junio de 1999, SSTS de 10 de febrero de 1997, 31 de diciembre

Tratados Internacionales de los que España sea parte, especialmente la Convención de Derechos del Niño de Naciones Unidas".

[32] Carbajo González destaca que el principio de verdad biológica no alcanza la categoría de imperativo, absoluto ni unívoco (cfr. *Las Acciones de Reclamación de la Filiación,* Bosch, Barcelona, 1989, pp. 91-92); García Cantero y Castán Vazquez recalcan el importante papel que desempeña la seguridad jurídica y la paz familiar y resaltan la figura de la posesión de estado y de las normas sobre la caducidad de las acciones (cfr. *Derecho Civil Español, Común y Foral,* t. 5, vol. II, Reus, Madrid, 1985, p. 65); Díez Picazo y Gullón Ballesteros insisten en que, si bien el criterio biológico es fundamental en el vínculo de filiación, no es el único que actúa, por lo que muchas veces la filiación jurídica no coincide con la real (cfr. ob. cit., p. 225); Espín Cánovas, que el Derecho no permite ilimitadamente la investigación del vínculo filial y que, aunque se demuestre la relación física de filiación, no siempre se puede deducir las consecuencias lógicas de la misma (cfr. *Manual de Derecho Civil Español,* t. IV, Revista de Derecho Privado, Madrid, 1981, p. 274); Fernández González sostiene que el interés del hijo es lo que debe prevalecer (cfr. "Impugnación de paternidad de una hija dentro de los ciento ochenta días siguientes al matrimonio e inscrita por el padre impugnante en el Registro Civil", *RDP,* nº 9, 1998, p. 675); Mayor del Hoyo aduce que, si bien desde 1981 la verdad biológica constituye uno de los principios inspiradores de la regulación de la filiación, no se debe olvidar la existencia de otros principios que pueden relegarla a un segundo plano [(cfr. "Sobre la intervención del defensor judicial en los procesos de impugnación de la paternidad (comentario a la STS 481/1997 de 5 de junio)", *ADC*, nº 2, 1998, p. 920)] y Prieto Fernández concluye que el interés del hijo es superior a la preeminencia de la verdad biológica (cfr. "El interés del hijo en los procesos de filiación: un interés de carácter preferente", *Act. Civ.,* nº 1, 1991, p. 138).

de 1998, 21 de julio, 30 de septiembre y 29 de diciembre de 2000, 26 de junio de 2003 y STSJ de Cataluña de 6 de julio de 1992[33]).

Las SSTS de 19 de enero de 1990, 1 de septiembre de 2004 y 28 de noviembre de 2002, ponen de relieve que la normativa sobre filiación, junto a la búsqueda de la verdad material presenta como contrapunto la preservación de la paz familiar, destacando el papel de la posesión de estado para la consecución de este fin. En éste y en el *favor filii* justifican las limitaciones que la ley establece en orden a la legitimación activa en las acciones de estado, los plazos de caducidad para el ejercicio de las diversas acciones de filiación y la exigencia de aportar un principio de prueba con la demanda, que no existirían si fuere la verdad material el bien jurídico protegido.

Sin embargo, en los últimos años, y sobre todo a partir de 1993, la investigación de la paternidad ha adquirido un cariz bastante opuesto al pretendido por la Constitución y la Ley de 13 de mayo de 1981. La jurisprudencia la ha descontextualizado. La investigación de la paternidad pierde su carácter unilateral, en beneficio de los hijos, para pasar a ser considerada, con dudosa base legal, también como un instrumento al servicio de los padres biológicos y putativos[34] (cfr. SSTC de 26 de mayo, 9 de junio y 27 de octubre de 2005 y 16 de febrero de 2006), más aún como un derecho fundamental y muchas veces absoluto de estos últimos. Se ha producido, por lo tanto, un cambio profundo en el Derecho de filiación, que sustituye a los hijos como eje de su regulación, por los padres.

Asimismo, una jurisprudencia mayoritaria viene defendiendo la primacía de la verdad biológica, desdeñando la verdad sociológica representada por el *favor filii,* la estabilidad del estado de filiación y la paz familiar. Tales principios son calificados de simples formalismos que nunca deben prevalecer frente a la verdad de sangre. El único límite válido a la verdad biológica parece encontrase en la voluntad de padres formales y biológicos, como sucede en las técnicas de fecundación asistida.

---

[33] Esta sentencia propugna la necesidad de mitigar la verdad biológica. Establece que, *prima facie,* en materia de investigación de la relación paterno-filial o materno-filial, el principio prevalente es el de veracidad material. No obstante, precisa que el legislador puede introducir alguna atemperación por atendibles razones de seguridad jurídica y paz familiar. Explica que una vez determinada la generación, cuestión eminentemente fáctica, entra en juego el segundo gran principio regulador de la materia: el del *favor filii*. Para el Tribunal –con la aplicación de este principio–, los juzgadores deben impedir que la constatación del hecho biológico produzca al hijo más inconvenientes de los inevitables que en ocasiones podría acarrear la mera declaración de paternidad o maternidad.

[34] En esta línea, GARCÍA VICENTE sostiene que no sólo el hijo es el titular del derecho a conocer el propio origen, sino también los progenitores (cfr. "La previsible reforma del Derecho de las acciones de filiación. Algunas propuestas", en *Derecho Privado y Constitución,* nº 20, 2006, p. 239).

Como paradigma de esta postura destaca la STS de 30 de enero de 1993 (que se pronuncia sobre una demanda de impugnación de paternidad matrimonial interpuesta por un marido). El Supremo interpretó que la Constitución había establecido una amplia investigación de la paternidad, *sin límites,* y defiende la imposibilidad de la prevalencia de la verdad social sobre la real[35]. En esta línea, concluye que la paz familiar es un formalismo que no podía imponerse frente a la verdad biológica[36].

La influencia de esta sentencia se manifiesta en que esos mismos asertos y argumentos son asumidos y reproducidos literalmente por múltiples sentencias: SSTS de 5 de junio de 1997[37], 30 de marzo de 1998, 23 de marzo de 2001, 3 de diciembre de 2002, 15 de septiembre de 2003, 16 de julio de 2004[38], 16 de octubre de 2008, entre otras muchas. Resoluciones que desdeñan totalmente la posesión de estado y la seguridad jurídica del estado de filiación (cfr. también las SSTS de 10 de marzo de 1988 y 8 de julio de 1991).

Con esta práctica judicial se perjudica a los hijos debido a que la verdad biológica no siempre les favorece. De esta manera, nuevamente, el *favor filii* se ve relegado, tal como sucedía antes de la Constitución de 1978, lo que viene generando graves consecuencias, como se examinará a lo largo de esta investigación.

B. Las pruebas biológicas

El sistema precedente a la modificación del Código Civil de 1981 en materia de filiación se caracterizaba por la restricción de las pruebas admisibles a favor o en contra de una paternidad judicialmente cuestionada. Se daba una fuerza singular a la presunción de paternidad. Respecto de la filiación ilegítima natural, no cabía declarar judicialmente una paternidad que no hubiese sido previamente

---

35 A tal efecto estableció que "el artículo 39 de la Constitución Española asegura la protección integral de los hijos, protección que clama contra la inexactitud en la determinación de la paternidad que incidiría en la anomalía de atribuir la potestad sobre ellos a quien no es su progenitor, ha consagrado la amplia investigación de paternidad sin someter tal facultad a limitaciones".

36 Sobre la base estos argumentos, estimó la demanda de impugnación de paternidad matrimonial interpuesta caduca la acción. Precisó que de no ser así, prevalecería la presunción de paternidad (verdad sociológica) sobre la ilimitada investigación de la paternidad, lo que además constituiría una vulneración a la Constitución.

37 En palabras del propio Tribunal: "se debe tener en cuenta el dogma incorporado a nuestro ordenamiento desde el precepto constitucional del artículo 39, de que el valor superior y prevalente (...) es que, a toda costa, se facilite la «investigación de la paternidad», esto es, que en la contienda ostente supremacía el descubrimiento de la verdad material o biológica".

38 El Tribunal declara la preeminencia de la verdad biológica en las acciones de filiación, destacando "el interés público que arropa a este tipo de procedimientos en los que la verdad biológica debe prevalecer".

admitida por escrito indubitado del padre o por posesión de estado (cfr. artículo 135 CC antes de su modificación).

La reintroducción del principio de verdad biológica conlleva la instauración del principio de libertad de prueba en los juicios de filiación. Con el objeto de hacer efectiva la investigación de la paternidad y de la maternidad y que pueda acreditarse la verdad material del vínculo filial, el artículo 127.1 CC (cuyo contenido es recogido, actualmente, por el artículo 767.2 LEC) permite la presentación de toda clase de pruebas, incluidas las biológicas.

Hoy en día, por consiguiente, existe una amplio abanico de pruebas admisibles en las acciones de estado: pruebas biológicas, declaración de parte, documentos privados, documentos públicos, dictámenes periciales, declaración de testigos, etc. (cfr. artículos 299 LEC y ss.). No obstante, las pruebas biológicas –sobre todo la prueba de ADN– son las más utilizadas por su certeza en la averiguación de la verdad de la filiación. Esta circunstancia ha conducido a la jurisprudencia española a otorgarles un valor desmedido, lo que viene generando muchos problemas prácticos y jurídicos –con profundas consecuencias– que han de ser analizados con detenimiento.

1. Las pruebas biológicas y la exclusión del principio de prueba

La experiencia de otros países en los que se admitía la libre investigación de la paternidad permitió detectar ciertos riesgos, debido a las excesivas facilidades para el planteamiento de estos procesos por parte de personas desaprensivas. Por ello, el Código Civil español, para evitar demandas de filiación infundadas o caprichosas que puedan perturbar la paz familiar y del hijo, establece un previo control para su admisibilidad. Filtro que consiste en la exigencia de un principio de prueba que garantice la seriedad de la pretensión[39].

El mismo artículo 127 CC, que posibilitó la admisión de las pruebas genéticas en las acciones de estado, consagró este principio: *"En ningún caso se admitirá la demanda sobre determinación o impugnación de la filiación si con ella no se presenta un principio de prueba de los hechos en que se funde"* (recogido, hoy en día, en el artículo 767.1 LEC).

El precepto no establece en qué ha de consistir esta prueba preliminar, pero no ha de tratarse, necesariamente, de una prueba documental o escrita, como lo exigía el anterior artículo 117 CC[40]. No será suficiente la afirmación

---

[39] Cfr. LUCES GIL, F., "Exposición sintética del nuevo régimen de la filiación (II)", *BIMJ,* nº 1259, 5 de diciembre de 1981, p. 9.

[40] Esta norma establecía que la filiación legítima, en defecto de acta de nacimiento, de documento auténtico, de sentencia firme o de posesión de estado, podía ser probada por cualquier medio

escueta. Tampoco se exige que los indicios que acompañan la demanda sean, por su fuerza, de convicción plena. Puede consistir en cualquiera de las pruebas admisibles: documentos, testigos, dictámenes periciales, u otros medios, como fotografías, notas, cartas, etc., como bien lo señala la STS de 3 de diciembre de 1991. Lo importante es que en la demanda se manifiesten indicios racionales de veracidad de los hechos invocados, sobre todo de los fundamentales[41], que lleven al juez a la decisión de iniciar un proceso de filiación.

Por otro lado, no es ocioso reiterar que el principio de prueba debe ser cumplido *ab initio*; como condición previa para la admisión de la pretensión de filiación. Por tanto, el simple "ofrecimiento" de pruebas en la demanda, para ser corroboradas en un momento posterior al inicio del proceso, no da cumplimiento al principio de prueba. Con este ofrecimiento se han de presentar otros indicios que, desde el principio, acrediten la veracidad de la demanda y respalden no sólo el comienzo del proceso, sino también la determinación del juez de ordenar, de ser el caso, la práctica de las pruebas genéticas. En consecuencia, no es suficiente que el actor, invocando el altísimo grado de certeza de las pruebas biológicas, alegue como único o principal fundamento de su ruego la práctica de ellas en el momento procesal oportuno.

El cumplimiento del principio justifica, además, las posibles medidas judiciales que el juez, de ser el caso, pueda tomar por el mismo hecho de haberse iniciado la acción de filiación[42]: imponer al supuesto progenitor demandado el pago de alimentos provisionales; acordar que la patria potestad sea ejercitada total o parcialmente por uno de los progenitores o distribuir entre ellos sus funciones; determinar la forma en que el progenitor cuestionado deberá cumplir su obligación de velar por los hijos y el tiempo, modo y lugar en que podrá comunicarse con ellos y tenerlos en su compañía; imponer el inventario y fianza (personal o real) para continuar con la administración de los bienes del menor o incapaz (cfr. artículo 768 LEC).

Si la demanda no presenta pruebas que *prima facie* acrediten su viabilidad, el juez debe rechazarla *in limine*, o admitirla, pero concediendo al demandante

---

"siempre que haya un principio de prueba por escrito, que provenga de ambos padres conjunta o separadamente".

41 Cfr. Díez-Picazo y Ponce de León, L. y Gullón Ballesteros, A., ob. cit., p. 246. Peña y Bernaldo de Quirós precisa que el demandante, para dar un completo cumplimiento al principio de prueba, ha de acreditar, además, los hechos previos que le permiten plantear la cuestión en el concreto proceso que se propone iniciar y, particularmente, la propia legitimación (cfr. "De la paternidad y Filiación", en *Comentarios a las Reformas del Derecho de Familia*, vol. I, Tecnos, Madrid, 1984, p. 955).

42 Se trata de medidas judiciales cautelares conexas con los procedimientos de filiación, relacionadas con la protección de la prole, que el juez considere oportunas a fin de apartar a los hijos de un peligro o evitarles perjuicios para su persona o sus bienes (cfr. Peña y Bernaldo de Quirós, M., "De la paternidad… cit.", pp. 954- 955 y 958).

un plazo para subsanar el defecto de la prueba. De no producirse esta subsanación, el juez deberá proceder al sobreseimiento del proceso. En caso de admitir la demanda a trámite sin el debido cumplimiento del principio bajo estudio, procede la nulidad de actuaciones.

La jurisprudencia ha recogido todos estos matices del principio de prueba.

La STS de 1 de febrero de 2002 sostiene que los simples rumores de una paternidad no son suficientes para acreditar la seriedad de la demanda. Asimismo, que la remisión al resultado de las pruebas biológicas tampoco supone el cumplimiento del principio de prueba. Esta sentencia resuelve un caso de reclamación de paternidad extramatrimonial por el supuesto progenitor, sin posesión de estado. El actor alega como fundamento de su demanda unas murmuraciones que había oído sobre su posible paternidad e invoca la realización de la prueba biológica para la confirmación de su petición. El Juzgado de Primera Instancia admitió a trámite la demanda, pero concedió un plazo al demandante para subsanar el defecto de la prueba. Al no haber subsanación, el Juzgado decide el sobreseimiento del proceso, decisión que es confirmada por la Audiencia y por el Tribunal Supremo. Este último reitera que el actor no ha cumplido con el principio de prueba porque en "la demanda alegaba una serie de afirmaciones gratuitas que no encuentran ninguna constatación y se apoyan tan sólo en comentarios y rumores anónimos que corrieron en su tiempo en Hinojosa del Duque. Tan sólo la manifestación de haber mantenido relaciones sentimentales y físicas con una joven de la localidad, que designa y sin más especificaciones y sin hacer constar, si se trata de un acto aislado o de una relación más o menos duradera, sin constatar tampoco cuándo se inicia tal relación y cuándo concluye, de la que sólo se señala el año 1990. En ello apoya su demanda «la posibilidad de que la niña fuese hija suya», pero sin que tenga certeza absoluta pues los rumores dejaron de producirse con el tiempo. Los hechos alegados en la demanda carecen en absoluto, no sólo de la mínima constatación, sino incluso de cualquier principio de prueba".

También es digna de mención la STS de 25 de junio de 2004. Resuelve una acción de reclamación de la paternidad no matrimonial por un hijo, tras 54 años del nacimiento de éste y fallecido el supuesto progenitor. El Tribunal Supremo, con acierto, resuelve que la veracidad de la demanda no está garantizada ya que se presentaron como únicos fundamentos de la petición el ofrecimiento de la prueba biológica y unos testimonios considerados por el Tribunal como de escasa o nula credibilidad.

De igual manera, son destacables las SSTS de 9 de enero de 1990, 14 de marzo de 1994, 28 de mayo de 1997, 1 de septiembre de 2004, entre otras, que interpretan de forma ortodoxa el aludido principio[43].

No se puede decir lo mismo de cierta jurisprudencia que ha flexibilizado al extremo el principio de prueba. A su entender, el principio estaba siendo aplicado de manera excesivamente rígida, impidiendo el ejercicio de la investigación de la paternidad y la realización del principio de verdad biológica. Bajo el argumento de que el requisito del principio de prueba constituye un complemento tendente a procurar la seriedad de la demanda, pero nunca una restricción, ni un obstáculo a la investigación de la paternidad (cfr. STS de 3 de diciembre de 1991), esta práctica jurisprudencial defiende lo que ella misma denomina una interpretación "espiritualizadora" del principio. Exégesis que a su juicio es mucho más acorde con la Constitución.

Propugna que no es imprescindible la presentación, *ab initio*, de pruebas suficientes que acrediten la veracidad de la demanda. Bastaría, simplemente, con la *oferta* de practicar determinadas pruebas en el momento adecuado, posterior al inicio del proceso. Momento en el que se llevaría a cabo el control de la razonabilidad de la pretensión. En otras palabras, el principio de prueba, exigido legalmente, es reducido a la simple *declaración* del actor de practicar las pruebas pertinentes (en particular la biológica) en el momento procesal oportuno.

Esta laxa interpretación está permitiendo la admisión indiscriminada de demandas en las que los actores alegan la posterior práctica de la prueba biológica, sin ningún otro indicio contundente que fundamente su ruego. Los tribunales entienden que, aunque no haya indicios que sustenten la pretensión, la demanda debe admitirse. A su juicio, será la posterior realización de la prueba genética la que determinará o descartará, con absoluta precisión, la filiación.

La STS de 2 de febrero de 2006, sobre una acción de reclamación de paternidad extramatrimonial por un varón, sin posesión de estado de filiación, acoge la exégesis antes expuesta. El actor presentó como única prueba de su pretensión una declaración jurada de sus padres en los que éstos manifestaban que su hijo y la demandada habían mantenido relaciones de amistad íntimas y, además, ofreció la práctica de la prueba biológica. Esta demanda no se debió admitir. Sin embargo, el Tribunal Supremo considera que con esa mera declaración y el simple ofrecimiento de la prueba genética se ha dado cumplimiento al principio de prueba. También acogen esta interpretación "flexible" del principio,

[43] Todas estas sentencias ponen de relieve que la normativa sobre filiación, junto a la búsqueda de la verdad material a través de los medios de prueba, presenta como contrapunto la preservación de la paz familiar y el interés del menor. En ambos aspectos justifican la exigencia de aportar un principio de prueba con la demanda.

las SSTS de 3 de junio de 1988, 12 de noviembre de 1987, 3 de diciembre de 1991 y 21 de diciembre de 1994.

Por otra parte, entre las sentencias de las Audiencias Provinciales destaca la SAP de Málaga de 3 de octubre de 2007. Esta sentencia versa sobre una acción de impugnación de paternidad matrimonial por el marido, cuando el plazo ha caducado. El Tribunal defiende que la demanda se encuentra fundamentada en el ofrecimiento de la prueba genética y en la simple alegación del marido de la existencia de un testigo, que aseguraba que un tal Manolo visitaba la casa de la mujer cuando el marido estaba ausente (cfr., además, la SAP de Alicante de 31 de mayo de 2001 y de Sevilla de 26 de junio de 2008).

A mi parecer, esta práctica jurisprudencial va más allá de ser una simple exégesis y no responde al espíritu de la norma que recoge el principio de prueba.

Esta línea jurisprudencial se aleja de los criterios establecidos para la interpretación de una norma (cfr. artículo 3.1 CC). En realidad es *contra legem*. Se valora, únicamente, la *posterior* realización de la prueba biológica, cuando lo ajustado a derecho es que el juez exija *previamente* un principio de prueba que justifique no sólo el inicio del proceso, sino también la propia práctica de la prueba genética. El mero ofrecimiento de esta última –y de cualquier otra prueba– no basta para garantizar la veracidad de la pretensión.

A efectos prácticos, esta línea jurisprudencial elimina la exigencia de un principio de prueba en las demandas de filiación. Por tanto, los tribunales se exceden en su función de mero complemento del ordenamiento jurídico español (cfr. artículo 1.6 CC). Corresponde a la ley, no a los jueces, eximir del cumplimiento del principio de prueba en la demanda, como lo ha hecho literalmente el Derecho catalán[44]; aunque con ello, a mi juicio, flaco favor se hace al *favor filii* y a la paz familiar.

En consecuencia, esta mal denominada "interpretación espiritualizadora" transgrede la finalidad perseguida por el legislador. El principio de prueba se instauró para proteger al hijo y la familia, como límites válidos a la investigación de la paternidad y como exigencia del artículo 39 CE incisos 1 y 2. El efecto contrario se está consiguiendo con esta exégesis, que permite una admisión sin control de cualquier demanda de reclamación o impugnación de la paternidad supeditada a la respuesta de la prueba biológica. Se hace prevalecer la verdad biológica, es cierto, pero a costa de la paz familiar, la tutela judicial efectiva de los demandados, la posesión de estado y la seguridad del estado civil[45].

---

[44] El artículo 235.15.1 CC catalán establece que en el ejercicio de las acciones de filiación no se precisa la presentación de un principio de prueba.

[45] Por ello, VERDERA SERVER sostiene que el principio de prueba podría desarrollar una importante función a la hora de inadmitir demandas descabelladas o injustificadas si se le otorgara el

Las consecuencias lesivas de esta interpretación se extienden, además, a otros aspectos. Como analizaré de seguido, influye en la postura sobre el valor probatorio de la negativa a la práctica de la prueba biológica y en la permisión desmedida de la prueba biológica *post mortem*.

2. *Pruebas biológicas y derechos fundamentales: integridad física e intimidad personal*

El principal argumento de los demandados en un acción de estado para evitar someterse a la práctica de la prueba biológica es el de la vulneración de sus derechos fundamentales: integridad física (cfr. artículo 15 CE) e intimidad personal (cfr. artículo 18 CE). Derechos que al ostentar el carácter de fundamentales presentan una especial protección, conferida por la Constitución, las leyes y los Tratados internacionales.

Los tribunales sostienen que la práctica de la prueba biológica por parte de un profesional de la medicina, en circunstancias adecuadas, no es contraria a la dignidad de la persona, porque no constituye una violación del pudor o recato del ser humano. No obstante, reconocen que la realización de la prueba genética acarrea una intromisión en la intimidad e integridad física del demandado. Derechos que no son absolutos, por lo que sostienen que la intromisión en su esfera no constituye, *per se*, una injerencia prohibida.

Para determinar si la intromisión en el derecho a la integridad física e intimidad personal del demandado es constitucional, los tribunales consideran que deben concurrir ciertas condiciones que la propia jurisprudencia ha establecido: a) la existencia de un fin constitucionalmente legítimo que el ordenamiento proteja especialmente[46]; b) la intromisión esté prevista en la ley; c) que, como regla general, la injerencia se acuerde mediante resolución judicial motivada; d) se respete el principio de proporcionalidad (cfr. SSTC de 14 de enero y 26 de septiembre de 2005).

Aplicando estos criterios, concluyen que la realización de la prueba biológica, prevista por ley, no transgrede los derechos fundamentales a la integridad

verdadero sentido al artículo 767. 1 LEC, en lugar de la interpretación excesivamente amplia que preconiza la jurisprudencia (cfr. "El *dies a quo*... cit.", p. 387). En este mismo sentido se manifiesta Carbajo González, J, "Tratamiento jurisprudencial de las acciones de filiación (Análisis de determinados aspectos de su régimen jurídico)" (1), en *Revista Jurídica de Asturias,* nº 18, 1994, pp. 8-10 y Sanciñena Asurmendi, C., "La posesión de estado en la filiación", en *El Derecho,* t. 236, 2010, pp. 895-896. Incluso García Vicente, uno de los mayores defensores de la supremacía de la verdad biológica, comparte esta opinión (cfr. ob. cit., p. 209).

[46] En este sentido, Muñoz Marín estima que el interés de la sociedad es un valor ante el cual el derecho a la intimidad y a la integridad física pueden ceder (cfr. "Entrada y Registro. ADN", en *Revista Práctica de Derecho. Comentarios y casos prácticos,* nº 115-116, 2010, p. 128).

física e intimidad siempre que: obedezca al interés superior del hijo (cfr. artículo 39.2 CE); sea ordenada por el juez dentro de una acción de estado[47] (cfr. artículo 767.2 LEC) y guarde un adecuado equilibrio entre la intromisión que conlleva en la intimidad y la integridad física y moral del afectado y la finalidad a la que sirve (cfr., entre otras, la STS de 27 de octubre de 2005).

Asumo esta doctrina jurisprudencial en parte, por lo que he de realizar algunas precisiones.

Considero, a diferencia de los tribunales, que, *prima facie*, la realización de la prueba genética no implica una intromisión en la integridad física del demandado. No supone complejos procedimientos que coloquen en riesgo la salud o integridad de la persona. Empero, si llegaran a existir determinadas situaciones en las que su práctica sí sea lesiva, poniendo en peligro o pudiendo dañar la salud del obligado, no procederá su realización por ser desproporcionada (cfr. STC de 31 de mayo de 1999 y SSTS de 21 de mayo de 1988, 11 de septiembre de 2003, 2 de julio y 1 de septiembre de 2004).

Por otro parte, respecto del derecho a la intimidad, considero que ha de ser analizado dependiendo de quién sea el sujeto pasivo de la realización de la prueba genética: el padre o el hijo.

En este sentido, cuando la prueba biológica ha de ser soportada por el supuesto padre, porque el hijo ejercita una acción destinada a declarar su filiación (y se ha cumplido el principio de prueba), la intromisión en su intimidad se ve justificada en aras a lograr la determinación del vínculo filial. En este caso, la realización de las pruebas genéticas responde al bienestar del hijo, porque permitirá una declaración de filiación que asegure su derecho de alimentos, asistencia y sucesión, en concordancia con el artículo 39.3 CE. En consecuencia, el derecho a la intimidad del *pater* cede ante el preeminente *favor filii*, pero ello no quiere decir que el demandado esté obligado a la práctica de la prueba biológica.

No obstante, cuando la prueba deba practicarse sobre el hijo, el juez ha de ser muy cauto. Las pruebas biológicas, reitero, son un instrumento al servicio de la prole, por lo que cobran mucho más importancia cuando con ellas se procura el cumplimiento de los deberes de los padres respecto de su descendencia, para lo cual aparece como instrumento imprescindible la investigación de la paternidad. Por tanto, cuando el hijo es el que debe soportar la práctica de la prueba biológica, el juzgador ha de verificar que realmente su realización le beneficia,

[47] No obstante, como analizaré más adelante, también es posible la realización de la prueba biológica fuera del proceso, cuyo resultado es presentado como prueba al incoarse la acción de estado.

de tal forma que la intromisión en su derecho a la intimidad no conlleve otros perjuicios que redunden en la paz de la prole y en su estabilidad familiar.

En conclusión, lo que los tribunales deben tratar de impedir, por un lado, es que la alegación del derecho constitucional a la intimidad personal y a la integridad física conlleve al desconocimiento de la cargas y deberes de los demandados para con sus hijos[48] (cfr. ATC de 9 de marzo de 1990[49]) y, por otro, que las pruebas biológicas se conviertan en un instrumento perjudicial para la prole.

3. *Negativa a la práctica de la prueba biológica*

La admisibilidad de las pruebas biológicas no se traduce en su imposición coactiva. Es decir, que sean obligatorias y deban realizarse aun contra la voluntad del demandado[50] (cfr. STS de 27 de junio de 1987). Por tanto, el afectado puede presentarse voluntariamente a su práctica o negarse a colaborar. Este comportamiento abstencionista del demandado puede deberse tanto a causas justificadas como injustificadas, generándose distintas consecuencias según se trate de uno u otro supuesto.

En cuanto a la negativa justificada, la STC de 17 de enero de 1994 establece que el demandado podrá, legítimamente, negarse al sometimiento de las pruebas biológicas si no existen indicios serios en la conducta que se le atribuye o cuando pudiera existir un quebrantamiento gravísimo para su salud. Es decir, el emplazado podrá negarse razonablemente a la práctica de la prueba biológica cuando la demanda no cumpla el principio de prueba. Estoy de acuerdo. Sin embargo, estimo que no sólo podrá negarse justificadamente cuando la práctica de la prueba afecte su integridad física, sino, en general, cuando resulte desproporcionada transgrediendo cualquier otro derecho fundamental o un bien jurídico protegido constitucionalmente.

---

[48] Cfr. SERRANO ALONSO, E., "La Constitución y relaciones privadas concretas. Filiación", en *Constitución y relaciones privadas,* Consejo Judicial del Poder Judicial, Madrid, 2004, p. 166.

[49] El Tribunal Constitucional, en esta sentencia, sostiene que no puede considerarse violado el derecho a la intimidad personal cuando se le impone limitaciones como consecuencia de deberes y relaciones jurídicos que el ordenamiento regula. Añade que si bien el derecho constitucional a la intimidad excluye las intromisiones de los demás en la esfera de la vida privada personal y familiar de los ciudadanos, ello no puede convertirse en una suerte de consagración de la impunidad, con quiebra del cumplimiento estricto de las obligaciones frente a los terceros y, muy particularmente, de las cargas y deberes resultantes de una conducta que tiene íntima relación con el respeto de posibles vínculos familiares.

[50] Cfr. DE CASTRO GARCÍA, J., *La investigación de la paternidad,* Colex, Madrid, 1992, pp. 35 y ss.

Las SSTS de 1 de febrero de 2004 y 2 de febrero de 2006 presentan muy buenos ejemplos de negativas justificadas a la práctica de la prueba genética. La primera resuelve una acción de reclamación de paternidad no matrimonial interpuesta por un hijo de 24 años, contra el supuesto progenitor (con el que, según se desprende de la sentencia, no existía posesión de estado de filiación), y su madre, quien se allana a la demanda. El demandado se niega, con razón, a someterse a la prueba biológica. La única prueba que existía de su paternidad era el testimonio de la madre asegurando haber mantenido una sola relación íntima con el demandado. Única en su vida, de la que engendró al hijo. En la segunda sentencia también era absolutamente legítimo que la madre se niegue a la práctica de la prueba biológica sobre el menor. El progenitor extramatrimonial, sin posesión de estado, presentó como única prueba de su demanda de reclamación de paternidad "la declaración jurada de sus propios padres en la que estos afirmaban las relaciones de amistad íntimas que su hijo mantuvo con la demandada"[51].

Justificada la conducta abstencionista del demandado a la realización de la prueba genética, no puede otorgársele ningún valor. El juez, por tanto, deberá tomar una decisión basándose exclusivamente en el resto de pruebas presentadas en el proceso.

Por otra parte, distinto es cuando no existen motivos que expliquen dicha negativa. Es decir, cuando el demandado se niega a la práctica de la prueba biológica pese a que su realización no es desproporcionada y cumplirse con el principio de prueba de la demanda.

Una consolidada y acertada jurisprudencia constitucional y del Tribunal Supremo, incorporada *in totum* en el artículo 767.4 LEC, sostiene que la abstención inmotivada del demandado de someterse a las pruebas médicas adecuadas para la investigación de la paternidad, en sí misma considerada, no puede ser valorada o equiparada a una *ficta confessio* o admisión implícita de la paternidad o de la no paternidad. No obstante, sí se le considera como un indicio de veracidad, que, *ad casum* y puesto en relación con los demás medios probatorios aportados, permite al juez atribuirle el significado correspondiente y declarar la paternidad del demandado obstruccionista o estimar la impugnación de la filiación (cfr., entre muchas otras, las SSTC de 17 de enero de 1994, 14 de febrero de 2005 y 24 de abril de 2006 y ATC de 2 de octubre de 1996. Asimismo, las SSTS de 24 de mayo de 1989, 20 de julio y 26 de noviembre de 1990, 8 de julio y 3 de diciembre de 1991, 28 de marzo, 29 de abril y 27 de mayo de 1994, 8 de mayo de 1995, 26 de septiembre de 1998, 1 de octubre de

[51] Sin embargo, el Tribunal consideró dicha negativa como injustificada y unida a la simple declaración de la madre declaró la paternidad no matrimonial del demandado.

1999, 2 de octubre de 2000, 24 de enero de 2001, 10 de noviembre de 2003, 2 de julio y 22 de noviembre de 2005).

En otras palabras, la negativa injustificada a la prueba biológica, por sí misma, cómo única prueba, bajo ningún concepto puede fundar la estimación de la demanda. Sólo constituye un indicio que el juez ha de valorar junto a las otras pruebas o indicios presentados en el proceso[52], que en conjunto le lleven a la convicción de la paternidad (o maternidad) del demandado abstencionista o de la carencia de vínculo biológico de la filiación determinada.

En este orden de ideas, puede sostenerse que la prueba biológica no es un deber, sino una carga. Es decir, el demandado puede practicar la prueba y demostrar que no es el padre, desestimándose la demanda, pero si se niega a practicarla sin causa alguna, no puede cargar a la parte demandante las consecuencias de su negativa, sino que recaen sobre la propia persona renuente, siempre que concurran indicios suficientes para, conjuntamente con la consideración de dicha negativa, estimar la demanda (cfr. STC de 14 de febrero de 2005; ATC de 9 de marzo de 1990[53]; SSTS de 21 de octubre de 1994, 26 de julio de 1999, 10 de noviembre de 2003, 25 de junio y 5 de julio de 2004; STSJ de Cataluña de 6 de junio de 1992, entre otras). Nótese, por lo tanto, que es posible desestimar la petición, aun habiendo mediado aquella negativa, si el resto de las pruebas no aportan base alguna mínimamente fiable para afirmarla.

Una perfecta aplicación de esta doctrina se encuentra en la STS de 3 de diciembre de 1991. El Tribunal Supremo considera que el indicio de la negativa a someterse a las pruebas heredobiológicas ha de ir unido a la acreditación de oportunidad de acceso carnal con la actora en las fechas críticas en que se cifra la concepción y a otros elementos probatorios que permitan la convicción de la realidad sobre la paternidad pretendida. En el caso que resuelve existían otras pruebas que llevaron al Tribunal a la estimación de la demanda de reclamación de paternidad no matrimonial. Por ejemplo, la confesión del demandado referida al hecho cierto de la cohabitación y convivencia en épocas idóneas con la madre; la declaración de la menor Rosario que siempre trató al demandado como padre y el dinero aportado por el emplazado a la menor para el pago del colegio. Todo ello, sostiene el Tribunal, configura un cuadro de circunstancias coincidentes en la afirmación del hecho

---

[52] Se trata de pruebas indirectas de la generación que acrediten la probabilidad de relaciones sexuales en la época de la concepción o de la conducta del progenitor sediciente asintiendo su condición.

[53] Concluye que la valoración de la negativa del interesado a someterse a las pruebas biológicas acordadas judicialmente cobra toda su virtualidad en conjunción con el resto de los elementos fácticos acreditados a lo largo del procedimiento. Ello constituye base suficiente para que el Tribunal establezca el nexo causal preciso para llegar a una conclusión sobre la filiación reclamada.

de la paternidad, que contribuyen a forjar la convicción de los juzgadores, cobrando clara significación la negativa final del demandado a someterse a las pruebas biológicas.

Sin embargo, tras el debilitamiento del principio de prueba, viene extendiéndose una interpretación judicial de la negativa a la práctica de la prueba genética bastante diferente a la expuesta. Debido a que los tribunales aceptan demandas inmotivadas, que alegan exclusivamente la posterior práctica de la prueba biológica, ésta adquiere para el juez un papel decisivo en la resolución del caso. El juzgador, tras la negativa, incluso justificada, del demandado a realizarla, se encuentra con que es imposible estimar la demanda, puesto que no existen otros indicios que, junto a la inhibición del demandado, lleven a declarar o destruir la filiación. Por tanto, en lugar de desestimar la petición, da un valor distinto a la conducta obstruccionista del emplazado.

Esta jurisprudencia, sobre la base del deber constitucional de toda persona a colaborar en un proceso judicial (cfr. artículo 118 CE) y el derecho a la tutela judicial efectiva del demandante (cfr. artículo 24 CE), propugna la obligatoriedad de la práctica de las pruebas genéticas y otorga a la conducta abstencionista del demandado un valor probatorio absoluto (de *ficta confessio*).

En este sentido, precisa que cuando no existan indicios suficientes que acrediten los hechos de la acción de filiación (cuando no se cumpla el principio de prueba), el demandado resulta obligado, por su deber constitucional de colaborar en un proceso judicial, a someterse a las pruebas directas de la filiación. En estos casos, sostiene esta práctica jurisprudencial, la fuente de la prueba se halla en poder de una de las partes del litigio, por lo que dicha parte *debe* contribuir con su actividad probatoria a la aportación de los hechos requeridos a fin de que el órgano judicial pueda descubrir la verdad. Su negativa, añade, vulneraría el derecho a la tutela judicial efectiva del demandante, colocándolo en una situación de indefensión, porque se le negaría la actuación de este medio probatorio esencial para la determinación del hecho de la generación discutido en el pleito y, en consecuencia, se le privaría de la posibilidad de hacer efectiva su acción. Agrega, por tanto, que ante el incumplimiento del "deber" de someterse a la prueba biológica, dicha negativa comporta un indicio "vehemente" de veracidad del hecho que se pretendía acreditar (cfr., entre otras, SSTS de 28 de marzo de 2000 y 1 de septiembre de 2004[54]).

Esta interpretación, no hay lugar dudas, se opone a la libertad en la realización de la prueba biológica y a lo dispuesto en relación con que la negativa injustificada no es una *ficta confessio*. Es decir, en lugar de desestimar la recla-

[54] Asimismo, la SAP de Murcia de 17 de octubre de 2001.

mación o impugnación de la filiación por falta de pruebas, concede un valor sin límites a la negativa del demandado. Además, transgrede el derecho a la tutela judicial efectiva, pero no del demandante, sino de la parte emplazada.

Con acierto, el Tribunal Constitucional ha rechazado categóricamente esta exégesis jurisprudencial por ser lesiva del derecho a la tutela judicial efectiva del demandado y al de igualdad en la aplicación de la ley. De esta manera ha reivindicado lo establecido en el artículo 767. 4 LEC: que la práctica de la prueba biológica no es obligatoria y que la negativa injustificada a su realización no tiene valor absoluto. En esta dirección, la sentencia de 14 de febrero de 2005 concede el amparo al recurrente, frente a una sentencia del Tribunal Supremo que declaraba la paternidad no matrimonial con base exclusivamente en la negativa del demandado a someterse a la prueba genética. El Tribunal Constitucional recuerda que dicha negativa no puede ser equiparada a una confesión de paternidad, sino que debe valorarse conjuntamente con las demás pruebas practicadas. Por consiguiente, sostiene el Tribunal que, a pesar de que esa negativa a la prueba biológica, si las otras pruebas no permiten afirmar la existencia de relación alguna entre el demandado y la madre del menor cuya filiación se reivindica –ni siquiera de amistad, como era el caso–, resulta lógico y obligado rechazar la pretensión de paternidad en cuestión. Defiende que esta doctrina pretende evitar que cualquier varón se vea obligado a someterse a pruebas biológicas desde el momento en que sea admitida a trámite una demanda de paternidad dirigida contra él, aunque la misma carezca de todo fundamento.

Sin embargo, el rechazo de esta práctica jurisprudencial por el Tribunal Constitucional no ha tenido eco en los tribunales ordinarios, quienes la han seguido aplicando (cfr. STS de 2 de febrero de 2006, SAP de Sevilla de 26 de junio de 2008, entre otras).

4. *Las pruebas biológicas* post mortem

Actualmente, en el seno de los órganos jurisdiccionales, constituye una tendencia *in crecendo* ordenar la exhumación del cadáver del supuesto padre o hijo fallecido para practicarles las pruebas biológicas. Para lograr este fin, no toman en cuenta la oposición de los familiares del difunto ni que muchas veces el único interés de la parte demandante es meramente económico: ser heredero del fallecido.

El argumento utilizado por los tribunales para fundamentar este proceder es el de la falta de personalidad del difunto, lo que les lleva a descartar una vulneración de sus derechos al honor y a la imagen. Se plantean la posibilidad de una afectación del derecho al honor e intimidad de los familiares del muerto, pero finalmente concluyen que frente a este derecho se erige la investigación de la paternidad y el derecho constitucional del hijo al conocimiento de sus orígenes biológicos. Derecho que fundamentan en la dignidad de la persona (cfr. artículo 10 CE) y que consideran absoluto y, por ende, superior a la intimidad familiar.

Un claro ejemplo de esta doctrina se plasma en la STS de 2 de julio de 2004 (Nº 578). Resuelve un recurso de casación (interpuesto por la viuda del difunto) que se inició con una demanda de reclamación de paternidad no matrimonial, impugnación de paternidad matrimonial y declaración de herederos, interpuesta por una hija. El padre murió mucho antes de la interposición de la demanda, que se dirigió contra la viuda y las hermanas del difunto. La demandante solicitó la práctica de la prueba biológica sobre los restos de su presunto padre. El Juzgado admitió la prueba y ordenó la exhumación del cadáver, practicándosele una prueba de ADN por amplificación de segmentos polimórficos, que determinaron la paternidad. Uno de los motivos que alegó la viuda en el recurso de casación es que la prueba genética no debió realizarse al existir oposición a su práctica. Sin embargo, el Tribunal Supremo desestimó la demanda y resolvió que la prueba biológica fue correctamente admitida y practicada. Razonó que no se vulneró el derecho a la intimidad del padre porque al morir se extinguieron todos sus derechos personalísimos. Por otra parte, que el derecho a la intimidad familiar de la viuda, referido o proyectado sobre el cadáver de su marido, no podía convertirse en una barrera a la investigación de la paternidad[55].

[55] Esta sentencia confirma la SAP de Badajoz de 17 de abril de 2000, que se había pronunciado de la siguiente manera: "Se circunscribe pues a dilucidar cuál de los derechos que pueden verse afectados en el conflicto ha de prevalecer como prioritario, si el de la investigación de la paternidad o el derecho al honor y a la intimidad personal o familiar; debiéndose decir, a este respecto, que no puede considerarse que la investigación de la paternidad tenga un fin injurioso o difamante, aunque obviamente pueda suponer molestias en la intimidad familiar de las personas, mas dicho derecho a conocer el propio origen biológico, como emanación de la dignidad humana, es indudablemente un derecho de la personalidad inviolable que se encuadra en el art. 10 de la CE y alcanza el rango de derecho fundamental de la persona, no siendo legítimo, por tanto, a otros seres humanos privar al sujeto de ese conocimiento de su origen y de su verdadera filiación, de ahí que la Jurisprudencia del Tribunal Supremo, reiteradamente, venga estableciendo que debe ser prevalente, en ese conflicto de intereses, dicho derecho, so pena de amparar siempre, de lo contrario, el perjuicio de la familia como escudo para evitar la investigación de la paternidad, haciendo ilusoria, por consiguiente, la finalidad perseguida por la CE y vacía de contenido en definitiva la reforma de 1981 del CC en esta materia, por lo que, en conclusión, ha de prevalecer el interés social y de orden público que subyace en la investigación de la paternidad frente a los derechos alegados por la recurrente".

Esta práctica jurisprudencial ha sido confirmada por el propio Tribunal Constitucional en sentencia de 17 de enero de 2005[56] y en el auto de 14 de junio de 1999[57].

Incluso el propio Tribunal Europeo de Derechos Humanos se decanta en línea semejante a los tribunales españoles. En sentencia de 13 de julio de 2006, caso Jäggi contra Suiza, declara que el derecho a conocer a los ascendientes, protegido por el artículo 8 del Convenio (respeto a la vida privada y familiar), ha de imponerse frente al derecho de la familia al respeto a los muertos y al interés público de la seguridad jurídica. Por ello, considera que en el caso enjuiciado se vulneró el Convenio por haberse denegado a la demandante la autorización para la exhumación del cadáver y realización de la prueba de ADN.

Sin embargo, esta sentencia presenta dos votos discordantes muy interesantes: el del juez HEDIGAN, que comparte la señora juez GYULUMYAN. Ambos consideran que no existió vulneración del Convenio porque el Tribunal Federal Suizo realizó un análisis profundo y bien razonado de los intereses contrapuestos en litigio, apoyándose en motivos pertinentes y suficientes para denegar la autorización a exhumar el cadáver. Además, que el derecho a la intimidad de las familias, que se manifiesta en su derecho a que el difunto repose en paz y a mantener la integridad de los restos mortales de su familiar, encuentra también amparo en el mismo artículo 8 del Convenio. Por último, sostienen que los asuntos relativos a la exhumación de un cadáver y la toma de una muestra de ADN es un tema que corresponde a jurisdicciones domésticas, en virtud del principio de subsidiariedad que el Tribunal Europeo debe respetar y "hacer gala de una enorme circunspección".

En mi opinión, la jurisprudencia permisiva de la práctica de la prueba biológica *post mortem* en oposición de los familiares es una consecuencia

---

[56] En el proceso civil, la sentencia de segunda instancia rechazó la realización de la prueba biológica sobre el fallecido por considerarla desproporcionada y por falta de pruebas en la demanda, desestimando la acción de reclamación de paternidad no matrimonial. No obstante, la demandante interpone recurso de amparo ante el Tribunal Constitucional, quien estima la demanda afirmando que basta con que se cumpla el principio de prueba de la demanda para que la exhumación y prueba biológica sobre un cadáver sea admisible y obligatoria.

[57] Los recurrentes, sobrinos del difunto, alegaron la vulneración de derechos constitucionales (vida e integridad física, honor, intimidad personal y familiar, a la propia imagen y dignidad de la persona) por la decisión judicial de permitir la exhumación del cadáver de su tío para la realización de la prueba biológica. Argumentaron que la admisión de dicha prueba era injustificada porque no existía un principio de prueba que fundamente la demanda. No obstante, el Tribunal Constitucional desestima el recurso por carecer de contenido constitucional. Afirma que la dignidad de la persona no es un derecho constitucional; que la persona fallecida no tiene derecho a la vida ni a la integridad física, que la práctica de la prueba biológica no conculcaba el derecho al honor ni a la imagen y que la exhumación del cadáver no dañaba la intimidad familiar de los recurrentes, puesto que obedece al mandato constitucional de posibilitar la investigación. Por último, que la medida judicial de la exhumación del cadáver no era desproporcionada.

lógica de otros excesos jurisprudenciales: exclusión del principio de prueba y la obligatoriedad de la realización de la prueba genética. Sin embargo, la doctrina jurisprudencial bajo análisis va mucho más allá. No sólo considera que la realización de la prueba biológica es un deber, sino que, además, impone medidas coactivas –la exhumación del cadáver– para su actuación. Una medida de esta naturaleza no está prevista en la ley, por tanto, es contraria al espíritu del artículo 767.4 LEC. En vida, bastaría con que el demandado se niegue a soportar la prueba genética para evitar su práctica, sin que exista posibilidad de ser violentado y conducido a la fuerza al centro médico correspondiente para llevarla a cabo. Ello vulneraría sus derechos fundamentales.

Ahora bien, el difunto carece de personalidad, pero conserva ciertos derechos: honor, intimidad e imagen (cfr. Ley Orgánica 1/1982, de Protección civil de derechos al honor, intimidad personal y propia imagen). Si bien los tribunales afirman que estos derechos fundamentales no se vulneran, considero que sí se quebrantan los intereses de los familiares del fallecido, que ostentan derechos relacionados con el cadáver. En este caso, su exhumación y posterior realización de la prueba biológica sin el consentimiento o contra la voluntad de sus parientes constituye una intromisión en el derecho a la intimidad familiar de estos últimos. Intromisión que no supera los parámetros de constitucionalidad establecidos por el propio Tribunal Constitucional, erigiéndose en una injerencia desproporcionada e ilegítima.

Esta práctica jurisprudencial, por tanto, vulnera el derecho a la intimidad familiar y olvida que la investigación de la paternidad no es norma absoluta y que no puede prevalecer menoscabando la paz de las familias ni transgrediendo derechos fundamentales[58].

Por otra parte, cuando la prueba biológica *post mortem* ha de realizarse sobre el hijo premuerto, su práctica responde únicamente a los intereses del padre demandante. Por tanto, al no haber ya *favor filii* alguno que proteger su realización también es desproporcionada.

Para evitar estas vulneraciones, el Derecho francés, *ex* Ley de 6 de agosto de 2004, prohíbe expresamente la prueba pericial biológica realizada *post mortem* (cfr. artículo 16-11), salvo que el propio difunto, en vida, haya consentido

---

[58] Así de claro lo tienen los tribunales alemanes. La Sentencia del Tribunal Constitucional Federal Alemán de 6 de mayo de 1997 manifiesta, expresamente, que la verdad biológica no siempre ha de prevalecer frente a otros derechos. Esta sentencia resuelve un recurso de amparo interpuesto por una madre, a la que un Tribunal Civil obligaba a suministrar información a su hija sobre los hombres con los que mantuvo relaciones íntimas en el período de la concepción, que le permitiera la identificación de su padre. Sin embargo, el Tribunal Constitucional estableció que el Tribunal Civil había actuado como si los intereses de la hija debieran prevalecer a toda costa sobre el derecho de la madre a su intimidad. Por ello, estima el amparo y devuelve la causa al orden jurisdiccional civil para que resuelva correctamente.

expresamente esta práctica para después de su muerte[59]. Sería adecuado que España también regule esta materia de manera expresa y restrictiva para evitar la continua afectación a derechos fundamentales de los familiares del difunto[60]. No obstante, considero que si los tribunales aplicaran adecuadamente la normativa española vigente se llegaría a una acertada solución.

Por un lado, si el supuesto padre es quien ofrece la prueba biológica *post mortem* sobre el hijo, los tribunales deberían tener en cuenta que estas pruebas se ordenan a la protección integral de la prole (cfr. artículo 39 CE y STC de 17 de enero de 1994). Por lo que muerto el hijo ya no habría *favor filii* que proteger. Dichas demandas, salvo haya existido posesión de estado de filiación, resultan muy sospechosas y no tendrían que admitirse. Únicamente beneficiarían al supuesto *pater* –sobre a todo a efectos sucesorios– quien sólo tras la muerte del hijo se aviene a reclamar la filiación.

Por otra parte, cuando el hijo es quien interpone la demanda de investigación de la paternidad referida a un padre fallecido, puede aplicarse perfectamente, por analogía, lo establecido para las personas vivas que se someten a la prueba biológica.

En primer lugar, los tribunales deberían dar efectivo cumplimiento al principio de prueba. Presentadas las pruebas fehacientes que sustenten la admisión de la demanda, podría aceptarse la prueba biológica sobre el difunto. Éste no puede asentir o negarse a su práctica, por lo que corresponde a sus familiares hacerlo. Por tanto, la realización de esta prueba está supeditada al consentimiento de estos últimos (viuda, hijos, hermanos, etc.), pues, insisto, la exhumación del cadáver conlleva una grave alteración en la intimidad familiar y paz de los parientes del fallecido.

Como esta prueba no es de obligatorio cumplimiento ni coercitiva, los familiares están en total libertad de negarse a su práctica, tanto justificada como injustificadamente. La falta de consentimiento de los familiares a su actuación en ningún caso podrá ser suplida por el juez. Por lo que éste no está facultado

---

[59] GRIMALDI considera que esta restricción es excesiva y está basada en una especie de "queja de los muertos" proveniente de antaño. A su juicio, es la paz debida a la familia del muerto lo que constituye el fundamento de la restricción, para lo cual cree que hubiera sido suficiente con subordinar el examen al consentimiento familiar (cfr. "Observaciones sobre la verdad, la filiación y la reproducción médica asistida", en *Familia y discapacidad,* Colección Scientia Iuridica, Madrid, 2010, p. 168).

[60] Para BERCOVITZ RODRÍGUEZ-CANO también sería deseable que se especificase con mayor claridad la distinta protección que debe darse con respecto a las pruebas biológicas de paternidad a las personas fallecidas frente a las vivas. En su opinión, aquellas no se ven afectadas en su integridad física o salud, pero cree que sí cabría una devaluación de su derecho al honor, a la intimidad y a la protección de su dignidad humana [cfr. "A vueltas con la investigación de la paternidad", *AC*, nº 5, 2005, p. 2 (www.westlaw.es)].

para ordenar la exhumación del cadáver en aras a hacer efectiva la práctica de la prueba genética.

Por otra parte, la negativa injustificada de los familiares del difunto bajo ningún concepto podrá ser valorada como una *ficta confessio,* ni muchos menos vulneradora del derecho a la tutela judicial efectiva del demandante. Esta negativa deberá valorarse en conjunto con las pruebas presentadas y practicadas en el proceso para estimar o desestimar la demanda.

Por último, existe otra medida alternativa a esta praxis: podría admitirse la prueba biológica sobre determinados familiares del difunto, pues, como sostiene la STS de 2 de julio de 2004 (Nº 575), la prueba biológica sobre los descendientes es bastante fiable para determinar la paternidad del ascendiente. En este caso, también deberá de tenerse en cuenta que la falta de colaboración de los familiares no es una *ficta confessio*, sino que tendrá que valorarse en conjunto con el resto de pruebas de la demanda.

5. *Prueba biológica fuera del proceso (extrajudicial)*

Normalmente, la prueba biológica es ofrecida y practicada dentro del proceso. No obstante, la regulación española no prohíbe la realización extrajudicial de la prueba genética y permite la incorporación de su resultado una vez incoada la acción de filiación. Este supuesto no está exento de problemas, sobre todo cuando la prueba biológica es soportada por el hijo menor de edad a iniciativa del padre formal y sin el consentimiento de la madre. Situación en la que voy a centrar mi atención.

Para ello, es de interés citar la SAP de Murcia de 17 de octubre de 2001, que resuelve un caso de impugnación de la paternidad matrimonial por un marido. Éste, aprovechando el derecho de visitas, realiza la prueba biológica sobre su hija legal, sin el consentimiento de la madre; prueba que incorpora al proceso. Pese a las irregularidades en su consecución, la Audiencia considera que la prueba se obtuvo legalmente. Bajo un argumento bastante objetable considera que la práctica de la prueba biológica se encuentra dentro de los poderes derivados de la patria potestad del padre, por lo que éste no necesitaba del consentimiento de la madre para llevarla a cabo[61]: "A tal solución no obsta el peregrino alegato de que la elaborada unilateralmente por el padre se ha obtenido ilícitamente y, por ende, carece de eficacia alguna. Dicha afirmación se sustenta en que aquél, contra la voluntad de la madre y de la menor, sometió

[61] Durante el proceso, además, se ordenó la práctica de la prueba biológica a la menor. La madre se niega y la Audiencia concede plena validez a la prueba genética obtenida por el marido de manera extrajudicial y sin el consentimiento de la madre.

a esta última aprovechándose del cumplimiento del sistema de visitas establecido en el proceso matrimonial, forzándola a ello, conociendo la negativa de la menor. Disentimos del argumento por tres elementales razones. Primero, porque la simple decisión para extraer a una niña unos centímetros cúbicos de sangre en un centro adecuado constituye una facultad que queda comprendida dentro de los poderes que otorga la patria potestad a los progenitores y no requiere del asentimiento del otro, dada su absoluta inocuidad para la salud física y mental de la menor, pudiendo haber ordenado directamente su realización el Juez «a quo» en el período probatorio prescindiendo y aun ignorando la infundada oposición materna, cuya opinión no ha de prevalecer sobre la del otro –hasta ese momento presunto– progenitor. Segundo, porque, según reiterada jurisprudencia constitucional, no comporta vulneración de derecho fundamental alguno, ni a la intimidad ni a la integridad física. Y tercero, porque no es de recibo, dada la edad de la menor (cinco años), que ésta pudiera resistirse cuando ni tan siquiera goza de juicio suficiente para captar el alcance y la trascendencia del acto, por ello si alguna consecuencia tuvo dicha extracción para la niña, ello sólo es posible merced a una denostable manipulación por parte de la madre, dado que con el padre ya no se relaciona".

A mi juicio, una prueba biológica realizada en dichas circunstancias no es acorde con las facultades de la patria potestad. Por el contrario, transgrede la finalidad de esta institución, que se ordena siempre al beneficio de los hijos y al respeto de su integridad física y psicológica (cfr. artículo 154 CC). Además, no es respetuosa de lo dispuesto en la legislación civil en cuanto ordena que la patria potestad ha de ejercerse conjuntamente por ambos progenitores o, en todo caso, por uno de ellos, pero *siempre* con el consentimiento expreso o tácito del otro (cfr. artículo 156 CC, párrafos primero y quinto). Sólo son válidos los actos que realice uno de los titulares de la patria potestad conforme al uso social o en situaciones de urgente necesidad. Coyuntura en la que no encuentra cabida la realización subrepticia de la prueba biológica sobre el hijo menor de edad. Por tanto, constituye una conducta abusiva del padre legal que, incluso, podría ser considerada como un incumplimiento de los deberes inherentes de la patria potestad que conduzcan a restringir su derecho de visitas o a privarle de la patria potestad (cfr. artículos 158 y 170 CC).

En consecuencia, la prueba genética realizada extrajudicialmente y de manera unilateral por uno de los titulares de la patria potestad, sin el consentimiento tanto del hijo menor de edad (si tiene edad para manifestar su opinión), como del otro titular, ha de ser considerada lesiva a la integridad moral del hijo (cfr. artículo 15 CE), a la intimidad de la madre (cfr. artículo 18 CE) e invalidada dentro del proceso. Es decir, se trataría de una prueba ilícita (cfr. artículo 287 LEC).

El tema se encuentra bastante claro en el Derecho alemán. En este ordenamiento, la prueba genética de paternidad practicada sin el consentimiento del niño o de las madres carece de validez, es inconstitucional y no debe ser admitida por los tribunales. El Tribunal Constitucional Federal Alemán así lo declara en sentencia de 13 de febrero de 2007. Afirma que una prueba biológica realizada sin el consentimiento u oposición de la madre o del hijo es inválida por vulnerar el derecho general de la personalidad del niño, en su faceta de autodeterminación informativa (cfr. artículos 2.2 y 1.1 Ley Fundamental); así como el derecho de la madre, en su faceta de protección de la intimidad y el derecho de custodia sobre el hijo que como madre le corresponde (cfr. artículo 6.2 Ley fundamental). Para el Tribunal, el derecho a la autodeterminación informativa *(informationelle Selbsbestimmung)* constituye una manifestación del derecho general de la personalidad y garantiza una facultad del individuo a decidir por sí mismo y dentro de qué límites pueden hacerse públicos datos personales. Una intromisión en este derecho sólo es admisible si la persona interesada consiente o bien una ley permite tal intromisión sin la voluntad o en contra de la voluntad del interesado. Por consiguiente, concluye que no resultaba admisible que el padre legal aportara estas pruebas en un procedimiento de impugnación de su paternidad y debía considerarse conforme a la Constitución su inadmisión por los tribunales.

Precisamente, para evitar la obtención ilegal de las pruebas genéticas, el Tribunal Constitucional Federal alemán, en la misma sentencia, ordena al legislador formular un procedimiento que permita al padre legal despejar las dudas sobre la filiación biológica. Esta exhortación se materializa en "la acción para el esclarecimiento de la paternidad biológica" (cfr. § 1598 a), meramente declarativa, que es introducida en el *BGB* por Ley de 26 de marzo de 2008. En este proceso los interesados tienen la posibilidad de verificar la paternidad biológica, con independencia y sin desembocar, necesariamente, en un proceso de impugnación[62]. En este sentido, la ley reconoce al padre, a la madre y al hijo la pretensión a la clarificación. Los implicados deben consentir a la investigación genética y tolerar la toma de las muestras que sean necesarias. Si el hijo es menor de edad, debe consentir en su nombre el otro progenitor y, si no asintiese, se puede acudir a la sustitución judicial del consentimiento ante los juzgados de familia. En este último caso, el juez, *buscando el interés del menor*, puede desestimar la petición, en función de las condiciones de convivencia

[62] El motivo de tal pretensión puede hallarse en que el padre quiera tener certeza sobre la ascendencia del niño, pero se sienta tan unido personalmente al mismo que, a pesar de no ser el progenitor, desee seguir siendo su padre legal. También es posible que este último quiera primero despejar las dudas sobre su paternidad, para luego analizar, en caso de que las pruebas no confirmen la paternidad biológica, las consecuencias jurídicas que de allí desea extraer.

o de desarrollo personal del menor, evitando así que esta pretensión pueda ocasionarle algún daño al hijo.

II. LA VERDAD SOCIAL

La Constitución y la Ley de 13 de mayo de 1981, junto a la verdad biológica, erigen como pilar fundamental otra gran certeza: la social o sociológica, otorgándole una igual e, incluso, mayor importancia que la primera, pues, en interés del hijo, puede ser más conveniente que la verdad social prevalezca. Esta última, por tanto, sobre la base del *favor filii* y la posesión de estado, constituye una limitación real al principio de verdad biológica.

A. *Favor filii*

También denominado principio de protección integral de la prole, *tout pour l'enfant* o *the best interest of child,* se encuentra consagrado en el artículo 39 CE. Este precepto ordena a los poderes públicos asegurar la protección de los hijos independientemente de su origen y concreta uno de los aspectos de ese amparo: el deber de los padres de prestar asistencia de todo orden a la prole[63], matrimonial y no matrimonial. Asimismo, consagra una protección especial a los niños[64], resaltando el importante papel que desempeñan los acuerdos internacionales en la protección de sus derechos.

El *favor filii*, por consiguiente, constituye una directriz básica de toda la legislación, pero se incardina de manera especial en el ámbito del Derecho de Familia[65]. Se puede citar, por mencionar algunas instituciones jurídicas familiares inspiradas en el *favor filii,* la patria potestad, la tutela, la guarda y custodia. También influye en los casos de separación, divorcio y nulidad.

Respecto de la patria potestad, el *favor filii* constituye la finalidad de esta institución, que se ejerce siempre en beneficio de los hijos (cfr. artículo 154 CC)[66]. En los casos relacionados con crisis matrimoniales, el interés y la pro-

[63] Una asistencia no reducida únicamente a los alimentos, como sucedía antes de la reforma de 1981, sino en sentido amplio: lo indispensable para el sustento, habitación, vestido, asistencia médica, educación e instrucción, incluso los gastos de embarazo y parto (cfr. artículo 142 CC).

[64] La Convención sobre los Derechos del Niño y la Carta Europea de los Derechos del Niño entienden por niño todo ser humano menor de dieciocho años de edad, salvo que, en virtud de la ley que le sea aplicable, haya alcanzado antes la mayoría de edad. Esta última, en España, se alcanza a los 18 años (cfr. artículos 12 CE, 315 CC y ss. y 1 LOPJM).

[65] Cfr. GARCÍA MÁS, F. J., "El menor ante el Derecho Comunitario", *Act. Civ.,* nº 4, 1998, p. 923.

[66] La ya citada Exposición de Motivos de la Ley de 13 de mayo de 1981 considera prioritaria la búsqueda del beneficio del hijo en la aplicación de las normas de patria potestad. A tal efecto

tección del hijo guían la actuación del juez cuando deba elegir a cuál de los padres corresponde la patria potestad. Asimismo, el juzgador tiene facultad para desaprobar los acuerdos de los cónyuges, si son dañinos para la prole (cfr. artículo 90.F CC). Además, la separación, nulidad o divorcio no eximen a los padres de sus obligaciones para con los hijos (cfr. artículo 92 CC).

Empero, es en el Derecho de filiación donde el principio de *favor filii* adquiere una importancia vital, presidiendo, al menos teóricamente, toda la regulación de este Derecho. Se erige, por tanto, en regla de la determinación de la filiación.

1. La indeterminación y prevalencia del favor filii

Si se pretende precisar lo que debe entenderse por *beneficio del hijo* o, en otras palabras, el interés del hijo al que la legislación pretende dar la máxima protección, emerge una cuestión que reviste cierta complejidad. Con razón, García Cantero y Castán Vásquez opinan que el artículo 39 CE recoge una expresión –*protección integral de los hijos*– cuya exégesis no resulta nada fácil, sobre todo en el dominio del Derecho Privado[67]. A desentrañar su significado dedicaré las siguientes líneas.

En general, la normativa española y supranacional concretan el *favor filii* en diversas expresiones: interés, beneficio o prevención del daño del hijo. No obstante, ninguna norma proporciona un significado específico de tan importante principio.

El Código Civil de Cataluña proclama el interés superior del menor y su derecho a ser oído (cfr. artículo 211.6). La Ley de Protección de Menores de Asturias, Ley 1/1995, de 27 de enero, también resalta el prevalente interés del hijo menor como guía de toda la actuación de la Administración del Principado

---

establece que *"la reforma ha erigido en principio básico el respeto a la personalidad del hijo"* y que *"la consideración prioritaria del interés del hijo ha conducido a acentuar, en el ejercicio de la patria potestad, la intervención y vigilancia del juez, árbitro, en muchos aspectos, de las relaciones paterno-filiales"*.

Por ello, el artículo 111 CC excluye de la patria potestad al progenitor en situaciones que puedan perjudicar al hijo. Es decir, cuando el progenitor ha sido condenado a causa de las relaciones a que obedezca la generación, según sentencia penal firme, o cuando la filiación se ha determinado judicialmente contra su oposición. Asimismo, el *favor filii* es el motivo por el que puede suspenderse ciertos aspectos de la patria potestad, como la visita, la comunicación y compañía del progenitor con su hijo (cfr. STS de 9 de octubre de 1982). Por último, también el beneficio del hijo es condición *sine qua non* para que el padre o la madre, privados de la patria potestad, puedan recuperarla, siempre y cuando cese la causa que originó la privación (cfr. artículo 170 CC).

[67] Cfr. ob. cit., p. 58. En el mismo sentido, Linacero de la Fuente, M., "La protección del menor en el Derecho civil español. Comentario a la Ley Orgánica 1/1996, de 15 de enero", *Act. Civ.*, nº 4, 1999, p. 1581.

de Asturias (cfr. artículo 6) y proporciona un concepto, pero bastante difuso, de lo que entiende por protección de menores: *"el conjunto de actuaciones en el marco del sistema público de servicios sociales, que la Administración del principado de Asturias (...) realice con la finalidad de promover el desarrollo integral del menor, así como prevenir y remediar cuantas situaciones de indefensión detecte, atendiendo en todo momento al interés primordial del menor y procurando su integración familiar y social"* (artículo 2).

Por su parte, de la Ley Orgánica de Protección Jurídica del Menor, Ley 1/1996, de 15 de enero, se desprende que en interés del niño éste puede ser separado de su familia biológica (cfr. artículo 2, 11.2.a y 11.2.b).

Por otro lado, un análisis del articulado de la Ley de 13 de mayo de 1981 arroja un resultado negativo respecto a un concepto de protección integral de la prole[68]. Sin embargo, se puede encontrar distintos aspectos en los que la Ley concreta el beneficio del hijo mayor o menor de edad: en la materialización de la igualdad de derechos de todas las clases de filiación; posibilitando la investigación de la paternidad y, al mismo tiempo, impidiendo, en ciertas ocasiones, la determinación del vínculo biológico por ser perjudicial para la prole. Son los casos de los artículos 123, 124, 125 y 126 CC[69]. Además, en beneficio del hijo, se regulan plazos de caducidad para el ejercicio de las acciones de filiación, se introduce la posesión de estado como un elemento que permite ampliar o restringir la legitimación y los plazos para interponer las acciones (cfr. artículos 131 a 141 CC) y se establece un principio de prueba en la demanda (hoy recogido en el artículo 767.1 LEC). Asimismo, se regula la intervención del Ministerio Fiscal en estos procesos para garantizar la protección y el beneficio de los hijos menores de edad e incapacitados[70].

---

[68] Después de la Ley de 13 de mayo de 1981 se han promulgado otras leyes generales que también proclaman el interés del menor como superior e inspirador de todas las actuaciones relacionadas con aquél, tanto en el ámbito administrativo como judicial, pero sin mayor explicación del principio. Entre estas normas destacan la Ley 13/1983, de 24 de octubre, sobre la tutela; la Ley 21/1987, de 11 de noviembre, por la que se modifican determinados artículos del Código Civil y de la Ley de Enjuiciamiento Civil en materia de adopción; y la Ley Orgánica 4/1992, de 5 de junio, sobre reforma de la Ley reguladora de la competencia y el procedimiento de los Juzgados de Menores.

[69] Todos estos artículos exigen una serie de requisitos complementarios para la determinación de la filiación no matrimonial. La primera norma exige el consentimiento expreso del reconocido, si el reconocimiento se realiza en la mayoría de edad del hijo. La segunda condiciona la eficacia del reconocimiento del menor o incapaz al consentimiento expreso del representante legal o a la aprobación judicial con audiencia del Ministerio Fiscal y del progenitor legalmente conocido. El tercero impide conocer el origen biológico incestuoso mientras no se cuente con autorización judicial, que será otorgada siempre que favorezca al menor. La última norma condiciona la eficacia del reconocimiento del ya fallecido al consentimiento de sus descendientes.

[70] Cfr. Goyena Salgado, F. J., "Los procesos de filiación en la nueva Ley de Enjuiciamiento Civil", en *Cuestiones de Familia en la nueva Ley de Enjuiciamiento Civil,* Consejo General del Poder Judicial, Madrid, 2001, pp. 342-344.

Junto a esta normativa nacional, existen una serie de Tratados Internacionales que, además de consagrar el interés del hijo, sobre todo del menor de edad, como superior y prevalente, no reducen su logro a un determinado aspecto[71]. En este sentido, la Carta de los Derechos Fundamentales de la Unión Europea[72], incorporada al Tratado por el que se establece una Constitución para Europa (Título II), establece que *"en todos los casos relativos a los niños llevados a cabo por autoridades públicas, el interés superior del niño constituirá una consideración primordial"* (artículo 24.2). Asimismo, la Carta de los Derechos del Niño –en su considerando A–, resalta como objeto prioritario el interés del hijo menor de edad, justificando esta especial protección en el hecho de que *"la infancia de todo individuo y las particulares circunstancias de su entorno familiar y social determinan en gran medida su vida posterior de adulto"*. Finalmente, la Convención sobre los Derechos del Niño prevé, en redacción semejante a la LOPJM, que en garantía del interés superior del hijo menor de edad, éste sea separado de sus padres e, incluso, evite mantener relaciones personales después de la separación, si ese contacto directo con ellos le causa algún perjuicio (cfr. artículos 3.1 y 9 incisos 1 y 4).

El análisis de ésta y de la normativa en general me permite concluir que existe una indeterminación conceptual del interés o beneficio del hijo. Los preceptos no hacen más que recalcar y referirse de manera general a la protección integral de la prole, tanto en un aspecto positivo, aludiendo a la búsqueda del provecho del hijo; como en un aspecto negativo, procurando evitarle un daño.

Lo que ha hecho el legislador es introducir un principio informador que, a la vez, es un criterio guía para la resolución de conflictos. Es decir, el *favor filii* se presenta como una cláusula general que debe ser interpretada y aplicada *ad casum*. En cada conflicto, cada hijo en concreto merecerá una solución específica y distinta.

No obstante, esta indeterminación lejos de ser una desventaja, resulta ser la mejor opción. En mi opinión, permitirá a los operadores jurídicos concretar y adaptar el bienestar del hijo a cada situación específica en la que se encuentre, evitando injusticias y perjuicios a la prole[73].

---

71 Todos estos acuerdos al ser ratificados por España forman parte de su ordenamiento interno (cfr. artículos 96.1 CE y 10.2 CE). Por lo tanto, sus disposiciones son directamente aplicables y con un carácter jerárquico superior a la ley ordinaria discutible, por lo que vinculan a todos los ciudadanos y poderes públicos (cfr. artículos 53.1 CE y 9.1 CE).

72 Aprobada en Niza el 7 de diciembre de 2001. Su contenido aún carece de fuerza jurídica. No obstante, su valor y vinculación es remarcado por la jurisprudencia española (cfr. STS de 3 de octubre de 2008).

73 En consecuencia, la labor de los jueces deviene esencial en la búsqueda del *favor filii* y, en esta dirección, la Exposición de Motivos de la Ley de 13 de mayo de 1981 destaca la función del

Por lo tanto, no es conveniente buscar conceptos abstractos de *favor filii*, aplicables a la generalidad de los casos, sino dar una solución a cada supuesto que se plantea. Cualquier intento legislativo, doctrinal o jurisprudencial de definir o reducir *a priori* este principio podría generar ciertos riesgos, tanto de imprecisión como de omisión de supuestos que, en lugar de favorecer al hijo, podría generarle graves daños (y por ello –acertadamente– la normativa ha evitado cualquier definición). Como atinadamente establece la doctrina alemana, refiriéndose al principio de interés del menor –y aplicable al principio de *favor filii*–, todo intento definitorio de este principio resultará temerario[74].

Ahora bien, que el *favor filii* sea una cláusula indeterminada no se traduce en la inexistencia de criterios que orienten al juez a concretar de la mejor forma el beneficio del hijo. De la normativa analizada se puede extraer lo siguiente:

En primer lugar, el interés del hijo no es un concepto unívoco. Tanto el legislador español como supranacional no restringen el *favor filii* a algún aspecto o circunstancia en particular, ni mucho menos al triunfo de la verdad biológica. La investigación de la paternidad es, por tanto, uno de los aspectos que integran el *favor filii,* pero éste es un concepto mucho más amplio que implica la protección de otros factores, ajenos al vínculo biológico: la seguridad jurídica en el estado de filiación y la defensa de la estabilidad del hijo en una determinada familia.

En segundo lugar, el *favor filii* se erige en un principio supremo que ha de regir la actuación y decisiones de los distintos organismos. El beneficio del hijo, en consecuencia, se impone a la verdad biológica[75] e impide que el interés del progenitor, el *favor progenitoris*, por muy legítimo que sea, se proteja con

---

operador jurídico: *"la consideración prioritaria del interés del hijo ha conducido a acentuar (...) la intervención y vigilancia del juez, árbitro, en muchos aspectos, de las relaciones paterno-filiales, hasta el punto de otorgársele una amplia autorización para ordenar las medidas oportunas cuando el hijo –su vida, su seguridad, su salud– se halle en peligro".* Por ello, Rico Pérez sostiene que la Ley de 1981, para velar por la igualdad, amplía considerablemente el arbitrio judicial, estableciendo como principio de su actuación el *favor filii.* Añade que, para la mejor satisfacción de los fines e intereses familiares, se concede a los jueces un ámbito de confianza, de discrecionalidad, para completar ciertos presupuestos de la misma o graduar sus consecuencias [Cfr., "La posesión de estado de filiación (en torno a la STS de 17 de marzo de 1988)", *Act. Civ.*, nº 33, 1988, p. 2033].

74 Para la doctrina alemana se trata de un concepto que no puede acotarse por su propia naturaleza. Considera que una definición exacta del interés del menor ni es razonable ni es posible. Por ello, la ciencia jurídica alemana no define este principio, sino que lo contempla como un instrumento adecuado para dar solución a los distintos conflictos de intereses que pueden afectar al menor de edad. Se ciñe a recoger los distintos supuestos en los que puede existir un conflicto entre el menor y su entorno para ofrecer una simple pauta. Para un estudio del principio en la doctrina alemana, puede consultarse con provecho De Torres Perea, J. M., "Tratamiento del interés del menor en el derecho alemán", *ADC,* nº 2, 2006, pp. 675 y ss.

75 Cfr. Bercovitz Rodríguez-Cano, R., "La investigación de la paternidad", *AC,* nº 2, 2005, p. 2042.

mayor intensidad que el interés de la prole. El *favor filii* supone una regla en virtud de la cual en caso de conflictos, el interés de los hijos prepondera y el interés de los padres se sacrifica y cede[76].

En tercer término, la protección integral que se pretende lograr es la de los hijos en general, sin tomar en cuenta su origen ni edad[77]. Como sostiene DIEZ-PICAZO[78], es hijo quien forma parte de una relación paterno-filial independientemente de la edad y mientras esa relación subsista. Sin embargo, es obvio que por la condición de los hijos menores de edad, su incapacidad de defenderse y actuar jurídicamente, la legislación española y los tratados internacionales les otorguen una mayor atención: *"los niños son una de las categorías más sensibles de la población, con unas necesidades específicas que hay que satisfacer y proteger"* (considerando C de la Carta Europea de los Derechos del Niño). Además, en la búsqueda del interés de un hijo menor de edad debe tenerse en cuenta que el bienestar de éste ha de contemplarse no sólo en cuanto a su presente, sino, sobre todo, en cuanto a su porvenir, para evitar perjuicios en la personalidad del futuro adulto y procurar así un total desarrollo armónico de su personalidad. Una infancia feliz es la condición precisa para un desarrollo mejor y más libre de la personalidad individual, redundando en el bien de la sociedad.

En cuarto lugar, la protección integral del hijo no sólo está encaminada a la búsqueda de un interés material, sino, sobre todo, a una protección moral o espiritual –y es que el beneficio del hijo exige al juez remitirse a ámbitos extrajurídicos–, máxime cuando el hijo es menor de edad. Ambos aspectos, material y espiritual, se presentan como dos caras de una misma moneda[79].

---

[76] Cfr. DIEZ-PICAZO, L., *Familia y Derecho*, Civitas, Madrid, 1984, p. 175 y PRESNO LINERA, M. A., "El Derecho Europeo de Familia", en *Cuadernos Aranzadi del Tribunal Constitucional,* nº 22, 2008 (www.westlaw.es).

[77] Con la mayoría de edad, es cierto, la persona alcanza una plena capacidad de obrar y una plena capacidad de la madurez psíquica, que trae consigo la extinción de la patria potestad y de ciertas obligaciones de los padres hacia la prole, como el derecho de alimentos. Sin embargo, ello no quiere decir que se rompan los vínculos filiales.

[78] Cfr. ob. cit., p. 172.

[79] En esta búsqueda de una protección integral de la prole, puede ayudar al juez el escuchar la opinión del hijo, de conformidad con los artículos 154 CC, 9 LOPJM, 13 CDN y 211.6 CC catalán. Estas normas no determinan la edad a partir de la cual el hijo debe ser oído, sin embargo, se entiende que será cuando tenga suficiente juicio o discernimiento. Por citar un ejemplo, los tribunales alemanes consideran que incluso un niño de 3 o 4 años debe ser oído (Cfr. DE TORRES PEREA, J. M., ob. cit., pp. 699 y ss.). También sería óptimo que en la audiencia con el hijo menor de edad se cuente con la presencia e intervención de un psicólogo, que ayude al juez a determinar lo que el menor desea y le beneficia. El psicólogo es un profesional idóneo para interpretar el lenguaje, las querencias y necesidades de un niño.

2. *El* favor filii *en la jurisprudencia*

El Tribunal Constitucional y Supremo españoles han tenido oportunidad de pronunciarse en muchas ocasiones sobre el principio de *favor filii,* sobre todo en procesos de filiación. De estas sentencias se infiere que existen dos líneas jurisprudenciales que propugnan visiones muy distintas del beneficio del hijo y que implican sendas teorías irreconciliables sobre los límites del principio biológico en su determinación.

La primera doctrina jurisprudencial, en concordancia con la Constitución y la Ley de 13 de mayo 1981, entiende el *favor filii* como un concepto bastante amplio, que abarca no sólo el triunfo de la verdad material, sino también la protección de la paz familiar y la seguridad del estado civil de los hijos. En esta dirección, propugna que la protección integral de la prole se conseguirá, unas veces, con la prevalencia de la verdad biológica, pero, otras, con el mantenimiento de la verdad sociológica[80]. En consecuencia, entiende que esta última puede prevalecer sobre la verdad material.

En este orden de ideas, esta práctica jurisprudencial sostiene que el interés de la prole es el más digno de protección frente a posibles aspiraciones particulares de sus progenitores (cfr. STS de 30 de junio de 1988, 31 de julio de 2009[81] y 12 de mayo de 2011) y que la colisión de intereses habrá de ser resuelta a favor de los hijos[82] (cfr. STS de 26 de junio de 2002). Asimismo, que no es verdad absoluta que el bien del hijo está en la obtención de una declaración de filiación paterna y materna o en evitar la inexactitud en la determinación de su vínculo (cfr. STS de 28 de mayo de 1997), pues también se protege proporcionando seguridad al estado de filiación de las personas y a la posesión de estado que venía gozando el hijo (cfr. SSTS de 17 de marzo de 1995 y 29 de

---

[80] Entre la doctrina que refrenda esta sentencia, puede citarse a Durán Rivacoba, R., "El anonimato… cit.", pp. 2082 y ss.; Prieto Fernández, C., ob. cit., pp. 139 y ss.; Rubio Torrano, E., "Inconstitucionalidad del artículo 136.1 in fine del Código Civil", *AC,* nº 2, 2005, pp. 2029-2030; Sillero Crovetto, B. y Asencio Sánchez, C., ob. cit., pp. 1089 y ss.; entre otros.

[81] Esta sentencia recuerda la superior jerarquía que el legislador atribuye al interés del menor, calificándolo como un sintagma de carácter absoluto.

[82] Con estos argumentos, el Tribunal Supremo impide que una niña, Tamara, sea separada de su familia de acogida con la que llevaba viviendo seis de sus ocho años y volviera con su madre biológica, de la que fue distanciada por no brindar a la menor los cuidados necesarios. El Tribunal Supremo precisa que la menor se encuentra totalmente adaptada e integrada a la familia de acogida, de tal forma que lo mejor para ella es quedarse donde está. Afirma que el interés del niño debe primar sobre la verdad biológica y, que una vez que el menor está en acogida, para decidir su regreso a la familia de sangre, tendrá que considerarse el tiempo transcurrido en la familia de acogida, los vínculos afectivos desarrollados con ella y si el retorno al entorno biológico comporta riesgos relevantes de tipo psíquico, pues este regreso podría producir un desajuste psicológico en el menor (cfr. Ceberio Belaza, M., "La mejor familia, biológica o no", en www.temassociales.com).

octubre de 2008). Defiende que es imposible la admisión de una investigación de la paternidad indiscriminada, que perturbe la paz familiar y sea contraria al estado civil. En consecuencia, propugna la constitucionalidad de la disociación entre filiación biológica y jurídica (cfr. STC de 17 de junio de 1999, SSTS de 17 de marzo de 1995, 28 de mayo de 1997, 31 de diciembre de 1998 y 28 de noviembre de 2002).

Esta postura es defendida por el propio Tribunal Europeo de Derechos Humanos. Para el Tribunal, el *favor filii* es superior y ha de prevalecer siempre (cfr. sentencia de 10 de enero de 2008, caso Kearns contra Francia). A su parecer, la protección integral de la prole no se reduce al criterio biológico. Por tanto, a pesar de que la verdad de sangre sea indiscutible, debe analizarse si realmente beneficia al hijo (cfr. sentencia de 5 de noviembre de 2002, caso Yousef contra Países Bajos). *Sensu contrario*, si perjudica a la prole, se ha de dar preeminencia a otros factores, porque, alega, la verdad biológica no es absoluta (cfr. sentencia de 13 de febrero de 2003, caso Odièvre contra Francia).

Dentro de la jurisprudencia extranjera que comparte esta postura, es interesante resaltar la sentencia del *Tribunale per i minorenni* de Turín, de 26 de febrero de 1992. En un proceso de reclamación de paternidad extramatrimonial por un padre, se remite a una serie de aspectos: personal, social, económico y familiar, en aras a decidir lo más beneficioso para el hijo[83].

En el aspecto personal evalúa la necesidad psicológico-afectiva del menor de tener un padre, de saber quién sea. En el social, la utilidad de ser individualizado y conocido como hijo de una cierta persona, teniendo en cuenta el ambiente en el que vivía el menor, su identificación y su edad. En el aspecto económico se cuestiona sobre la conveniencia de que el hijo menor sea ayudado en su mantenimiento y crecimiento; y, para llegar a una conclusión en el aspecto familiar relacional, ordena la realización de pruebas psicológicas.

Sin embargo, en los últimos años, la jurisprudencia española viene implantando una práctica contraria a la expuesta, que se ha convertido en mayoritaria. Esta praxis judicial también defiende la supremacía del *favor filii*, pero le asigna un significado unívoco, reduciéndolo a la prevalencia de la verdad biológica. En consecuencia, defiende la aplicación de una investigación de la paternidad sin límites, ya que cualquier obstáculo que impida el triunfo del criterio biológico perjudicaría al hijo y, por ende, impediría la realización del *favor filii*. Sobre la base de estos argumentos, esta postura no duda en calificar a la seguridad

---

[83] Cfr. RIVERO HERNÁNDEZ, F., *El interés del menor*, Dykinson, Madrid, 2007, pp. 250-251.

jurídica y a la paz familiar como simples formalismos que nunca pueden conciliarse y mucho menos prevalecer frente a la verdad de sangre[84].

Reproduciendo algunas de las sentencias que integran esta jurisprudencia, se puede mencionar la STS de 30 de enero de 1993. Sostiene que la protección integral de los hijos clama contra la inexactitud en la determinación de la paternidad "que incidiría en la anomalía de atribuir la potestad sobre ellos a quien no es su progenitor" (en la misma dirección, la STC de 17 de enero de 1994, las SSTS de 5 de junio de 1997 y 22 de marzo de 2002). Es decir, que lo más beneficioso para el hijo, en todos los casos, será la adecuación total de la filiación legal a la biológica (cfr. ATC de 2 de octubre de 1996 y STS de 21 de septiembre de 1999). Concluyen que el artículo 39 CE ha consagrado una amplia investigación de la paternidad, sin someter tal facultad a limitaciones (cfr. STS de 30 de enero de 1993, 23 de marzo de 2001, 3 de diciembre de 2002, 15 de septiembre de 2003, 16 de julio de 2004 y 16 de octubre de 2008).

Esta jurisprudencia, al reducir el *favor filii* a la coincidencia absoluta entre verdad formal y material, convierte este presupuesto en un axioma de aplicación automática y general a todos los casos. Simplemente aplica *a priori* dicho criterio, hace prevalecer la verdad biológica, sin tomar en cuenta, en cada caso en particular, si ella realmente beneficia a la prole. Es decir, sin que el juzgador analice las circunstancias que rodean cada supuesto y en las que se encuentra inserto cada hijo. Por tanto, esta postura es contraria al espíritu de las normas, entre las que se encuentra la propia Constitución, que materializaron el principio de *favor filii* como una cláusula general que debía ser interpretada *ad casum*.

Además, si el *favor filii* se restringe únicamente a la preeminencia de la verdad biológica, pierde entidad y superioridad, más aún, se anula, y la verdad de sangre se convierte en el único principio rector de la filiación. Lo que no obedece a la legislación vigente. De lo contrario, carecería de sentido buena parte de la regulación de la filiación: no tendría razón el establecimiento de los plazos de caducidad en las acciones de filiación, no cabría restringir el ámbito de las personas legitimadas para la interposición de estas acciones, ni cualquier otra limitación, puesto que todo ello no contribuiría a lograr el *favor filii*.

Resulta necesario, por tanto, reivindicar la independencia y superioridad del principio de protección integral de la prole y, en consecuencia, la validez de los límites que complementen, atemperen o se impongan a la verdad biológica.

---

[84] Avalan esta teoría, GARCÍA VICENTE, J. R., "Los maridos pueden impugnar su paternidad sin plazo", *AJA*, nº 688, 2005, (www.westlaw.es) y "Los principios del Derecho de las acciones de filiación", *AC*, nº 5, 2004, pp. 2151 y ss.; POZO VILCHES, J., *El reconocimiento de hijo no matrimonial de mujer casada*, Trivium, Madrid, 1993, pp. 11 y ss.; TORAL LARA, E., ob. cit., p. 467; entre otros.

Sólo así se construirá un Derecho de filiación que gire, verdaderamente, en torno de los hijos.

B. La posesión de estado

La posesión de estado, manifestación de una verdad sociológica y efectiva digna de protección, adquiere un mayor protagonismo con la Ley de 13 de mayo de 1981[85]. Sin embargo, ésta no la define, a diferencia de otros cuerpos legislativos extranjeros[86]. Se limita a señalar que la posesión de estado debe ser constante (cfr. artículo 131 CC).

La doctrina y la jurisprudencia han sido las encargadas de conceptualizar esta figura y delimitar los hechos constitutivos que la integran. Ambas son unánimes y establecen que la posesión de estado de filiación es una cuestión fáctica, que consiste en el goce de hecho del estado de hijo, de modo público, permanente e inequívoco en las relaciones familiares y sociales. Situación que revela la libre voluntad del padre de prestar asistencia, cuidado y compañía al hijo, y que está sometida a la libre apreciación judicial[87] (cfr. SSTS de 30 de

---

[85] "No se trata de legislar en abstracto, sin consideración al elemento humano o sociológico. Si se quiere legislar con justicia para todos los estratos de la sociedad habrá que partir de una realidad elemental: la filiación que se vive es ordinariamente la verdadera y debe tener efectividad jurídica aunque todavía no se hayan cumplido las prescripciones formales legales previstas para la determinación legal" (Rico Pérez, F., ob. cit., p. 2031).

[86] El Código Civil italiano, en su artículo 237, regula que la posesión de estado *"resulta de una serie de hechos que en su conjunto valen para demostrar las situaciones de filiación y de parentesco entre un individuo y la familia a la que dice pertenecer. En todo caso, deben concurrir los siguientes hechos: que la persona haya llevado siempre el apellido del padre que pretende tener; que el padre la haya tratado como hijo y haya provisto en esta cualidad a su mantenimiento, educación y colocación; que haya sido constantemente considerada como tal en las relaciones sociales; que haya sido reconocida en dicha cualidad por la familia"*.

Por otra parte, el Código Civil francés en el artículo 311.1 (modificado por la Orden nº 2006-759, de 4 de julio de 2005, en vigor desde el 1 de julio de 2006) determina que *"la posesión de estado se establece por una reunión suficiente de hechos que revelen el vínculo de filiación y de parentesco entre una persona y la familia a la que se le dice pertenecer"*. Asimismo, enumera algunos de estos hechos significativos: *"1º Que esta persona haya sido tratada por la o las personas de la familia a la que se considera pertenecer como por sus propios padres; 2º Que con esta cualidad, las mismas hayan contribuido a su educación, a su manutención y a su establecimiento; 3º Que esta persona sea reconocida como su hijo por la sociedad y la familia; 4º Que esta persona sea reconocida como tal por la sociedad pública; 5º Que esta persona siempre haya llevado el apellido de los que se le dice nacido"*.

[87] Cfr. Carbajo González, J., *Las acciones*... cit., pp. 91-92; Díez-Picaso y Ponce de León, L. y Gullón Ballesteros, A., ob. cit., p. 228; Huet- Weiller, D., Labrusse, C. y Van Camelbeke, M., *La filiation,* sous la direction de René Rodière, 1, Librairies Techniques (LITEC), París, 1981, p. 12; Parés Maicas, M., ob. cit., p. 38; Peña y Bernaldo de Quirós, M., "De la Paternidad... cit.", p. 840; Puig Brutau, J., *Fundamentos*... cit., p. 210, entre otros.

junio y 7 de diciembre de 1988, 20 de mayo de 1991, 14 de noviembre de 1992, 2 de marzo de 1994, 10 de noviembre de 2003, entre otras).

Es decir, la posesión de estado de filiación es el resultado de un cúmulo de circunstancias que, referidas a una persona, por un considerable período de tiempo, acreditan que dicha persona goza, *de hecho*, de la situación correspondiente a la de hijo, aun cuando no exista un título justificativo del mismo[88].

En este orden, la STS de 20 de diciembre de 1991 deduce la existencia de posesión de estado de filiación no matrimonial de los siguientes hechos: don Andrés (el supuesto *pater*) sufragó los gastos de escolaridad de doña Catalina, la hija demandante, en el curso 1943-1944, recibiendo esta última una educación distinta y más esmerada que la de sus otros hermanos maternos. Además, don Andrés le transmitió dos viviendas y éste y la actora eran titulares conjuntos de una cartilla de ahorro. Sumado a todo ello la declaración testifical, proclama la paternidad no matrimonial del demandado. Asimismo, la STS de 2 de julio de 2004 entiende que existía posesión de estado de filiación no matrimonial porque el supuesto padre pagaba una mensualidad a la hija a través del sacerdote de la parroquia donde la niña vivía. Existían fotos que demostraban la relación que mantenían como padre e hija y, además, era de conocimiento público que la niña descendía de aquél hombre.

En concreto, este cúmulo de circunstancias o elementos que integran la posesión de estado son el *nomen*, *tractatus* y *fama* o *reputatio*.

a) El *nomen* (uso del nombre): el poseedor del estado lleva el apellido (paterno o materno) de otra persona. Es decir, usa el nombre correspondiente a la situación familiar que se le atribuye y lo usa como propio, no como apodo ni seudónimo.

b) El *tractatus* (comportamiento del progenitor con el hijo): indica que el padre o la madre y el hijo se comportan en las relaciones de la vida como tales, tanto en el ejercicio de la autoridad paterna y la denominación de hijo, como en la convivencia y compañía, alimentos, educación, etc. La posesión de estado, en consecuencia, se forma por actos directos del mismo padre o madre, pero no se reduce a éstos. También adquiere importancia el comportamiento de la familia del supuesto progenitor (cfr. artículo 49 LRC), en el aspecto que:

---

[88] LÓPEZ Y LÓPEZ debido a que la posesión de estado genera una apariencia de la filiación pretende incluirla en la Teoría de la Apariencia Jurídica. Teoría propia de los derechos reales relacionada con la seguridad jurídica del tráfico (Cfr. *La posesión de estado familiar,* Publicaciones de la Universidad de Sevilla, Sevilla, 1971, pp. 167 y ss.). En mi opinión, esta analogía es forzada. La preocupación principal de la teoría citada es la protección de los terceros, no la del titular de la relación jurídica subjetiva. A diferencia de la posesión de estado que actúa en beneficio del titular del estado.

1) Cuando a este último le es imposible realizar actos directos de atención al hijo o perseverar en la asistencia del mismo (por haber muerto, estar ausente, ser un incapaz, etc.), los actos y el trato de la familia con el supuesto hijo serán determinantes para la constatación de la existencia de posesión de estado de filiación. Es decir, la intervención de la familia es un sucedáneo de la actividad del progenitor. Por ejemplo, en vías a lograr la determinación judicial de la filiación alegando la posesión de estado, puede decirse que esta última existe en relación con el hijo que nace siete meses después de la muerte del padre y que es tratado por los parientes de éste como miembro de la familia e hijo del fallecido. Máxime, cuando la conducta de la familia hallaba su base en la del difunto, que mantuvo una relación amorosa con la madre, con quien se había comprometido en matrimonio.

2) Cuando existe la posibilidad de un trato directo del progenitor con el supuesto hijo, estos hechos serán los determinantes para la posesión de estado, siendo los actos de la familia un complemento o confirmación de los actos del primero. Por lo tanto, no mediando imposibilidad, sería dudoso asumir la existencia de posesión de estado de filiación en aquella situación en que existe una conducta activa de la familia frente a una postura meramente pasiva o contraria del progenitor, debiendo ser evaluado *ad casum.* Lo que sí se admite es una posesión de estado manifestada por el progenitor y contradicha por la familia.

Por otra parte, como caben actos directos del padre hacia el *nasciturus* –convivencia con la madre, pagar la asistencia médica del niño, etc.[89]–, es posible la posesión de estado respecto del hijo por nacer, máxime cuando éste es sujeto de derecho para todo lo que le beneficie (cfr. artículo 29 CC).

c) Por último, la *fama* (conocimiento público de la situación): es la opinión general, la *vox populi,* que reconoce al hijo como de un determinado padre. Existe cierta dependencia de este elemento con el *tractatus*, en el aspecto que la existencia de fama implica que hay un trato entre el progenitor y el hijo. Sin embargo, es factible un *tractatus* sin fama.

Estos tres elementos que integran la posesión de estado deben ser constantes o permanentes. Es decir, debe tratarse de una pluralidad de actos, no aislados, sino entrelazados y persistentes. No obstante, esta constancia no debe entenderse en el sentido de *ininterrumpida,* pues la posesión de estado de filiación es compatible con ciertas interrupciones[90] (cfr. STS de 14 de

[89] Cfr. PEÑA Y BERNALDO DE QUIRÓS, M. "De la paternidad… cit.", p. 844 y RICO PÉREZ, F., ob. cit., p. 2040.

[90] Cfr. CATTANEO, G., ob. cit., pp. 41-42 y HUET- WEILLER, D., LABRUSSE, C. y Van CAMELBEKE, M., ob. cit., p. 18.

noviembre de 1992[91]), siempre que no contradigan la posesión de estado que se venía ostentando (no tendría valor, por ejemplo, una posesión de estado de filiación matrimonial suspendida por un goce de hecho de una filiación no matrimonial). La persistencia de la posesión de estado debe interpretarse, por tanto, como cierta, notoria, fehaciente y coherente.

Por otro lado, como la posesión de estado es una figura que se incardina en la filiación por naturaleza, matrimonial y no matrimonial (cfr. artículos 108 CC-141 CC), debe tenerse presente que, en esta última, los elementos fácticos se presentan de forma diferente o con menos intensidad que cuando se trata de una posesión de estado de filiación matrimonial, en donde se parte de una posible esfera de convivencia común. Por consiguiente, los elementos de la posesión de estado deben examinarse con cierta flexibilidad cuando se trata de un vínculo extramatrimonial (cfr. STS de 24 de febrero de 1966)[92].

En lo que se refiere al *nomen,* es evidente que constituye un elemento ordinario de la posesión de estado de filiación matrimonial, por lo que resulta lógico que el hijo use el apellido del padre. Mientras que tratándose de un hijo no matrimonial, la posesión de estado es compatible con el uso de un apellido distinto, el que corresponde al hijo legalmente (cfr. SSTS de 20 de mayo y 8 de julio de 1991, 17 de marzo de 1995 y 10 de noviembre de 2003). Sin embargo, esto no constituye una regla. Se han presentado casos en los que, aun tratándose de un vínculo filial no matrimonial, el hijo usaba el apellido de su progenitor, incluso en la época en que esta filiación era calificada de incestuosa (cfr. STS de 17 de marzo 1988[93]).

---

[91] "Es evidente que la posesión de estado habrá de durar cierto tiempo, variable según los casos, sin que sea incompatible con alguna interrupción".

[92] Así también lo defiende Espín Cánovas, D., ob. cit., pp. 318-319; Lacruz Berdejo J. L., ob. cit., pp. 326-327. En contra Verdera Server, R., *Determinación…* cit., pp. 91 y ss.

[93] Es el caso de Victoria Casa–Rojas, hija biológica del Conde Casa–Rojas, nacida el 13 de octubre de 1919. Desde 1916 la madre de Victoria, casada con otro hombre, convivía con el Conde. La niña vivió con su padre desde su nacimiento y mantuvo con él y los parientes de éste una relación familiar continua y muy cariñosa. La regulación de esa época atribuía la filiación al marido de su madre e impedía la determinación no matrimonial de la filiación al ser considerada una hija adulterina. Sin embargo, Victoria nunca utilizó el apellido de su padre legal y fue conocida desde su alumbramiento como la hija del Conde, la señorita Casa-Rojas. Tiempo después, en 1931, la madre de Victoria logra la nulidad de su matrimonio y se casa con el Conde en nupcias civiles ese mismo año y nupcias religiosas en 1940. Este mismo año, el Sr. Casa-Rojas, para regularizar la filiación, adopta a Victoria. Ésta, a pesar de ostentar la filiación que le corresponde con la verdad, por cuestiones de herencia (la legítima estricta de los padres del Conde sería entregada en fideicomiso a los descendientes de éste y, de no existir, pasaría a los hijos de sus hermano), reclama la filiación matrimonial respecto del Conde y de su madre, en 1984. Demanda que es estimada por el Juzgado de Primera Instancia, revocada por la Sala y confirmada por el Tribunal Supremo. La prima de Victoria, la Condesa de Bosch, al verse perjudicada por la determinación de esa filiación, porque perdería los bienes del Conde que se le habían atribuido, presentó Recurso de Amparo Constitucional, alegando la violación a la tutela judicial efectiva, pero el Tribunal Constitucional, en auto de 26 de septiembre de 1988, declara inadmisible la demanda.

En cuanto al *tractatus,* la filiación matrimonial exige la bilateralidad, siendo unilateral en la no matrimonial.

Respecto de la *fama* o *reputatio,* la propia jurisprudencia descarta que deba concurrir de un modo ostensible y análogo a la filiación matrimonial, "pues sería absurdo que el padre tuviera que alardear de la relación no matrimonial y del fruto de la misma y menos en la época en la que sucedieron los hechos" (STS de 10 de noviembre de 2003).

Por último, que la posesión de estado se incardine en la filiación por naturaleza, excluye su aplicación en la filiación adoptiva y, además, implica que el hijo procede de un padre y de una madre. Es decir, exige la heterosexualidad en la pareja progenitora. Sólo ésta pueda concebir un hijo por cópula natural, matrimonial o no matrimonial.

Luego, no existe posibilidad de que dos mujeres (o dos hombres) ostenten la posesión constante de madres (o de padres) por reputación en una localidad determinada. Los que forman parte de ese contexto social conocen la existencia de esa relación homosexual y, por ello, saben que esa relación no da lugar a una filiación[94]. De modo que esa "situación social" no ampara la pretensión que recoge el artículo 131 CC, que permite a cualquier persona con legítimo interés incoar acción para que se declare la filiación manifestada por la constante posesión de estado. Es decir, es imposible que la pareja (o cónyuge) homosexual de otra persona alegue posesión de estado de filiación respecto del hijo de esta última, ni aunque se haya sometido a un proceso de cambio de sexo y aparentemente formen una pareja heterosexual, ya que biológicamente nada ha cambiado (cfr. STEDH de 22 de abril de 1997, caso X, Y y Z contra Reino Unido).

En esta dirección, una petición como la que se presenta en la STS de 18 de enero de 2011 no puede prosperar. En el caso, la demandante, doña Visitación, solicitaba la determinación judicial de su maternidad no matrimonial respecto de la menor Tatiana –con la que vivió 3 años–, hija biológica de su ex-pareja, doña Esmeralda. Asimismo, requería la adopción judicial de medidas materno-filiales y económicas (patria potestad compartida, derecho de visitas, pensión de alimentos). La parte demandada pidió la desestimación de la demanda aduciendo que la actora no ostentaba legitimación para interponer una acción de filiación al no ser madre de la menor ni por naturaleza, ni por adopción. El Juzgado de Primera Instancia de Massamagrel, con acierto, desestimó la demanda. Alegó que en función del artículo 108 CC la demandante no se encontraba en ninguno de los supuestos de determinación de la filiación, "porque

[94] Cfr. ARECHEDERRA ARANZADI, L. I., "El derecho del nacido a la verdad biológica", en www.unav.es.

biológicamente es imposible su determinación por naturaleza y porque no se ha llevado a cabo ningún expediente de adopción respecto de la menor. A la vista de dicho artículo, no existe otro modo distinto de determinación de la filiación; la aplicación del art. 7.1 y 3 LTRA exige que ambas integrantes de la pareja estén casadas entre sí y demandante y demandada nunca contrajeron matrimonio". Doña Visitación apeló la sentencia, pero la Audiencia Provincial de Valencia declaró no haber lugar al recurso. Confirmó la sentencia recurrida y añadió que "no se entiende fácilmente la alegación sostenida en el recurso acerca de esa pretendida discriminación, cuando la recurrente sabe bien que no se trata de una cuestión de discriminación, sino de legalidad". Finalmente, la actora interpone recurso extraordinario de infracción procesal y recurso de casación, pero son declarados inadmisibles.

1. Las funciones de la posesión de estado

La posesión de estado en el ordenamiento español no es un medio o título de determinación de la filiación[95], como sí lo es en el Derecho francés (cfr. artículo 317 CC francés). No obstante, facilita la fijación del vínculo filial y desempeña un importante papel en la acreditación de la filiación así como en las acciones de estado, al constituirse en un factor decisivo de la caducidad y legitimación.

a. La posesión de estado como título de acreditación de la filiación

El título de acreditación de la filiación[96] por excelencia es el acta del Registro, en orden al principio de prevalencia de la inscripción en materia de la prueba del estado civil (cfr. artículo 327 CC).

La posesión de estado desempeña, una función subsidiaria de las actas de nacimiento[97], porque es invocada ante la inexistencia del título normal de acreditación (cfr. artículo 113 CC) y bajo la condición que previa, o simultáneamente, se haya instado la inscripción omitida o la reconstitución del asiento (cfr. artículo 2 LRC).

---

[95] Por ello, difiero de RICO PÉREZ cuando sostiene que la posesión de estado es el título mismo de determinación legal de la filiación (cfr. ob. cit., p. 2042).

[96] Prueba preconstituida, fácilmente demostrable, que acredita –hace valer– extrajudicialmente y *erga omnes*, el goce del estado civil de filiación y los efectos que de él se derivan, especialmente, frente a la Administración Pública y los particulares. Es decir, es un título declarativo del estado, con fuerza impositiva y validez oficial, que se erige en una prueba habitual en el tráfico.

[97] Antes de la reforma de la filiación de 1981, la posesión de estado presentaba una eficacia acreditativa subsidiaria únicamente en la filiación legítima (cfr. artículos 115 y 116 CC en su anterior redacción). Hoy en día, su función acreditativa se extiende tanto a la filiación matrimonial como a la no matrimonial.

En consecuencia, la posesión de estado se alega ante una imposibilidad objetiva o subjetiva de presentar el acta del Registro (cfr. artículo 2 LRC), o cuando ésta ha sido objeto de impugnación o rectificación (cfr. artículo 327 CC).

La *imposibilidad objetiva* de presentación del acta se produce en las hipótesis de omisión de la inscripción, destrucción, deterioro o defectos formales del acta, inscripción en hoja suelta o mala llevanza de los libros[98].

La *imposibilidad subjetiva*, debidamente acreditada, puede deberse a motivos de fuerza mayor. En este caso no será necesario previa, o simultáneamente, solicitar la inscripción, pues, a diferencia del anterior supuesto, la inscripción ya existe.

Cuando se trata de *impugnación del acta de nacimiento*, se pretende con ello rectificarla o reformarla porque le falta algún requisito esencial, o porque hubo error o fraude en el registro, sin que se juzgue el estado. Es decir, sin discusión sobre la verdad biológica de la filiación. El acta cuestionada, al ser contradicha, pierde eficacia y, por ende, adquiere importancia la posesión de estado de filiación que, en este caso, presenta una eficacia procesal y no sustantiva, como en las dos hipótesis anteriores.

Se puede observar que, *stricto sensu*, la posesión de estado no reemplaza la falta o deficiencia de partida de nacimiento. El mismo ordenamiento exige que, previa o simultáneamente a su admisión como prueba de la filiación, se inste la inscripción omitida o reconstruya el asiento. Es decir, por sí sola (a excepción del supuesto del artículo 124 CC), no hace oponible frente a terceros los efectos del estado civil[99]. Por tanto, propiamente dicho, la posesión de estado no acredita la filiación, sino que tiende a lograr, reconstruir o reforzar el título de acreditación por excelencia, el acta de nacimiento. En este orden de ideas debe entenderse que la posesión de estado es un título de acreditación subsidiario del vínculo filial.

b. La posesión de estado como medio de prueba de la filiación

La posesión de estado como de medio de prueba de la filiación desempeña una función autónoma: permite la determinación del vínculo paterno-filial,

---

[98] Cfr. ALBALADEJO GARCÍA, M., ob. cit., p. 268 y LÓPEZ Y LÓPEZ, A. M., ob. cit., pp. 35 y ss.

[99] La doctrina no se pone de acuerdo respecto del papel de la posesión de estado como título de acreditación. LACRUZ considera que el uso de ese elemento como título de acreditación es bastante reducido, limitándolo al supuesto del artículo 124 CC (cfr. ob. cit., p. 327). Otros autores, que su inclusión como título de legitimación es confuso e, incluso, erróneo (cfr. DE LA CÁMARA ÁLVAREZ, M., ob. cit., pp. 124 y ss. y LLEDÓ YAGÜE, F., *Acciones de filiación*, La Ley, Madrid, 1987, pp. 95-97).

matrimonial o no matrimonial, que por ella se ostenta[100]. En este caso, el juzgador realiza una valoración de la existencia de posesión de estado y emite una sentencia o decisión en vías a determinar el vínculo filial.

Como medio de prueba de la filiación, la posesión de estado ostenta una eficacia eminentemente procesal, puesto que da lugar a una acción de reclamación para lograr la determinación judicial de la filiación (cfr. artículo 767.3 LEC). Con razón, LACRUZ asevera que "se admite como prueba indirecta de la generación la posesión de estado como concepto público en que es tenido un hijo con relación de su padre natural, cuando ese concepto se forma de actos directos del mismo padre o de su familia (...) De forma que aunque se ha declarado que la posesión de estado es cuestión de hecho (sentencias, entre otras, de 22 de marzo de 1919 y 28 de noviembre de 1941), el trato dado a la hija, actual recurrente, por su progenitor y las circunstancias en que su «status» se desenvolvió implican una apreciación jurídica sobre la condición o cualidad del hijo que se deduce del conjunto de hechos que forman la posesión de estado, todo ello corroborado por el mantenimiento de la educación y vigilancia en calidad de padre, solícita y continuada, en época en que la recurrente precisaba por su edad de tal protección"[101].

No obstante, la posesión de estado como medio de prueba también tiene una eficacia sustantiva, puesto que puede ser alegada para lograr la determinación extrajudicial de la filiación, *ex* artículo 120.2 CC, en concordancia con el artículo 49 LRC. Estos preceptos permiten la fijación de la filiación no matrimonial por resolución recaída en expediente[102], si existe posesión continua del estado de hijo y siempre que no hubiera oposición del Ministerio Fiscal o de parte interesada notificada personal y obligatoriamente.

c. La posesión de estado en las acciones de filiación

El Código Civil atiende a la existencia de posesión de estado para establecer los plazos de caducidad y la legitimación activa en las acciones de estado. Por

---

[100] Antes de la Ley de 13 de mayo de 1981, la posesión de estado no era un medio de prueba de ninguna de las dos clases de filiación. Simplemente, se le consideraba como un elemento constitutivo de la acción, la *causa petendi*, para lograr la declaración de la filiación natural en el llamado reconocimiento forzoso del artículo 135 CC en su antigua redacción (Cfr. LÓPEZ Y LÓPEZ, A. M., ob. cit., p. 160 y RICO PÉREZ, F., ob. cit., p. 2033).

[101] Cfr. STS de 17 de marzo de 1988 en la que el autor actúa como abogado de la hija recurrente.

[102] La doctrina discute sobre la naturaleza jurídica de este medio de determinación no matrimonial de la filiación. Oscilan entre considerarlo un reconocimiento aformal o excluirlo de calificarlo como un reconocimiento. A mi juicio, el expediente registral no es un reconocimiento, sino que se presenta como un sistema independiente de determinación del vínculo no matrimonial.

consiguiente, se regula de manera diferente las acciones de reclamación e impugnación de la filiación, según exista o no posesión de estado. En general:

a) Se *facilita* la determinación de la filiación vivida y se *favorece* el ataque del vínculo filial no respaldado por la posesión de estado. En este sentido, aumentan los supuestos (círculo de legitimados, duración de la acción, disminución de obstáculos) en los que es posible la reclamación o impugnación del vínculo filial.

Por ello, el artículo 131 CC otorga legitimación activa muy amplia (a cualquier persona) y en cualquier tiempo, para solicitar la declaración de la filiación que se manifiesta por la constante posesión de estado, siempre que no contradiga otra legalmente determinada.

Por otro lado, el artículo 137 CC, en ausencia de relación familiar, convierte en imprescriptible la impugnación de la paternidad matrimonial y permite que la acción sea incoada, además del hijo, por lo herederos de éste (cfr. también el artículo 140 CC, primer párrafo).

b) *Sensu contrario*, se *obstaculiza* la reclamación de la filiación no corroborada por una constante posesión de estado y se *dificulta o evita* la impugnación de la filiación legal estable, independientemente de su coincidencia con la verdad biológica. En esta línea, se restringen las personas legitimadas para ejercer la acción y se establece plazos de caducidad mucho más cortos. De esta manera se impide que a voluntad de cualquier interesado puedan llevarse sin límite ante los tribunales cuestiones que puedan afectar gravemente al hijo y ocasionarle trastornos en su estabilidad (cfr. STS de 8 de julio de 1991[103]).

Por ello, ante la ausencia de relación familiar, la legitimación para la acción de reclamación de filiación matrimonial se restringe al padre, la madre o el hijo (cfr. artículo 132 CC) y para la reclamación de la filiación no matrimonial, únicamente al hijo (cfr. artículo 133 CC).

En conclusión, la posesión de estado es un criterio fundamental para fortalecer el triunfo de la verdad material cuando ésta coincide con la filiación practicada, pero, también, hace prevalecer la filiación que se constata sobre la verdad biológica en beneficio del hijo.

Objeto la opinión de ciertos autores que consideran que la importancia dada a la posesión de estado en las acciones de filiación es desmesurada, contraria al *favor filii* y al espíritu de la Ley de 13 de mayo de 1981. Defienden que la eficacia de la posesión de estado debe circunscribirse a la puramente probatoria

---

[103] En palabras del Tribunal: "sin perjuicio de lo dispuesto en el artículo 39-2 CE, no hay que olvidar que también se preceptúa en el mismo que los poderes públicos aseguran la protección social y jurídica de la familia (…) por lo que se ha de ser estrictos al conceder legitimación activa".

o, marginalmente, emplearse como un modo de acreditación de la filiación. Es decir, sin que determine la extensión de la legitimación activa o el plazo, pues propugnan –discutiblemente– que el régimen de las acciones de filiación se funda, únicamente, en el principio de veracidad biológica y no en el de protección de la apariencia[104].

Contra estos argumentos he de destacar que las legislaciones más inspiradas en la verdad biológica toman en cuenta la posesión de estado para la regulación de las acciones de filiación. El Código Civil francés no sólo hace depender de la posesión de estado de filiación la mayor o menor legitimación activa de las acciones de estado, sino que da tanta importancia a la filiación vivida, que si se constata que ha existido una relación familiar entre el padre legal y el hijo de por lo menos cinco años, ese vínculo filial se vuelve inatacable (cfr. artículo 333 CC). Por tanto, en la prevención del conflicto, sale ganando la verdad sociológica representada por la posesión de estado. Se convierte en verdad jurídica incontestable, por lo que el derecho se cierra a la verdad biológica prohibiendo su investigación.

A pesar del obstáculo que constituye dicha regulación para el triunfo del vínculo biológico, la posesión de estado no ha sido calificada en ese ordenamiento como una figura desmesurada, discriminatoria, ni mucho menos contraria a la verdad de sangre.

2. *La finalidad de la posesión de estado*

La posesión de estado, como refleja lo antes expuesto, constituye un instrumento que protege la estabilidad del hijo y de la familia, así como la seguridad jurídica que debe regir el estado de filiación.

La posesión de estado se erige, por consiguiente, en un límite sustantivo y razonable para evitar caer en excesos indeseables de la verdad biológica y lograr, verdaderamente, una protección integral de la prole.

a. La estabilidad y paz familiar del hijo

La familia en la que se encuentra inserto el hijo es indispensable para el desarrollo de la prole, porque allí encuentra su propia identidad. Por tanto, se

---

[104] Cfr. Álvarez García, M. D., "Determinación Judicial de la filiación: aspectos procesales", *AC*, nº. 1, 1996, p. 128; García Vicente, J. R., "Comentario a la Sentencia de 12 julio 2004", *CCJC*, nº 67, 2005, pp. 446-447 y Rivero Hernández, F., "Los reconocimientos de complacencia (Con ocasión de unas sentencias recientes)", *ADC*, nº 3, 2005, p. 1112.

ha de proteger la continuidad del hijo en el núcleo familiar en el que realmente está viviendo y desarrollándose equilibrada y armoniosamente[105], e impedir que el hijo sufra turbadores cambios de familia que afecten su integridad psíquica o moral[106].

Por otra parte, toda decisión judicial bien orientada a garantizar la paz del hijo, del preeminente *favor filii,* redunda en la protección de la paz de toda la familia. De esta manera se da cumplimiento al principio constitucional de protección de la familia (cfr. artículo 39.1 CE), se garantiza un efectivo respeto de la vida privada y familiar (cfr. artículo 8 del Convenio Europeo) y se concreta el mandato de distintos Documentos Internacionales que repiten constantemente que la familia *"es el elemento natural y fundamental de la sociedad y tiene derecho a la protección de la sociedad y el estado"* (artículo 16. 3 de la Declaración Universal de Derechos Humanos) debido a su papel primordial *y "su estabilidad en el desarrollo armonioso y equilibrado del niño"* (considerando B de la Carta Europea de los Derechos del Niño).

Sobre este punto, se ha de precisar que el núcleo familiar que encuentra protección es aquel en donde el hijo se encuentra efectivamente viviendo, sea matrimonial, no matrimonial, biológico o social, teniendo en cuenta que dos mujeres o dos hombres, al no poder ostentar la contante posesión de padres o de madres, no acceden a este amparo. Se trata de proteger a las personas que están haciendo de padre y de madre y que vienen criando adecuadamente de ese hijo, aunque biológicamente no lo sean, pues, "los hijos no sólo se engendran por la carne y el que crió y educó a un menor como hijo, el que lo ha hecho persona, puede merecer más ser considerado en Derecho como padre, que el que sólo lo es según la biología"[107].

PRIETO FERNÁNDEZ defiende que es posible una sentencia desestimatoria de la paternidad, a pesar de que haya prueba del vínculo biológico, si con ello se logra la defensa de la estabilidad familiar del hijo. La autora coloca como ejemplo el caso de un padre que reclamó la paternidad de una menor de 13 años, que convivía con los abuelos desde muy pequeña, y a partir de la muerte de la madre. El padre mantuvo cierto contacto con la menor durante los tres primeros

---

105 Para un mayor estudio de la importancia de la familia en el desarrollo armónico del hijo puede consultarse GONZÁLEZ SEOANE, S., "El menor ante la nueva realidad jurídica", en *Libro Homenaje al Profesor Manuel Cuadrado Iglesias*, Thomson Civitas, Pamplona, 2008, pp. 609 y ss.

106 DE TORRES PEREA elogia al legislador alemán "que lejos de guiarse por criterios biológicos fundados en «el deber ser de las cosas» o el llamado «orden natural» se centra en el bien del niño, y en su caso, en la previa existencia de una relación afectiva, porque es en estos supuestos en los que la ruptura de dicha relación puede dañar al menor" (ob. cit., p. 695). En contra, GARCÍA VICENTE para quien la verdad biológica se sobrepone a la posesión de estado y obliga a sacrificar la paz familiar (cfr. "La previsible reforma… cit.", p. 213).

107 RICO PÉREZ, F., ob. cit., p. 2036.

años de edad debido a las relaciones que mantenía con la madre. Sin embargo, desde la muerte de ésta y durante los 10 años siguientes no mantuvo contacto ni mostró preocupación alguna por la hija. Para la autora, la estimación de la demanda generaría un cambio radical e importante en la vida de la menor, quien venía conviviendo de manera tranquila con los abuelos[108].

El propio Tribunal Europeo refrenda esta postura y en numerosas sentencias resalta la importancia de la posesión de estado en el mantenimiento de la paz del hijo y la protección de la familia.

Cabe mencionar la sentencia de 5 de noviembre de 2002 (caso Yousef contra Países Bajos). En este caso, el Tribunal considera que el *favor filii* no se materializa con el triunfo de la verdad biológica porque ésta se oponía a la estabilidad familiar del hijo. A su juico fue adecuada la decisión de los tribunales nacionales de rechazar la solicitud del demandante, padre biológico de una menor, sobre la inscripción del reconocimiento de su paternidad. A pesar de que la madre falleció, el Tribunal da mucha importancia al hecho de la falta de relación familiar entre la menor y el padre biológico y que, además, la niña vivía y se desarrollaba en paz junto a sus tíos maternos. Destaca que "los tribunales de los Países Bajos no han ignorado el vínculo natural entre el padre y su hija. Tampoco han dejado de tener en cuenta el interés de la niña en tener un padre legítimo. Sin embargo, consideraron que se atendería mejor a los intereses de la menor permitiéndole crecer en la familia que fue colocada tras la muerte de su madre, de acuerdo a los últimos deseos de ésta, y donde recibiría los cuidados que necesitaba. El demandante nunca antes cuidó de su hija, ni señaló anteriormente que quisiera hacerlo, ni ha probado de forma convincente que realmente pudiera hacerlo de forma responsable".

Sobre la base de estos hechos considera que la admisión del reconocimiento paterno de la filiación en nada beneficiaría a la menor, porque "en el presente caso los tribunales internos admitieron que el demandante tenía la intención de desbaratar la situación familiar de su hija. Deseaba el reconocimiento de su paternidad con el fin de llevarse a su hija a vivir con él en vez de continuar haciéndolo con su familia legítima" y "semejante cambio iría en detrimento de los intereses de la menor".

También es digna de mención la STEDH de 27 de octubre de 1994 (caso Kroon contra Países Bajos). Se refiere a una acción de impugnación de la paternidad matrimonial, interpuesta por la madre y el padre extramatrimonial. Existía posesión de estado entre el menor y el *pater* biológico no matrimonial, por lo que el Tribunal consideró que el triunfo de la verdad material no alteraba en nada la estabilidad del menor, máxime cuando éste nunca mantuvo relaciones

108 Cfr. ob. cit., pp. 137 y ss.

familiares con su padre legal, marido de su madre. Estima la acción de estado y, de esta manera, se consolida jurídicamente una filiación vivida.

Tales argumentos se echan de menos y, a mi juicio, deberían importar en mayor medida los tribunales españoles.

b. La seguridad jurídica en la filiación

La seguridad jurídica, proclamada en el artículo 9.3 CE, no constituye uno de los principios inspiradores de la reforma de filiación de 1981, pero cumple un importante papel en esta materia[109]. Se traduce en que el estado de filiación debe gozar de estabilidad y no puede estar permanentemente sujeto a revisión. De lo contrario, existiría la posibilidad de modificarlo en cualquier momento, creando una incertidumbre en el estado civil de la prole y en la estabilidad de la paz familiar.

En esta dirección, por seguridad jurídica, el ordenamiento establece que la rectificación o modificación de la inscripción de una filiación se efectúe por sentencia firme (cfr. artículos 114 CC, 50 y 92 LRC). Asimismo, el establecimiento de plazos de caducidad en las acciones de filiación[110], así como la introducción de la posesión de estado en cuanto elemento del que depende la ampliación o reducción de esos plazos, también son una exigencia de la seguridad jurídica que debe regir el estado de filiación y una forma de garantizar la paz de la prole en las relaciones familiares[111] (cfr. STS de 3 de octubre de 2008).

En este sentido, el Tribunal Europeo de Derechos Humanos defiende que la introducción de plazos para iniciar un acción de filiación es acorde con el Convenio, porque se justifica en el deseo de garantizar la seguridad jurídica en las relaciones familiares y proteger los intereses del hijo (cfr. sentencia de 28 de noviembre de 1984, caso Rasmussen contra Dinamarca; 24 de noviembre de 2005, caso Shofman contra Rusia y 6 de julio de 2010, caso Backlund

[109] En general, la seguridad jurídica es uno de los principios más relevantes y esenciales del Estado de Derecho, en la medida que la sumisión a unas reglas de juego jurídico conocidas de antemano por todos, facilita la buena fe en el tráfico y dota a las relaciones jurídicas de fortaleza necesaria para la armonía social (cfr. RODRÍGUEZ-ARANA MUÑOZ, J., "Principio de seguridad jurídica y técnica normativa", *RTC*, n º 4, 2007, p. 11).

[110] La extinción de los plazos de caducidad se produce por el simple transcurso del tiempo y, a diferencia de la prescripción, no se interrumpe por causa alguna. Su término es fatal y no cabe invocar el error sobre el propio *status* para evitar la caducidad. Se diferencia también de la prescripción, en que los Tribunales la han de aplicar de oficio (cfr. PEÑA Y BERNALDO DE QUIRÓS, M., "De la paternidad... cit.", p. 945.

[111] Gracias a este argumento, SILLERO CROVETTO y ASENCIO SÁNCHEZ critican que el legislador haya obviado establecer un plazo de caducidad en la acción de impugnación de la maternidad matrimonial del artículo 139 CC (cfr. ob. cit., pp. 1109-1110).

contra Finlandia), pues reconoce que la prole tiene derecho a que se elimine la incertidumbre sobre su identidad sin un retraso innecesario (cfr. sentencia de 12 de enero de 2006, caso Mizzi contra Malta).

Es cierto que transcurrido el plazo de caducidad se imposibilita el ejercicio de la investigación de la paternidad. No obstante, ello no constituye un agravio a la libre investigación de la paternidad ya que ésta debe compatibilizarse necesariamente con el principio de seguridad jurídica[112] (cfr. SSTC de 26 de mayo, 9 de junio y 27 de octubre de 2005, 16 de febrero de 2006; ATC de 29 de noviembre de 2002 y STS de 17 de octubre de 2008). En consecuencia, la fijación de plazos de caducidad se erige en un límite temporal, válido, a la verdad biológica.

Por último, se ha de precisar que la introducción de un período límite a la investigación de la paternidad, *per se*, tampoco es incompatible con la tutela judicial efectiva[113]. Toda persona tiene derecho a que su causa sea oída públicamente, pero *dentro de un plazo razonable* (cfr. artículo 6.1 Convenio Europeo). Por tanto, estas limitaciones temporales deben ser proporcionales al fin protegido, de tal manera que el legislador debe habilitar unos plazos suficientes y adecuados en orden a hacer valer los derechos e intereses legítimos ante los tribunales, de manera que su tutela no resulte imposible por insuficiencia del plazo concedido[114] (cfr. STC de 28 de febrero de 2005). Además, debe tenerse presente que cada Estado goza de un margen de apreciación, de discrecionalidad, para el establecimiento de estos plazos de caducidad.

---

[112] En contra Salas Carceller, A., "El cómputo del plazo de caducidad de la acción sobre impugnación de la paternidad matrimonial", *RJ*, n º 24, 2003, p. 2 (www.westlaw.es).

[113] "Derecho de naturaleza prestacional, de configuración legal cuyo ejercicio está supeditado a la concurrencia de los presupuestos y requisitos procesales que, en cada caso, haya establecido el legislador y que se satisface incluso con un pronunciamiento sobre la inadmisibilidad del recurso, y no necesariamente sobre el fondo, cuando obedezca a razones establecidas por el legislador y proporcionadas en relación con los fines constitucionalmente protegibles a que los requisitos procesales tienden" (STS de 3 de noviembre de 2009).

[114] En la STEDH de 12 de enero de 2006, caso Mizzi contra Malta, el demandante, desde el nacimiento de la hija, nunca tuvo la oportunidad de impugnar la presunción de paternidad. El Tribunal considera que ello no es proporcionado a los fines legítimos perseguidos. Entiende que el Gobierno de Malta no ha mantenido un justo equilibrio entre el interés general de la protección de la seguridad jurídica y el derecho del demandante a que se examinara la presunción legal de su paternidad a la luz de las pruebas biológicas. Por tanto, decide que se ha vulnerado el derecho a la tutela judicial efectiva del actor.

CAPÍTULO SEGUNDO
PRESUNCIÓN DE PATERNIDAD Y VERDAD BIOLÓGICA

La paternidad, hasta hace poco tiempo, no podía ser objeto de prueba directa (*pater semper incertus est*). Hoy, dado el extraordinario avance de la ciencia, es factible la realización de pruebas biológicas que demuestren con certeza la paternidad. Sin embargo, tratándose de la filiación matrimonial[115] no tendría sentido, en principio, recurrir a procedimientos que suelen ser complejos y costosos para lograr su determinación. Por ello, el Derecho español, como muchos otros, mantiene la vigencia de la antigua regla romana *pater is est quen nunptiae demonstrant*, que el Digesto atribuye a Paulo. Es decir, presume que el marido es el padre legal de los hijos de su esposa.

No obstante, esta presunción encubre, en determinadas ocasiones, una filiación no coincidente con el hecho biológico, lo que ha generado una serie de controversias. En este orden de cuestiones, la jurisprudencia española, en su afán de aplicar ortodoxamente el principio de verdad biológica a la paternidad matrimonial determinada por la presunción, ha seguido una praxis bastante cuestionable.

Se hace necesario analizar esta problemática, para lo cual los criterios sentados en el primer capítulo de este trabajo, y un previo examen de ciertos aspectos de la presunción de paternidad, serán un norte seguro para arribar a conclusiones adecuadas.

I. LA PRESUNCIÓN DE PATERNIDAD MATRIMONIAL

Las presunciones constituyen el medio de determinación por excelencia y extrajudicial de la paternidad matrimonial. Es decir, se alojan en una norma de

---

[115] Filiación cuya determinación es siempre bilateral, pues ha de referirse necesariamente al padre y a la madre, e indivisible, ya que así lo exige la naturaleza de este vínculo (cfr. RRDGRN de 11 de mayo de 1993 y 22 de junio de 1995). A diferencia de la filiación extramatrimonial, que admite solamente la determinación unilateral.

Derecho material. De esta manera, la presunción de paternidad –sobre la base de la maternidad de mujer casada (*principio mater semper certa est*), del matrimonio válido o putativo (cfr. STS de 29 de mayo de 1984) y del nacimiento del hijo después de celebradas las nupcias y antes de los trescientos días siguientes a su disolución o a la separación legal o de hecho de los cónyuges– establece que el marido es el padre, sin necesidad de mayores comprobaciones (cfr. artículo 116 CC)[116]. Precisamente en ella se apoya la gran mayoría de las inscripciones de filiación matrimonial que actualmente se practican en los Registros Civiles españoles[117].

Presentes los presupuestos que condicionan la presunción, ésta determina la paternidad matrimonial de manera automática, *ab origine* y, además, reviste naturaleza imperativa. La voluntad de los cónyuges ni la inscripción de esta filiación en el Registro Civil influyen en la fijación del vínculo filial[118].

Sin embargo, la redacción del artículo 115.1 CC parece atribuir a la inscripción una función esencial en la determinación extrajudicial de la filiación matrimonial. Específicamente establece que es la inscripción del nacimiento junto a la del matrimonio de los padres las que determinan esta clase de filiación. Sobre la base de este precepto, cierto sector doctrinal alega que la determinación extrajudicial de la paternidad del marido se produce por vía registral debido a la dificultad probatoria de los elementos fácticos que integran la presunción. Concluyen que ésta sólo es un complemento de la inscripción del nacimiento y, por tanto, un medio indirecto de determinación del vínculo matrimonial[119].

A mi parecer, la inscripción del matrimonio de los padres no constituye uno de los elementos necesarios para la determinación del carácter matrimonial del hijo debido a que el matrimonio es válido y produce efectos desde su celebra-

---

[116] Las otras formas de determinación, el reconocimiento y la sentencia judicial, son subsidiarias a la presunción (cfr. artículos 115. 2, 118 y 119 CC).

[117] Porque la gran mayoría de la filiación en las sociedades avanzadas es matrimonial –esquema ordinario y deseable para el entramado jurídico y social– y se determina en forma mayoritaria mediante la presunción de paternidad, a partir de la vigencia del principio *mater semper certa est* (cfr. Durán Rivacoba, R., "Matrimonio homosexual y filiación: consecuencias del error español", en *El Derecho. Diario de Doctrina y Jurisprudencia,* Buenos Aires, martes 12 de junio de 2007, pp. 3-4).

[118] Con razón García Vicente sostiene que la presunción de paternidad favorece principalmente al hijo, quien, para la determinación de su filiación, no tiene que proceder judicialmente ni tampoco recurrir a la voluntad de sus progenitores (Cfr. "La previsible reforma… cit.", p. 231).

[119] Cfr. Lacruz Berdejo, J. L., *Elementos*… cit., pp. 332-334 y Lledó Yagüe, F., ob. cit., p. 163. Incluso, algunas de las resoluciones del Centro Directivo contribuyen a sustentar esta postura. *V. gr.*, la R. de 11 de mayo de 1993 estableció que "la filiación matrimonial es indivisible y está determinada legalmente mediante las dos inscripciones de nacimiento del hijo y del matrimonio de los padres" (cfr. también la R. de 8 de enero de 1990).

ción (cfr. artículo 61 CC). Por tanto, la inscripción deviene innecesaria para que las nupcias produzcan efectos civiles respecto a la filiación[120].

Lo que se consigue con la inscripción del matrimonio es el pleno reconocimiento de esos efectos y lograr los privilegios probatorios del acta (cfr. artículo 2 LRC)[121]. En esta dirección, el Centro Directivo afirma que "el hecho de que este enlace no haya sido aún inscrito, al parecer, en el Registro Civil español podrá originar una especial responsabilidad de los interesados, pero no es tampoco motivo bastante para negar la existencia y efectos del matrimonio, puesto que en todo caso y cualquiera que sea su naturaleza y forma el matrimonio produce efectos civiles desde su celebración –art. 70 L. R. C. y art. 61 C. c. en su redacción vigente–". Concluye que la inscripción es indispensable pero "para el «pleno reconocimiento» de estos efectos civiles". En consecuencia, la inscripción del enlace no es necesaria, sino que "probado el matrimonio, la aplicación al supuesto de la presunción de paternidad matrimonial y solicitada la inscripción de esta filiación, es obligado, sin ningún requisito más, inscribir la filiación" (RDGRN de 23 de diciembre de 1981). En idéntica línea operan las Resoluciones de 25 de noviembre de 1987 y 19 de septiembre de 1988 y las SSTS de 19 y 29 de mayo de 1984.

En este sentido, la inscripción del nacimiento desempeña un importante papel como título de acreditación. La exigencia de la doble inscripción es a efectos de la acreditación, no de la determinación[122]. En consecuencia, de faltar la constancia del matrimonio de los padres, no es que la filiación se haya determinado incorrectamente, sino que dicha acta no podrá ser calificada como un título de legitimación en sentido estricto, porque, al carecer de un requisito esencial, el juzgador puede negarse a otorgarle la función de título de legitimación de la filiación matrimonial, debiendo acudirse a los títulos de legitimación subsidiarios que señala el artículo 113 CC.

---

120 Cfr. García Cantero, G. y Castán Vazquez, J. M., ob. cit. pp. 92-93.

121 Este tema tal vez no genere mayores complicaciones respecto de matrimonios celebrados civilmente porque éstos ingresan al registro de manera automática, pero sí para los matrimonios celebrados en forma religiosa, dentro de los cuales destaca el matrimonio canónico que, además de no requerir de un expediente de tipo civil, preliminar a la celebración, está sujeto a los requisitos de validez determinados por el Derecho de la Iglesia. Esta unión, aunque no se haya inscrito, despliega toda su fuerza jurídica en la órbita de los efectos civiles, entre los cuales destaca la filiación matrimonial de la prole. *Vid.* Durán Rivacoba, R., *La Inscripción en el Registro Civil del Matrimonio Canónico,* Montecorvo, Madrid, 1988.

122 "Por eso el artículo 115.1 CC debe ser entendido en el sentido de que para acreditar que se tiene una filiación matrimonial se requiere no sólo la inscripción del nacimiento sino también la del matrimonio de los progenitores, (aunque su constancia se haga en la forma laxa que autoriza el artículo 183 RRC). Se desarrolla en realidad el artículo 113 CC, que establece que la filiación *se acredita,* entre otros medios, por la «inscripción en el Registro Civil». Tal inscripción no es más que un título de legitimación privilegiado del estado civil de hijo matrimonial" (cfr. Díez-Picazo y Ponce de León, L. y Gullón Ballesteros, A., ob. cit., p. 234).

Por otro lado, el artículo 115 CC no puede ser considerado como el precepto que señale el medio de determinación extrajudicial de la filiación matrimonial en general, porque no toma en cuenta los supuestos de determinación de la filiación matrimonial a través del reconocimiento (como es el caso de los artículos 118 y 119 CC), en los que la inscripción no determina la filiación.

Además, la exigencia de la inscripción para la fijación de la filiación matrimonial implicaría agravar su determinación respecto de la no matrimonial, ya que ésta no exige constancia registral (con excepción del articulo 120.4 CC)[123].

En resumen, el artículo 115 CC no fija los presupuestos de la matrimonialidad en casos de determinación extrajudicial. Dicho precepto ostenta una deficiente configuración legislativa que lleva al error de considerar que la inscripción en el Registro es el mecanismo extrajudicial que fija la paternidad del marido. Mezcla, confunde, los conceptos de determinación y de acreditación[124].

En el planteamiento que aquí se defiende, la determinación de la paternidad matrimonial se produce con la concurrencia de los elementos fácticos que integran la presunción, enunciados en el artículo 116 CC. Presentes estas circunstancias, la filiación matrimonial queda fijada jurídicamente desde el nacimiento del hijo, sin necesidad de la inscripción (cfr. STC de 26 de mayo de 2005[125]). Ésta se presenta en un momento posterior, cuando la filiación matrimonial ya ha sido determinada por el despliegue de la presunción de paternidad[126]. Por ello,

---

[123] Cfr. GARCÍA CANTERO, G. y CASTÁN VAZQUEZ, J. M., ob. cit., pp. 92-93.

[124] SANCHO REBULLIDA califica al artículo 115 CC de poco técnico y coherente. Agrega que "la filiación matrimonial no se determina por la inscripción de nacimiento junto con la del matrimonio de los padres, como alternativa de la sentencia. No: la filiación matrimonial se prueba y se acredita y ostenta como título de estado, siempre mediante las inscripciones; en ocasiones se determina por la presunción de paternidad del marido (...); otras veces se determina por resolución judicial que, inscrita, origina el mismo título y prueba de la filiación matrimonial, es decir, el mismo título y prueba habitual que la determinada legalmente por la presunción legal" (*Elementos de Derecho Civil,* t. IV, reimpresión actualizada, Bosch, Barcelona, 1984, p. 620). Comparten esta crítica, GARCÍA CANTERO, G. y CASTÁN VAZQUEZ, J. M., ob. cit., pp. 92 y ss.; DÍEZ-PICAZO Y PONCE DE LEÓN, L. y GULLÓN BALLESTEROS, A., ob. cit., pp. 226-227; PUIG BRUTAU, J., *Fundamentos*... cit., p. 193; QUESADA GONZÁLEZ, M. C., *La acción de reclamación de paternidad extramatrimonial,* vol. I, Universidad de Barcelona, Barcelona, 1998, pp. 191-192, entre otros.

[125] Ambas sentencias coinciden al afirmar que la paternidad matrimonial se determina sin más por aquel estado de hecho complejo de matrimonio permanente y nacimiento en su tiempo.

[126] VERDERA SERVER manifiesta que a causa de la desdichada redacción del precepto "parece que el medio legal de determinación extrajudicial de la filiación matrimonial es únicamente la inscripción del nacimiento junto con la del matrimonio de los padres. Este enfoque impide ver que el mecanismo extrajudicial por el cual queda fijada la paternidad (jurídica) del marido de la madre no es esa doble inscripción, sino la presunción «pater is est...» o el reconocimiento, en los casos que ella carece de vigor" (cfr. *Determinación*... cit., pp. 32-33 y 67).

no puede afirmarse, como hacen ciertos autores, que el Código Civil adoptara un sistema registral de determinación de la filiación matrimonial[127].

Ahora bien, esta determinación automática de la determinación de la filiación matrimonial se fundamenta en el matrimonio, que genera la obligación –y presunción– de vivir juntos[128], de guardarse fidelidad[129], de respetarse mutuamente y de actuar en interés de la familia (cfr. artículos 67-69 CC y 102 CC), y origina una filiación matrimonial[130]. De las relaciones íntimas y exclusivas mantenidas por un hombre y una mujer, unidos en constante matrimonio, es habitual que nazcan niños. Niños que, normalmente, son biológicamente del

---

[127] Cfr. De la Cámara Álvarez, M., ob. cit. pp. 133 y 180-188 y Toral Lara, E., ob. cit., pp. 319 y ss.

Instaurar un sistema registral de la filiación era la finalidad de la enmienda nº 55, del Grupo Parlamentario Unión de Centro Democrático, al Proyecto de Ley de 1981 de modificación del Código Civil en materia de filiación. Propugnaba la siguiente redacción del artículo 115: *"La filiación matrimonial materna y paterna quedará determinada legalmente: 1º Por la concurrencia de las inscripciones del nacimiento y del matrimonio de los padres. 2º Por la inscripción practicada en virtud de la sentencia firme que la declare"*. Justificaban esta redacción en el sentido de que "se propone mencionar exclusivamente la inscripción como medio de determinación legal de su filiación matrimonial". No obstante, esta enmienda no fue aceptada, lo que respalda la postura que aquí se sostiene de rechazar la inscripción como el medio de determinación de la filiación matrimonial.

[128] El deber de convivencia es el deber por excelencia. Implica la existencia de una vida marital, el mantenimiento de las relaciones personales entre los cónyuges, de manera continuada y desarrollada, normalmente, en el domicilio conyugal.

[129] Este deber es una especificación del deber de respeto mutuo y exigencia de la naturaleza monogámica del matrimonio occidental. Es costumbre inveterada entender, en términos jurídicos, la palabra fidelidad en dos aspectos o perspectivas: positivo y negativo. En su vertiente positiva, la fidelidad se plasma en la mutua disponibilidad corporal, a la par que espiritual, de ambos esposos. En la completa entrega interconyugal, resultado de la *affectio* matrimonial. En su aspecto negativo, la fidelidad equivale a la abstención, por parte de los cónyuges, de cualquier relación íntima con una tercera persona, ya sea de distinto o del mismo sexo [Cfr. Pérez Vallejo, A. M., *El juego de la autonomía de la voluntad en las relaciones personales de los cónyuges,* Ilustre Colegio Notarial de Granada, Granada, 2000, pp. 137-139 y Rivera Sabatés, V., "Acerca del contenido del deber de fidelidad conyugal", *Act. Civ.*, nº 3, 2008, pp. 1 y ss. (www.revistas-especializadas.laley.es)].

[130] Como expresa la Exposición de Motivos del Proyecto del Gobierno que dio lugar a la Ley de 13 de mayo de 1981: *"para determinar la filiación no puede ignorarse que el matrimonio confiere, en principio, certeza a la paternidad (...) Continúa, pues, teniendo el matrimonio importancia primordial en el terreno de la creación del vínculo, por lo que persiste su significado de fundamento de la familia, institución ésta a la que los poderes públicos deben protección jurídica"*. Así también se manifiestan Sanciñena Asurmendi, C., "La ficticia igualdad del matrimonio y las uniones de homosexuales", en *Jus. Doctrina & Práctica*, nº 4, abril, 2008, p. 173; De la Cámara Álvarez, M., ob. cit., p. 191; Díez-Picazo y Ponce de León, L. y Gullón Ballesteros, A., ob. cit., p. 231; Ocaña Rodríguez, A., *La filiación en España: jurisprudencia y doctrina*, Comares, Granada, 1993, p. 77; Peña y Bernaldo de Quirós, M., "De la Paternidad… cit.", pp. 839-840; Rivero Hernández, F., *Elementos de Derecho Civil*, t. IV, vol. 2, Bosch, Barcelona, 1989, p. 71; entre otros.

marido. De manera que la presunción de paternidad es una consecuencia de la *posesión de estado de esposo*[131].

Por otra parte, la doctrina considera que el plazo legal de la concepción (o presunción de concepción) también juega un importante papel como fundamento de la presunción de paternidad[132]. En efecto, de la lectura de los artículos 116 y 117 CC se deduce que el legislador establece un plazo mínimo de gestación de 6 meses y máximo de 10. Asimismo, que el plazo legal de la concepción tiene lugar en los primeros 120 días de los 300 anteriores al nacimiento del hijo.

Sobre la base de estos plazos, si el hijo nace después de los 300 días de la disolución del matrimonio, separación legal o de hecho de los cónyuges, se entiende que fue concebido disuelto el vínculo matrimonial (con el que se extingue la convivencia) o cuando los cónyuges no hacían vida en común[133].

---

131 De la Cámara Álvarez defiende que la procreación, como fin del matrimonio, también puede constituir un fundamento de la presunción de paternidad (cfr. ob. cit., p. 191). A mi parecer, esta afirmación es bastante cuestionable en lo que se refiere al matrimonio civil. Para el legislador español la procreación de los hijos en el matrimonio civil no es esencial. Se ha dejado totalmente de lado esta finalidad del matrimonio, no sólo por su falta de mención en las normas, ya que únicamente se recogen los deberes recíprocos de los cónyuges, sino, sobre todo, tras la regulación de los matrimonios del mismo sexo, incapaces de procrear.

No obstante, la procreación sí es esencial para los matrimonios celebrados en la Iglesia Católica, con validez para el Estado y estadísticamente mayoritarios. En este sentido, en el artículo VI, apartado 3, del Acuerdo sobre asuntos jurídicos entre el Estado español y la Santa Sede, celebrado el 3 de enero de 1979 y ratificado por el Parlamento español el 4 de diciembre del mismo año (publicado en el BOE de 15 de diciembre de 1979), la Santa Sede *"reafirma el valor de su doctrina sobre el matrimonio y recuerda a quienes celebran matrimonio canónico, la obligación grave que asumen de atenerse a las normas canónicas que lo regulan, y en especial, a respetar sus propiedades esenciales"*. Lo que remite al canon 1055 cuando establece que *"la alianza matrimonial por la que el varón y la mujer constituyen entre sí un consorcio de toda la vida está ordenado por su misma índole natural al bien de los cónyuges y a la generación y educación de la prole"*.

132 Cfr. Lacruz Berdejo, J. L., J., *Elementos*... cit., p. 333; García Cantero, G. y Castán Vazquez, J. M., ob. cit., p. 98; Rivero Hernández, F., "La Filiación", en *La Reforma del Derecho de Familia del Código Civil Español*, fasc. I, Institución Nacional de Prospectiva, Madrid, 1979, p. 106 y Huet- Weiller, D., Labrusse, C. y Van Camelbeke, M., ob. cit., pp. 3 y ss.

133 Debe precisarse que el cómputo de los trescientos días debe iniciarse en la fecha de admisión de la demanda (y no desde la fecha de la sentencia) de nulidad, separación o divorcio, ya que sólo una vez admitida a trámite esta demanda cesa la presunción de convivencia conyugal (cfr. artículo 102 CC) y, por tanto, la presunción de paternidad. Asimismo, cuando la disolución del matrimonio se produce por declaración de fallecimiento del marido, el cómputo del tiempo debe realizarse a partir de la fecha en que se entienda fallecida la persona. Esta fecha, por exigencia del artículo 195 CC, es fijada en la propia resolución judicial de declaración de fallecimiento.

Por otra parte, la separación de hecho es una de las novedades más importantes que introduce la reforma de 1981 como causa de inaplicación de la presunción de paternidad. La dificultad con la que tropieza este supuesto es determinar la fecha exacta en que cesa la convivencia. Para paliar este obstáculo, la Circular de 2 de junio de 1981 de la Dirección General precisa que en la determinación del *dies a quo* de la separación no bastan las simples declaraciones de que los cónyuges viven en domicilios distintos o de haber precedido al nacimiento una separación de hecho, debiendo el encargado del Registro realizar las comprobaciones oportunas que establece el artículo 28 LRC (cfr. además las RRDGRN de 13 de abril de 1988, 10 de marzo de 1989, 3 de febrero, 3 de abril

Razón por la que no se imputa la paternidad al marido o ex-marido[134], tratándose de supuestos de ausencia de la presunción *pater is est*[135].

Asimismo, si el hijo nace dentro de los 180 días siguientes a la celebración del matrimonio, se deduce su concepción prenupcial, época en la que no existía deber de cohabitación. No obstante, la paternidad se atribuye al marido, aunque el hijo nazca un minuto después de la celebración de las nupcias[136]; empero la presunción actúa con menos fuerza. Por ello, se justifica la redacción del artículo 117 CC que permite al marido (o al marido y mujer) destruir extrajudicialmente la presunción a través de una declaración auténtica en contrario.

Por último, cabe precisar que como la presunción de paternidad se circunscribe exclusivamente a la filiación matrimonial –es decir, a la filiación por naturaleza que se presenta cuando el *padre* y la *madre* están casados entre sí, de conformidad con lo establecido *expressis verbis* por el artículo 108 CC–, se puede concluir que la presunción de paternidad se asienta únicamente en el carácter heterosexual del vínculo matrimonial y que sólo existirá presunción a favor del *marido* de la madre.

---

y 19 de diciembre de 1990, 20 de diciembre de 1991, 22 de mayo de 1992, 1 de febrero de 1993, 26 de mayo de 1994, 7 de noviembre de 1994, 19 de enero, 23 de octubre y 30 de noviembre de 1995, 29 de mayo de 1996, 25 de octubre de 2003, 8 de junio de 2007, entre otras). También ha de tenerse en cuenta que no hay cese de la convivencia si la separación obedece a motivos laborales, profesionales o cualquier otro de naturaleza análoga (cfr. artículo 87 CC).

[134] Una excepción se encuentra en el artículo 9.2 LTRHA. La norma recoge un supuesto en el que la presunción de paternidad es eficaz en caso de nacimientos producidos después de los trescientos días desde el fallecimiento del marido. Ello porque el precepto permite la fecundación de la esposa con el material reproductor del marido muerto, en un plazo de 12 meses siguientes a su fallecimiento, siempre que el marido consintiera en escritura pública, en testamento o en documento de instrucciones previas, la utilización de su material reproductor para la fecundación de su mujer, calificando dicha filiación de matrimonial.

[135] No obstante, en los supuestos en que la presunción de paternidad no existe a causa de la separación legal o de hecho de los cónyuges, la filiación podría determinarse matrimonial si concurre el consentimiento de marido y mujer (cfr. artículo 118 CC). De no concurrir el consentimiento –aunque la norma civil no lo establezca expresamente– la única forma de lograr la fijación matrimonial del vínculo sería la vía judicial. Probar que la concepción se llevó a cabo antes de la separación y que se trató de una gestación excesivamente larga.

Es interesante mencionar que el artículo 235.55.2 CC catalán recoge un precepto en el sentido antes mencionado. Establece que *"los hijos nacidos después de los trescientos días siguientes a la separación judicial o de hecho de los cónyuges son matrimoniales si se prueba que han nacido a consecuencia de las relaciones sexuales entre los cónyuges"* y agrega que *"la misma regla se aplica en el caso de nulidad o de disolución del matrimonio si se prueba que las relaciones han tenido lugar antes de producirse estos efectos"*.

[136] Antes de la Ley de 13 de mayo de 1981, la concepción del hijo dentro del matrimonio era un presupuesto básico para calificar el vínculo de matrimonial (cfr. artículo 108 CC en su antigua redacción). Para un estudio detallado de la presunción de paternidad antes de la reforma puede confrontarse RIVERO HERNÁNDEZ, F., *La presunción de paternidad legítima*, Tecnos, Madrid, 1971.

Sobre la base de estos presupuestos, se excluye la presunción de paternidad cuando el padre y la madre no están casados entre sí.

Asimismo, la presunción *pater is est* tampoco es aplicable a matrimonios homosexuales. Ello no constituye una discriminación. La unión de personas homosexuales no puede engendrar hijos comunes por naturaleza (cfr. RDGRN de 28 de marzo de 2009). Su unión es esencialmente infecunda y, por eso, la descendencia homosexual es un empeño cargado de voluntarismo[137].

La propia Ley de 1 de julio de 2005, de modificación del Código Civil en materia de derecho a contraer matrimonio, reconoce la realidad antes expuesta y, aunque busca la equiparación de los matrimonios de personas del mismo sexo al matrimonio heterosexual, reconoce que en sede de filiación dicha igualdad es imposible. En su Exposición de Motivos afirma que, a pesar de la pretendida equiparación, *"subsiste no obstante la referencia al binomio formado por el marido y la mujer en los artículos 116, 117 y 118 del Código Civil español (sobre la presunción de paternidad), dado que los supuestos de hecho a los que se refieren estos artículos sólo pueden producirse en el caso de matrimonios heterosexuales"*.

II. LA PRESUNCIÓN DE PATERNIDAD ATENUADA

El artículo 117 CC –en concordancia con los artículos 28 LRC y 184 RRC– determina que los hijos nacidos durante los 180 días siguientes a la celebración del matrimonio se reputan del marido y, por tanto, matrimoniales. No obstante, por tratarse de hijos de concepción prenupcial, el precepto concede al marido la posibilidad de destruir extrajudicialmente esta paternidad mediante declaración auténtica en contrario formalizada a los seis meses siguientes al conocimiento del parto. Se exceptúa los casos en que el marido hubiera reconocido la paternidad expresa o tácitamente, o hubiese conocido el embarazo de la mujer con anterioridad a la celebración del matrimonio, excepto que, en este último supuesto, la declaración auténtica se formalice, con el consentimiento de ambos, antes del matrimonio o después del mismo, dentro de los seis meses siguientes al nacimiento del hijo.

Nótese que el artículo 117 CC hace mención de un *reconocimiento expreso o tácito* del marido. Expresión nada afortunada que ha llevado a la doctrina y

---

137 "La filiación matrimonial se determina gracias a las presunciones establecidas en el Derecho, sobre un fenómeno tan cierto de la heterosexualidad como la generación compartida por hombre y mujer unidos en matrimonio (...) Los matrimonios homosexuales no pueden determinar la filiación matrimonial por presunciones de actos que nunca generarán nuevos individuos; y así debe reconocerlo la ley al margen de pretensiones ilusorias acerca de la disciplina matrimonial que se desee imponer" (DURÁN RIVACOBA, R., "Matrimonio homosexual... cit.", p. 4).

a la jurisprudencia a cuestionarse sobre cuál es el medio de determinación de la paternidad matrimonial de los hijos concebidos antes del matrimonio: si la presunción de paternidad o el reconocimiento. Cuestión que excede el interés meramente teórico y alcanza implicaciones prácticas muy importantes, sobre todo en el campo de la impugnación de esta paternidad matrimonial. Si el marido no desconoce su paternidad mediante declaración auténtica, aún puede acudir a la vía judicial ejercitando una acción de estado y, precisamente, el tipo de acción que le corresponde incoar dependerá del modo en que se determinó la paternidad matrimonial.

Es decir, si la paternidad matrimonial se determinó por la presunción, el marido deberá impugnarla vía artículo 136 CC, en el plazo de un año desde la inscripción del nacimiento (o desde el conocimiento del parto). Mientras que si se determinó por el reconocimiento, el marido, además, podrá impugnar este medio de determinación por vicio del consentimiento (error, violencia o intimidación) mediante la acción del artículo 141 CC, en el plazo de un año contado desde que se realiza el reconocimiento o desde que cesa el vicio del consentimiento[138], tal como lo establece el artículo 138 CC (cfr. SSTS de 26 de marzo y 26 de noviembre de 2001, 29 de octubre y 5 de diciembre de 2008, entre otras). En realidad, ambas normas otorgan el plazo de un año para el ejercicio de la impugnación, pero establecen un *dies a quo* distinto, siendo más favorable al impugnante el del artículo 141 CC.

Últimamente, viene ganando apoyo cierta doctrina que otorga al reconocimiento un papel fundamental en la determinación de la paternidad matrimonial de los hijos de concepción prenupcial, relegando la presunción de paternidad a un papel secundario o excluyéndola totalmente como medio de fijación de la paternidad matrimonial.

Dentro de esta posición pueden distinguirse algunas variaciones:

Algunos autores defienden que el artículo 117 CC admite un doble mecanismo –alternativo– de determinación de la paternidad. Es decir, sostienen que la paternidad de los hijos concebidos antes del matrimonio algunas veces se determina por la presunción de paternidad y, otras, por el reconocimiento unido al matrimonio de los cónyuges. Sin embargo, no especifican cuándo se presentan ambos supuestos. Precisan que de haberse determinado la paternidad por el reconocimiento expreso o tácito y si el marido no la desconoce mediante declaración auténtica, podría impugnarla *ex* artículos 138 y 141 CC. Por otro lado, de no existir reconocimiento por parte marido, la filiación se habría de-

[138] No es una acción de estado propiamente dicha porque no cuestiona la realidad de la filiación, sino que busca la anulación del reconocimiento por un defecto en este título.

terminado por la presunción de paternidad, debiendo impugnarse a través de la acción regulada en artículo 136 CC[139].

Otro sector defiende la coexistencia del reconocimiento y la presunción de paternidad como medios de determinación de la paternidad en el caso del artículo 117 CC. Sostienen que la presunción de paternidad no actúa automáticamente, sino que es el reconocimiento el que produce su eficacia. Este último sería, según esta postura, el desencadenante de la presunción *pater is est* y el motivo esencial por el que el hijo adquiere el carácter matrimonial. En otras palabras, afirman que la voluntad del padre es la que hace operativa la presunción, por lo que concluyen que la impugnación de la filiación se realiza ejercitando la acción del artículo 141 CC[140].

Una tercera postura, a diferencia de las anteriores que otorgan cierta función a la presunción, excluye totalmente la presunción de paternidad y defiende que el reconocimiento del marido (expreso o tácito) siempre está presente y es el único que fija la paternidad matrimonial de los hijos nacidos dentro de los 180 días siguientes al matrimonio. Por tanto, a su parecer, esta paternidad podría ser impugnada por la acción del artículo 141 CC[141].

Esta teoría también ha sido acogida, en los últimos años, por cierta praxis del Tribunal Supremo. El tribunal incluye el artículo 117 CC en uno de los supuestos de determinación de la paternidad por reconocimiento y considera que el *iter* de impugnación adecuado de esta paternidad es la del artículo 141 CC. Así, en SSTS de 5 de julio de 2004 y 5 de diciembre de 2008, afirma que "según dispone el artículo 138 del Código Civil, tratándose de una filiación matrimonial determinada por el reconocimiento (el formal que regula el artículo 120.1, el expreso o tácito, a que se refiere el artículo 117, y el implícito en el consentimiento para la inscripción de la filiación como matrimonial, que contempla el artículo 118), cabe una impugnación del título de determinación por

---

139 Cfr. Fernández González, M. B., ob. cit., pp. 676-678; Peña y Bernaldo de Quirós, M., "De la paternidad... cit.", pp. 872 y 1001-1002, entre otros.

140 Sobre la base de estos argumentos LLedó Yagüe propugna la existencia de una presunción de paternidad asentida (cfr. ob. cit., pp. 151-156). Sancho Rebullida especifica que el fundamento de la presunción de paternidad se encuentra en ese reconocimiento del marido respecto al hijo alumbrado por su mujer después del matrimonio; o en el conocimiento anterior del embarazo; o en el hecho de que el marido no desconozca formalmente en un plazo inmediato, lo que da a entender que tiene convicción de que el hijo es obra suya, siquiera anterior a la celebración del matrimonio (cfr. ob. cit., pp. 620-627). Por otro lado, García Cantero y Castán Vazquez entienden que impugnado el reconocimiento por vicio en el consentimiento se destruye la presunción legal, pero como no se atacan los requisitos de fondo, concluyen que los perjudicados, amparados en pruebas biológicas, podrán reclamar la paternidad (cfr. ob. cit., pp. 137-138). En este orden también se orienta Toral Lara E., ob. cit., pp. 454-455.

141 Cfr. García Vicente, J. R., "La previsible reforma... cit.", p. 235 y Rivero Hernández, F., "Los reconocimientos... cit.", p. 1060.

existencia de vicio en la formación o exteriorización de la voluntad mediante la llamada acción declarativa negativa que regulan los artículo 138 y 141".

En la misma dirección se pronuncian las SSTS de 20 de junio de 1996 y 31 de diciembre de 2001. El Tribunal sostiene que "el precepto invocado (artículo 141 del Código Civil), es aplicable a la impugnación del reconocimiento, como declaración de ciencia y voluntad de reconocer, es decir, a la forma de determinación de la filiación prevista en el artículo 120.1 del Código Civil, así como (por remisión del artículo 138) a los reconocimientos que determinen conforme a la Ley una filiación matrimonial (artículos 117, 118 y 119 del Código Civil)".

Igualmente, la STS de 17 de junio de 2004, que resuelve un caso de impugnación de paternidad matrimonial de un hijo nacido a los 167 días de la celebración de las nupcias. El supuesto padre se casó creyendo que el hijo que esperaba su novia era suyo. Una vez casados, y transcurrido el plazo para la declaración de desconocimiento de la paternidad, tomó conocimiento de su esterilidad e impugnó la filiación. Su petición fue denegada por caducidad de la acción del artículo 136 CC. Sin embargo, el Tribunal Supremo declaró que el matrimonio del marido, conociendo el embarazo de la novia y, más aún, bajo la creencia que el hijo era suyo, así como la inscripción de la filiación realizada por el actor, implicaban un reconocimiento tácito de la paternidad. Gracias a este argumento, concluye que la filiación no se determinó por la presunción legal, siendo inaplicable el artículo 116 CC, debiendo proceder la impugnación por la acción del artículo 141 CC[142]. También siguen esta orientación las SSTS de 31 de diciembre de 1998 y 29 de diciembre de 2000.

En mi opinión, aunque disienta de tan autorizada doctrina y contradiga esta práctica del Tribunal Supremo, la paternidad de los hijos de concepción prenupcial nacidos durante el matrimonio se determina única y exclusivamente por la presunción de paternidad.

De conformidad con el artículo 116 CC, la presunción de paternidad es eficaz inmediatamente después de la celebración del matrimonio. Por consiguiente, a pesar de que el hijo nazca al poco tiempo de la celebración de las nupcias –aunque sea el mismo día del matrimonio–, la presunción de paternidad actúa *ex lege* (cfr. artículos 108 y 116 CC), con independencia de la voluntad del marido. A este último se atribuye la paternidad inicialmente, desde el mismo

---

[142] A tal efecto, esta sentencia declaró que "no puede aceptarse el criterio de la sentencia recurrida, que estimó caducada la acción de impugnación de la paternidad matrimonial por aplicación del artículo 136, cuando el que debió serlo es el artículo 138, inciso primero. Según tu [sic] texto, existen reconocimientos que determinan conforme a la ley una filiación matrimonial y, la sentencia de esta sala de 20 de junio de 1996 declaró que ello implica, entre otros preceptos, el art. 117".

momento del nacimiento, sin importar el conocimiento del embarazo, cualquier reconocimiento y sin necesidad de ningún requisito complementario[143].

El propio Tribunal Constitucional confirma estas aseveraciones. En Sentencia de 26 de mayo de 2005 sostiene que "es el hecho de la existencia del matrimonio el que fija el carácter matrimonial de la filiación, determinándose legalmente la paternidad del marido de la madre a través del juego de las presunciones (arts. 116 y 117 CC). En razón del juego de presunciones establecidas por el legislador, es el nacimiento del hijo después de la celebración del matrimonio y antes de los trescientos días siguientes a la disolución del mismo o a la separación efectiva, sea legal o de hecho, de los cónyuges lo que determina la paternidad matrimonial".

Por lo tanto, en el supuesto del artículo 117 CC, el reconocimiento no tiene *per se* virtualidad determinativa de la paternidad matrimonial, ni tampoco facilita la determinación de esta paternidad. Una interpretación en algunos de estos sentidos sería contraria a la ley.

Lo que sucede en la norma examinada es que, debido a que el hijo fue concebido en una época en la que no existía un deber ni una presunción de cohabitación entre los progenitores, la presunción de paternidad actúa con menos fuerza. Se da una presunción de paternidad atenuada, en el sentido que el ordenamiento otorga al marido (o al marido y mujer) la posibilidad de destruir extrajudicialmente la determinación de la paternidad[144] mediante el otorgamiento de una declaración auténtica[145], en el plazo establecido por ley.

---

143 A diferencia del régimen anterior, por el que únicamente eran hijos matrimoniales los nacidos de madre casada y concebidos por obra de su marido después de celebrado el matrimonio: *"Se presumirán hijos legítimos los nacidos después de los 180 días siguientes al de la celebración del matrimonio, y antes de los trescientos días siguientes a su disolución o a la separación de los cónyuges"* (artículo 108 CC en su antigua redacción). Por tanto, la presunción de paternidad no era aplicable a los hijos de concepción pre-matrimonial nacidos después de las nupcias. No obstante, el hijo podía ser considerado legítimo si concurrían actos que competían exclusivamente del marido: haber conocido el embarazo antes del matrimonio; haber consentido, estando presente, que se colocara su apellido al hijo alumbrado por su mujer o haber reconocido expresa o tácitamente la filiación (cfr. artículo 110 CC en su anterior redacción).

144 "La presunción no es que deje de ser operante, sino que faculta al marido para destruirla si bien de una forma sencilla; mediante declaración auténtica en contrario formulada dentro de un determinado plazo" (Cfr. Díez-Picazo y Ponce de León, L., y Gullón Ballesteros, A., ob. cit., p. 231). Por su parte, Verdera Server precisa que no es conveniente distinguir entre una presunción provisional (mientras es posible ejercitar el desconocimiento) y otra definitiva (cuando por cualquier causa ha decaído esa posibilidad), porque la presunción de paternidad matrimonial es siempre la misma, la del artículo 116 CC (cfr. *Determinación...* cit., pp. 161-162).

145 La autenticidad de esta declaración genera dudas respecto a su significado. La actual normativa civil y registral no proporcionan ninguna luz sobre esta cuestión y los autores se interrogan sobre qué significa que la declaración en contrario sea auténtica.

Cierto sector considera que *declaración auténtica* significa que corresponda inequívocamente al marido o al marido y a la mujer. Es decir, que no sea apócrifa, correspondiendo a persona hábil

Es en este último aspecto en el que el reconocimiento expreso o tácito mencionado por el artículo 117 CC juega un papel fundamental. De existir este reconocimiento, constituye una de las causales (junto con el conocimiento del embarazo previo al matrimonio) que imposibilitan al marido la destrucción extrajudicial de la presunción de paternidad, adquiriendo ésta toda su fuerza. Es decir, opera como un impedimento para la eficacia de la declaración auténtica, imposibilitando que el marido deje sin efecto su paternidad.

Así se desprende de la lectura del artículo 117 CC, pese a que la redacción de la norma pueda sonar enrevesada: el marido no podrá destruir la presunción de paternidad mediante declaración auténtica *"si hubiera reconocido la paternidad expresa o tácitamente o hubiera conocido el embarazo de la mujer antes del matrimonio"*.

Este reconocimiento puede consistir, en general, en todo comportamiento del marido del que se infiera un trato padre-hijo. Por ejemplo, que el marido celebrara con sus amigos el alumbramiento de su mujer de forma que todos atribuyeran la celebración del matrimonio a un hijo propio; la búsqueda angustiosa por el mismo marido de una nodriza para el hijo tenido por su esposa; cuando lo hace bautizar como hijo suyo; el hecho de que el marido entregase a su mujer dinero para la compra del carrito del bebé (cfr. RDGRN de 5 de marzo de 1994).

Nótese que no se trata del reconocimiento formal que recoge el artículo 120.1 CC[146]. En realidad, lo que el Código Civil ha querido regular es que cualquier viso de admisión de la paternidad impida la destrucción de la presunción. Por ello, para evitar cualquier confusión, hubiera sido preferible no denominar "reconocimiento" a esta figura. Mucho más clara resulta la técnica

---

para emitirla, no siendo necesario recurrir a una forma especial o pública (Cfr. ALBALADEJO GARCÍA, M., ob. cit., p. 218 y LLEDÓ YAGÜE, F., ob. cit., pp. 152-153). La doctrina mayoritaria, a la que me adhiero, disiente de esta postura porque entiende que si auténtica quiere decir que no sea apócrifa, el legislador no hubiera exigido tal requisito, bastando únicamente la declaración sin añadir el adjetivo, pues se supone que toda declaración para que tenga validez debe ser veraz. Por ello, sostienen que para que la declaración sea considerada auténtica, debe efectuarse ante el mismo encargado del Registro o realizarse en documento público. En mi opinión, ello es una exigencia de la seguridad jurídica en el estado de filiación y es una consecuencia de la trascendencia y el carácter excepcional de esta declaración de desconocimiento de la paternidad. En esta línea, GARCÍA CANTERO, G. y CASTÁN VAZQUEZ, J. M., ob. cit., p. 108; DE LA CÁMARA ÁLVAREZ, M., ob. cit., pp. 199-203; DÍEZ-PICAZO Y PONCE DE LEÓN, L. Y GULLÓN BALLESTEROS, A., ob. cit., pp. 257-258; OCAÑA RODRÍGUEZ, A., ob. cit., p. 81; PEÑA Y BERNALDO DE QUIRÓS, M., "De la paternidad… cit.", p. 873; SANCHO REBULLIDA, F., ob. cit., p. 625; RIVERO HERNÁNDEZ, *Elementos*… cit., p. 76.

[146] Como sostiene DURÁN RIVACOBA, "el artículo 120.1 del Código Civil establece los cauces legales para el reconocimiento –ante el encargado del Registro Civil, en testamento o en otro documento público– de donde se infiere la solemnidad del acto, máxime cuando implica un título de legitimación" ("La eficacia… cit.", p. 146). Por ello, POZO VILCHES opina que el reconocimiento del artículo 117 CC es un reconocimiento privilegiado y que no es apropiado denominarlo con ese nombre, pues no se asemeja al reconocimiento *stricto sensu* del artículo 120 CC (cfr. ob. cit., p. 31).

legislativa utilizada por el Derecho catalán. Su Código Civil evita toda mención al *reconocimiento* y, en su lugar, recoge la *admisión de la paternidad del marido mediante cualquier forma* como una de las causas de ineficacia de la declaración de desconocimiento[147].

Por último, si el marido no realizó la declaración auténtica, o realizándola ésta fue ineficaz debido a la existencia de un reconocimiento, podrá impugnar su paternidad ejercitando la acción del artículo 136 CC, puesto que la presunción de paternidad está estrechamente ligada a esta última acción. Se descarta la aplicación del artículo 141 CC, que se aplica a los reconocimientos que determinan conforme a la Ley una filiación matrimonial. Estos supuestos serán sin duda los de los artículos 118 y 119 CC, porque sólo de ellos puede decirse que determinan una filiación matrimonial.

Por ello, concuerdo con la decisión de la STS de 10 de febrero de 1997. El marido pretendió impugnar la filiación del hijo de su mujer, nacido a los dos meses de las nupcias, *ex* artículo 141 CC. Argumentó que se casó con su novia conociendo el estado de gestación de ésta, pero creyendo que el hijo que ella esperaba era suyo. Sostuvo que no era de aplicación la presunción de paternidad ni el artículo 136 CC, puesto que lo que hubo fue un reconocimiento, el cual estaba viciado. El Tribunal desestimó esta pretensión bajo el argumento que a los hijos de concepción prenupcial también se les aplicaba la presunción de paternidad, por lo que la acción que correspondía ejercer era la del artículo 136 CC, que en el caso ya había caducado. De esta manera, rechazó "la afirmación de no caber la presunción de paternidad por el hecho de producirse el nacimiento dentro de los 180 días posteriores al matrimonio, ya que tales nacimientos, a tenor del artículo 117, también gozan de la aludida presunción, aún cuando ésta no sea tan fuerte".

III. CONFLICTO DE PRESUNCIONES DE PATERNIDAD

La colisión de presunciones de paternidad, en términos generales, se origina por el sucesivo matrimonio de la mujer, quien alumbra un hijo tras las últimas

---

147 Artículo 235. 6: *Concepción antes del matrimonio:*

"1. Si el hijo nace dentro de los ciento ochenta días siguientes a la celebración del matrimonio, el marido puede dejar sin efecto la determinación de la filiación que resulta del artículo 235-5 declarando que desconoce su paternidad. Esta declaración, que debe ser auténtica, debe entrar en el Registro Civil en el plazo de los seis meses siguientes al nacimiento.

2. El desconocimiento de la paternidad no es eficaz en los siguientes casos:

a) Si el marido ha conocido el embarazo antes de contraer matrimonio, salvo que la declaración a que se refiere el apartado 1 se haya hecho con el consentimiento de la mujer.

b) Si el marido ha admitido la paternidad de cualquier forma.

c) Si la madre demuestra la existencia de relaciones sexuales con el marido durante el período legal de la concepción".

nupcias y dentro de los 300 días siguientes a la disolución de su anterior matrimonio, de tal forma que la presunción *pater is est* resulta aplicable a más de un marido. El *quid* del asunto consiste en determinar a cuál de los consortes se imputa la paternidad ya que, en principio, no existe motivo para elegir una presunción en detrimento de la otra u otras.

La doctrina científica siempre se plantea un enfrentamiento entre dos paternidades matrimoniales, siendo la hipótesis clásica, la de la viuda. Ésta contrae nuevo matrimonio y alumbra un hijo dentro de los trescientos días siguientes de haber fallecido su primer cónyuge[148]. De esta manera, el hijo puede atribuirse al difunto, pero también al segundo marido, puesto que el nacimiento se produjo después de celebrado el nuevo enlace.

El conflicto también puede presentarse en el caso de la mujer bígama, quien estando casada contrae nupcias con otro varón. Producido el nacimiento después de la realización del matrimonio inválido, celebrado con buena fe por el marido, el hijo es atribuido a ambos consortes, salvo que haya mediado separación de hecho respecto del primer cónyuge, de tal forma que la presunción a su favor ya no estuviera vigente.

La doctrina considera que la hipótesis en la que el primer matrimonio es nulo (putativo) y la mujer contrae segundas nupcias, es imposible un conflicto de presunciones de paternidad. El proceso de nulidad matrimonial es tan largo que, cuando se dicte la sentencia y la mujer se case nuevamente, con certeza, habrán transcurrido más de trescientos días desde la interposición de la demanda de nulidad y, por tanto, cesado la presunción a favor del primer marido[149]. Máxime si se trata de la nulidad de un matrimonio canónico, cuyo proceso suele durar muchos años y en los que se precisa, para que la sentencia tenga eficacia en el orden civil, que el juez la declare ajustada al Derecho del Estado (cfr. artículo 80 CC).

Además de las hipótesis tradicionales mencionadas, lo que llama mi atención, hoy en día, es la posibilidad, surgida por la modificación de ciertas normas, de la existencia de un nuevo supuesto de conflicto de paternidades y la eventualidad que dicho enfrentamiento se presente entre más de dos presunciones de paternidad. De tal forma que si este tema ya constituía uno de los más enrevesados del estudio de la presunción *pater is est,* ahora se presenta más

---

[148] La Ley 30/1981, de 7 de julio, denominada Ley del Divorcio, suprimió el artículo 45.2 CC que prohibía a la viuda contraer matrimonio *"durante los trescientos un día siguientes a la muerte de su marido o antes de su alumbramiento, si hubiese quedado en cinta"*, con la finalidad de evitar el conflicto de paternidades matrimoniales.

[149] Tal vez podría plantearse un conflicto de paternidades si la nulidad matrimonial se tramitara por los apartados 2 y 3 del artículo 73 CC; siempre que los plazos se cumplieran estrictamente y la sentencia no se apelara.

complicado; sobre todo cuando la doctrina parece no haberse percatado de este nuevo supuesto y de los actuales matices que envuelven el problema.

A. Un nuevo supuesto de colisión de paternidades

Hasta hace pocos años resultaba imposible un conflicto de presunciones en el supuesto de la mujer divorciada que volvía a casarse.

La Ley de 7 de julio de 1981, en cuanto a las llamadas crisis conyugales, o patología del matrimonio, contemplaba un sistema de acceso consecutivo. La separación era un fenómeno previo al divorcio y se planteaba sobre la base del acuerdo de los cónyuges tras un año de matrimonio, o por iniciativa de uno solo mediante la concurrencia de distintas causas sin rasgo de imputabilidad, y contemplando como cláusula de cierre su libre ejercicio por simple cese de la convivencia conyugal a lo largo de tres años.

Es decir, el cese de la convivencia conyugal por el lapso mínimo de un año, constituía un requisito previo a la interposición de la demanda de divorcio. De esta manera, si la mujer divorciada volvía a contraer matrimonio, la presunción de paternidad a favor del primer marido ya había perdido vigencia. La filiación se atribuía exclusivamente al segundo cónyuge, sin originarse conflicto alguno.

Sin embargo, la Exposición de Motivos de la Ley de Reforma del Código Civil en materia de Separación y Divorcio, Ley 15/2005, de 8 de julio, consideró que el procedimiento antes descrito constituía *"un complejo y tenso proceso"*, donde aún podía advertirse rasgos del antiguo modelo de la separación-sanción. En consecuencia, *"la reforma que se acomete pretende que la libertad, como valor superior de nuestro ordenamiento jurídico, tenga su más adecuado reflejo en el matrimonio. Así, el ejercicio de su derecho a no continuar casado no puede hacerse depender de la demostración de la concurrencia de causa alguna, pues la causa determinante no es más que el fin de esa voluntad expresada en su solicitud, ni, desde luego, de una previa e ineludible situación de separación"*[150].

Para la Ley de 8 de julio de 2005 lo importante es la voluntad del cónyuge que ya no quiere seguir vinculado a su consorte y, por ello, considera inne-

---

[150] Sobre este aspecto cabe recoger la crítica de DURÁN RIVACOBA: "constituye un verdadero enigma que se califique como derecho la facultad de no continuar casado, pues el único derecho que contempla la Constitución es el de casarse, que implica el de no casarse a la fuerza, pero ignora el de no continuar casado" ("La riforma del matrimonio nel Diritto Spagnolo", en *La famiglia senza frontiere,* atti del Convegno tenuto presso la Scuola Superiore Sant'Anna di Pisa il 17 ottobre 2008, Scuola Superiore Sant'Anna, Pisa, 2011, p. 99).

cesaria la demostración o acreditación de causales para solicitar el divorcio, eliminándolas del ordenamiento[151]. Bajo ese argumento también suprime la exigencia del cese de la convivencia de un año previo a la interposición de la demanda. El nuevo plazo al que se sujeta la facultad disolutoria es muy breve, sólo se requiere que hayan transcurrido tres meses desde la celebración del matrimonio –salvo que el interés de los hijos o del cónyuge justifique la suspensión o disolución de la convivencia con antelación– y sin que el otro cónyuge pueda oponerse por motivos materiales o que el juez pueda rechazar la petición, excepto por motivos procesales[152] (cfr. artículos 81 y 86 CC). Razones por la que se le ha denominado Divorcio Express[153].

Un autor tan destacado como De la Cámara Álvarez advertía que si un día se admitía abiertamente el divorcio por mutuo consentimiento de los cónyuges, era claro que los supuestos conflictivos de paternidad "podrían aumentar considerablemente hasta el punto que muy posiblemente ya no serán las segundas nupcias de la madre viuda la fuente principal de donde emanarían la mayor parte de los conflictos"[154].

No se equivocaba. La Ley 15/2005, al permitir el divorcio unilateral y su demanda tras poquísimos meses desde las nupcias, ha extendido el conflicto de presunciones al supuesto de mujer que se divorcia y vuelve a contraer matrimonio. Pero no sólo eso, sino que, por la brevedad del plazo mínimo de matrimonio (tres meses), la mujer no sólo puede contraer dos, sino tres matrimonios y tener un hijo después de las terceras nupcias y antes de transcurrir los

---

[151] *Vid.* Ruiz-Rico Ruiz Morón, J., "La supresión de las causas de separación y de divorcio: incidencia en otros ámbitos", *AC*, nº 2, 2005, pp. 2049 y ss.

[152] *Vid.* Tapia Fernández, I., "El nuevo proceso de divorcio tras la promulgación de la ley 15/2005, 8 de julio. ¿Necesidad de un proceso especial? ¿Necesidad de un proceso?", *AC*, nº 1, 2006, pp. 2255 y ss.

[153] En este punto, coincido con Durán Rivacoba en que tres meses de matrimonio previo constituye un lapso casi ridículo, para una decisión de tanta envergadura, que debe adoptarse con la necesaria consciencia y madurez. Sobre todo, implica introducir en la institución social más relevante un alto grado de precariedad, que no aporta suficientes visos de certeza y permanencia jurídica. Por ello, resulta absurdo mantener el artículo 45 CC que establece que no pueda contraerse matrimonio a plazo, ni condicionalmente, ni mediando modo. De esta manera, la unión más intima y estable posible que se pueda jurídicamente predicar entre un hombre y una mujer, queda en el pasado. Más bien, ahora se aproxima mucho a la mera relación de afectividad formalmente constituida entre dos personas con independencia de sexo. Esto choca notablemente en comparación con las uniones *more uxorio* a las que sí se les exige una causal para su disolución. Por ejemplo, la ley asturiana exige el mutuo acuerdo, la muerte, declaración de fallecimiento de uno de los integrantes, entre otros. Reconocer un sistema de disolución causal para la pareja estable cuando el Código Civil lo ignora en el matrimonio, y con unos plazos mayores que los requeridos a éste, resulta un absurdo insostenible, por exigir a la mera convivencia más que a la figura institucionalizada. Es como institucionalizar las uniones de hecho, circunstancia nada querida por sus protagonistas, que por ello se mantienen al margen del matrimonio. El absurdo es que, al final, terminan regulados de mayor forma que el matrimonio (cfr. "La reforma del matrimonio… cit.", pp. 102-103).

[154] Ob. cit., p. 719.

trescientos días desde la admisión a trámite de la demanda de divorcio con el primer y segundo marido. Se estaría ante el conflicto de tres paternidades. Un cuarto matrimonio, en la que esté vigente una cuarta presunción, es muy poco probable, pero no imposible. Sobre todo cuando el artículo 81.2 CC permite interponer la demanda de divorcio sin necesidad que transcurran los tres meses si el cónyuge demandante acredita la existencia de un riesgo para su vida, su integridad física, libertad, integridad moral o libertad e indemnidad sexual de él o de los hijos de ambos, o de cualquiera de los miembros del matrimonio.

B. Propuestas de solución al conflicto de paternidades matrimoniales

El ordenamiento civil común no prevé una solución a este problema[155] y, en ausencia de un consolidado criterio jurisprudencial y registral[156], sólo cabe acudir a la doctrina. Las soluciones planteadas por ésta han sido de lo más variopintas y no han estado exentas de críticas. Se han defendido posturas positivas, imputando la paternidad a uno de los maridos y, negativas, neutralizando las presunciones.

1. La paternidad se determina a elección del hijo

La elección del hijo se llevaría a cabo cuando éste adquiriera la mayoría de edad o, por lo menos, cuando alcanzara una edad determinada.

Constituye una de las teorías más criticadas debido a que la determinación de la filiación matrimonial quedaría condicionada al cumplimiento de la adquisición de la edad, y el conflicto de presunciones, durante todo ese lapso de tiempo, sin resolver.

Para menguar este inconveniente, se defiende que sea la madre, en representación del hijo –y ya que es quien mejor conoce la verdad biológica– la que ejercite la elección; pero tampoco convence. Puede ser cierto que la madre conozca la verdadera paternidad. Sin embargo, cuando entran en juego más de dos presunciones, se pone en duda la certeza de su conocimiento. Además,

---

155 El Código Civil catalán prevé una salida, pero sólo para el conflicto de dos presunciones en caso de disolución o nulidad del primer matrimonio: imputa al segundo marido la paternidad de hijo (cfr. artículo 235.5.3 CC). También se encuentran soluciones en Derecho Comparado. El Código Civil portugués (cfr. artículo 1834) y el alemán, específicamente para el supuesto de la viuda que vuelve a contraer matrimonio (§ 1593), resuelven el conflicto a favor del segundo esposo. Si éste impugnara la paternidad, regulan que la filiación se determine a favor del primer consorte.

156 En la búsqueda de sentencias y de resoluciones del Centro Directivo no he hallado ninguna que proporcione una salida al problema.

en ella pueden intervenir elementos subjetivos que le lleven a la afirmación de una paternidad no coincidente con el hecho biológico[157].

Por último, una poderosa razón para rechazar la determinación de la paternidad por elección del hijo o de la madre radica en el argumento que la presunción de paternidad se basa en hechos objetivos. La voluntad de los cónyuges, o del hijo, es ajena a su aplicación.

2. *La atribución de la paternidad en función de la duración normal del embarazo*

Esta teoría, sobre la base de la duración normal de un embarazo, es decir, nueve meses (o doscientos setenta días), atribuye la paternidad al primer marido de la madre si el nacimiento del hijo se produce dentro de ese período de tiempo. *Sensu contrario,* si el parto acontece después de los nueves meses, y antes de agostarse el plazo de la presunción legal, en lugar de presumirse un embarazo demasiado largo, la paternidad corresponde al segundo marido.

Esta solución es calificada de rígida por no tomar en cuenta que dada la rapidez con que se realiza el segundo matrimonio es posible que la mujer y el segundo marido mantuvieran relaciones íntimas cuando ella aún permanecía casada con el primero. Por lo que, aunque el nacimiento se produce dentro del período normal del embarazo, el hijo podría ser del segundo cónyuge[158].

No comparto esta crítica y, a mi juicio, es una propuesta muy bien fundamentada. Sin embargo, sólo podría aplicarse al conflicto de dos paternidades matrimoniales, pero no así cuando la colisión se presenta entre más de dos presunciones.

En efecto, vigente tres presunciones, si el nacimiento se produce dentro de los nueve meses, se descartaría la paternidad del tercer marido, pero el hijo podría ser tanto del primero como del segundo. Sería el caso de una mujer, por ejemplo, que enviuda en enero de 2011 y al mes siguiente contrae matrimonio. Esta segunda relación fracasa al poco tiempo, por lo que decide divorciarse. Debido a la rapidez de este proceso, logra sentencia de divorcio y contrae nuevo matrimonio en Julio de 2011, alumbrando un niño en septiembre del mismo año. Si aplicamos la teoría que se expone, la paternidad a favor del último marido quedaría descartada, pero no la del cónyuge difunto ni la del segundo consorte.

---

[157] En contra, DE LA CÁMARA ÁLVAREZ. Considera legítimo dar relevancia a la declaración de la madre. Justifica su postura en el hecho de que la colisión de paternidades es un supuesto muy especial (cfr. ob. cit., p. 263).

[158] Cfr. DE LA CÁMARA ÁLVAREZ, M., ob. cit., p. 265.

Por el contrario, si el nacimiento tiene lugar después de los doscientos setenta días y antes de los trescientos, se descartaría la filiación del primer marido, pero no así la de los otros dos.

En ambas situaciones el problema persistiría.

3. La paternidad se atribuye según el nacimiento se produzca durante o después de los ciento ochenta días siguientes al segundo matrimonio

Según esta postura, si el hijo nace durante los ciento ochenta días siguientes a la celebración del segundo matrimonio, fue concebido durante el anterior enlace. Por tanto, la presunción de paternidad a favor del primer consorte es mucho más fuerte que la que ampara al segundo, debiendo prevalecer sobre ésta.

Contrariamente, si el nacimiento acontece después de los ciento ochenta días de las segundas nupcias, se presume que el hijo ha sido concebido durante el segundo matrimonio, por lo que la paternidad del primer marido se descarta.

Esta solución, al igual que lo que sucedía con la tesis antes descrita, perdería validez cuando se produce una múltiple (tres o más) colisión de presunciones.

4. Dar preferencia al que en la inscripción del nacimiento del hijo figure como padre

Esta solución, inspirada en la concepción de Cicu sobre el título de estado, es otra de las teorías que más críticas ha generado. Defiende que la paternidad debe imputarse a aquel de los dos maridos que figure inscrito como padre, pudiendo esta decisión ser discutida en la vía judicial[159].

---

[159] De la Cámara Álavarez critica esta postura. Sin embargo, la solución que propone guarda cierta semejanza con esta teoría. Propugna que como la inscripción es el elemento que determina extrajudicialmente la filiación matrimonial, será ése el momento en que se resuelva la colisión de paternidades. Advierte que si en ese instante el conflicto no sale a la luz, el encargado del Registro inscribirá la filiación de acuerdo con lo declarado: comprobará la filiación materna, el matrimonio y la vigencia de la presunción de paternidad, imputándose la paternidad bien al primer o segundo marido en función de lo declarado. La inscripción sólo podrá ser contradicha ejercitando una acción de impugnación o acumulativamente la de reclamación y la de impugnación.

Por otro lado, sostiene que si el encargado del Registro detecta el conflicto de presunciones, la paternidad deberá imputarse siempre al primer marido. A su juicio, establecer la filiación a favor del segundo, supondría presumir la infidelidad de la mujer al primero. No obstante, precisa que sólo cuando la propia madre, en la inscripción registral, reconoce su adulterio, se determinará la paternidad a favor del segundo cónyuge (cfr. ob. cit. pp. 275-284).

En mi opinión, esta tesis no soluciona el conflicto. La colisión de presunciones se presenta en un momento anterior a la inscripción, desde el nacimiento, momento en el que actúa la presunción de paternidad. Refrendar esta tesis sería como admitir que la paternidad matrimonial se determina por la inscripción, postura que ha sido criticada en este trabajo.

5. *La vía judicial*

Para esta teoría, las presunciones son contradictorias y, al entrar en colisión, se destruyen o neutralizan. Propugna que, al no existir motivo para preferir una presunción a la otra, el conflicto debe ser resuelto por los tribunales, quienes decidirán *ad casum.*

La crítica se dirige en el sentido de que mientras se espera una sentencia, la filiación del hijo quedaría sin determinar, asumiéndose el riesgo que la contienda nunca llegue a entablarse, lo que constituiría un serio obstáculo para que el hijo disfrute de un estado de filiación matrimonial. Además de compartir esta objeción, he de añadir que el fundamento en que se basa esta tesis es inadecuado. Las presunciones no se neutralizan ni se destruyen, sino que coexisten de manera paralela y, ya que es imposible que las dos actúen simultáneamente, es conveniente buscar una solución que determine extrajudicialmente la paternidad matrimonial.

6. *Posición personal*

Examinadas las diferentes tesis, puede constatarse que el tema no es nada pacífico ni fácil de resolver. Además, la mayoría de estas posturas están planteadas para resolver un conflicto de dos paternidades.

He de recordar que la presunción de paternidad se basa en el matrimonio, que genera una serie de deberes para los cónyuges, entre los que figura el de convivencia. Asimismo, la paternidad se atribuye al marido sobre la base de la posesión de estado de esposo.

Por tanto, en mi opinión, el conflicto de paternidades se ha de resolver a favor del último marido, con el que la mujer se encuentra casada al momento de dar a luz. Único matrimonio vigente que sustenta la presunción y hace prevalecer esta paternidad frente a las anteriores.

No obstante, como la presunción *pater is est* también se fundamenta sobre la presunción de concepción, se ha de tener en cuenta que si el hijo nace dentro de los 180 días siguientes a la celebración de las nupcias, el último marido podrá destruir la paternidad imputada mediante la declaración auténtica. Además, tanto si no ejerce esta facultad, como si el hijo nace pasados los 180 días desde la boda, el cónyuge tiene la posibilidad de entablar la acción de estado del artículo 136 CC. Destruida extrajudicialmente la paternidad o estimada la demanda de impugnación del último esposo de la madre, y existiendo conflicto entre dos paternidades matrimoniales, cobraría vigencia la primera presunción, determinándose la paternidad matrimonial a favor del ex-marido.

Empero, si el conflicto de presunciones se presenta entre tres paternidades (o más), el problema aún subsistiría. Se descartaría la última paternidad, pero quedarían vigentes dos (o más) presunciones. En este caso no sería posible aplicar la regla antes propuesta (atribuir la paternidad al marido con el que la madre se encuentra casada al momento del parto), pues los matrimonios que dieron origen a las presunciones ya se encuentran disueltos. Por tanto, la solución que se plantea es que se presumirá la paternidad a favor del ex-esposo con el que la mujer estuvo casada y convivió en el período legal de la concepción, es decir, en los 120 primeros días de los trescientos anteriores al nacimiento. Si la cuestión se complica porque ese período coincide con el lapso final de un matrimonio y el inicial de otro, persistiendo el conflicto, se deberá atribuir la filiación al consorte con quien más tiempo haya convivido la mujer. Si a pesar de utilizar estos criterios es imposible llegar a una conclusión, como último recurso, deberá acudirse a la vía judicial. El juez, sobre las pruebas presentadas, determinará a quién corresponde la paternidad.

He de acotar que en la hipótesis de la bigamia de la madre que, obviamente, no ha interrumpido la convivencia con el primer cónyuge (de lo contrario no habría conflicto de presunciones), ambos matrimonios se encuentran vigentes. Por consiguiente, tampoco le es aplicable la solución inicial de atribuir la paternidad al esposo con el que la mujer se encuentra casada al momento del nacimiento. En este caso, directamente se habrá de determinar la paternidad a favor del marido con el que la madre convivió en la época de la concepción. De ser imposible la determinación, se tendrá que acudir a la vía judicial donde se admitirán toda clase pruebas, incluidas las biológicas.

IV. LA PRESUNCIÓN DE PATERNIDAD NO MATRIMONIAL

Cierto sector doctrinal propone el establecimiento de una presunción de paternidad no matrimonial, para lo cual alegan el principio de igualdad. Además, argumenta que ello es una consecuencia de las transformaciones que viene experimentando el Derecho para acomodarse a los cambios sociales. A mayor abundamiento, sostienen que las parejas de hecho heterosexuales estables, estructuras familiares no sustentadas en el matrimonio, son una realidad extendida y asumida por la sociedad, por lo que consideran que ha de tomárseles en cuenta para facilitar la determinación de la paternidad por medio de una presunción similar a la clásica presunción marital[160].

Esta postura doctrinal ha tenido eco en algunas legislaciones.

El *BGB* presume la paternidad no matrimonial del hombre que ha cohabitado con la madre en el período legal de la concepción (cfr. §1600 O-2). En este mismo sentido, el Código Civil suizo presume la paternidad del hombre que cohabitó con la madre del niño entre los 300 y 180 días anteriores del nacimiento. Incluso, imputa la paternidad no matrimonial cuando el hijo ha sido concebido antes del día 300 o después del día 180 anteriores al nacimiento, si el demandado cohabitó con la madre en esa época (cfr. artículo 262 CC).

La legislación catalana ha ido más allá de lo regulado por los anteriores cuerpos legales y de lo exigido por la doctrina. Este ordenamiento establece una presunción de paternidad no matrimonial aun cuando no concurra el requisito de estabilidad de la pareja *more uxorio*. En este sentido, extiende la presunción de paternidad a las relaciones no matrimoniales heterosexuales permanentes o esporádicas. Específicamente, el artículo 235.10.1 CC catalán presume que es padre del hijo o hija no matrimonial, el hombre que ha convivido con la madre en la época legal de la concepción o aquél que simplemente mantuvo *relaciones íntimas esporádicas* con la madre en aquella época[161].

Todos estos ordenamientos pretenden que la paternidad no matrimonial se determine por la presunción, pero esta finalidad sólo queda en aspiraciones ideológicas. En realidad, esta presunción de paternidad no determina por sí sola el vínculo extramatrimonial y carece del carácter automático e imperativo de la presunción de paternidad marital, porque, previamente a la determinación, ha de probarse la convivencia o las relaciones íntimas en la época de la concepción. Es decir, a efectos prácticos, es inútil instaurar una presunción de paternidad en la filiación no matrimonial.

---

160 Cfr. García Vicente, J.R., "La previsible reforma… cit.", p. 231 y Quicios Molina, S., "La impugnación de la paternidad matrimonial. Estado de la cuestión tras las SSTC 138/2005, de 26 de mayo, y 156/2005, de 9 de junio", en *Derecho Privado y Constitución,* nº 19, 2005, pp. 263-264, entre otros.

161 Además, presume padre del hijo no matrimonial al hombre que ha reconocido la paternidad tácitamente o de modo diferente al establecido por el artículo 235.9 CC catalán. Este precepto se refiere a los mismos medios de determinación extrajudicial de la filiación que recoge el artículo 120 CC. Es decir, ese reconocimiento implícito no se considera un simple medio de prueba para la fijación judicial de la filiación, sino que es un medio más de determinación. A mi juicio, es un supuesto bastante confuso y un cajón de sastre donde todo entra. Considero que es excesivo considerarlo como un modo más de determinar la filiación no matrimonial, máxime cuando para su destrucción se necesita acudir a la vía judicial.

Además, esta presunción se enfrenta a otros obstáculos de fondo insuperables[162].

A mi parecer, es bastante discutible fundamentar la presunción de paternidad no matrimonial en el principio de igualdad. Debe recordarse que el principio de igualdad en la filiación (cfr. artículos 14 y 39 CE) busca la equiparación de los efectos –ya que la prole, con independencia de su origen, goza del mismo *status filii* y, por tanto, de los mismos derechos frente a sus padres (cfr. STS de 18 de septiembre de 2006)–, pero no se traduce, necesariamente, en iguales criterios de determinación del vínculo.

Este principio exige que a iguales supuestos de hecho se apliquen iguales consecuencias jurídicas, prohibiendo las desigualdades que resulten artificiosas o injustificadas por no venir fundadas en criterios objetivos (cfr. SSTEDH de 1 de febrero de 2000, 12 de enero y 7 de marzo de 2006, 22 de enero de 2008, 1 de abril de 2010, entre otras). En otras palabras, "el principio de igualdad no implica en todos los casos un tratamiento legal igual con abstracción de cualquier elemento diferenciador de relevancia jurídica, de manera que no toda desigualdad de trato normativo respecto a la regulación de una determinada materia supone una infracción del mandato contenido en el artículo 14 CE, sino las que introduzcan una diferencia entre situaciones que puedan considerarse iguales, sin que se ofrezca y posea una justificación objetiva y razonable para ello" (SSTC de 2 de julio de 1981, 20 de febrero de 1984, 22 de diciembre de 1987, 31 de enero de 1991, 4 de octubre de 2001, 26 de mayo y 27 de octubre de 2005, 22 de mayo de 2006, entre otras).

En consecuencia, el principio de igualdad no exige obviar las diferencias existentes entre las distintas clases de filiación[163]. Regular el vínculo paterno-filial tomando en cuenta estas diferencias no es discriminación sino, precisamente, una manifestación de la igualdad. Ésta ampara la distinción de medios de determinación en la filiación matrimonial y no matrimonial[164], porque ambas se cimientan en circunstancias y hechos distintos y objetivos[165]. La primera se basa en el matrimonio de los padres, la segunda no, y precisamente el hecho del matrimonio es el que confiere certeza a la paternidad y facilita su determinación

[162] Es de la misma opinión VERDERA SERVER, R., "El *dies a quo*... cit.", p. 350.

[163] Cfr. BERCOVITZ RODRÍGUEZ-CANO, R., "La igualdad al revés", *AC*, nº 1, 2002, pp. 2165-2166 y FERNÁNDEZ GONZÁLEZ, M. B., "La igualdad constitucional en materia de filiación", *Act. Civ.*, nº 2, 2004, pp. 1750 y ss.

[164] DIEZ-PICAZO Y GULLÓN BALLESTEROS sostienen que lo mejor es la diferenciación en la determinación, porque no se puede dejar de lado que la mayor parte de la filiación en España se deriva de un matrimonio y sería como desconocer la naturaleza de las cosas (cfr. ob. cit., p. 224).

[165] Por este motivo, la reforma de 1981 equiparó los efectos de las distintas clases de filiación, pero fijó diferentes criterios de determinación según el origen de la prole. Para la filiación matrimonial: la presunción de paternidad, el reconocimiento o la sentencia firme. Para la no matrimonial: el reconocimiento y los otros mecanismos establecidos en el artículo 120 CC.

con una presunción a su favor. Los hijos nacidos fuera del matrimonio carecen de la certeza que el vínculo matrimonial da a la filiación. Por lo que, regular una presunción de paternidad no matrimonial vulnera la realidad de las cosas y el principio de igualdad.

Con razón, la propia legislación (cfr. artículos 108 y 116 CC) circunscribe la presunción de paternidad únicamente a la filiación matrimonial, cuando el padre y la madre están casados entre sí. Excluyéndola cuando los padres no están unidos por vínculo matrimonial ni en el momento de la concepción, ni en el del nacimiento. En estos casos, la paternidad se determinará vía reconocimiento, expediente registral, o través de una acción de reclamación de la filiación, proceso en el que la convivencia con la madre en la época de la concepción constituye un medio de prueba para la declaración de la filiación (cfr. artículo 767.3 LEC).

Finalmente, como sostiene Sanciñena Asurmendi, extender la presunción de paternidad al hombre con el que la mujer ha mantenido relaciones sexuales en la época de la concepción, es atentar contra el derecho a la intimidad del primero[166].

V. LA IMPUGNACIÓN DE LA PATERNIDAD DETERMINADA POR PRESUNCIÓN

Antes de la reforma de la filiación de 1981, la presunción de paternidad era casi imposible de destruir. La paternidad del marido únicamente podía ser impugnada cuando físicamente no hubiese sido posible el trato carnal entre los cónyuges en la época legal de la concepción: por ausencia del marido o vivir separado de hecho de la esposa. Existiendo convivencia marital –y desconocidas las pruebas biológicas–, sólo cabía alegar la impotencia o esterilidad del esposo; cuestión nada fácil de dilucidar para la época. De no concurrir alguna de estas condiciones, el presunto hijo del consorte lo era *in aeternum*. Además, sólo el marido y sus herederos estaban legitimados para impugnar la paternidad y nunca la mujer. Ésta, al parecer, no debía agraviar a su cónyuge revelando el adulterio cometido. La presunción constituía casi una del tipo *iuris et de iure*.

Tras la reforma de 1981 y la reintroducción de la verdad biológica, se produce una flexibilización de la presunción de paternidad: se amplía la legitimación y los plazos para su impugnación, pero guiados por la preeminencia del interés del hijo. En este sentido, la paternidad determinada por la presunción, no coincidente con la verdad biológica, puede impugnarse judicialmente por

---

[166] Cfr. "La posesión… cit.", p. 891.

el marido o el hijo, según lo dispuesto en los artículos 136 y 137 CC[167] y sin limitar tal impugnación a supuestos taxativos. Es, por tanto, una presunción *iuris tantum*.

La normativa citada constituye el régimen general de la impugnación de la paternidad matrimonial y no ha sufrido cambios legislativos desde la reforma de la filiación de 1981. No obstante, el excesivo valor que se viene otorgando a las pruebas biológicas, así como la reciente línea jurisprudencial que somete la acción impugnatoria del marido a un plazo ligado al conocimiento de la verdad material, han producido, en beneficio de la verdad de sangre, modificaciones legales importantes y un inevitable y excesivo debilitamiento de la presunción. Llevando la situación a extremos indeseables.

A. La jurisdiccionalidad de la impugnación de la presunción de paternidad

El ordenamiento español no recoge ninguna norma de la que se infiera la posibilidad de alegar la verdad biológica en el ámbito extrajudicial para contradecir la paternidad del marido determinada por presunción[168]. Ésta debe ser impugnada en la vía judicial.

No obstante, viene cuestionándose si es admisible descartar la presunción de paternidad en la vía registral, presentando al encargado del Registro pruebas, incluso biológicas, de la falta de paternidad del marido, haciendo decaer la presunción e impidiendo la inscripción de la filiación matrimonial.

1. Destrucción registral de la presunción

Cierto sector de la doctrina considera que, determinada la paternidad matrimonial por la presunción, sí es posible su destrucción registral y, por tanto, que el encargado del Registro debe admitir pruebas que contradigan la paternidad

---

[167] Coincido con Peña y Bernaldo de Quirós en que ha de diferenciarse esta acción de *impugnación de la paternidad matrimonial*, que parte de la existencia de todos los presupuestos de la presunción y se ejercita porque proclama una filiación que biológicamente no existe, de la *acción declarativo-negativa* (de desconocimiento). Ésta pretende la declaración de la aplicación indebida de la presunción de paternidad en vía registral por faltar alguno de los elementos fácticos en los que se funda. Por ejemplo, que no hubo matrimonio, o el hijo cuestionado no fue alumbrado por mujer casada, o que nació mucho después de los 300 días de la disolución del matrimonio o de la separación de hecho o legal de los cónyuges (cfr. "De la paternidad… cit.", p. 862).

[168] Nótese que la destrucción extrajudicial de la presunción por la simple declaración auténtica del marido (cfr. artículo 117 CC) se produce sin necesidad que el esposo alegue pruebas que acrediten su falta de paternidad. Basta con demostrar que el nacimiento ha tenido lugar dentro de los 180 días de la celebración del matrimonio, sin entrar a discutir sobre la verdad biológica.

del marido. De esta manera, se impediría la inscripción de la paternidad marital e, incluso, se lograría el acceso de la paternidad no matrimonial de mujer casada, sin necesidad de acudir a la vía judicial. Máxime –afirman–, si el hijo no mantiene relación familiar alguna con el padre legal y viene gozando de posesión de estado de filiación extramatrimonial[169].

Para sostener esta tesis, argumentan que la presunción de paternidad es una simple presunción relativa que puede destruirse mediante prueba en contrario fuera del ámbito judicial, a semejanza de la presunción de convivencia del artículo 69 CC, que puede ser contradicha registralmente. A su juicio, demostrada la verdad biológica ante el encargado del Registro, la fuerza probatoria de la presunción se ve desvirtuada. Por lo que no podría probar la paternidad del esposo, dejando de ser un título suficiente para lograr la inscripción matrimonial de la filiación[170].

Incluso, bajo el razonamiento anterior, se formula una interpretación bastante forzada del artículo 185 RRC. Este precepto dispone literalmente que *"sólo se podrá inscribir, en virtud de declaración formulada dentro del plazo, la filiación no matrimonial de hijo de casada, así como el reconocimiento de la filiación paterna de progenitor distinto del marido si se* comprueba *antes de la inscripción que no rige la presunción legal de paternidad de éste"*. No obstante, creen que podría interpretarse en el sentido que *"sólo se podrá inscribir, en virtud de declaración formulada dentro del plazo, la filiación no matrimonial de hijo de casada, así como el reconocimiento de la filiación paterna de progenitor distinto del marido si se* prueba *antes de la inscripción que no rige la presunción legal de paternidad de éste"*[171].

La primacía de la verdad biológica es otro de los fundamentos alegados. Aducen que así se lograría la concordancia entre el Registro y la realidad, sin necesidad de acudir a un juicio de impugnación. De lo contrario, consideran que

[169] En Derecho comparado existe la posibilidad de descartar registralmente la presunción ante la falta de posesión de estado. El Código Civil francés, en su artículo 314 –norma muy criticada por la doctrina de ese país–, permite, estando vigente la presunción de paternidad, inscribir la filiación únicamente a favor de la madre si en la partida de nacimiento del hijo no se designó como padre al marido y si, además, no existió posesión de estado respecto de éste. No obstante, si el marido o la misma madre pretenden restablecer la presunción, lo que implicaría una investigación de la paternidad, no puede realizarse en vía registral, sino en sede judicial. Por otro lado, el Derecho portugués (cfr. artículo 1832 CC) faculta a la madre a realizar la declaración de nacimiento con la indicación de que el hijo no es del marido. No obstante, para hacer cesar la presunción de paternidad deberá presentar una declaración judicial que establezca que el hijo, con ocasión del nacimiento, no se beneficiaba de la posesión de estado respecto de ambos cónyuges. Mientras no recaiga esa declaración judicial el encargado del Registro no puede descartar la presunción de paternidad.

[170] Cfr. García Pastor, M., "Las dificultades para destruir la presunción de paternidad del marido", en *Los desafíos de la Familia Matrimonial. Estudio multidisciplinar en Derecho de Familia,* Instituto Andaluz de la Mujer, Sevilla, 2000, p. 122.

[171] Cfr. *Ibídem*, pp. 115-136.

se llegaría a resultados grotescos como el de inscribir la filiación matrimonial a favor de una mujer y de quien fuese su marido al momento del nacimiento, a pesar de haberse demostrado la falsedad de este hecho al encargado del Registro.

Asimismo, afirman que la destrucción registral de la presunción redunda en beneficio del hijo, pues, se interrogan, "¿qué es mejor para el hijo: ser hijo no matrimonial, hoy día que la filiación matrimonial y no matrimonial producen los mismos efectos (art. 108 CC), o estar inserto dentro de una familia conflictiva por dudar el marido de su paternidad, el cual no acude a la vía judicial para impugnarla, a fin de evitar escándalos?"[172].

Por otra parte, respecto de la clase de pruebas contrarias a la paternidad matrimonial que el encargado del Registro debe admitir, no existe unanimidad.

Algún autor alega la flexibilidad en la admisión de las pruebas y considera que incluso la simple declaración de los esposos es suficiente para impedir la inscripción de la paternidad matrimonial. En su opinión, "si los propios cónyuges, que son los que mejor pueden saberlo, consideran que el marido no es el padre, ¿por qué han de soportar tal paternidad, y tener que acudir a la vía judicial para impugnarla? ¿Es que el legislador, con sus presunciones, puede «intuir» los secretos de alcoba, incluso contra la propia negativa de los directamente interesados, únicos que pueden conocer la realidad de la filiación?"[173].

Otros se muestran más prudentes y sostienen que la destrucción de la presunción ante el encargado del Registro debería permitirse sólo si se presentan pruebas contundentes de la falsa paternidad y siempre que no exista oposición de ninguna de las partes, ni del Ministerio Fiscal. Entre las pruebas propuestas figuran: la prueba biológica, un certificado médico de impotencia del marido, testimonio de testigos, corroborada por la posesión de estado no matrimonial, o cualquier otra que demuestre la imposibilidad física de relación sexual entre los cónyuges[174].

2. *La postura del Centro Directivo*

La doctrina del Centro Directivo es tajante e impide la destrucción de la presunción en sede registral. Los argumentos bajo los que se ampara pueden resumirse en dos: la fuerza probatoria de la presunción *pater is est* y la irrelevancia de la verdad biológica en el ámbito registral.

---

172 Cfr. Pozo Vilches, J., ob. cit., pp. 13, 107 y ss.

173 Cfr. *Ibídem*, p. 108.

174 Cfr. Férez Fernández, M. D. y Garriga Gorina, M., "La presunción de paternidad matrimonial del artículo 116º CC en el caso de separación de hecho", *RJC*, nº 4, 1992, pp. 1072-1074.

Respecto al primero, la Dirección General señala que, en virtud de los artículos 113, 116 y 117 CC, la presunción de paternidad es, por sí sola, un título suficiente que acredita la filiación matrimonial desde el mismo nacimiento del hijo, por lo que dicha eficacia no puede ser discutida extrajudicialmente.

Asimismo, razona que la investigación de la paternidad es irrelevante en sede registral por motivos de seguridad jurídica. Afirma que la vía judicial es la idónea para la actuación de pruebas dirigidas a probar la verdad material, debido a la serie de garantías que ofrece el proceso.

Concluye que determinada la paternidad vía presunción, y aunque se aporten pruebas que demuestren la verdad biológica ante el encargado del Registro Civil, será imposible descartarla en el ámbito registral. Deberá inscribirse necesariamente al hijo como matrimonial y la presunción sólo podrá desvirtuarse en el marco judicial a través de la acción de impugnación de la paternidad matrimonial. Acota, *ex* artículo 185 RRC y la Circular de 2 de junio de 1981 de la Dirección General, que sólo la ausencia de la presunción de paternidad, es decir, cuando el nacimiento se produce fuera del ámbito temporal de la presunción, impide la inscripción del vínculo filial matrimonial.

Es ilustrativa la RDGRN de 4 de junio de 2007. Una hija solicita la inscripción extramatrimonial de su filiación y, con la finalidad de evitar la presunción, aporta prueba biológica de paternidad. El Centro Directivo deniega la inscripción de la filiación no matrimonial alegando que "si la madre es casada y el alumbramiento ha tenido lugar, como ha sucedido en este caso, estando vigente su matrimonio y antes de transcurrir trescientos días desde la separación legal o de hecho de los cónyuges, es obligado inscribir la filiación matrimonial, dada la fuerza probatoria de la presunción de paternidad del marido de la madre del artículo 116 del Código Civil". Agrega, respecto de la prueba de paternidad, que "no se considera suficiente para dar por destruida la referida presunción. Sí podría serlo en el ámbito de un procedimiento judicial por las garantías procesales que dicha vía proporciona, entre ellas las relacionadas con el derecho de defensa del marido, pero no en esta del expediente gubernativo. Lógicamente, lo que antecede se entiende sin perjuicio de que los interesados puedan ejercitar las acciones pertinentes para impugnar la filiación matrimonial acordada".

Igualmente abunda la R. de 23 de mayo de 2007. La madre, de estado civil casada, y un tercero pretendían inscribir la filiación no matrimonial de su hija. La madre manifestó que desde hacía dos meses no cohabitaba con su marido y, para descartar la paternidad de éste, presentó informe de investigación biológica realizado en un laboratorio de genética. Se aportó, además, el acta en la que los promotores reconocen la filiación no matrimonial de la hija en común.

La jueza encargada del Registro dictó providencia estimando que el acta de reconocimiento de la filiación extramatrimonial y la prueba biológica aportada no destruían la presunción de paternidad del marido, por lo que correspondía inscribir la filiación matrimonial. Ante esta decisión los promotores interpusieron recurso ante la Dirección General. Solicitaron la inscripción de la filiación extramatrimonial bajo el argumento que había quedado probada la verdad biológica que se pretendía registrar. El Ministerio Fiscal se adhirió al recurso. A su juicio, se había desvirtuado la presunción *pater is est*. Sin embargo, el Centro Directivo descartó la solicitud de los promotores. Alegó que tanto el reconocimiento como la aportación de pruebas biológicas podían ser suficientes en el ámbito judicial, pero no en el registral, donde lo que se debía demostrar para impedir la inscripción matrimonial de la filiación era la ausencia de la presunción *pater is est*.

También es relevante la R. de 22 de mayo de 1992, en la que el Centro Directo impide la destrucción registral de la presunción. Alega que "los recurrentes en vez de esforzarse en el recurso en demostrar que el nacimiento ha acaecido pasados trescientos días desde la separación de hecho y que esta separación existía (cfr. art. 69 CC), se han limitado a alegar la esterilidad del marido. Es evidente que estas alegaciones podrán tener su valor en la vía judicial ordinaria, cuando se ejercite la oportuna acción de impugnación de la paternidad, pero carecen de toda eficacia en el ámbito registral en el que, como se ha indicado, lo que deben probar los interesados, para que sea inscribible la filiación no matrimonial, es la separación de los cónyuges y que el nacimiento ha ocurrido transcurridos trescientos días a contar desde esta separación" (cfr. además, las RRDGRN de 5 de marzo de 1986, 13 de mayo y 25 de noviembre de 1987, 19 de septiembre de 1988, 10 de marzo de 1989, 30 de agosto de 1990, 26 de mayo y 22 de noviembre de 1994, 7 de octubre de 1996, 17 de junio de 2000, 5 de abril de 2002, 8 de junio de 2007, etc.).

Comparto la postura del Centro Directivo[175], aunque he de matizar y profundizar sus razonamientos.

La naturaleza de la presunción de paternidad no es la de una simple presunción relativa. Es una regla de derecho material de atribución de la paternidad del hijo de mujer casada, que actúa *ab origine*, desde el nacimiento. No tiene comparación con la presunción de convivencia del artículo 69 CC, simple presunción *iuris tantum* que puede ser destruida ante el encargado del Registro Civil.

[175] En la misma línea, De la Cámara Álvarez, M., ob. cit., p. 190; Ocaña Rodríguez, A, ob. cit., p. 77; Verdera Server, R., *Determinación...* cit., p. 65; entre otros.

Por consiguiente, a pesar de que la presunción marital no hubiese sido mencionada en el artículo 113 CC como título de acreditación de la filiación, la solución dada por las citadas resoluciones no hubiese sido distinta. El artículo 116 CC basta por sí solo para que se determine la paternidad y se haga constar la filiación como matrimonial, independientemente de que esta filiación se vea respaldada o no por la posesión de estado.

En consecuencia, la imposibilidad de descartar la presunción de paternidad en sede registral, aunque exista prueba que demuestre la verdad biológica, se debe más que a su fuerza probatoria, como argumenta la Dirección General, al carácter automático e imperativo con el que la presunción actúa.

Por otra parte, como he dejado sentado anteriormente, el ordenamiento español es claro al establecer que la investigación de la paternidad debe ser ejercitada en sede judicial, específicamente, en las acciones de estado, bien para reclamar la verdadera filiación o bien para impugnar la filiación que se ostenta. Procesos en los que se admiten todo tipo de pruebas, incluidas las biológicas (cfr. artículo 767.2 LEC). Es decir, del propio ordenamiento se desprende que en sede extrajudicial, específicamente registral, no es posible investigar la paternidad con la finalidad de descartar la presunción *pater is est*. Luego, aunque se aporten pruebas, incluso biológicas, que demuestren la falsa paternidad del marido, al encargado del Registro no le corresponde entrar en la verdad biológica[176]. Los interesados deberán interponer la acción del artículo 136 CC o 137 CC.

Esta limitación no se debe a un simple capricho de legislador. La *ratio legis* se encuentra en el principio de seguridad jurídica –en estrecha relación con el *favor filii* y la protección a la familia– como límite a la verdad biológica. La seguridad jurídica exige que las cuestiones relativas al estado civil de una persona, y con mayor razón de la prole, se discutan en un proceso judicial (cfr. artículos 114 CC, 50 y 92 LRC). Este proceso presenta una serie de garantías para la actuación de todo tipo de pruebas y asegura la mejor defensa de cada una de las partes involucradas, en especial, la de los hijos. Permitir la investigación de la paternidad en sede registral para descartar la presunción, implicaría convertir la verdad de sangre en un principio absoluto[177].

---

[176] La misma postura sostienen SILLERO CROVETTO y ASENCIO SÁNCHEZ. Opinan que la investigación de la paternidad "es directamente invocable pero, sólo se puede hacer uso de él en el ámbito de un proceso jurisdiccional y contencioso. Lo que nos conduce a denegar la existencia de un derecho a la investigación de la paternidad en el ámbito extrajudicial y concretamente en el ámbito registral" (ob. cit., pp. 1115-1116).

[177] Son harto criticables ciertas disposiciones de la Nueva Ley del Registro Civil, 20/2011, de 21 de julio, en vigencia a partir de julio de 2014, porque parecen facultar al encargado del Registro Civil a investigar la verdad material de la filiación y no llevar a cabo la inscripción de la presunción de paternidad. El artículo 30 del citado cuerpo legal dispone que: *"2. El Encargado de la Oficina*

En conclusión, comprobada la vigencia de la presunción, se inscribe indefectiblemente la filiación matrimonial. La única forma de evitar la inscripción, como bien lo afirma el Centro Directivo, es demostrando que la paternidad no se ha fijado por la presunción, por haberse producido el nacimiento fuera de su ámbito temporal de aplicación. Por consiguiente, las únicas pruebas que pueden ser admitidas por el encargado del Registro Civil son las tendentes a demostrar la disolución del matrimonio o la separación de los cónyuges, y que el nacimiento se produjo 300 días después a partir de la ocurrencia de dichos acontecimientos.

B. La impugnación por el marido. En especial el *dies a quo* del artículo 136 CC

El artículo 136 CC, sin tomar en cuenta la existencia o no de posesión de estado, dispone que el marido puede impugnar su paternidad en el plazo de un año, contado desde la inscripción de la filiación o, excepcionalmente, desde que conoce el alumbramiento de su mujer (previsto para los casos de ausencia del marido o de partos realizados en forma más o menos clandestina). Con estos términos iniciales, el Código Civil permite a los maridos, una vez que comprueban los plazos biológicos, reaccionar si las cuentas no coinciden[178].

Ambos *dies a quo*, la inscripción y el conocimiento del parto, son necesarios para que empiece a correr el año. Es decir, el plazo no corre, aunque la filiación

---

del Registro Civil ante el que se solicita la inscripción deberá controlar la legalidad de las formas extrínsecas del documento, la validez de los actos y la realidad de los hechos contenidos en éste (...) 3. Si el Encargado de la Oficina del Registro Civil tuviere fundadas dudas sobre la legalidad de los documentos, sobre la veracidad de los hechos o sobre la exactitud de las declaraciones, realizará antes de extender la inscripción, y en el plazo de diez días, las comprobaciones oportunas. Si de la verificación de los documentos y declaraciones efectuadas se dedujera una contradicción esencial entre el Registro y la realidad, el Encargado del Registro Civil lo pondrá en conocimiento del Ministerio Fiscal y lo advertirá a los interesados".

178 El artículo 141 CC regula la acción de impugnación del reconocimiento, cuyo plazo de caducidad de un año, prevé como *dies a quo* el momento en que cesa el vicio del consentimiento: el error, la violencia o intimidación. Esta acción no es la indicada para impugnar la paternidad matrimonial. Así lo ha confirmado rotundamente el Tribunal Supremo en sentencia de 21 de julio de 2000. Resolvió el caso de un marido cuya paternidad se determinó por la presunción, pero él argumentaba que su filiación se determinó por la inscripción y que ello equivalía a un reconocimiento, por lo que pretendía contradecir el vínculo filial *ex* artículo 141 CC y de esta manera se le aplicase el *dies a quo* del plazo de caducidad de esa norma. El Supremo rechazó la demanda afirmando que la paternidad quedó determinada sin más "por aquel estado de hecho complejo de matrimonio permanente y nacimiento en su tiempo", es decir, por la presunción de paternidad, que debía impugnarse a través de la acción del artículo 136 CC, que ya había caducado. También rechazan la aplicación del artículo 141 CC a la impugnación de la paternidad matrimonial, las SSTS de 20 de junio de 1996, 10 de febrero de 1997, 31 de diciembre de 1998, 30 de septiembre y 29 diciembre de 2000, 31 de diciembre de 2001, 26 de junio de 2002 y 15 de septiembre de 2003.

esté inscrita, si el marido no conoce el nacimiento; ni tampoco, pese a que el marido conozca el alumbramiento, si la filiación no se ha inscrito[179].

Los herederos del marido también tienen legitimación en caso de que éste fallezca. Podrán continuar la acción o iniciarla si el esposo muere sin haberla incoado, y por el tiempo que faltare para completar el plazo; pero si el esposo fallece sin conocer el parto, el año se contará desde que lo conozca el heredero.

El plazo fijado por la norma es de caducidad. Por lo tanto, transcurrido el año desde la inscripción o el conocimiento del nacimiento, el marido, o los herederos, no podrán iniciar la acción cualquiera sea la causa por la que no la ejercitaron antes[180]. A pesar de la literalidad de la norma, los tribunales vienen estimando acciones en las que los maridos impugnan su paternidad cuando el plazo ha caducado, pero dentro del año en que *toman conocimiento de la filiación extramatrimonial de los hijos de su mujer*. Término inicial no contemplado por el precepto, pero, según los tribunales, más acorde con el principio de verdad biológica[181].

Valga como ejemplo: Juana y Mario contraen matrimonio en 1977. En 1981 tiene lugar el nacimiento de un hijo, el cual es inscrito como hijo matrimonial de la pareja. El matrimonio se separa en 1986 y se divorcia en 1989. En agosto de 1999 Mario se somete a un examen médico que arroja como resultado su esterilidad. Inmediatamente después de conocer la noticia (en septiembre de 1999) interpone demanda de impugnación de la paternidad matrimonial contra el hijo –de 18 años– y su ex mujer. Argumenta que, si bien ha transcurrido más de un año desde la inscripción –tantos años como tiene el hijo–, impugna al mes siguiente de conocer su falta de paternidad biológica.

El punto neurálgico del asunto es determinar si es ajustado a Derecho permitir al marido, que es engañado o no está enterado de la verdad de la filiación, impugnar la paternidad caducado el plazo del artículo 136 CC, pero en cuanto conoce la realidad, o existe justificación para denegarle la acción.

---

[179] Es decir, el marido ostenta un mayor plazo para interponer la acción si la inscripción del nacimiento se realiza fuera del plazo.

[180] Esta limitación contrasta notablemente con la posibilidad, en el Derecho común, que tiene la madre de impugnar su maternidad matrimonial. Sólo ella puede contradecirla y su acción es imprescriptible, con independencia de la existencia de una relación familiar estable entre el hijo y el marido (cfr. artículo 139 CC).

[181] Este *dies a quo* no es extraño en Derecho foral. El artículo 235.23 CC catalán dispone que el marido podrá ejercitar la acción de impugnación de la paternidad matrimonial en el plazo de dos años a contar desde la fecha en que "*conozca el nacimiento del hijo o del descubrimiento de las pruebas en que fundamenta la impugnación*".

En términos semejantes, algunos países como Alemania, Suiza, Austria y Hungría, establecen que el plazo de tiempo establecido se empiece a contar a partir de la fecha en la que el marido conoce las circunstancias que sugieren que no puede ser el padre del hijo.

1. Las opuestas líneas jurisprudenciales del Tribunal Supremo

El Tribunal Supremo no ha sido unánime en las decisiones relacionadas con el *dies a quo* del plazo de caducidad de la acción del marido para impugnar su paternidad. Se distinguen dos líneas jurisprudenciales totalmente contradictorias y que se han sucedido e intercalado a los largo de los últimos años.

Una de ellas asume que el artículo 136 CC, al permitir la investigación de la paternidad, es una manifestación del desarrollo legislativo del artículo 39 CE. En consecuencia, que el primero de los preceptos lo único que establece son tiempos para el ejercicio judicial de la acción y que lo hace con la flexibilidad suficiente para proteger el interés del marido impugnante.

Sobre la base de estos argumentos, aplica estrictamente el día inicial del plazo de caducidad. Establece que transcurrido un año desde la inscripción del nacimiento –o desde el conocimiento del parto– el ejercicio de la acción de estado caduca indefectiblemente y el marido queda imposibilitado de impugnar su paternidad, aunque haya tomado conocimiento de la verdad biológica de manera posterior a la caducidad de la acción y a pesar de que existan pruebas científicas que demuestren fehacientemente la verdad de la relación paterna del marido.

Considera que el conocimiento de la verdad biológica, como término inicial de la acción de impugnación, es un *dies a quo* no contemplado por la norma y que la seguridad jurídica que debe regir el estado de filiación, como manifestación del beneficio del hijo, exige su exclusión (cfr. SSTS de 8 de mayo de 1989, 22 de diciembre de 1993, 20 de junio de 1996, 10 de febrero de 1997, 29 de diciembre de 2000, 26 junio 2002, 26 de junio de 2003 y 3 de octubre de 2008).

Con esta doctrina, el Tribunal Supremo rechaza la acción de un marido que pretende impugnar la paternidad matrimonial de los cuatro hijos habidos durante su matrimonio, transcurridos más de 20 años desde el alumbramiento del primer hijo (cfr. STS de 31 de diciembre de 1998). Asimismo, desestima la demanda de impugnación de un esposo interpuesta 11 años después de la inscripción del nacimiento del menor (cfr. STS de 30 de septiembre de 2000[182]). En la misma línea, la STS de 21 de julio de 2000 deniega al marido la impugnación de la paternidad en relación con su hija de doce años con la que mantenía un trato familiar estable. El marido alega que impugna inmediatamente después de descubrir su esterilidad, aunque no se precisa la fecha exacta de ese suceso.

---

[182] El hijo nació el 30 de mayo de 1983 y la demanda se presentó el 26 de febrero de 1994. El marido sospecha de la infidelidad de su mujer en 1992, confirmando en ese mismo año sus dudas.

Lo contradictorio de la actuación del demandante es que, a pesar de ejercitar la acción, solicita se mantengan "sus derechos" de patria potestad y visita de la menor.

La segunda línea jurisprudencial, bajo el razonamiento que la Constitución, en beneficio del hijo, consagra una amplia investigación de la paternidad, no sometida a límites, entiende que el artículo 136 CC y su *dies a quo* transgreden la verdad biológica en cuanto impiden al marido, que descubre la verdad real, ejercitar la acción una vez caducado el plazo. Por ello, esta doctrina judicial sostiene que es totalmente viable una demanda interpuesta por el esposo dentro del año en que toma conocimiento de la filiación extramatrimonial del hijo de su mujer.

La STS de 30 de enero de 1993 es pionera y contiene el germen de la interpretación antes citada. Esta sentencia sostiene que el 136 CC, en cuanto permite la consolidación de una filiación alejada del hecho biológico, al impedir la impugnación de una paternidad totalmente descartada, "ofrece serios visos de contradicción a los principios informadores de la ley de 13-05-1981, en su patente tendencia a que en materia de estado civil prevalezca la verdad real sobre la presunta resultante del estado matrimonial". Con estos argumentos, confirma el fallo de la Audiencia y estima la acción de impugnación del marido. En opinión del Tribunal Supremo, el actor ejercitó la acción dentro del plazo, pues impugnó la paternidad en cuanto pudo entrever la falsedad de la filiación[183].

Esta postura es recogida por la STS de 23 de marzo de 2001, que realiza una interpretación extensiva del primer párrafo del artículo 136 CC. Afirma que la verdad de sangre exige que se incluya como término inicial del plazo de caducidad de esa acción el *momento en que el marido toma conocimiento que la filiación determinada no corresponde con la realidad.* En palabras del Tribunal "desde la reforma del Código Civil de 1981, conforma una patente tendencia que en materia de estado civil prevalezca la verdad real sobre la presunta resultante del estado matrimonial, lo que es abonado por la normativa constitucional cuyo artículo 39 asegura la protección integral de los hijos, protección que clama contra la inexactitud de la determinación de la paternidad y tal breve plazo de caducidad conllevaría ante el descubrimiento por el marido de cualquier circunstancia que le permitiera impugnar la determinación registral, un efecto de indefensión vedado por el artículo 24 de la propia Constitución

[183] "No hay indicio alguno que permita poner a su cargo la más mínima demora ni mucho menos dejación de su decisión impugnatoria, tan pronto pudo entrever la verdad en su relación paterna, poniendo seguidamente en marcha, inmediatamente de tener mera sospecha, la decisiva investigación biológica que estableció fuera de toda duda, la negativa de su condición paterna".

Española". Luego, estima la acción del marido tras más de 20 años de posesión de estado de filiación matrimonial[184].

Las SSTS de 3 de diciembre de 2002 y 15 de septiembre de 2003[185], apoyadas en esta exégesis, permiten a sendos maridos impugnar la paternidad matrimonial tras diecinueve y trece años desde la inscripción del nacimiento del hijo, respectivamente, y sin tomar en cuenta que dichos vínculos filiales estaban respaldados por la posesión de estado de filiación. Lo mismo sucede en los casos que resuelven las SSTS de 3 de diciembre de 2005 y 16 de octubre de 2008. En ambas, el Tribunal estima las demandas de impugnación de la paternidad incoadas contra hijos de 19 años, pero dentro del año en que el marido toma conocimiento de la discrepancia del Registro Civil con la verdad biológica.

En mi opinión, esta interpretación *amplia* del artículo 136 CC pasa por alto todo principio hermenéutico[186] y contradice el tenor literal de la norma (*contra legem*). La interpretación no puede ignorar o desfigurar el alcance de los enunciados legales. El sentido propio de las palabras de la ley constituye un límite a la interpretación (cfr. artículo 3.1 CC).

En el caso del artículo 136 CC, la ignorancia del nacimiento se configura por el legislador como un hecho excepcional a la regla general (la inscripción registral). Ello impide una interpretación extensiva o amplia de la regla de excepción. Lo que está haciendo el Tribunal Supremo es crear Derecho, labor que no le corresponde.

Por otro lado, el artículo 136 CC y su *dies a quo* no vulneran el artículo 39 CE. Al contrario, la acción de impugnación de la paternidad matrimonial del marido –que se integra al sistema de acciones de filiación instaurado por la Ley de 1981– concreta el principio de verdad material al posibilitar la coincidencia

[184] Analizando el caso que resuelve esta sentencia, puede constatarse que no procedía entablar la acción del artículo 136 CC. El encargado del Registro inscribe la filiación matrimonial de la hija, por declaración de la esposa, sin percatarse que el parto se produjo después de los 300 días de la separación matrimonial (dictada por Tribunal Eclesiástico). Lo correcto hubiera sido que el marido inicie una acción *declarativo-negativa* (de desconocimiento), pues no se cumplió con uno de los presupuestos de la presunción de paternidad (nacimiento dentro de los 300 días posteriores al matrimonio o a la separación de hecho o legal de los cónyuges).

[185] Esta sentencia también ampara su decisión en el artículo 1969 CC. Este precepto fija como término inicial del plazo de prescripción de toda clase de acciones *"el día en que pudieron ejercitarse"*. Sin embargo, la aplicación de esta norma es subsidiaria: *"cuando no haya otra disposición especial que determine otra cosa"*. Razón principal por la que decae su aplicación en la acción de impugnación del marido, cuyo plazo de caducidad y su *dies a quo* se encuentran expresamente regulados en el artículo 136 CC.

[186] Comparten esta crítica BERCOVITZ RODRÍGUEZ-CANO (cfr. "La investigación… cit.", p. 2043) y GARCÍA VICENTE, para quien el Supremo no debió realizar interpretación alguna, sino, en todo caso, plantear inmediatamente una cuestión de inconstitucionalidad (cfr. "Los maridos… cit.", p. 3).

entre hecho jurídico y biológico. Empero, como la Constitución no ha consagrado una investigación de la paternidad ilimitada, el precepto, en beneficio del hijo y la seguridad jurídica de su estado, establece un lapso de tiempo en el que el marido puede incoar la acción, sometiendo dicho plazo a un *dies a quo* objetivo. Incluso, la investigación de la paternidad se ve reforzada en cuanto la propia norma prevé que no comience a correr el referido plazo mientras el marido ignore el nacimiento del hijo.

Si el esposo toma conocimiento del origen extramatrimonial del hijo de su mujer cuando el plazo para impugnar ha caducado, es un riesgo inherente al sistema en pro de la estabilidad del estado civil[187] y, aunque el marido no sea realmente el padre, esta situación se ha de mantener en beneficio de la prole.

El propio Tribunal Constitucional avala mis afirmaciones. En sentencia de 17 de junio de 1999 ha refrendado la constitucionalidad de la disociación de la paternidad biológica y legal que originan las técnicas de reproducción asistida. En otras palabras, si se hace prevalecer una paternidad que no corresponde con la verdad de sangre para favorecer meramente intereses de los padres que desean tener un hijo, *a fortiori*, es constitucional la consolidación de una paternidad formal, no biológica, para proteger el interés superior de los hijos[188].

Por tanto, la interpretación extensiva del artículo 136 CC no es una exégesis *secundum constitutionem* ya que convierte en ilimitado el principio de verdad biológica, a riesgo de contravenir el *favor filii*[189].

En efecto, la admisión de un *dies a quo* sometido al conocimiento de la verdad biológica, sin ninguna otra limitación, como lo viene haciendo el Tribunal Supremo, contraviene la posesión de estado de filiación y, por ende, se opone a la estabilidad jurídica y emocional del hijo. La estabilidad que debe regir el estado de filiación se ve afectada gravemente si todas las relaciones paterno-filiales establecidas pueden ser atacadas cuando no responden a la verdad biológica, sea cual sea el momento en que ésta se descubra[190]. Vulneración que es palpable en

[187] Cfr. De La Cámara Álvarez, M., ob. cit., p. 278.

[188] En este mismo sentido se decanta el Tribunal Constitucional Federal Alemán en sentencia de 13 de febrero de 2007. Advierte al legislador nacional que debe prestar atención a la protección de la familia y al interés del niño. Precisa que el cumplimiento de esos principios podría traducirse en una normativa conforme a la cual, en ciertas situaciones o etapas de la vida del niño, la constatación jurisdiccional de la falta de correspondencia de la paternidad legal con la biológica no conduzca a la disolución del vínculo jurídico.

[189] Bercovitz Rodríguez-Cano opina que la interpretación de las sentencias dan preferencia a los intereses de los maridos y padres por encima de los intereses de los hijos y las madres, transgrediendo el tenor literal del artículo 39 CE que coloca la protección de los hijos por encima de la investigación de la paternidad (cfr. "La investigación... cit.", p. 2042).

[190] En la misma dirección, Sillero Crovetto y Ascencio Sánchez sostienen que "establecer el conocimiento del nexo biológico como *dies a quo* del plazo de caducidad del artículo 136 es un atentado contra la estabilidad familiar y seguridad jurídica" (ob. cit., p. 1109). Igualmente, Prieto

las sentencias expuestas que estiman la impugnación de la paternidad cuando han transcurrido más de 10 o 20 años desde la inscripción del nacimiento, sin tomar en cuenta los problemas psicológicos y afectivos que genera en el hijo romper un vínculo con el que ha ejercido el papel de padre por muchos años[191].

En la práctica, el Tribunal Supremo, al aceptar dicho término inicial sin ningún otro linde, ha alargado ilimitadamente el plazo de caducidad de la acción de impugnación del artículo 136 CC.

El origen de esta inseguridad jurídica se encuentra, en concreto, en que el *dies a quo* sometido al conocimiento de la verdad biológica, sin más, se presta a muchas suspicacias.

El Tribunal Supremo no es unánime respecto de si el término inicial se concreta en el momento en que el marido tuvo la *posibilidad de conocer* la verdad biológica o en el momento en que *conoció efectivamente* su falsa paternidad. Ha utilizado indiferentemente ambos criterios, sin percatarse que no son lo mismo y que uno u otro conllevan distintas consecuencias.

El conocimiento efectivo de la verdad material implica que las simples sospechas de la falsa paternidad (por ejemplo, de la infidelidad de la mujer e, incluso, la certeza de esta infidelidad) no darían inicio al plazo de caducidad de la acción. La única manera de un conocimiento efectivo sería con el resultado de las pruebas biológicas. Es decir, desde que el marido conoce el resultado empezaría a contar el plazo de la acción de impugnación.

Este *dies a quo* es fácil de preconstituir y bastante manipulable por los maridos[192]. Sería como dejar a su discrecionalidad el inicio del cómputo del plazo de caducidad de la acción. Puede suceder, incluso, que el marido conozca desde siempre, o muchos años atrás, la infidelidad de su mujer y que el hijo no era suyo, asumiendo esa paternidad. No obstante, por posteriores desacuerdos

---

FERNÁNDEZ, C., ob. cit., p. 139. En contra, GONZÁLEZ GONZÁLEZ quien, sobre la base de la primacía absoluta del principio de verdad biológica en las relaciones paterno-filiales, está de acuerdo en que el *dies a quo* se establezca desde que el marido conoce que no es el padre biológico del hijo. Considera que cuando se plantea una acción de impugnación de paternidad matrimonial ya no hay paz familiar que proteger, pues ésta se ha visto alterada tras la admisión de la demanda del marido (cfr. "La impugnación de la filiación paterna matrimonial", en *Libro Homenaje al Profesor Manuel Albaladejo*, t. I., Colegio de Registradores de la propiedad y mercantiles de España. Servicios de publicaciones de la Universidad de Murcia, Murcia, 2004, pp. 2115-2120).

[191] Reitero la constitucionalidad de dicha norma, defendible desde la perspectiva del interés del hijo y de la seguridad jurídica, "pues ésta no se consigue en absoluto estableciendo como dies a quo el descubrimiento de la verdad (¿qué seguridad jurídica hay si, en un caso extremo, un padre puede impugnar la paternidad 60 años después del nacimiento de su hijo?" (QUICIOS MOLINA, S., ob. cit., pp. 299-300).

[192] Este grave peligro también es puesto de manifiesto por QUICIOS MOLINA, S., *ibídem*, pp. 290 y ss.) y por VERDERA SERVER, R., "El *dies a quo*… cit.", pp. 360-361.

o peleas con la mujer, o por cualquier otra circunstancia (como ya no seguir pagando una pensión al hijo legal), decide impugnar su paternidad y se somete a una prueba biológica, argumentado como *dies a quo* el momento en que conoce el resultado de dicho examen.

Para muestra, la STS de 20 de junio de 1996. Ésta permite entrever que el actor conocía muchos años antes a la interposición de la demanda (desde 1988) que no era el padre de los hijos de su mujer. Sin embargo, caduca la acción, y con la única finalidad de obtener éxito en la impugnación de su paternidad, se somete a pruebas biológicas y alega que le era imposible impugnar antes porque conoció la verdad real a partir del resultado de las pruebas.

Por otro lado, en el caso de un término inicial sometido a la posibilidad de conocimiento de la verdad biológica, el plazo de caducidad empezaría a correr desde que el marido duda de su paternidad, aunque no hubiera un conocimiento efectivo. La dificultad que presenta este supuesto radica en concretar el momento exacto en que el marido tuvo la posibilidad de conocer[193]. En las sentencias que recogen este *dies a quo* es el propio Tribunal Supremo quien debe averiguar y presumir el momento aproximado en que el esposo tuvo esa oportunidad, para establecer si la acción aún estaba vigente.

Como ejemplo, pueden citarse las dudas sobre el *dies a quo* que surgieron en la STS de 3 de diciembre de 2002, en la que el marido, tras separarse de su mujer, impugna la paternidad de su dos menores hijos. El Juzgado de Primera Instancia y la Audiencia entendieron que el cónyuge tuvo noticia de la circunstancia de no ser el verdadero padre al tramitarse el convenio regulador de separación matrimonial. Por lo tanto, aun aplicando un término inicial subjetivo, la acción había caducado. No obstante, el Tribunal Supremo entendió que dicha oportunidad de conocer la verdad biológica se produjo después del convenio e, incluso, después de la sentencia de separación matrimonial. Así, concluyó que el marido impugnó dentro del plazo y estimó la demanda.

2. *La cuestionada declaración de inconstitucionalidad por omisión del artículo 136.1 CC. Sentencias del Tribunal Constitucional de 26 de mayo y 9 de junio de 2005*

La constitucionalidad del *primer párrafo* del artículo 136 CC fue planteada ante el Tribunal Constitucional por un Juzgado de Primera Instancia de Madrid.

---

[193] Rivero Hernández advierte que "referir el *dies a quo* sólo al conocimiento de estos hechos es demasiado relativo, por subjetivo y de difícil probanza, y peligroso, por la probabilidad de la impugnación durante largos e imprevisible años" (*Las acciones de filiación en el Código de familia catalán,* Atelier, Barcelona, 2001, p. 286).

Esta cuestión se resolvió en la Sentencia de 26 de mayo de 2005, cuyos argumentos fueron recogidos por la STC de 9 de junio del mismo año, que también decidió una cuestión de inconstitucionalidad en relación con el término inicial del artículo 136 CC.

El asunto que generó la STC de 26 de mayo de 2005 se inició con la demanda de impugnación de paternidad matrimonial interpuesta por un marido, el 25 de octubre de 1993, sobre la filiación de un menor, cuyo nacimiento acaeció el 18 de abril de 1992.

El actor fundamentó la procedencia de la acción en la existencia de una prueba de paternidad, cuyo resultado, comunicado el 30 de septiembre de 1993, excluyó su vínculo filial con el menor. La mujer planteó la excepción de caducidad de la acción puesto que el hijo nació el 18 de abril de 1992, el marido inscribió el nacimiento el 20 del mismo mes y año, y la acción de impugnación se ejercitó el 25 de octubre de 1993. Es decir, transcurrido más de un año desde la inscripción del nacimiento.

El Juzgado proponente de la cuestión de inconstitucionalidad alegó la contradicción del párrafo primero del artículo 136 CC con el mandato de investigación de la paternidad, el principio de la tutela judicial y el de igualdad, recogidos, respectivamente, en los artículos 39.2, 24.1 y 14 CE[194].

Fundamentó la vulneración del principio biológico y de la tutela judicial efectiva en el hecho de que el término inicial de la acción del artículo 136 CC no incluía el momento en que el marido tomaba conocimiento de la verdad biológica. Esta omisión, en opinión del Juzgado, generaba situaciones como que el marido, a pesar de conocer el hecho del nacimiento y, más aún, haber inscrito al hijo como suyo, desconozca su falta de paternidad biológica, de tal forma que cuando se enterara, se encontraba en la imposibilidad de ejercitar la acción de impugnación por haber caducado. Nótese, por tanto, que la duda sobre la constitucionalidad de la norma no radicaba en el establecimiento de un plazo anual de caducidad.

Por otro lado, el Juzgado consideró que la diferencia entre el *dies a quo* del artículo 136 CC, en comparación con el del artículo 141 CC, vulneraba

[194] Muchos años atrás, se presentó una demanda de inconstitucionalidad del artículo 12 Ley de Filiaciones de Cataluña. Esta norma presentaba una redacción igual a la del artículo 136 CC. La demanda alegaba que dicho precepto vulneraba los artículos 14, 24.1 y 39 CE, al impedir que el plazo de caducidad se inicie desde que el marido toma conocimiento de los hechos que le inducen a dudar de la veracidad de la filiación. El Tribunal Constitucional no llegó a pronunciarse sobre el fondo del asunto y, en auto de 9 de marzo de 1999, declaró terminado el proceso por desaparición sobrevenida de su objeto. El artículo 12 Ley de Filiaciones fue sustituido por el artículo 106 CF (hoy, artículo 235.21 CC catalán), que recogió un *dies a quo* subjetivo, referido al momento en que el marido toma conocimiento de las pruebas en las que fundamenta su impugnación.

el principio de igualdad. Precisó que la transgresión se manifestaba en la circunstancia de que en la filiación determinada por reconocimiento (matrimonial y no matrimonial), el legislador tuvo en cuenta la existencia de vicios en el consentimiento para el cómputo del *dies a quo* de la acción de impugnación (cfr. artículos 138 y 141 CC), pero que tal circunstancia se había obviado para la acción de impugnación de la paternidad matrimonial determinada por la presunción *pater is est.*

La solución dada por el Tribunal Constitucional se analizará a continuación con mayor detalle[195].

a. El rechazo a la interpretación extensiva del artículo 136.1 CC

El Tribunal Constitucional coincide con el rechazo que aquí se ha manifestado a la interpretación extensiva del artículo 136.1 CC. Aunque, la critica únicamente por ser una exégesis forzada, transgredir el tenor literal del precepto y porque aceptarla significaría reconstruir la norma y que los tribunales asumieran funciones legislativas que no les corresponden. Sin ninguna otra oposición sustantiva.

Literalmente sostiene que "ciertamente en la jurisprudencia de la Sala de lo Civil del Tribunal Supremo puede encontrarse resoluciones que, aunque coexisten con otras de signo contrario, han entendido que la acción de impugnación de la paternidad matrimonial establecida en el artículo 136 CC puede ser ejercitada desde que el padre registral conoce no serlo biológicamente, invocando tales resoluciones el espíritu y la finalidad que han de inspirar la aplicación de la normas –art. 3.1 CC– y considerando que una interpretación rigurosa del precepto, aisladamente considerado, incurriría en contradicción con el artículo 39 CE y generaría un defecto de indefensión vedado por el artículo 24 CE. Sin embargo, el principio de interpretación conforme a la Constitución tiene también límites, sin que pueda «ignorar o desfigurar el sentido de los enunciados legales meridianos», ni «reconstruir una norma que no esté debidamente explícita en un texto, para concluir que ésta es la

[195] He de precisar que, antes de la STC de 26 de mayo de 2005, en España, la inconstitucionalidad del artículo 136.1 CC no era mayoritariamente denunciada por la doctrina, ni siquiera por los autores más partidarios de la verdad biológica. En la tensión entre el descubrimiento de la verdad por el marido y la fijación de un plazo preclusivo por seguridad jurídica, consideraban la segunda opción como razonable. Es el caso de Rivero Hernández que expresamente se ha manifestado conforme con la constitucionalidad del precepto (*Vid. Las acciones*... cit.). Los autores españoles que defendían la inconstitucionalidad de la norma lo hacían basados únicamente en la vulneración del artículo 14 CE por el diferente régimen establecido para la impugnación de la paternidad matrimonial y no matrimonial, pero no por su contradicción con la verdad biológica (*Vid.* Cordero Cutillas, I., "Investigación de la paternidad en los procesos de filiación", *Act. Civ.,* nº 2, 1994, pp. 365 y ss.; García Vicente, J. R., "Los principios... cit.", pp. 2151 y ss.).

norma constitucional». En efecto, la interpretación conforme no puede ser una interpretación contra legem, pues ello implicaría desfigurar y manipular los enunciados legales. En el presenta caso, el precepto cuestionado, en cuanto dispone que el ejercicio de la acción de impugnación de la paternidad deberá hacerse en el plazo de un año contado desde la inscripción de la filiación en el Registro Civil y añade que «sin embargo, el plazo no correrá mientras el marido ignore el nacimiento», no permite entender sin forzar el sentido propio del enunciado, que el cómputo del plazo no empiece a correr por causas distintas a la única que se explicita, esto es, la ignorancia del nacimiento. Esta ignorancia del nacimiento se configura por el legislador como un hecho excepcional de la regla general (que el plazo para el ejercicio de la acción empieza a correr desde la inscripción registral), lo que impide una interpretación extensiva de la regla de excepción".

b. El artículo 136. 1 CC y su adecuación al principio de igualdad

El Tribunal Constitucional sostiene que la diferencia entre el *dies a quo* del artículo 136 CC y el del 141 CC no implica una discriminación de la filiación matrimonial determinada por la presunción. En su opinión, que comparto, tal diferenciación normativa no es arbitraria, discriminatoria o carente de fundamento. La distinción se justifica en que a cada una de esas acciones corresponde diferentes medios de determinación: la presunción de paternidad y el reconocimiento, respectivamente.

En efecto, la acción del artículo 136 CC se corresponde con la determinación vía presunción de paternidad que, a su vez, se sustenta en el matrimonio. En esta determinación la voluntad del padre no interviene ni es decisiva, por lo que su impugnación no exige un *dies a quo* basado en la cognoscibilidad de la falsa paternidad, ni la inclusión de los vicios del consentimiento. Por otra parte, el artículo 141 CC se relaciona con la filiación determinada por el reconocimiento y, por ende, la voluntad del reconocedor sí es fundamental y apoya el término inicial recogido en ese precepto. Además, el artículo 141 CC permite la impugnación del título que determinó la filiación por presentar un defecto en su formación, mas no por la contradicción con la verdad biológica.

Por estas diferencias objetivas, el Tribunal ratifica la constitucionalidad de un régimen distinto para la determinación, impugnación y reclamación de la filiación matrimonial determinada por la presunción y de la no matrimonial (y matrimonial) determinada por el reconocimiento. Precisa que lo inconstitucional sería establecer un régimen de efectos de la filiación diferente en función de la condición matrimonial o no de aquélla, pero no un sistema de determinación, prueba y acciones de filiación distinto según la existencia o no de matrimonio entre los progenitores[196].

c. La transgresión del artículo 136.1 CC a la tutela judicial efectiva en relación con el principio de verdad biológica

El Tribunal Constitucional, a diferencia de la doctrina del Tribunal Supremo, que defiende la primacía de la verdad biológica en la determinación de la filiación, sostiene que la recepción absoluta de este principio no es una exigencia constitucional para el Derecho de filiación en España. Realza la importancia de los principios constitucionales de *favor filii*, seguridad jurídica y protección de la familia, en cuanto límites de la verdad biológica, y, en este sentido, sostiene que el plazo de caducidad y el *dies a quo* del artículo 136 CC son acordes con la investigación de la paternidad y la seguridad jurídica del estado civil de la prole.

Sin embargo, argumenta que la investigación de la paternidad no sólo es un instrumento al servicio de los hijos, sino también al servicio de los padres legales. A su juicio, éstos también ostentan un interés en la verdad biológica[197]. Razona que para resolver la cuestión de inconstitucionalidad planteada ha de tenerse en cuenta la defensa de los derechos fundamentales de los padres putativos y realizarse un juicio de proporcionalidad. Es decir, la búsqueda de un equilibrio de los intereses en juego: entre el derecho del hijo a la seguridad jurídica y el de los padres legales a la verdad material.

Sobre la base de estas reflexiones, el Tribunal concluye que la imposición al marido de una paternidad legal que no corresponde a la realidad biológica, no buscada ni consentida, sino impuesta por una presunción legal, en principio *iuris tantum,* que al transcurrir el plazo se convierte en *iuris et de iure*, resulta incompatible con el principio de tutela judicial efectiva del padre legal (cfr. artículo 24.1 CE), con el mandato de posibilitar la investigación de la paternidad (cfr. artículo 39.2 CE) y, por extensión, con la dignidad de la persona (cfr. artículo

---

[196] García Vicente discrepa de esta postura. Para el autor, la matrimonialidad justifica un diferente régimen en la determinación de la filiación, pero no puede hacerse extensible a las acciones de filiación. Con este argumento, y alegando que el *favor filii* en la estabilidad de la relación filial es el mismo, defiende un mismo régimen de impugnación y reclamación de la filiación matrimonial y no matrimonial (Cfr. "La previsible reforma… cit.", pp. 213-214 y 230 y ss.). También propugnan la inconstitucionalidad del diferente régimen impugnatorio en la filiación matrimonial y no matrimonial por contradecir el artículo 14 CE, Quicios Molina, S., ob. cit., p. 301 y Ferrer Riba, J., "Paternidad genética y paz familiar: los límites a la impugnación y a la reclamación de la paternidad", *RJC,* nº 3, 2006, p. 722.

[197] "La investigación de la paternidad no puede quedar reducida a un derecho del hijo, con exclusión de toda iniciativa por parte de los progenitores, pues también a éstos alcanza un interés en el conocimiento de la verdad biológica" (STC de 26 de mayo de 2005).

10.1 CE). A su juicio, transcurrido el año desde la inscripción, el precepto enjuiciado imposibilita al marido, que descubre no ser el padre, el acceso a la jurisdicción, sin que esta limitación guarde proporción con la finalidad perseguida de dotar de seguridad jurídica a la filiación matrimonial.

En virtud de estas afirmaciones, declara la *inconstitucionalidad por omisión* del primer párrafo del artículo 136 CC, al no contemplar como excepción del *dies a quo* el momento en que el marido toma conocimiento de la verdad biológica, exhortando al legislador para que precise mejor dicho término inicial[198]: "En el presente caso no procede declarar la nulidad de la regla legal (...) resultado éste que, sobre no reparar en nada la inconstitucionalidad apreciada, dañaría sin razón alguna, a quienes ostentan en virtud del artículo 136 CC, una acción que no merece tacha alguna de inconstitucionalidad".

Nótese que el Tribunal declara la inconstitucionalidad por omisión, pero no la nulidad del citado párrafo[199], por lo que el artículo sigue vigente en el ordenamiento.

Contra esta decisión se alzaron dos Votos Particulares que, firmados por tres magistrados disidentes, acompañan las sentencias de 26 de mayo y 9 de junio de 2005, y que defienden la desestimación de la cuestión planteada. Estos magistrados sostienen que tanto la regulación del artículo 136 CC –incluido el *dies a quo*– como todo el sistema de acciones de filiación están en armonía con la Constitución. Alegan que la verdad biológica no es absoluta y que la investigación de la paternidad debe estar al servicio de la protección de los hijos, que constituye el fin principal de la protección de la familia, y de las madres, mas no de los padres putativos. Sostienen que el párrafo primero del artículo 136 CC

---

198 A juicio de CARRASCO PERERA, la decisión del Tribunal Constitucional se debe a que el Tribunal Supremo venía reconociendo al supuesto padre extramatrimonial la posibilidad de reclamar la filiación respecto del hijo de mujer casada e impugnar al mismo tiempo la paternidad del marido, aun faltando posesión de estado de filiación extramatrimonial, sin sujetar dicha acción a plazos de caducidad. Por lo que, en su opinión, si se le otorga esta legitimación tan amplia al supuesto padre extramatrimonial, sería absurdo privar al marido de la misma oportunidad de impugnar la paternidad del hijo de su esposa cuando tome conocimiento de la verdad material (cfr. "Los hijos de mi mujer", *AJA*, nº 683, 2005, p. 2).

199 Cabe precisar que la inconstitucionalidad por omisión, sin la declaración de nulidad de la norma, es una figura propia del Derecho Alemán. El Tribunal Constitucional de ese país tiene la facultad de declarar este tipo de inconstitucionalidad y, ante este hecho, el legislador se aviene casi inmediatamente a completar la legislación en el sentido y plazo exigido por el Tribunal. En España, la inconstitucionalidad por omisión es una figura extraña, puesto que no es un supuesto reconocido por la Ley Orgánica del Tribunal Constitucional. Pese a esta circunstancia, vienen produciéndose fallos de inconstitucionalidad sin nulidad de preceptos, por ejemplo, en materia laboral. Tal es el caso de la STC 45/1989 y 22/1992. Sobre este tema es posible consultar con provecho a VIANA GARCÉS, A. Y GÓMEZ FERNÁNDEZ, I., "El puente está quebrado: Reflexiones sobre las causas y consecuencias de la STC 236/2000", en *Civitas. Revista española de Derecho Europeo*, nº 27, 2008, pp. 347-377.

no transgrede el principio de verdad biológica, sino que se erige en un límite temporal a la investigación de la paternidad. Límite que es una manifestación del principio de *favor filii.*

Los magistrados, para sustentar su postura, ejemplifican la situación: "baste hipotizar, por reducir a uno solo los numerosos supuestos que podrían plantearse, el caso de que, como consecuencia del enfrentamiento entre unos cónyuges con ocasión de un proceso de divorcio, el marido llegue al conocimiento de que el adolescente a quien ha tenido como hijo hasta ese momento no es tal. El ejercicio en ese momento de la acción de impugnación de la paternidad podría lesionar gravemente los legítimos intereses del hijo, situándole en una delicada posición personal y social, con más que probables secuelas psicológicas y morales, que quizá le acarree asimismo graves perjuicios en el plano económico. Y piénsese en que, frente a ello, puede no ofrecer más que un magro consuelo la posibilidad de ejercer la acción de reclamación de filiación no matrimonial (art. 133 CC) contra el padre biológico, porque éste puede ser desconocido, haber fallecido, estar en ignorado paradero, carecer de medios económicos".

A mi juicio, la opinión de los votos particulares es bastante acertada. El Tribunal Constitucional, si bien defiende un principio de verdad biológica supeditado a los principios constitucionales de *favor filii*, seguridad jurídica y estabilidad familiar, se contradice. Concebir el principio de verdad de sangre como un instrumento al servicio de los padres implica la imposición de la preeminencia del principio biológico y desplazar al hijo como eje central del Derecho de filiación. En realidad, la postura del Tribunal no responde al espíritu del artículo 39 CE ni de la Ley de 13 de mayo de 1981 que consagran una investigación de la paternidad limitada y en beneficio *exclusivo* de los hijos. Este interés es superior y ha de prevalecer sobre el de los padres putativos. El beneficio de éstos no ha sido concebido como una finalidad de la investigación de la paternidad. Por ello se ha denominado investigación de la paternidad y no investigación de la filiación[200].

El Tribunal únicamente debió preguntarse si la limitación establecida por el legislador de 1981 era razonable y justificada en el *favor filii*, independientemente de la existencia de una solución más acorde con la verdad biológica. Si hubiera realizado ese análisis, hubiera caído en la cuenta que la imposibilidad de impugnar la paternidad cuando ha acaecido un conocimiento sobrevenido de la verdad biológica transcurrido el plazo del artículo 136 CC, si bien impide el

[200] En la misma dirección, Bercovitz Rodríguez-Cano señala que el reconocimiento de dicha investigación constituye un instrumento esencial para la protección de los hijos y sus madres; al servicio de sus intereses frente a los del padre, pero no al revés. Asevera que no es casual que la Constitución se refiera a la investigación de la paternidad y no a la investigación de la filiación (cfr. "La investigación… cit.", p. 2042).

acceso a los tribunales para investigar la paternidad, se justifica en el principio de estabilidad que debe regir el estado civil de filiación. En efecto, una vez expirado el plazo de caducidad del demandante para renunciar a su paternidad, se ha de dar mayor importancia a los intereses del hijo que al interés del demandante en rebatir su paternidad[201]. Esta situación es gravosa para el padre, pero no por ello inconstitucional, porque responde a una investigación de la paternidad que beneficia a los hijos *ex* artículo 39 CE[202]. El establecimiento de un término inicial subjetivo sometido al conocimiento de la verdad biológica en la acción de impugnación del marido, no es una exigencia constitucional. A lo mucho puede plantearse como una simple opción legislativa, siempre que se establezcan límites en beneficio del hijo.

El Tribunal Constitucional también se contradice, porque, al introducir en la acción del artículo 136 CC un término inicial subjetivo basado en el conocimiento de la verdad material, está aplicando analógicamente el término inicial del artículo 141 CC, cuando en la misma sentencia de 26 de mayo de 2005 justificó los diferentes regímenes de impugnación de la filiación determinada por reconocimiento y de la determinada por presunción[203].

Por otro lado, esta declaración de inconstitucionalidad por omisión del artículo 136 CC ha generado una confusión en los tribunales. Este enredo radica en el hecho de que el Tribunal Constitucional declara, por un lado, que no cabe una interpretación *secundum constitutionem* del artículo 136.1 CC y que es inadmisible la interpretación *contra legem* del Tribunal Supremo; pero, por otro, declara inconstitucional por omisión (no nulo) el artículo 136 CC al no tomar en cuenta como *dies a quo* el momento en que el marido conoce la verdad biológica. Por tanto, emerge la duda sobre qué disposiciones deberán aplicar los tribunales. En realidad, se ha originado el vacío legal que el Tribunal Constitucional quería evitar al no anular el precepto.

Ante este hecho, los tribunales siguen acogiendo la interpretación extensiva del artículo 136.1 CC. Argumentan que debe aplicarse como día inicial del plazo el momento en que el marido toma conocimiento de la verdad biológica porque el Tribunal Constitucional declaró la inconstitucionalidad del primer

---

201 Como sostiene CARBAJO GONZÁLEZ: "El legislador prefiere que las posibles dudas sobre la paternidad de los menores se despejen cuanto antes y que, transcurrido el plazo, se asiente definitivamente, a que en cualquier tiempo puede pretenderse la acomodación entre la realidad registral y la biológica. El principio de verdad biológica cede a favor del principio de estabilidad familiar" ["Las acciones de impugnación en la jurisprudencia (A propósito de la Sentencia del Tribunal Supremo de 5 de junio de 1997)", *Act. Civ.*, nº 5, 2000, p. 172].

202 BARBER CÁRCAMO estima que el artículo 136 CC puede presentar algún viso de inconstitucionalidad, pero únicamente en la circunstancia que impide al marido impugnar su paternidad cuando esta filiación no se encuentra respaldada por la posesión de estado (cfr. ob. cit., p. 20).

203 Cfr. VERDERA SERVER, R., "El *dies a quo*... cit.", p. 404.

párrafo de la norma ya que el plazo empieza a correr aunque el marido desconozca que el hijo de su mujer no es suyo. Los Tribunales se confunden, porque no se declaró inconstitucional el *dies a quo* del artículo 136; lo que se reprobó es que no se incluyera como una excepción a ese término inicial el hecho de que el marido desconozca su falta de paternidad biológica.

Incurre en esta confusión la STS de 3 de octubre de 2008. Declara que "la aplicación de la norma debidamente acomodada a las exigencias constitucionales impone la obligada consecuencia de no considerar caducada la acción impugnatoria ejercitada por el marido dentro del plazo de un año a contar desde que tuvo noticia de su falta de paternidad biológica, en línea, por lo tanto, por el criterio ya seguido por esta Sala en anteriores resoluciones, en las que se declara que la aplicación rigurosa del artículo 136 del Código Civil a supuestos en los que la paternidad está absolutamente descartada, ofrece serios problemas de contradicción con los principios informadores de la Ley de 13 de mayo de 1981 (...) La sentencia recurrida, por lo tanto, se ajusta a la doctrina jurisprudencial de esta Sala que interpreta de la manera expuesta el artículo 136 del Código Civil, la cual debe ser reiterada en la medida que fija un criterio de interpretación y aplicación del primer párrafo del señalado artículo que se acomoda a las exigencias constitucionales, atendida la declaración de inconstitucionalidad de dicho precepto, y dados los términos en que se pronuncia la Sentencia del Tribunal Constitucional". En idéntica línea, las SSTS de 23 de noviembre de 2005 y 16[204] y 17 de octubre de 2008. Asimismo, la SAP de Málaga de 3 de octubre de 2007[205].

En conclusión, las SSTC de 26 de mayo y 9 de junio de 2005 han propiciado un cierto clima de inseguridad en el estado civil de la prole al permitir la continuidad de una jurisprudencia que avala impugnaciones bastante tardías.

Por último, estas decisiones del Tribunal Constitucional presentan otro tipo de lagunas y plantean varias interrogantes. Para empezar, la sentencia no se manifiesta sobre el papel que ha de cumplir la posesión de estado, pese a resaltar

---

204 "La jurisprudencia apuntó primero y reiteró después, no sin sentencias contradictorias, que el día inicial era el conocimiento del marido de su no paternidad (...) que podría no coincidir con la inscripción. Cuyo tema llegó al Tribunal Constitucional y en dos sentencias declaró inconstitucional el párrafo primero de dicho artículo". Por ello, concluye *ad casum* "que el conocimiento por parte de marido demandante y recurrente del informe médico, que le permite mantener el error de la inscripción registral de su filiación es, pues, el determinante del dies a quo del plazo de caducidad de un año y, según la jurisprudencia y la doctrina constitucional, ésta no se ha producido al no haber transcurrido el año".

205 Establece que a partir de la declaración de inconstitucionalidad del artículo 136.1 CC, para el cómputo del plazo de caducidad de esta acción, habría de tenerse en cuenta si el marido ignoraba ser el progenitor. En consecuencia, declara la no paternidad del marido después de 12 años desde la inscripción de la filiación matrimonial, que él mismo realizara.

su importancia como límite de la verdad biológica[206]. Tampoco precisa si el término inicial se ha de referir al conocimiento efectivo de la verdad biológica o a la posibilidad de conocimiento. Además, esta sentencia genera la duda de si el *dies a quo* sujeto a la cognoscibilidad debe extenderse también a los herederos del marido, a semejanza del Código Civil catalán (cfr. artículo 235.23) y a la acción del hijo del artículo 137 CC.

Asimismo, queda la cuestión de si las declaraciones de inconstitucionalidad del primer párrafo del artículo 136 CC llevan a entender que también es inconstitucional la Ley 70 del Fuero de Navarra que recoge el mismo *dies a quo*.

3. *La jurisprudencia del Tribunal Europeo de Derechos Humanos*

El Tribunal de Estrasburgo se ha pronunciado en varias ocasiones sobre el alcance y límite de la presunción de paternidad marital. Estos pronunciamientos han tenido origen en demandas presentadas por maridos a quienes sus legislaciones nacionales les impedían impugnar la presunción por haber caducado el plazo, alegando la vulneración del derecho a un proceso equitativo (cfr. artículo 6 del Convenio), respeto a la vida privada y familiar (cfr. artículo 8) y la prohibición de discriminación (cfr. artículo 14).

En todas sus decisiones, el Tribunal Europeo de Derechos Humanos se cuida de precisar que la existencia de un plazo de caducidad en la acción de impugnación del marido (y, en general, en las acciones de estado) no es contraria al Convenio. Asimismo, que no pretende imponer un determinado *dies a quo* a los Estados miembros, sino, por el contrario, que cada Estado ostenta discrecionalidad para elegir el término inicial de la acción de impugnación (objetivo o subjetivo). En otras palabras, que no busca sustituir a las autoridades internas competentes en los litigios de paternidad a nivel nacional, sino exami-

---

[206] El Tribunal Constitucional parece haber olvidado su propia decisión del 29 de noviembre de 2002. En ésta estima importante, para juzgar el *dies a quo* y la caducidad de la acción de impugnación del marido, el comportamiento de éste así como la relación familiar estable con su hijo formal.

La sentencia resolvió una acción de amparo interpuesta por un esposo que alegaba la vulneración de los artículos 14, 24 y 39.2 CE, al haberse desestimado la acción de impugnación de su paternidad por caducidad. El actor solicitaba la aplicación de la interpretación extensiva del artículo 136 CC, invocando la doctrina de la STS de 30 de enero de 1993, pero tanto el Juzgado como la Audiencia desestimaron su petición. El Tribunal Constitucional también desestimó la acción de amparo. Concluyó que el conocimiento de la inexactitud de la filiación se produjo antes de la caducidad del plazo y que fue el propio actor quien lo dejó transcurrir. *En lugar de impugnar se siguió comportando como padre de la niña.*

nar desde el punto de vista del Convenio las decisiones que dichas autoridades han tomado en el ejercicio de su poder de apreciación[207].

En los casos planteados, manifiesta una clara opción por facilitar la adecuación de la filiación formal a la real, manejando un concepto de investigación de la paternidad al servicio de los hijos y de los padres legales. También sitúa la solución del problema en una correcta ponderación de los intereses en juego. Apoya sus decisiones en el juicio de proporcionalidad de los derechos fundamentales y busca un equilibrio entre los intereses del padre (a la verdad biológica) y del hijo (a la seguridad jurídica). Con este propósito, examina si la *ratio* de las restricciones a la impugnación de la presunción responde a un fin legítimo y si la medida tomada es proporcional al fin perseguido.

En virtud de estos criterios, el Tribunal de Estrasburgo concluye que es respetuoso con los derechos fundamentales el sometimiento de la acción impugnatoria de la paternidad matrimonial a un plazo de caducidad, aunque sea breve, siempre que exista la *posibilidad de que el esposo impugne su paternidad cuando conoce posteriormente la verdad biológica*. Es decir, propugna que si los plazos de caducidad rígidos y aquellos plazos objetivos que se aplican sin tener en cuenta el conocimiento del padre putativo de las circunstancias que le llevan a dudar de su paternidad no permiten ninguna excepción, son desproporcionados, vulnerando el derecho a la vida familiar recogido en el artículo 8 del Convenio.

El Tribunal exige que, aun en presencia de un plazo general de caducidad de la acción, ésta puede reabrirse para no excluir absolutamente la negación de la paternidad del marido; y sólo en este punto abre el Tribunal la cuestión a la libertad de apreciación de los legisladores nacionales, que pueden optar bien por un sistema de plazo general de caducidad, o bien por un sistema en el que el *dies a quo* del plazo no venga dado por el nacimiento, ni por el conocimiento de éste, sino en los hechos que fundan la impugnación.

El Tribunal parece no olvidar el prevalente interés del hijo y se percata de los riesgos a la seguridad jurídica y al *favor filii* que implica el establecimiento de un *dies a quo* sometido al conocimiento de la verdad biológica. Riesgo que ha de sufrir el hijo por la exigida ponderación proporcional de los intereses en juego. Por ello, se muestra más cuidadoso que el Tribunal Constitucional español y establece ciertos límites a dicho término inicial para evitar transgresiones a la prole.

---

207 Cfr. Barber Cárcamo, R., "La jurisprudencia del Tribunal Europeo de Derechos Humanos sobre las acciones de filiación y prospectiva", en *Derecho Privado y Constitución,* nº 20, 2006, pp. 109 y ss.

De sus decisiones se deduce que el *dies a quo* de la acción de impugnación del marido, referido al conocimiento de la verdad material, debe concretarse en el momento en que el esposo tuvo la *posibilidad de conocer* la discrepancia de su paternidad con la verdad biológica. Así, toma en cuenta el comportamiento y la diligencia del demandante (la oportunidad que detentaba de impugnar en el plazo y si no lo hizo) para determinar la vulneración de los derechos. Criterios que están ausentes en las sentencias del Tribunal Constitucional español.

Otro factor valorado es la posesión de estado de la filiación matrimonial que se impugna. De esta manera, estima de acuerdo al Convenio la contradicción de una paternidad matrimonial siempre que no transgreda la verdad social y no cause perjuicio a nadie. Diferencia notable con las decisiones de los tribunales españoles, en los que en muchísimas ocasiones, se permite la impugnación pasando por alto la estrecha relación familiar entre el hijo y el marido de la madre.

Esta doctrina jurisprudencial del Tribunal Europeo de Derechos Humanos se ha forjado paulatinamente. En la sentencia de 28 de noviembre de 1984 (caso Rasmussen contra Dinamarca) se observa el juicio de proporcionalidad de los derechos fundamentales, aunque encuentra su mayor desarrollo en la sentencia de 24 de noviembre de 2005 (caso Shofman contra Rusia), consolidándose en la sentencia de 12 de enero de 2006 (caso Mizzi contra Malta) y aplicándose en adelante a una serie de casos más.

a. Caso Rasmussen contra Dinamarca

El Sr. Rasmussen contrajo matrimonio en 1966. El mismo año su mujer alumbró un niño. El segundo hijo, una niña, nació en 1971. Antes del nacimiento de ésta, el actor tenía sospechas de la infidelidad de su esposa, pero por la paz de su matrimonio no impugnó la paternidad. El matrimonio se separó legalmente en 1973 y se divorció en 1976, pero el demandante continuó con su obligación alimenticia hacia sus dos hijos. Seis meses después del divorcio y 5 años después del nacimiento de la hija ejercitó la acción de negación de la paternidad, que fue rechazada por los tribunales de su país.

Ante la negativa, presenta demanda ante el Tribunal de Estrasburgo. Alega la vulneración del artículo 14, en relación con los artículos 6 y 8 del Convenio de Roma. Entiende que la legislación danesa lo ha discriminado por razón de sexo, porque sometía a plazo la acción de impugnación del marido, pero no así la acción de la madre. La legislación danesa otorgaba al marido la posibilidad de impugnar la presunción en el plazo de un año desde el conocimiento de las circunstancias que podían justificar la investigación de la paternidad y en un máximo de 5 años desde el nacimiento del niño. Caducado el plazo, la legislación preveía que un Tribunal de Apelación autorice la reapertura de la acción, si razones excepcionales justificaban que la demanda no haya podido presentarse antes, siempre que ello no perjudicara al niño.

El Tribunal Europeo desestimó la demanda. En primer lugar, justificó la diferencia de plazos de caducidad en la circunstancia que, en ese determinado momento social, los intereses de la madre coincidían generalmente con los del hijo. Además, porque ese plazo se dirigía a garantizar la seguridad jurídica y la protección de los intereses de la prole, lo que no rebasaba una razonable relación de proporcionalidad.

La segunda y, tal vez, la principal razón de la desestimación, donde ya se puede vislumbrar la actual doctrina de la proporcionalidad de los intereses en juego, se encuentra en que la legislación danesa preveía un *dies a quo* subjetivo de cognoscibilidad y, además, la posibilidad de reapertura del plazo de caducidad, por lo que los intereses del marido, a juicio del Tribunal, se encontraban amparados.

Además, el Tribunal atribuyó al propio marido la imposibilidad de impugnación, puesto que tuvo la oportunidad de ejercitar la acción y no lo hizo. Las dudas sobre la paternidad de una de las hijas matrimoniales surgieron desde el nacimiento, pero no accionó para salvar su matrimonio. Incluso, después de la separación legal y del divorcio siguió pagando la pensión de alimentos de los dos hijos. Comportamiento que, a su juicio, constituía una asunción de la paternidad.

b. Caso Shofman contra Rusia

El demandante, el Sr. Shofman, conoció la falta de verdad biológica de su paternidad matrimonial, a través de pruebas biológicas, cuando el plazo había caducado. Es decir, de acuerdo con la legislación rusa, después de transcurrido un año desde el conocimiento de la inscripción de la filiación.

En este caso, el Tribunal de Estrasburgo considera que no existe un justo equilibrio entre la seguridad jurídica (garantizada por la brevedad y caducidad del plazo de impugnación) y los intereses del demandante, estimando la demanda. Reafirma su decisión al verificar que prácticamente no existió posesión de estado de filiación matrimonial. El demandante vivió apenas dos años, aproximadamente, con el hijo de su mujer, aunque nunca dejó de pagar la pensión de alimentos. Por tanto, el Tribunal concluye que la prevalencia de la presunción de paternidad sobre la verdad biológica *no beneficiaba a nadie.*

En otras palabras, que la impugnación de la paternidad por el marido no perjudicaría al hijo, puesto que la relación familiar con éste fue mínima.

Esta sentencia presenta una opinión concordante del juez Señor LORENZEN bastante interesante y con la que concuerdo. Advierte al Tribunal sobre el peligro de utilizar un criterio de proporcionalidad en la resolución de casos relacionados con acciones de filiación, en el aspecto en que el interés superior y prevalente del hijo pueda quedar relegado: "La valoración de hasta qué punto y en qué condiciones una paternidad inscrita en el Registro Civil puede ser impugnada es muy difícil, ya que incluye una serie de intereses en conflicto. Así la «realidad biológica» es sólo uno de ellos y, en las circunstancias de un caso dado, pueden pesar más los intereses del hijo o de la sociedad en conservar la estabilidad de la condición legal de las personas (…) En mi opinión, el Tribunal debería tener cuidado para no imponer una opinión general sobre cómo deberían valorarse los intereses en conflicto, sino dejar un amplio margen de apreciación a los legisladores nacionales (…) Incluso si tal acceso limitado para impugnar la paternidad no es único en las legislaciones de los Estados Contratantes, debe a pesar de todo justificarse".

c. Caso Mizzi contra Malta

Esta sentencia adquiere gran relevancia por las declaraciones inéditas que emite el Tribunal y por ser una evolución de las anteriores decisiones. Constituye la consagración del criterio de proporcionalidad y un reflejo de que el Derecho de filiación, para la jurisprudencia, debe amparar no sólo el beneficio del hijo, sino también el del padre legal.

El Sr. Mizzi contrajo matrimonio canónico en diciembre de 1963. La mujer quedó embarazada en 1966 y el matrimonio se separó en 1967, cuatro meses antes del nacimiento de la niña, que fue inscrita como hija matrimonial. El Sr. Mizzi ya albergaba dudas sobre la paternidad de la niña, pero la esposa se negó a la práctica de la prueba biológica, accediendo en 1990 o 1993 (hay duda sobre la fecha). Esta prueba confirmó la sospecha del actor después de 30 años del alumbramiento. La hija siempre utilizó el apellido del padre, aunque mantuvieron muy poco contacto.

Cuando nació la menor, el ordenamiento de Malta impedía al actor impugnar la paternidad determinada por la presunción. El artículo 70 CC establecía que el padre únicamente podía rechazar la paternidad por motivos de imposibilidad física de cohabitación o de separación legal durante el posible período de concepción (no pruebas biológicas). Esta acción no procedía porque el padre convivía con su mujer en esa época. Tampoco podía repudiar al hijo por causa de adulterio y ocultación del nacimiento, puesto que conoció el alumbramiento desde que éste ocurrió. En ambos casos el plazo para impugnar era de tres meses desde el parto.

Posteriormente, en 1993, se modificó la ley y el reformado artículo 70.1 (d) CC permitía repudiar a un hijo basándose en el adulterio y en la presentación de pruebas, incluidos análisis genéticos, que excluyeran la paternidad. Acción que el actor tampoco puedo incoar, puesto que el plazo para presentar la demanda era de seis meses contados desde el nacimiento del hijo.

Ante estas circunstancias, en el año 1996, el actor presentó demanda ante el Tribunal Civil de Malta solicitando una declaración para que, pese a la norma civil, le reconozcan el derecho a iniciar una acción de rechazo de la paternidad. Esta petición fue concedida. Sin embargo, la hija y el Fiscal General recurrieron la sentencia ante el Tribunal Constitucional, quien revocó la decisión. Sostuvo que las limitaciones del Código Civil maltés se justificaban en cuanto estaban dirigidas a favorecer el derecho de los hijos a la seguridad jurídica de la filiación y protegerlos, junto a las madres, de pretensiones infundadas. Frente a esta negativa, el Sr. Mizzi presentó demanda ante el Tribunal Europeo de Derechos Humanos alegando la vulneración de de los artículo 6.1, 8 y 14 del Convenio.

El Tribunal de Estrasburgo estima la demanda. Si bien precisa que el plazo de caducidad de las acciones de filiación no vulnera el derecho a la tutela judicial efectiva, sino que únicamente es una condición previa de carácter procesal para tener acceso a los tribunales internos, considera que la normativa impugnada del Código Civil maltés es contraria al derecho de acceso a un Tribunal, respeto a la vida privada y familiar y no discriminación.

Para fundamentar la vulneración al derecho de acceso a un tribunal, acude al juicio de proporcionalidad de la medida con la finalidad por ella pretendida. Estima que las limitaciones a la impugnación, si bien recogen un fin legítimo, no respetan el necesario equilibrio entre el interés del demandante a que un Tribunal resuelva sobre su paternidad y la protección de la seguridad jurídica y los demás intereses de otras personas presentes en el caso.

Considera que se ha vulnerado el respeto a la vida privada, porque la fijación de un *dies a quo* que imposibilite absolutamente al marido la impugnación, en caso de conocimiento sobrevenido de la verdad biológica, es contraria al Convenio por no respetar el equilibrio de los intereses en conflicto: por un lado, el del marido, en la veracidad (su derecho a examinar la presunción de paternidad a la luz de las pruebas biológicas), y, por otro, el del hijo, en la seguridad y estabilidad de su estado civil.

Finalmente, estima vulnerado el principio de no discriminación debido a que, frente a la limitación del marido para impugnar la presunción, su mujer[208], la hija, y también el verdadero progenitor, podían impugnar sin plazo. Incluso cualquier persona podía contradecir la paternidad matrimonial del hijo cuando existía imposibilidad física de procreación por el marido, considerando esta diferenciación carente de justificación objetiva al ser desproporcionada.

Tras el caso Mizzi y la consolidación de la doctrina jurisprudencial de la proporcionalidad de intereses, el Tribunal de Estrasburgo la ha aplicado a distintos casos: sentencia de 18 de mayo de 2006, caso Rózanski Contra Polonia; sentencia de 10 de octubre de 2006, caso Paulik contra Eslovenia; sentencia de 9 de noviembre de 2006, caso Tavli contra Turquía; sentencia de 6 de julio de 2010, caso Backlund contra Finlandia, entre otras.

En todas ellas ha reiterado que "al realizar una «prueba de equilibrio de intereses» en el examen de los asuntos relativos a limitaciones en la institución de demandas de paternidad, el Tribunal ha tenido en consideración una serie de factores. Por ejemplo, es pertinente conocer el punto particular del tiempo en el que un demandante es consciente de la realidad biológica. El Tribunal por tanto examinará si las circunstancias que se aducen para corroborar una reclamación concreta de paternidad se cumplen antes o tras la expiración del plazo límite aplicable. Además, el Tribunal examinará si existen otras formas alternativas de satisfacción en el caso de que los procesos en cuestión queden excluidos por motivos de plazo. Ello incluirá, por ejemplo, la disponibilidad de remedios domésticos efectivos para obtener la reapertura de los límites temporales o las excepciones a la demanda de un plazo límite en situaciones en las que una persona se da cuenta de la realidad biológica después de que el plazo temporal haya expirado".

4. *Una propuesta, de* lege ferenda*, en beneficio del hijo*

He refrendado la constitucionalidad del artículo 136.1 CC y manifestado mi desacuerdo con la interpretación extensiva del precepto y su declaración de inconstitucionalidad. No obstante, debido a que estas decisiones afectan gravemente la estabilidad del estado civil de la prole, creo necesario y urgente que el legislador realice una modificación de la norma citada.

En esta modificación legislativa, es posible introducir un *dies a quo* excepcional en el sentido de permitir al marido impugnar la paternidad una vez

[208] Nótese que, por acentuar los intereses del marido, el Tribunal se aparta del criterio seguido en el caso Rasmussen, en el que justifica la diferencia del régimen impugnatorio entre el marido y su mujer, argumentando que en esta última confluye el interés del hijo.

conocida su discordancia con el hecho biológico, pero no a secas. El *favor filii* exige matizar este término inicial, como parece pretender el Tribunal Constitucional. Sólo de esta forma se logrará una modificación del artículo 136.1 CC que restaure la seguridad jurídica en el estado de filiación[209].

En primer lugar, ha de someterse ese *dies a quo* a la *posibilidad de conocer la verdad biológica*. El término inicial relacionado con el *conocimiento efectivo* se presta a muchas maquinaciones por parte de los impugnantes, otorgándoles una facultad de accionar sin límites, como lo he expresado anteriormente. Por este motivo, creo que no es muy acertada la propuesta de modificación de Hernández Ibáñez[210]. La autora propone como *dies a quo* del plazo de la acción, el momento en que el marido toma conocimiento de la filiación extramatrimonial de los hijos de su mujer, pero siempre que ese conocimiento provenga de una prueba científica indubitada. Considera que ésta es la mejor forma de armonizar los principios que rigen la filiación y formula la siguiente redacción: *"El marido podrá ejercitar la acción de impugnación de la paternidad en el plazo de una año, contado desde la inscripción de la filiación en el registro civil o del descubrimiento de la no paternidad basada en pruebas científicas indubitadas"*.

Por otro lado, se ha de tener en cuenta el comportamiento del padre tras obtener alguna noticia o sospecha de su falta de paternidad. Su aquietamiento, luego de estos acontecimientos, demostrará su desinterés en impugnar y la voluntad de asumir la paternidad que, por la doctrina de los actos propios, impide un ejercicio ulterior de la acción.

La posesión de estado, como elemento al que la Ley de 13 de mayo de 1981 otorga un papel relevante en la concreción del *favor filii,* es otro de los factores a considerar para estimar o no una acción de impugnación de la paternidad por el marido. Deberá actuar como un criterio que determine el plazo máximo del que dispone el esposo para impugnar su paternidad.

También es interesante prestar atención al Informe sobre los Derechos de filiación que, bajo la denominación "Libro Blanco sobre los principios relativos al establecimiento y a las consecuencias jurídicas del vínculo de filiación", elaboró el Comité de Expertos del Consejo de Europa sobre Derecho de familia (CJ-FA), en mayo de 2004, y que se propone a los Estados miembros como

---

[209] En contra, García Vicente, para quien la reforma de esta acción de filiación debe estar orientada, exclusivamente, por la interpretación de los principios que ha hecho el Tribunal Constitucional en la declaración de inconstitucionalidad. Es decir que la investigación de la paternidad ha de beneficiar al hijo y a los padres (cfr. "La previsible reforma… cit.", pp. 203 y ss.).

[210] Cfr. "La impugnación de la paternidad matrimonial por el marido en la jurisprudencia del Tribunal Supremo", *Act. Civ.,* nº 1, 2004, pp. 853 y ss.

fuente de inspiración para sus reformas legislativas[211]. Este informe asume que la paternidad debe poder ser impugnada, por inadecuación con la verdad biológica, por el padre, el hijo, o por su representante legal, pero también afirma que el interés del menor impide en determinados casos y a determinadas personas el ejercicio de la acción (principio 11). Requiere, además, la fijación de plazos breves en orden a proteger no sólo la estabilidad del estado civil del hijo, sino la determinación definitiva de la filiación (principio 13).

Cabe resaltar que diversas legislaciones europeas, entre las que figuran la francesa y la alemana –tantas veces citadas por la doctrina española por ser de las más inspiradas en la verdad biológica–, han tomado en cuenta las pautas expuestas y modificado su normativa sobre acciones de filiación[212] en aras a materializar una investigación de la paternidad que logre la protección integral del hijo, incluso a costa del sacrificio del interés de los padres. Para estos ordenamientos, no importa si existe o no un equilibrio de derechos o intereses entre los protagonistas, *prevalecerá, ante todo, el favor filii.* Pese a esta orientación, sus tribunales no han calificado estas normas de contrarias a los derechos fundamentales de los padres putativos.

El legislador francés condiciona la acción de impugnación de la paternidad matrimonial del marido a la existencia o no de posesión de filiación matrimonial y omite el momento en que el padre conoce la verdad biológica como *dies a quo* del plazo de caducidad. El Código Civil francés establece que si el padre legal y el hijo mantuvieron una relación de familia estable durante cinco años contados desde el nacimiento, la filiación se vuelve inatacable (cfr. artículo 333.2 CC). Cuando la posesión de estado ha durado menos de cinco años desde el nacimiento, el marido está legitimado para impugnar la paternidad en un plazo de cinco años contados desde que cesó la posesión (cfr. artículo 333.1 CC). Sólo si no ha existido posesión de estado conforme a título, la paternidad podrá ser impugnada por cualquier persona en un plazo de diez años desde el alumbramiento (cfr. artículo 334 CC[213]). Por otro lado, aunque la acción de impugnación prosperara, el ordenamiento francés determina que el tribunal, teniendo en cuenta el *interés del hijo*, podrá determinar las modalidades de las relaciones entre éste y la persona que se hubiera ocupado de él hasta ese

---

211 Puede consultarse en la página oficial del Consejo de Europa, www.coe.int.

212 El ordenamiento francés modificó sus normas sobre acciones de estado mediante la Ordenanza de 4 de julio de 2005, en vigor desde el 1 de julio de 2006. La legislación alemana, mediante dos leyes de 2008: La Ley para complementar el derecho a la impugnación de la paternidad, de 13 de marzo de 2008 (*Gezetz zur Klarün der Vaterrschaft unabhänging von Anfechtungsverfahren*), vigente a partir del 1 de junio del mismo año, y la Ley para la clarificación de la paternidad independiente de un proceso de impugnación (*Gezetz zur Klärung der Vaterschaft unabhängig von Anfechtungsverfahren*), de 26 de marzo de 2008, vigente desde el 1 de abril del mismo año.

213 Este precepto precisa que la posesión de estado se cuenta desde el nacimiento y si antes de él hubo posesión de estado ello no impide que el marido cuente con el plazo de diez años.

momento, es decir, de las relaciones con su padre formal (cfr. artículo 337 CC francés)[214].

El *BGB* establece que los legitimados, entre los que figura el marido, podrán impugnar la paternidad en el plazo de dos años contados desde el momento en que se tiene conocimiento de las circunstancias contrarias a la paternidad (cfr. § 1600b 1). Esta norma se introdujo a instancia del Tribunal Constitucional Federal Alemán cuyas valoraciones se centran en argumentos sustantivos (y no meramente procesales, a diferencia del Tribunal Constitucional español): resaltan la primacía del *favor filii* y, en consecuencia, que no necesariamente deber primar la verdad biológica, de tal forma que se destruyan los vínculos legales existentes.

En concreto, la introducción del *dies a quo* subjetivo en el *BGB* se produce a raíz de una acción de inconstitucionalidad planteada por un hijo. La anterior norma le otorgaba un plazo de dos años para impugnar la paternidad matrimonial, contados desde la adquisición de la mayoría de edad. El hijo argumentó que esta norma lesionaba su derecho cuando el conocimiento de la verdad biológica se presentaba ya caducado el plazo. El Tribunal Constitucional Federal Alemán, en sentencia de 16 de abril de 1994, consideró que la norma respondía a la seguridad jurídica, pero resultaba desproporcionada y violatoria del derecho general de la personalidad del hijo, ordenando su modificación.

La piedra angular de la construcción dogmática del Tribunal Constitucional Federal Alemán es el denominado *derecho general de la personalidad*[215], derivado del derecho al libre desenvolvimiento de la personalidad, consagrado en el artículo 2.1 de la Ley Fundamental, en concordancia con la protección de la dignidad humana prevista en su artículo 1.1. También invoca la protección del matrimonio y de la familia (cfr. artículo 6.1 Ley Fundamental) como fundamento de las normas que limitan la impugnación de la paternidad matrimonial; el derecho natural de los padres al cuidado y educación de los hijos (cfr. artículo 6.2 Ley Fundamental) y el empleo del criterio proporcional, sin que llegue a ser determinante en sus decisiones para establecer la constitucionalidad de

---

[214] Para profundizar en la acción de impugnación de la presunción marital en el ordenamiento francés, puede consultarse con provecho, SANCIÑENA ASURMENDI, C., "La verité biologique et la filiation paternelle", en *Revue de la Recherche Juridique Droit Prospectif*, nº 1, 2008, pp. 191 y ss.

[215] A este derecho se han adscrito las siguientes pretensiones: la pretensión del hijo de verificar su ascendiente biológico, la pretensión del supuesto padre biológico de impugnar la filiación legalmente establecida, o de lograr la declaración de su paternidad, y la pretensión del padre legal para corroborar su paternidad sin que ello lleve consigo la impugnación de la filiación. Incluso, tal derecho, en su manifestación de la vida privada, ha brindado respaldo a la protección de la madre de no revelar la identidad de los hombres con los que mantuvo relaciones íntimas durante el período de concepción del hijo.

las restricciones o exclusiones legales a la impugnación o verificación de la paternidad.

También es importante precisar que el Proyecto del Gobierno que dio origen a la Ley alemana de 26 de marzo de 2008 pretendió incluir un apartado, en el § 1600, que permitiera excluir el ejercicio de la impugnación de la paternidad si como consecuencia de la misma se creaba un perjuicio considerable al hijo menor. Sin embargo, en sede parlamentaria se decidió por la no incorporación del precepto debido a que el interés del menor ya había sido tomado en cuenta en otras disposiciones, como en las de la acción de clarificación de la filiación[216], y porque la demanda de impugnación para ser admitida debía estar debidamente justificada, por lo que la disposición parecía innecesaria.

El Código Civil suizo regula un término inicial subjetivo referido al momento en que el marido conoce su falsa paternidad, pero no ha dejado de lado la seguridad jurídica que deber regir el estado civil de la prole y ha establecido un término de cierre o límite en el que debe ejercitarse la acción de impugnación. Impide, de esta forma, las manipulaciones del *dies a quo* y que la acción se convierta en imprescriptible. En consecuencia, ordena que el marido puede impugnar la filiación en el plazo de un año desde que toma conocimiento del nacimiento o de la verdad biológica, pero siempre dentro de un plazo máximo de cinco años desde el alumbramiento [cfr. artículo 256.*c*).1 CC].

Recogiendo los límites planteados y tomando como ejemplo el Derecho comparado, mi sugerencia de redacción del artículo 136.1 CC es la siguiente: *"El marido podrá impugnar la paternidad matrimonial en el plazo de un año desde la inscripción de la filiación o desde el conocimiento del parto; salvo que aquél ignore su no paternidad, en cuyo caso el plazo se empezará a contar desde que tuvo posibilidad de conocer la verdad biológica. No obstante, cualquiera sea el término inicial que se aplique, el marido no podrá impugnar la filiación si ha existido posesión de estado de filiación matrimonial de por lo menos 5 años desde el nacimiento".*

De esta manera, si desde el alumbramiento nunca existió posesión de estado entre el marido que impugna y el hijo de su mujer, o la relación familiar entre ambos fue muy corta, el primero siempre tendrá la posibilidad de impugnar su paternidad ante un conocimiento sobrevenido de la verdad biológica, sin importar el tiempo transcurrido desde el nacimiento del hijo, pero dentro del año del conocimiento de su falta de paternidad.

En caso de existir una relación estable entre el hijo y el marido, éste también contaría con el término inicial sujeto a la posibilidad del conocimiento de la

[216] A la que me he referido en el primer capítulo de este trabajo. *Vid.* punto I. B. 5 del Capítulo primero.

verdad biológica. Lo que sucedería es que su facultad de impugnar se cerraría, en pro de la estabilidad jurídica y emocional de la prole, si se verifica que en ese momento el marido y el hijo vienen gozando de una relación estable de por lo menos 5 años desde el parto. Éste es un lapso de tiempo bastante prudente y tomado en cuenta por varias legislaciones europeas. Con esta fórmula se impediría impugnaciones tardías. Esto no significa que esta filiación se vuelva inatacable, a semejanza del Derecho francés, sino que corresponderá al hijo la impugnación de esa paternidad.

Por último, considero que no debe extenderse a los herederos el término subjetivo relacionado a la posibilidad de conocer la verdad biológica. Los descendientes sólo podrán continuar la acción de impugnación iniciada por el marido, o interponer la acción si el cónyuge falleciera antes del año desde la inscripción de la filiación o antes del año desde que el marido conoce el nacimiento o la verdad biológica y por el tiempo que faltare para completar el plazo. Por tanto, los herederos no ostentarán acción para impugnar si el marido fallece sin conocer la discordancia de la paternidad formal con la real[217].

C. La impugnación por el hijo

El artículo 137 CC confiere al hijo, a título propio, la posibilidad de esclarecer judicialmente la verdad biológica de la paternidad atribuida al marido de su madre, condicionando la acción a la existencia o no de posesión de estado de filiación matrimonial.

En ausencia de posesión de estado, el legislador entiende que la impugnación no trastorna la tranquilidad del propio hijo o de la familia, debido a que no existe una relación familiar estable. Por ello, el hijo está facultado para impugnar la paternidad matrimonial en cualquier tiempo, ya que su acción no está sujeta a ningún plazo preclusivo (cfr. artículo 137 CC, tercer párrafo).

En presencia de posesión de estado de filiación, la impugnación de la paternidad puede alterar la paz familiar y, por consiguiente, el plazo para su ejercicio por el hijo es corto: un año desde la inscripción del nacimiento; pero si es menor o incapacitado, el plazo de un año se cuenta desde que alcance la mayoría de edad o la plena capacidad (cfr. artículo 137 CC, primer párrafo). La finalidad

[217] En esta línea, García Vicente es de la opinión de que la regla de la sucesión de los herederos del marido del artículo 136 II CC debe conservarse sin modificación alguna, porque las circunstancias del conocimiento que se debe tener en cuenta son las del marido que fallece (cfr. "La previsible reforma… cit.", p. 224). Quicios Molina considera que el legislador catalán ha llevado hasta sus últimas consecuencias este *dies a quo* subjetivo al considerar que tanto los hijos como los descendientes del marido cuentan también con dos años desde que conocen las pruebas en que fundan la impugnación para interponer esta acción (cfr. ob. cit., p. 290).

de la legislación de 1981 es que la impugnación de la paternidad matrimonial biológicamente falsa, pero asumida durante un tiempo por el padre, de modo que se ha dado públicamente al hijo el nombre y el tratamiento de tal, queda vedada a todos, incluso al hijo, transcurrido un determinado tiempo. Empero, si el hijo incoa la acción mixta, es decir, impugna la paternidad matrimonial y reclama la contradictoria, su acción se convierte en imprescriptible, aunque exista relación estable con el marido de su madre (cfr. artículos 133 y 134 CC).

Nótese que el *dies a quo* del plazo de caducidad de la acción del hijo, cuando existe posesión de estado, es objetivo. Por ello, una de las cuestiones que se plantea la doctrina es la aplicación de un término inicial referido al momento en que el hijo conoce la verdad biológica, como se ha otorgado a la acción del marido.

Barber Cárcamo considera que ello es innecesario porque el interés del hijo ya se encuentra protegido al ostentar una acción imprescriptible para reclamar la paternidad (cfr. art 132 y 133 CC), lo cual siempre le permite impugnar la filiación contradictoria[218]. No obstante, la autora no toma en cuenta que si el hijo sólo desea impugnar la paternidad matrimonial, sin reclamar la veraz (ya sea porque no la conoce o no le interesa), su acción sí está sometida a un plazo preclusivo. Por lo tanto, puede suceder que una vez que conoce que el marido de su madre no es su padre biológico, el plazo para impugnar haya caducado.

A mi parecer, no hay ningún inconveniente en que *el dies a quo* subjetivo se aplique al plazo de caducidad de la acción del hijo[219]. En este caso ello responde a una investigación de la paternidad en interés de la prole. Sin embargo, la inclusión de este término inicial en el artículo 137 CC deberá realizarse vía modificación legislativa, pues la norma no permite una interpretación en ese sentido.

Por otra parte, el segundo párrafo del artículo 137 CC otorga legitimación a la madre o al Ministerio Fiscal para impugnar la paternidad matrimonial en representación del hijo menor o incapacitado, siempre que actúen en interés de éstos y dentro del año siguiente a la inscripción de la filiación. En este asunto voy a centrar mi atención porque exige varias aclaraciones y plantea diversas cuestiones.

En primer lugar, la legislación no incluye a la madre dentro del círculo de personas legitimadas para impugnar la paternidad del marido, ni siquiera en

[218] Cfr. "La jurisprudencia... cit.", p. 143.

[219] Igualmente opinan, Quicios Molina, S., ob. cit., p. 265; García Vicente, J. R., "Comentario... cit.", p. 560) y Toral Lara, E., ob. cit., pp. 462 y ss.

el supuesto que no exista posesión de estado[220]. El artículo 137 CC, por tanto, no otorga a la madre una acción *iure propio*, sino únicamente en su calidad de representante legal del hijo. Una consecuencia de esta circunstancia es que los herederos de la madre no pueden iniciar o continuar la acción de impugnación de la paternidad matrimonial que ella haya entablado en interés del hijo menor o incapacitado. Muerta la madre, no es su interés personal el que sigue defendiéndose (para el que estarían legitimados los herederos), sino un interés sólo del hijo y, cuya defensa debe ajustarse al régimen propio, en el que nada cuentan los herederos de la madre como tales[221].

También he de acotar que el artículo 137 CC, segundo párrafo, es mucho más restrictivo que el artículo 765.1 LEC. Este último otorga facultad a *cualquier representante legal* (tutor, defensor judicial, etc.) o al Ministerio Fiscal para ejercitar en nombre del hijo menor de edad o incapacitado las acciones de filiación que a éste corresponden. Mientras que el primer precepto no se refiere a cualquier representante, sino únicamente a la *madre que ostenta la patria potestad* o al Ministerio Fiscal. Esta restricción se debe a que se trata de la impugnación de una filiación matrimonial respaldada por la posesión de estado[222].

Además, esta acción por representación no puede ser entablada durante toda la minoría de edad o incapacitación del hijo: se extingue al año siguiente de la inscripción del nacimiento. Si durante ese año el hijo alcanza la mayoría de edad o la plena capacidad, culmina en ese momento la facultad de la madre o del Ministerio Fiscal para entablar o continuar la acción en representación del hijo.

Por otro lado, respecto a la legitimación del Ministerio Fiscal, surge la duda de si su actuación es subsidiaria o alternativa a la de la madre. A mi parecer, la intervención del Ministerio Fiscal es subsidiaria, en *defecto de*, sólo si la madre no ostenta la patria potestad (por ausencia, estar suspendida, etc.) o ha muerto.

---

220 El Código Civil francés, alemán e, incluso, el catalán otorgan a la madre una acción independiente para impugnar la paternidad matrimonial, sometida a plazos de caducidad según exista o no posesión de estado de filiación. En el ordenamiento español común, la madre puede impugnar su maternidad (matrimonial) y, una vez estimada esta acción, decae automáticamente la presunción de paternidad. Por ello, para la doctrina española, la legitimación *iure propio* de la madre es una asignatura pendiente y su omisión es criticada por ser un resabio de una sanción civil inaceptable y de muy dudosa compatibilidad con su derecho a la tutela judicial y, más aún, a la luz de la doctrina presente en la expuesta sentencia del caso Mizzi contra Malta (cfr. BARBER CÁRCAMO, R., "La jurisprudencia... cit.", pp. 143-144).

221 Cfr. PEÑA Y BERNALDO DE QUIRÓS, M., "De la paternidad... cit.", p. 965.

222 PEÑA Y BERNALDO DE QUIRÓS entiende que en ausencia de relación familiar ya no es aplicable la limitación del artículo 137 CC y ha de regir el artículo 765 LEC. Es decir, no sólo podrán impugnar la madre que ostenta la patria potestad o el Ministerio Fiscal, sino cualquier representante del menor o incapaz (Cfr. "De la Paternidad... cit.", p. 1000). En contra, ALBALADEJO GARCÍA, M., ob. cit., p. 259.

De ser alternativa, implicaría que el Ministerio Fiscal, un tercero extraño a la relación familiar, puede impugnar la filiación vivida en paz –no contradicha por el marido, ni por el hijo–, convirtiendo la acción en pública y afectando la tranquilidad familiar matrimonial.

Una revisión de los antecedentes del artículo 137 CC confirma el carácter subsidiario de la actuación del Ministerio. Este precepto, en el Proyecto de Ley de modificación del Código Civil en materia de filiación, patria potestad y régimen económico del matrimonio, disponía que la madre o el Ministerio Fiscal podían interponer la acción impugnatoria, en representación del hijo, *indistintamente.* No obstante, a esta redacción se propuso la enmienda nº 63 (del Grupo Parlamentario Unión de Centro Democrático). Sugirió la eliminación del término *indistintamente,* argumentando que la acción del Ministerio Fiscal debía ser subsidiaria. Esta modificación es aceptada por la Ponencia, que eliminó dicho término del Proyecto de Ley. Se aprueba definitivamente de esa forma y se incorpora a la Ley de 13 de mayo de 1981.

A mi parecer, la sola legitimación subsidiaria otorgada al Ministerio Fiscal para impugnar la paternidad marital por representación es excesiva. En primer lugar, porque se trata de una filiación matrimonial donde el círculo de legitimados facultados para contradecir esta filiación debe ser muy reducido, por lo que la impugnación en representación del hijo debió limitarse a la madre. Lo que no obsta que, cuando ella incoe la acción, el Ministerio Fiscal intervenga para velar por el interés del hijo menor o incapacitado, como lo hace en todas las acciones de estado[223]. Asimismo, aunque la madre no impugne la paternidad, el interés del hijo está protegido porque él mismo podrá impugnarla al llegar a la mayoría de edad o recuperar la capacidad.

Por último, el artículo 137 CC regula que esta acción por representación ha de ejercitarse en *interés del hijo.* Esta expresión origina la interrogante de si ella exige una cualificación especial en la legitimación de la madre que impugna o no añade nada a la función de representación del menor.

Peña y bernaldo de Quirós opina que la expresión del artículo 137 CC, *interés del hijo,* es una simple exigencia ordinaria de la actuación de todo representante legal que tiene por finalidad precisar que la acción de la madre no se ejerce por derecho propio. Entiende, por tanto, que no debe interpretarse como un requisito especial de la legitimación de la madre (que el resultado pretendido con la acción beneficie al hijo) para impugnar la paternidad y que no debe estar sometida a ningún control judicial.

---

[223] Sobre esta función del Ministerio Fiscal, cfr. González Pillado, E., *Aspectos procesales civiles de la protección del menor*, Tirant lo Blanch, Valencia, 2007, p. 175.

La jurisprudencia española, por su parte, parece entender que la citada expresión sí exige cierta cualificación a la legitimación de la madre, pero, a la vez, interpreta que ella siempre impugna la paternidad en interés del hijo, ya que reduce el beneficio de éste a la primacía absoluta de la verdad biológica. En consecuencia, a su juicio, nunca se plantea un conflicto de intereses; motivo por el cual no somete la legitimación de la madre por representación a ningún control previo. Incluso, parece haberle otorgado una acción de impugnación *iure propio*.

En la STS de 1 de julio de 2004 una madre impugnó la paternidad del marido y reclamó la filiación extramatrimonial. Argumentó que lo hacía no sólo en representación de su hija menor de edad, sino en *nombre propio*. El Tribunal Supremo, y las instancias anteriores, presumieron que la madre interponía la acción en beneficio de la niña y no se detuvieron a aclarar que la actora no ostentaba legitimación por sí misma para interponer la acción, como desafortunadamente ella alegaba. La situación se agravó porque durante el proceso la hija adquirió la mayoría de edad, circunstancia que pone fin a la representación de la madre y que no fue tomada en cuenta por el Tribunal Supremo (cfr., además, SSTS de 11 de mayo de 1999, 22 de marzo de 2000 y 11 de septiembre de 2003 que también presumen, sin más, que la madre impugna en beneficio del hijo).

En esta misma línea, la SAP de Islas Baleares de 25 de noviembre de 2003. Resuelve una demanda de impugnación de la paternidad matrimonial y reclamación de la extramatrimonial incoada por la madre en representación de sus 6 hijos menores de edad, cuando el mayor, prácticamente, alcanzaba los 18 años. La primera instancia intuye que la madre no actuaba en interés de los hijos y dio traslado al Ministerio Fiscal sobre la necesidad de nombrar a un defensor judicial. El Ministerio considera que no existe conflicto de intereses y que los niños estaban correctamente representados por la madre. Esta decisión es confirmada por la Audiencia porque, a juicio de ésta, la madre, al desear la prevalencia de la verdadera paternidad biológica, actuaba sin lugar a dudas en beneficio de su prole. La Audiencia se limita a proclamar la supremacía de la verdad biológica y estima la demanda, en lugar de analizar si la impugnación favorecía realmente a los hijos. Máxime cuando el caso presentaba varias circunstancias que exigían una mayor reflexión: los menores mantenían una relación familiar con el padre legal, tres de los hijos adquirieron la mayoría de edad al dictarse la sentencia de primera instancia y uno de ellos ni siquiera estaba enterado del proceso iniciado por su madre[224].

[224] En coherencia con esta postura, cierta praxis entiende que sí existe un conflicto de intereses en los casos en que la madre se opone a la determinación de la verdadera filiación del hijo, pues impide que se determine a toda costa la verdad biológica. Este criterio ha sido mantenido cuando se interponen acciones de reclamación por los verdaderos padres o de impugnación de la paternidad matrimonial incoadas por maridos. Procesos en los que la madre es demanda a nombre propio y,

A mi parecer, la norma examinada, sí exige una cualificación especial a la legitimación de la madre (que se hace extensivo al Ministerio Fiscal) –aunque no como lo ha entendido la jurisprudencia española–, pues, si bien el hijo es la parte activa de la acción, es finalmente la madre quien decide impugnar. Precisamente, para evitar cualquier conflicto de intereses, el legislador condicionó literalmente la actuación de la madre al *interés del hijo*[225]. *Sensu contrario*, si la expresión *interés del hijo* no exigiera nada a la función de representación de la madre, el legislador no tendría por qué haberla incluido debido a que esta obligación se encuentra implícita en la función de todo representante del menor y se deprende del artículo 154 CC, párrafo segundo.

La postura del legislador es bastante acertada. En principio, se infiere que la madre, por el hecho de serlo, actúa ineludiblemente en interés de su hijo. Sin embargo, puede suceder que no atienda de manera preferente los intereses del menor o incapacitado, sino a los suyos propios (por ejemplo, impugnar porque el padre biológico se encuentra en mejor posición económica que el marido, sin importar que éste y el hijo gozan de una relación estable)[226] y, como sostiene DÍEZ-PICAZO, no es lo más beneficioso lo que subjetivamente el padre o la madre entiende[227].

---

además, asume la representación del hijo menor de edad o incapacitado. El Tribunal Supremo considera que en estos supuestos la madre siempre pretenderá mantener la filiación impugnada por el marido o impedir que se declare la filiación que el otro progenitor reclama. Por tanto, resuelve que existe un conflicto de intereses entre la madre y el hijo, ordenando el nombramiento de un defensor judicial para el menor y declarando la nulidad de las actuaciones hasta el momento procesal oportuno en que pueda efectuarse tal nombramiento. Esta línea jurisprudencial fue iniciada por la STS de 5 de junio de 1997 y continuada por las SSTS de 7 de noviembre de 2002, 17 de enero, 4 de marzo y 5 de noviembre de 2003 y 8 y 9 de julio de 2004. Para un mayor estudio de estas sentencias puede consultarse con provecho a CARBAJO GONZÁLEZ, J., "El conflicto de intereses entre los progenitores y el hijo en los procesos de filiación" en *Ponencias del XIII Congreso Internacional de Derecho de Familia, ponencias e informes presentados,* director CARLOS LASARTE ÁLVAREZ, Sevilla y Huelva del 18 al 22 de octubre de 2004, pp. 917 y ss.

[225] VERDERA SERVER mantiene esta misma opinión. Sostiene que la previsión que recoge el artículo 137 II CC, además de apartarse del criterio general del artículo 765.1 LEC, parece excluir la posibilidad de que la actuación de la madre suponga un conflicto de intereses con los del hijo (cfr. "El *dies a quo*… cit.", p. 365).

[226] El Tribunal Europeo de Derechos Humanos, en sentencia de 24 de noviembre de 1984, establece que los intereses de la madre suelen coincidir, por lo general, con los intereses del hijo, pero acepta que los cambios sociales puedan llevar a modificar esta situación. En este sentido, la legislación danesa, antes de 1960, establecía que la madre podía impugnar la paternidad del marido sin plazo, porque entendía que sus intereses se identificaban con las del hijo. No obstante, el Estado danés se dio cuenta que la realidad social cambió, que las madres salían a trabajar y eran los maridos quienes se quedaban en casa. Razón por la cual muchas veces las madres impugnaban la paternidad no en beneficio del hijo, motivo por el cual el Gobierno danés, en 1982, introdujo una modificación estableciendo un plazo de caducidad en la acción de la madre.

[227] Cfr. ob. cit., p. 176.

En consecuencia, la legitimación de la madre para impugnar la paternidad de su marido en representación del hijo debe someterse a un control judicial[228], que ha de tratarse como una cuestión previa. El juzgador deberá tener en cuenta que el interés del hijo no siempre se reduce a la verdad biológica[229] y, para descubrir si la acción de impugnación se establece realmente en su beneficio, ha de analizar las diferentes circunstancias puestas de manifiesto en la demanda por la madre (*v. gr.*, si entre el marido y el hijo se ha mantenido una relación familiar). Además, de creerlo conveniente, puede llevar a cabo acciones positivas con la finalidad de averiguar el interés del hijo: tomar en cuenta su declaración, si tiene la edad suficiente para emitirla (exigencia del derecho del menor a ser oído), u ordenar la práctica de una prueba pericial psicológica para valorar con mayor criterio si la impugnación de paternidad pude generarle perjuicios.

Una remisión a los antecedentes legislativos del artículo 137 CC vislumbra que la finalidad del legislador es la que aquí se defiende. La enmienda nº 119 (del Grupo Parlamentario Unión de Centro Democrático), que se presentó al Proyecto de Ley de modificación del Código Civil en materia de filiación, patria potestad y régimen económico del matrimonio, proponía que la madre pudiera impugnar la paternidad del marido en nombre propio, y que no fuera necesario que actúe en beneficio del hijo menor o incapacitado. Entendía que, si se mantenía la frase *que actué en interés del hijo*, la acción de la madre debería pasar por una valoración judicial. La Ponencia desechó estas sugerencias y no modificó la redacción del precepto según la propuesta, por lo que ha de entenderse que la intención del legislador era realmente someter la legitimación de la madre a dicho control.

Si el juez comprobara que la impugnación de la paternidad matrimonial mediante representante no sirve al interés del representado, deberá inadmitir la demanda. Ante la duda, puede dar inicio al proceso, siendo lo más adecuado la variación de la representación del menor o incapacitado para la continuación de la acción. Es decir, nombrando un defensor judicial, en aplicación de los artículos 162.2, 163, primer párrafo, y 299.1 CC. Considero que no es posible que el Ministerio Fiscal asuma el cargo de defensor judicial. En estos casos de conflicto de interés, más que nunca, debe actuar como un tercero imparcial que vele por el beneficio del hijo menor o incapacitado[230].

---

[228] Comparten esta postura DÍEZ-PICAZO Y PONCE DE LEÓN, L. Y GULLÓN BALLESTEROS, A., ob. cit., p. 249 y SANCIÑENA ASURMENDI, C., "La posesión… cit.", p. 900.

[229] En contra TORAL LARA, para quien el interés de la madre que impugna la paternidad en representación del hijo menor o incapacitado es fácil de constatar pues, para la autora, el interés del hijo se identifica siempre con la verdad biológica (cfr. ob. cit., pp. 466-467).

[230] No concuerdo con GARCÍA VICENTE cuando afirma que "para configurar un sistema eficaz de control no es necesario atribuírselo a un defensor nombrado a tal efecto, toda vez que en los procesos de filiación cuando los hijos son menores o incapaces ya interviene imperativamente el Ministerio fiscal (artículo 749.1 LEC), defensor institucional de éstos, de manera que el nombra-

Para concluir, creo conveniente que el legislador español, en una posible modificación del precepto analizado, introduzca literalmente que la acción de la madre se someta a una valoración judicial, para que no quede lugar a dudas; tal como lo establece la legislación alemana, que ha sido mucho más precisa al regular esta acción. El *BGB*, en el §1600 a, apartado 4, toma en cuenta el principio del *favor filii* cuando la madre impugna la paternidad en representación del hijo y somete expresamente esta impugnación a un control judicial en cuanto a su finalidad, estableciendo que la demanda sólo será admisible si sirve al interés del hijo menor o incapacitado.

miento de un defensor judicial es superfluo, porque no satisface interés que no tenga ya defensa institucional" ("La previsible reforma… cit.", p. 243).

CAPÍTULO TERCERO
FILIACIÓN *EX VOLUNTATE* Y VERDAD BIOLÓGICA

Pese a ser paradójico, lo cierto es que la autonomía de la voluntad juega un destacado papel en la determinación de la filiación, con quiebra, muchas veces justificada y otras no, del principio de verdad biológica.

En la filiación por naturaleza determinada por el reconocimiento, la desarmonía entre la verdad formal y la verdad biológica se pone de manifiesto cuando el reconocedor no es el padre biológico del reconocido y, especialmente, en los reconocimientos de complacencia. La filiación adoptiva, por esencia, lleva consigo la disconformidad con la verdad de sangre, justificada en el *favor filii*. No obstante, los problemas surgen cuando el propio adoptado reivindica el acceso a sus orígenes biológicos, a costa del quebrantamiento del sistema que busca únicamente su protección.

En la reproducción asistida, aunque el legislador pretenda que la determinación de la filiación se lleve a cabo por las reglas comunes, en realidad, la voluntad es el elemento, la *condictio sine qua non*, sobre la que va a girar la correcta realización del acto médico y todos los efectos jurídicos que la generación de una criatura produce. Prácticamente, el consentimiento sustituye la propia relación sexual. Es decir, la relevancia del consentimiento de los que quieren ser padres es incontenible, hasta el extremo de erigirse en un criterio absoluto en la determinación del vínculo filial, que hace declinar la verdad biológica, incluso, en detrimento de los hijos.

I. EL RECONOCIMIENTO EN LA DETERMINACIÓN DE LA PATERNIDAD

El reconocimiento es un acto jurídico unilateral, solemne y personalísimo de admisión de la propia paternidad (o maternidad), a la que la ley atribuye el efecto de la determinación de la filiación[231]. En este sentido, constituye el medio de determinación por excelencia de la filiación no matrimonial[232], pero también fija, en defecto de la presunción de paternidad, el vínculo filial matrimonial (cfr. artículos 118 y 119 CC). Por su trascendencia, el reconocimiento no puede ser sometido a condición, plazo o modo y es irrevocable. Únicamente pierde su fuerza legal si se acredita que se ha incurrido en vicio de la voluntad al realizarlo (cfr. STS de 26 de marzo de 2001) o si se admite la demanda de impugnación de la filiación, que él mismo determinó, por no coincidir con el hecho biológico de la procreación.

Es menester detenerse, siquiera brevemente, en los aspectos fundamentales de la institución estudiada:

a.- El reconocimiento es un *acto jurídico:* porque es un acto humano, voluntario, libre y consciente, que pone de manifiesto la realidad de la paternidad, pero cuyos efectos se producen *ex lege* y no *ex voluntate,* como sucede en el negocio jurídico. Es decir, la única voluntad que cuenta es la de proclamarse solemnemente padre, quedando al margen la autonomía de la voluntad para regular la relación jurídica de filiación (para limitar, aplazar o condicionar sus efectos), pues todo su contenido está determinado por ley[233]. Sin embargo, sí se aplican ciertos aspectos del negocio jurídico, como los vicios de la voluntad como causas de anulabilidad del reconocimiento.

b.- Es un acto jurídico de admisión: no es una confesión[234] –como bien lo sostiene la STS de 14 de marzo de 1994[235]–, porque es un acto de voluntad por el cual el reconocedor asume la propia paternidad (voluntad de reconocer) y las consecuencias o efectos *ex lege* de la filiación[236].

---

231 Cfr. Durán Rivacoba, R., "La eficacia... cit.", p. 165; Luces Gil, F., ob. cit., p. 5; Peña y Bernaldo de Quirós, M., *Derecho...* cit., p. 427 y Puig Brutau, J., *Compendio...* cit., p. 1133.

232 La filiación no matrimonial es aquella filiación por naturaleza en la que el padre y la madre no están casados entre sí ni en el momento de la concepción, ni en el del nacimiento, ni contraen matrimonio con posterioridad al alumbramiento (cfr. artículo 108 CC y, por contraposición, los artículos 116, 117 y 119 CC).

233 El reconocedor podrá o no efectuar la declaración en la que consiste el reconocimiento, pero verificada, quedará sujeto a todos los efectos que de la misma se derivan (relación paterno-filial, alimentos, derechos sucesorios, apellidos, etc.) sin que en el ejercicio de su autonomía de la voluntad pueda excluir o limitar alguno de ellos.

234 La confesión consiste en un acto jurídico, hecho volitivamente causado, que tiene por contenido una declaración de ciencia sobre un hecho personal histórico y que tiene como efecto hacer prueba contra su autor. Es decir, la confesión supone una afirmación de la paternidad, en donde el padre sólo expresa su creencia o convicción de serlo.

235 "El acto de reconocimiento es una declaración de voluntad tendente a producir efectos jurídicos y no puede degradarse a la categoría de confesión extrajudicial, medio de prueba, una de las utilizables según el derecho para acreditar los hechos, los actos jurídicos y los contratos".

236 Que el reconocimiento es una declaración de voluntad de admisión lo demuestra la importancia dada por el Código Civil al elemento volitivo, permitiendo la impugnación del reconocimiento por vicios del consentimiento (cfr. artículos 138 y 141 CC). También en la propia capacidad que se

Lo que el Derecho valora y lo esencial para la validez de todo reconocimiento es la declaración de paternidad. Es decir, la voluntad del reconocedor de proclamar y asumir la paternidad y, con ello, todos los efectos jurídicos *ex lege* de la relación paterno filial, mas no la veracidad de la filiación, que se presume[237]. Dicha voluntad constituye la causa de todo reconocimiento (propósito práctico, no motivación individual, que es inherente a todo reconocimiento, siendo innecesaria su manifestación expresa). El hecho biológico de la paternidad no integra la causa, ni es requisito del acto de reconocer, pero sí es un elemento del supuesto de hecho en que consiste el reconocimiento. En otras palabras, la validez del reconocimiento no depende de la verdad sustantiva, sino de la validez formal.

En consecuencia, el reconocimiento será válido aunque la paternidad no coincida con la verdad biológica. Por ello, cuando el progenitor reconoce puede hacerlo creyendo que es el padre (o dudando de ello) y, sin embargo, no serlo; o reconocer conociendo su falta de paternidad, pero en ambos casos el reconocimiento, como acto jurídico, es válido[238]. La falta de coincidencia con la verdad biológica es fundamento para impugnar la filiación, pero hasta que no se impugne, el reconocimiento produce todos sus efectos.

c.- Es *unilateral*: está integrado por una sola declaración de voluntad, la del reconocedor. También en los casos en los que la normativa exige, para la eficacia del reconocimiento, que concurran otras declaraciones (cfr. artículos 123 al 126 CC), la única declaración esencial es la del autor del reconocimiento.

d.- *Personalísimo:* sólo puede ser realizado por el reconocedor. No podrá ser efectuado ni por sus herederos, representantes, ni es posible el reconoci-

exige para otorgar el reconocimiento: de ser pura declaración de ciencia no haría falta capacidad de obrar alguna. Bastaría la simple capacidad natural de entender y de querer, o de conocer. Lejos de ellos el ordenamiento establece requisitos de capacidad, así como los complementos en los supuestos de insuficiencia (cfr. artículo 121 CC).

237 Como sostiene ALBALADEJO, "en el reconocimiento no se contiene una declaración de creencia en la paternidad, sino una declaración de paternidad (...) y cuando se realiza se presume que responde a la realidad (...). No es *demostrar* la paternidad y, *en virtud de que está probada*, declarar asumirla; es únicamente *afirmarse padre*. Lo que ciertamente permite que no sea verdad" (*Curso de Derecho Civil,* vol. IV, Edisofer, Barcelona, 2007, pp. 222-223). Igualmente, CARBAJO GONZÁLEZ, J., *Manual*... cit., p. 314.

238 Cfr. AYARZA SANCHO, J. A., "La influencia de la autonomía de la voluntad en la filiación determinada por el reconocimiento", en *La Ley-Actualidad,* Las Rozas, nº 6932, 2008, p. 4; FERNÁNDEZ GONZÁLEZ, M. B., *El reconocimiento de los hijos no matrimoniales,* Dykinson, Madrid, 1998, pp. 84 y ss.; PUIG BRUTAU, J., *Compendio*... cit., pp. 133-134 y PEÑA Y BERNALDO DE QUIRÓS, M., "De la Paternidad... cit.", pp. 903-904 y 911. Este último precisa que considerar nulo un reconocimiento emitido válidamente, pero falso, sería aceptar que el reconocimiento es el acto constitutivo de la filiación. En contra de esta opinión, DE LA CÁMARA ÁLVAREZ, M., ob. cit., pp. 337 y RIVERO HERNÁNDEZ, F., "Los reconocimientos... cit.", pp. 1070-1072, para quienes el reconocimiento es un acto confesión y, por lo tanto, el conocimiento de la verdad biológica por el reconocedor es un elemento esencial del reconocimiento.

miento por poder. De darse este último supuesto, el mismo poder constituiría el reconocimiento y el apoderado un simple *nuntius* del reconocedor, es decir, un mensajero de una voluntad ya formada y declarada.

e.- *Solemne*: el ordenamiento requiere que el reconocimiento, para su validez como título de determinación, sea otorgado en una forma fehaciente y pública previamente establecida: ante el encargado del Registro, en testamento o en otro documento público[239] (cfr. artículos 120.1 CC y 186 RRC).

Ante el encargado del Registro Civil, el reconocimiento puede efectuarse bien dentro del plazo establecido para practicar la inscripción del nacimiento (24 horas y 8 días siguientes al nacimiento, *ex* artículo 42 LRC, y, excepcionalmente, 30 días siguientes al parto, *ex* artículo 166 RRC), o bien en cualquier tiempo. Siempre que en este último caso se cumplan los requisitos complementarios que exige el ordenamiento.

Por otra parte, se puede reconocer en cualquier tipo de los testamentos admitidos por el ordenamiento (no sólo en escritura pública), pero sólo valdrá como medio de determinación cuando adquiera el carácter de documento auténtico. Cabe precisar que el reconocimiento forma parte del contenido no patrimonial del testamento. Por tanto, es válido aquél testamento que únicamente contenga el reconocimiento de filiación, sin referencia alguna dispositiva sobre los bienes (cfr. artículo 741 CC), sin menoscabo que se proceda a la apertura de la sucesión intestada. Incluso, si el testamento deviniera nulo, el reconocimiento efectuado es válido.

Finalmente, el reconocimiento hecho en otro documento público se refiere al realizado en escritura pública, acta civil de la celebración del matrimonio de los padres, expediente de inscripción de nacimiento fuera de plazo, capitulaciones matrimoniales, acto de conciliación. Esta enumeración de documentos públicos es recogida por el artículo 186.1 RRC y sigue un criterio de *numerus apertus*.

f.- *Irrevocable: ex* artículo 741 CC. Realizado el reconocimiento por persona capaz, el autor ha hecho lo preciso para desencadenar los consiguientes efectos legales. Una vez formulado el reconocimiento válidamente y, aunque, no concurran otras declaraciones que el ordenamiento exige para su plena eficacia, al autor le es imposible ir contra sus propios actos, retractándose de su declaración, revocando el reconocimiento[240]. Ni siquiera puede revocarse

---

[239] Por ello, el reconocimiento expreso o tácito al que se refiere el artículo 767.3 LEC no es un reconocimiento propiamente dicho, pues no determina por sí mismo la paternidad. Constituye un medio de prueba que será utilizado en una acción de estado para lograr la determinación judicial de la filiación.

[240] Una vez manifestada la filiación, no cabe acontecimiento alguno capaz de destruir la evidencia de un hecho biológico libremente desvelado y menos la mera voluntad de su autor, tan ajena en Derecho de familia para modificar las consecuencias originadas en el ordenamien-

el reconocimiento testamentario (cfr. STS de 14 de marzo de 1994[241]), pese a que las disposiciones de última voluntad son esencialmente revocables (cfr. artículo 737 CC)[242].

La irrevocabilidad del reconocimiento obedece a exigencias de la seguridad del estado civil de las personas, dado que los cambios de voluntad del reconocedor son incompatibles con las condiciones de permanencia de todo estado civil (cfr. STS de 10 de febrero de 2007). Ello no es óbice para que el reconocedor, de concurrir algún vicio en el consentimiento, lo impugne directamente, según lo regulado en el artículo 141 CC, o bien, siendo válido el reconocimiento, impugne la filiación por no corresponder con la verdad biológica, de conformidad con el artículo 140 CC.

g.- Es un *acto puro*: porque no admite limitaciones accesorias de la voluntad (condición, término, modo) que hagan depender de ellas el alcance del reconocimiento. De presentarse, en principio, se tienen como no puestas, salvo que se deduzca la falta de voluntad de asumir la paternidad.

A. El hijo reconocido

El hijo es el *sujeto pasivo* de todo reconocimiento. Pueden ser reconocidos toda clase de hijos, entre ellos, el *nasciturus*, a quien que se le tiene como nacido para todo lo que le beneficie (cfr. artículo 29 CC), y el hijo fallecido (cfr. artículo 126 CC).

Precisamente, en atención a la persona del reconocido, la Ley 11/1981, de 13 de mayo, sometió el reconocimiento de filiación a determinados consentimientos complementarios y/o aprobaciones judiciales (cfr. artículo 123-126 CC). Estos requisitos no lo convierten en un reconocimiento bilateral, ni afectan su validez, sino sólo su eficacia (cfr., entre otras, las RRDGRN de 17 de julio de 1991 y 3 de febrero de 2005). En estos supuestos, el reconocimiento no determina la filiación (ni la acredita, ni tiene acceso al Registro Civil) en tanto

to, que atiende sobre todo al principio de la verdad biológica, al exclusivo beneficio del menor reconocido y a la rectitud en la intención de quien reconoce (Cfr. DURÁN RIVACOBA, R., "La eficacia… cit.", pp. 169-170).

[241] Recoge el caso de don José que el 20 de noviembre de 1972, tras su matrimonio, reconoce en testamento ante notario a la hija de su mujer. Tiempo después (el 25 de octubre de 1985), tras unos lazos estables de filiación con la reconocida, otorga nuevo testamento en el que rechaza solemnemente ser el padre y deshereda a la hija. El Tribunal Supremo considera que esta retractación no tiene valor y que el reconocimiento es válido al haber concurrido todos los requisitos exigidos y existir la voluntad de don José de asumir la paternidad de la hija de su esposa.

[242] Distinto es que existan ciertos supuestos de destrucción de testamento, como puede acontecer con el cerrado o el ológrafo, en los que los reconocimientos, que ellos contenían, no hayan podido surtir efectos.

no concurran otras voluntades, produciéndose una condición suspensiva legal de sus plenos efectos.

La eficacia del reconocimiento se deja al arbitrio de la otra parte interesada (hijo u órganos encargados de defender sus intereses) para evitar que la verdad biológica desvelada ocasione un perjuicio para el hijo: para impedir que el reconocimiento adquiera sus efectos como medio de determinación e introduzca elementos perturbadores en el desarrollo anímico y humano de la prole[243]. Es decir, la exigencia de los requisitos complementarios responde al *favor filii* y se fundamenta en circunstancias que ameritan el declive de la verdad material: la existencia de una posesión de estado familiar distinta y contradictoria por causas muy diversas, como haberse desentendido el progenitor que incoa el reconocimiento del cuidado de la criatura, para después, no exento de sospecha sobre los motivos, pretender determinar la filiación (aquí estriba la *ratio* de los artículos 123, 124 y 126 CC); o por la concurrencia en la procreación de circunstancias escabrosas que impliquen una suerte de desdoro social perturbador para la prole (es el caso del artículo 125 CC).

A los defensores de la verdad biológica como principio absoluto del sistema, les repele esta regulación. Consideran que estos consentimientos complementarios son exigidos simplemente por razones históricas y son perturbadores, ya que no encuadran en los nuevos presupuestos constitucionales ni en la nueva concepción de filiación inspirada en el principio de veracidad. Agregan que una relación jurídica tan importante como la filiación no puede quedar al albur de conveniencias o intereses subjetivamente valorados del hijo o de su representante legal[244].

1. El reconocimiento del mayor de edad

De conformidad con el artículo 123 CC, este reconocimiento tardío y sospechoso del progenitor[245] requiere, para su eficacia, el consentimiento expreso o tácito del reconocido. Es decir, del hijo mayor de edad con plena capacidad de obrar (se incluye a los pródigos, cuya incapacidad es simplemente a efectos

[243] Cfr. Fernández González, M. B., *El reconocimiento*... cit., p. 191 y Peña y Bernaldo de Quirós, M., "De la paternidad... cit.", pp. 921-924.

[244] Son de esta opinión, entre otros, Pozo Vilches, J., *El reconocimiento de la filiación. Sus requisitos complementarios,* Trivium, Madrid, 1993, pp. 40 y ss. y Rivero Hernández, F., "Los reconocimientos... cit.", p. 1081.

[245] Este reconocimiento tardío no necesariamente responde a una conducta interesada y sospechosa del progenitor. En algunos casos puede deberse a desconocimiento de la existencia del hijo o dudas sobre su paternidad.

patrimoniales) o de los hijos menores emancipados[246], ya que la emancipación habilita al menor para regir su persona y bienes como si fuera mayor de edad (exceptuando los casos de carácter patrimonial que prevé el artículo 323 CC).

De esta manera, se otorga al hijo un poder para actuar con libertad, con discrecionalidad, en la aceptación o rechazo del reconocimiento, sin necesidad de alegar los motivos que le inducen a formular una u otra declaración[247], ni de acudir a un proceso judicial.

Con esta regulación se busca no imponer al hijo una relación de filiación extemporánea en un momento en que, alcanzada la mayoría de edad, se suponen ya suplidas por otras personas sus mayores necesidades. De lo contrario, el reconocimiento dependería exclusivamente de la libre voluntad del progenitor. Asimismo, el consentimiento se justifica porque de esa manera se impide que recaiga sobre el hijo la prueba de la no paternidad (prueba negativa). Es cierto que con el consentimiento del hijo también se garantiza la verdad biológica del reconocimiento, pero esto no siempre se cumple, porque el hijo puede rechazar un reconocimiento veraz o aceptar un reconocimiento falso, consciente o no de esas realidades.

Las características que debe reunir el consentimiento del hijo están estrechamente relacionadas con las exigidas para el reconocimiento: unilateral, personalísimo, irrevocable e impugnable (cfr. RDGRN de 11 de noviembre de 1987), pero a diferencia del reconocimiento, el ordenamiento no exige que revista una forma solemne[248].

Debe precisarse que si bien el consentimiento es irrevocable, la denegación es siempre revocable. El hijo puede cambiar de opinión y prestar un consentimiento que haga eficaz el reconocimiento. Cabe recordar que este medio de determinación, aunque inicialmente no cuente con el asentimiento del hijo mayor de edad, es válido y vincula al reconocedor, siendo irrevocable.

La no formalidad del consentimiento del hijo mayor se desprende del hecho de que puede ser expreso o tácito. Sin embargo, la inscripción del reconocimiento exige que el consentimiento se reafirme ante el encargado del Registro Civil o se materialice en un documento auténtico. De lo contrario, el

---

[246] EL Código Civil catalán es mucho más preciso e indica que el reconocimiento del mayor de edad incluye a los menores emancipados (cfr. artículo 235.12 inciso 1).

[247] Téngase en cuenta que la admisión de un reconocimiento por parte de un mayor de edad comporta, por su parte, la valoración de una serie de circunstancias de distinta índole (moral, económica, social), por las que determina la conveniencia o no de aceptar una relación paterno-filial que nace demasiado tarde.

[248] En cambio, el *BGB* exige que el consentimiento del hijo mayor de edad conste en documento público (cfr. §1597).

reconocimiento expreso deberá comprobarse en el expediente de inscripción fuera de plazo. En cuanto al consentimiento tácito, habrá de deducirse de actos inequívocos del hijo que podrán ser comprobados en expediente gubernativo (cfr. artículo 187 RRC). Es preciso acotar, además, que no es posible equiparar el consentimiento tácito con el silencio del hijo. En este último supuesto se debe entender como no aceptado el reconocimiento[249].

Por otra parte, la doctrina se plantea un supuesto muy peculiar, cuya solución comparto. Es el caso del hijo mayor de edad que se opone al reconocimiento y poco tiempo después deviene incapaz. La doctrina considera que si el hijo no quiso consentir, cualquiera fueran los motivos de su oposición, ha de respetarse su parecer, siendo imposible acudir al artículo 124 CC; es decir, al consentimiento del representante legal o a la aprobación judicial, para lograr la eficacia del reconocimiento. No obstante, si el hijo mayor de edad, antes de devenir incapaz, no pudo manifestarse ni a favor ni en contra del reconocimiento, podría entrar en juego el artículo 124 CC.

Por último, el artículo 123 CC no prevé la posibilidad de que, ante la negativa del hijo mayor de edad, el padre pueda acudir a la vía judicial a reclamar la paternidad. Un análisis de la normativa me permite concluir que si el progenitor ha reconocido, pero carece de posesión de estado –serán este tipo de reconocimientos los que en su mayoría acabarán rechazados por el hijo–, no podrá acudir a la vía judicial para reclamar la filiación, *ex* artículo 133 CC[250]. Sólo el reconocedor amparado por la posesión de estado de filiación no matrimonial, y cuyo reconocimiento no ha sido consentido por el hijo mayor de edad, podrá reclamar la paternidad *ex* artículo 131 CC. Sin embargo, considero poco probable este último supuesto debido a que, al existir una relación familiar consolidada, normalmente el hijo mayor prestará su consentimiento haciendo eficaz el reconocimiento del progenitor, siendo innecesaria la vía judicial.

Esta regulación contrasta notablemente con la legislación catalana que permite al progenitor, amparado o no con la posesión de estado de filiación no matrimonial, reclamar la paternidad si el hijo ha denegado el consentimiento (cfr. artículo 235 CC catalán, incisos 1 y 2). Este cuerpo legal precisa que la sentencia declarativa de la paternidad o maternidad no tendrá otro efecto civil que la mera determinación de la filiación, salvo que se justifique el retraso en el consentimiento. Es decir, el Código Civil catalán no ha dejado de lado la

---

[249] FERNÁNDEZ GONZÁLEZ estima que sí podría considerarse un consentimiento tácito el hecho de que haya una posesión de estado y, llegado el hijo a la mayoría de edad, tal situación se mantiene. El padre reconoce y no hay oposición del hijo a la posesión de estado de la que venía gozando (cfr. *El reconocimiento*... cit., p. 204).

[250] Como se verá más adelante, el Tribunal Constitucional ha calificado de inconstitucional esta falta de legitimidad en atención a la verdad biológica y a la tutela judicial efectiva del progenitor.

verdad biológica y permite la determinación de la paternidad, pero excluyendo los efectos jurídicos del reconocimiento, en beneficio del hijo[251].

2. *El reconocimiento del menor o incapaz*

Si el hijo reconocido es menor de edad[252] o incapaz[253], se requiere, como norma general, el consentimiento expreso de su representante legal o la aprobación judicial con audiencia del Ministerio Fiscal y del otro progenitor legalmente conocido, *ex* artículo 124 CC. El segundo párrafo de esta norma contiene dos excepciones a la regla anterior, por lo que no se precisa del consentimiento ni la aprobación judicial cuando: el reconocimiento se efectúa en testamento o dentro del plazo legal previsto para la inscripción del nacimiento. A continuación la norma prevé una contraexcepción: la inscripción de la paternidad así practicada podrá suspenderse en virtud de la simple petición de la madre formulada dentro del año siguiente al nacimiento. Finalmente, en contrapeso a esta disposición, se posibilita al padre solicitar la confirmación de la inscripción, siendo necesaria la aprobación judicial con la audiencia del Ministerio Fiscal[254].

La complejidad del precepto demanda un análisis detallado de cada uno de los supuestos que regula.

a. El consentimiento del representante legal

La regulación del artículo 124 CC exige el consentimiento del representante legal o la aprobación judicial para que el reconocimiento del menor o incapaz

---

[251] En cuanto al Derecho comparado, el *BGB* permite al progenitor acudir a los tribunales para reclamar su paternidad en el caso de negarse el hijo mayor de edad a consentir el reconocimiento, sin tomar en cuenta la posesión de estado de filiación (cfr. §1600d). En contraposición, el *Códice* ha negado esta posibilidad al padre, si el hijo mayor de 16 años no se aviene a asentir el reconocimiento (cfr. artículo 250 CC).

[252] Quedan excluidos los menores de edad emancipados. La emancipación habilita al menor para regir su persona y bienes como si fuera mayor de edad (exceptuando los casos de carácter patrimonial que prevé el artículo 323 CC).

[253] Es pertinente reiterar que por incapaces debe entenderse aquellos que hayan sido privados judicialmente de capacidad en virtud de una circunstancia que afecte a sus facultades intelectivas. Quienes padezcan una incapacidad patrimonial, como los pródigos, están excluidos, debiendo consentir ellos mismo según lo dispone el artículo 123 CC.

[254] El Código Civil italiano en su artículo 250 CC recoge, con equivalente fin al del artículo 124 CC español, que el reconocimiento del menor de 16 años no podrá realizarse sin el consentimiento del otro progenitor que haya reconocido. Si éste se opone o no consiente, el reconocedor podrá acudir a la vía judicial, donde se dictará sentencia que, si se estima, sustituirá el consentimiento del otro progenitor.

adquiera plena eficacia. Parece que se establece una vía alternativa (que el reconocedor puede escoger una u otra opción), pero ello no es así[255].

Si se pudiese acudir en primer lugar al juez, que no deja de ser un tercero en estas cuestiones, se estaría obstaculizando el derecho del representante legal a intervenir en un proceso, perpetuándose un fraude en perjuicio del reconocido. Este derecho le corresponde en su calidad de representante del menor o incapaz, máxime cuando, normalmente, el representante es el otro progenitor, quien, por su relación con el reconocido, tiene mayores elementos de juicio para valorar la veracidad del reconocimiento y la conveniencia del establecimiento de la filiación.

Por tanto, la aprobación judicial es una vía subsidiaria o complementaria al consentimiento del representante[256]. A este último se debe acudir en primer término para lograr la eficacia del reconocimiento no matrimonial. Así también lo ha interpretado el Centro Directivo (cfr. RRDGRN de 3 de febrero de 1990, 27 de abril de 2005 y 30 de marzo de 2009).

En cuanto a la persona que ejercita la representación legal, corresponde, usualmente, al otro progenitor que tiene determinada la filiación, que, en la mayoría de los casos, coincide con la madre ya que ella determina su filiación, casi siempre, en primer lugar. También la mera posesión de estado, *ex* artículo 113 CC, puede generar, en quien la ostente y acredite, la representación legal del menor. Por ejemplo, en la madre que, habiendo asumiendo los roles de la maternidad, no ha determinado el vínculo filial.

La representación legal corresponde a personas distinta del progenitor cuando éste no existe, o porque es incapaz, por estar suspendida la patria potestad (cfr. artículos 156 y 170 CC), o por otras razones (cfr. artículo 111 CC). En este caso, la representación recae en el tutor (quien necesitará aprobación del Consejo de familia) o en el padre adoptivo, pues el reconocimiento no afecta la adopción (cfr. artículo 180.4 CC).

Excepcionalmente, podrían existir dos representantes legales: en el caso de los padres adoptivos[257] o una tutela compartida, o por existir una posesión de estado familiar respecto del menor o incapaz reconocido, sin existir el auténtico

---

255 Para Luces Gil sí se trata de una doble vía alternativa, pero considera que el camino más sencillo es el de acudir al consentimiento del representante legal del menor o incapaz (cfr. ob. cit., p. 7).

256 Comparten esta postura Durán Rivacoba, R., "La eficacia... cit.", pp. 147-148; Fernández González, M. B., *El reconocimiento*... cit., p. 209, Peña y Bernaldo de Quirós, M.; "De la paternidad... cit.", p. 924, entre otros.

257 Es el caso de la RDGRN de 20 de mayo de 1987. Los padres adoptivos, como representantes del adoptado, se opusieron al reconocimiento del padre biológico, quien tampoco obtuvo la autorización judicial, siendo su reconocimiento ineficaz y no inscribible.

vínculo natural. En estos supuestos, ambos representantes deberán actuar de consuno y ante la discrepancia se deberá acudir a la autorización judicial.

Ahora bien, cualquiera sea la persona (o personas) que represente al reconocido, ostenta una facultad discrecional para admitir o rechazar el reconocimiento en salvaguarda del interés del menor o incapaz. En consecuencia, puede impedir un reconocimiento opuesto a la verdad biológica, o armonizar el hecho cierto de la filiación desvelada con el conjunto de intereses del menor o incapaz o defender al hijo de reconocimientos sospechosos[258].

Si el representante consiente[259] el reconocimiento, su asentimiento ha de ser expreso, aunque no se exige una forma determinada ni solemne para su emisión, pudiendo ser oral, escrita, en documento privado o público. No obstante, se ha de acreditar al momento de la inscripción registral, ya sea mediante declaración del representante al encargado del Registro Civil o presentando un documento auténtico en el que conste dicho asentimiento. Por otro parte, el representante legal también puede guardar silencio, sin que ello surta efecto positivo a favor del reconocimiento. También podrá denegarlo expresamente, siendo conveniente, aunque no lo establezca la norma, que esta negativa sea motivada. De esta manera, el juez podrá conocer las razones por las que dicho reconocimiento no beneficia al hijo y denegar la autorización judicial. En cuanto a la negativa del representante, considero que ésta es siempre revocable. Puede cambiar de opinión y asentir el reconocimiento (o, incluso, puede ser consentido por el hijo cuando alcance la mayoría de edad o recupere la capacidad), lo que guarda relación con el carácter irrevocable de este medio de determinación de la filiación.

b. La aprobación judicial

El criterio judicial, como he sostenido, es subsidiario o complementario al consentimiento del representante legal. Se acudirá a él cuando no exista representante legal del reconocido[260] (supuesto poco frecuente, pero que puede

---

[258] En total desacuerdo se muestra RIVERO HERNÁNDEZ. Para el autor, subordinar la eficacia del reconocimiento al consentimiento del representante legal del menor o incapacitado supone, casi siempre, que será el otro progenitor quien asienta, cuya negativa, sostiene, obedecerá las más de las veces a un disimulado o indisimulado egoísmo propio, más que a la defensa del verdadero interés del hijo. Lo que, en su opinión, no se articula con un sistema de filiación presidido eminentemente por el principio de verdad biológica (cfr. "Los reconocimientos… cit.", pp. 1081 y ss.).

[259] Consentimiento que reúne las mismas características del reconocimiento: acto jurídico unilateral, personalísimo e irrevocable (cfr. RDGRN de 11 de noviembre de 1987).

[260] No obstante, en alguna Resolución del Centro Directivo, como la de 3 de febrero de 1990, se establece que en este caso lo más conveniente sería que el Ministerio Fiscal asuma la representación del menor y otorgue como tal el consentimiento: "cuando no exista representación legal constituida para el menor, no es, sin embargo, necesario constituirla previamente «ad hoc» y con

presentarse), o cuando el representante legal guarde silencio o se oponga al reconocimiento, denegando su asentimiento.

También se ha de acudir al juez cuando el representante legal sea, al mismo tiempo, el autor del reconocimiento. Al existir un conflicto de intereses, aquél no podrá consentir su propia declaración de paternidad. No obstante, para algunos la mejor solución es nombrar un defensor judicial para emitir el consentimiento[261] y, para otros, que sea el Ministerio Fiscal quien asuma la representación del hijo[262]. A mi juicio, la solución más adecuada es la de acudir directamente al criterio del juez[263]. Las razones: el carácter subsidiario de la decisión judicial y la celeridad en resolver la determinación de la filiación del menor, evitando dilaciones innecesarias.

De igual forma, parecería necesario acudir a la aprobación judicial cuando los dos progenitores no han determinado la filiación, pero ostentan la posesión de estado y realizan un reconocimiento conjunto y simultáneo, pues, si bien ostentan la representación del menor o incapaz, existiría un conflicto de intereses al ser los autores de sus respectivos reconocimientos. Empero, también puede entenderse que, al ejercer de hecho sus responsabilidades como padres, simplemente están regularizando su situación, siendo innecesario, en interés del menor, alargar la determinación de su filiación acudiendo al juez. Tal vez por este motivo, el Centro Directivo interpreta que cada uno de los progenitores consiente el reconocimiento del otro, dando eficacia a sus declaraciones de paternidad, sin necesidad de acudir a la vía judicial[264] (cfr. RRDGRN de 21 de julio de 1982, 3 de noviembre de 1989 y 3 de febrero de 1990).

Por otro lado, la norma bajo análisis exige que el juez, previamente a su decisión, oiga al Ministerio Fiscal y al progenitor legalmente conocido. Respecto del primero, la opinión que brinde en la audiencia no es vinculante para el juez. En cuanto al segundo, *prima facie*, ha de entenderse que se trata del otro progenitor, el que no realiza el reconocimiento y ya tiene determinada la filiación. De tal forma que sí éste ostenta la patria potestad, el progenitor legalmente conocido será al mismo tiempo representante legal del menor; sino la ostenta, progenitor legalmente conocido y representante legal serán personas distintas. Por otro lado, el progenitor legalmente conocido también

un carácter meramente provisional. Ha de bastar que el Ministerio Fiscal preste su consentimiento expresamente, porque éste asume «ex lege» la representación de menores e incapaces, según el artículo 3-7 de su Estatuto Orgánico, aprobado por la Ley 50/1981, de 30 de diciembre –cfr. Ress. de 11 de noviembre de 1987, 19 de mayo de 1988 y 3 de noviembre de 1989".

[261] Cfr. Peña y Bernaldo de Quirós, M., "De la paternidad… cit.", p. 925.

[262] Cfr. Fernández González, M. B., *El reconocimiento*… cit., p. 215.

[263] Cfr. Durán Rivacoba, R., "La eficacia… cit.", p. 150.

[264] Así también lo entiende Fernández González, para quien ésa es la solución adecuada, siendo innecesario acudir a la vía judicial (cfr. *El reconocimiento*… cit., pp. 216 y ss.).

será aquel cuya paternidad, aunque no determinada, se encuentre *acreditada* por la posesión de estado.

Coincido con la doctrina en que también debe concederse audiencia al reconocedor y al representante legal, si éste no coincide con el progenitor legalmente conocido. La norma no lo establece, pero tampoco lo prohíbe. Al reconocedor le interesará para justificar la conveniencia del reconocimiento para el menor o incapaz y, al representante, para que explique los motivos de su negativa y así el juez pueda tener claros los argumentos por los que el reconocimiento perjudica a los intereses del reconocido. Éste, aunque tiene derecho a ser oído, considero que no debe acudir a la audiencia para evitar la consolidación del perjuicio que se busca evitar.

Oídas las partes interesadas, el juez ha de tomar una decisión, aprobar o no el reconocimiento. Esta decisión no ha de basarse únicamente en criterios de verosimilitud de la filiación reconocida[265], sino en el *favor filii.* El juez está supliendo el consentimiento del representante legal que busca esa finalidad. Además, la pretensión no es la misma que fundamenta la acción de reclamación de paternidad –la verdad biológica–, por tanto, el juez no se encuentra vinculado a la verdad material.

En consecuencia, el juzgador podrá desaprobar un reconocimiento del verdadero padre porque éste no es conveniente para el hijo, ya sea por su mala conducta, por ser un reconocimiento interesado, entre otros motivos (cfr. RRDGRN de 4 y 17 de septiembre de 1990).

Emitida la decisión judicial, no podrá ser recurrida ante la Dirección General de los Registros y del Notariado, porque su resolución se desenvuelve en el ámbito de la jurisdicción voluntaria, no contenciosa. Así lo reiteran las RRDGRN de 8 de julio de 1985, 3 de febrero, 4 y 17 de septiembre de 1990, 25 de septiembre de 1996, entre otras.

Si el juez no aprueba el reconocimiento, el reconocedor podrá acudir a la acción de estado si ostenta legitimación para reclamar la filiación (cfr. artículos 131 y 133 CC), o esperar a que el hijo adquiera la mayoría de edad o la plena capacidad para que él mismo pueda asentirlo (cfr. RDGRN de 5 de noviembre de 1991[266]).

---

[265] Cfr. De la Cámara Álvarez, M., ob. cit., p. 464 y Rivero Hernández, F., "Los reconocimientos... cit.", pp. 1112-1113. Este último, incluso, propone que este tipo de aprobación judicial, basada exclusivamente en la verdad material, se haga extensiva a todos los reconocimientos. Opinión con la que no concuerdo porque ello implicaría el entorpecimiento de la determinación extrajudicial de la filiación.

[266] El Centro Directivo claramente establece que si bien "la inscripción de la filiación paterna no matrimonial se ha practicado, respecto de una persona nacida en 1934, por comparecencia del padre ante el juez municipal en 1945 y sin que conste la necesaria aprobación judicial que para la

c. El tratamiento privilegiado del reconocimiento testamentario

El reconocimiento testamentario ya recibía un tratamiento privilegiado en el Código Civil desde antes de la reforma de 1981: el artículo 133 CC lo excluía de la aprobación judicial. Se interpretó que estos reconocimientos eran eficaces en vida del testador, sin necesidad de la concurrencia de otros consentimientos, burlándose de esta manera las previsiones del legislador en beneficio del hijo menor o incapaz.

Esta interpretación se mantuvo tras la reforma por Ley de 13 de mayo de 1981, que en su artículo 124 CC establece que el reconocimiento otorgado en testamento se encuentra exceptuado del consentimiento del representante y de la aprobación judicial.

La RDGRN de 22 de julio de 1985, seguida por la R. de 16 de febrero de 1986, inician la correcta interpretación de la previsión del artículo 124 CC en relación con los reconocimientos testamentarios, cuya exégesis es recogida en el artículo 188 RRC, modificado por el Real Decreto de 29 agosto 1986.

La resoluciones citadas establecen que el privilegio excepcional ligado al testamento se justifica porque el reconocimiento desplegaría sus efectos a la muerte del testador, quien ya no podría obtener ninguno de los beneficios derivados de la determinación de la filiación, pero sí los aprovecharía el reconocido (esencialmente, derechos sucesorios). Por tanto, sostienen que sólo el testamento que pretenda su eficacia una vez muerto el reconocedor (reconocimiento testamentario propiamente dicho) queda dispensado del consentimiento del representante o de la aprobación judicial. De esta manera se evitaría el uso de la fórmula testamentaria para burlar fraudulentamente los requisitos complementarios establecidos en la norma.

Luego, en vida del testador, el tratamiento del reconocimiento debe ser el mismo que el del primer párrafo del artículo 124 CC. Es decir, si el reconocimiento testamentario se realiza con pretensión de darle una eficacia *inter vivos* (*stricto sensu* no sería reconocimiento testamentario, de última voluntad), ello sólo será posible si el testamento es notarial y abierto[267] y reúne el consenti-

eficacia del reconocimiento de los menores de edad exigía en aquella fecha el entonces vigente art. 133 del Código Civil, la falta de tal aprobación no puede privar de eficacia al reconocimiento desde el momento en que la reconocida, ya mayor de edad, ha prestado su consentimiento inequívoco al reconocimiento paterno. El consentimiento del hijo mayor de edad dota, sin duda, tanto en la regulación anterior como en la actual (cfr. art. 123 CC) de plena eficacia al reconocimiento formal otorgado anteriormente por el progenitor".

[267] Los otros testamentos al no ser cognoscible su contenido, ni mucho menos documentos públicos, no podrán tener nunca eficacia *inter vivos,* pues el reconocimiento que contengan no reunirá la forma *ad solemnitatem.*

miento del representante del reconocido o la aprobación judicial[268] (salvo que se realice dentro del plazo para practicar la inscripción, supuesto en el que se excluyen los requisitos complementarios).

En virtud de estos argumentos, la primera de las resoluciones, la de 22 de julio de 1985, resolvió que no debió permitirse la inscripción del reconocimiento testamentario en vida del reconocedor a causa de que estaba desprovisto de toda eficacia; es más, lo califica de ilegal por no concurrir los requisitos complementarios. Precisó que no podía suspenderse la inscripción del reconocimiento solicitado por la madre puesto que no se trataba de un reconocimiento eficaz. Ordenó la cancelación de la inscripción y exigió al padre no matrimonial la devolución del libro de familia.

La RDGRN de 16 de mayo de 1986 planteó la cuestión de la inscripción de una escritura de adopción de un menor a favor de los abuelos maternos[269]. Al tiempo de iniciarse el expediente, el menor figuraba en el Registro como reconocido únicamente por uno de sus progenitores, pero, con posterioridad (y antes de la presentación de la escritura de adopción en el Registro Civil), fue reconocido testamentariamente por el otro. Este reconocimiento fue inscrito en vida del testador, sin previa aprobación judicial o consentimiento del representante legal de dicho menor. Ante este hecho, la Dirección General alegó la ineficacia del reconocimiento paterno testamentario, no consentido ni aprobado, que no podía entenderse subsanada por su ingreso al Registro. Por tanto, ordenó la inscripción de la adopción[270].

Finalmente, he de acotar que si a la muerte del testador el reconocido es aún menor de edad o incapaz, dicho reconocimiento adquiere eficacia inmediatamente. No obstante, si al fallecimiento del autor del reconocimiento, el hijo es

---

[268] BALLARÍN HERNÁNDEZ se muestra radicalmente en contra de la interpretación asentada del precepto y sostiene una postura claramente minoritaria. El autor afirma que esta exégesis altera el concepto legal pues se introduce, a su juicio, un elemento no previsto, ni explícita, ni implícitamente, en el artículo 124 CC: *la muerte del testador* como la razón principal por la que se otorga un trato privilegiado al reconocimiento testamentario. Para el autor, el reconocimiento testamentario en vida del autor tiene eficacia inmediata. Por ello, se muestra muy crítico de las Resoluciones del Centro Directivo que se inclinaron por exigir la muerte del reconocedor y tacha de ilegal el artículo 188 RRC por plasmar esta interpretación en contra de la literalidad el artículo 124 CC [cfr. "Sobre la legitimación del reconocedor paterno, por vía exenta de complementos, para ejercitar las acciones de filiación, si se deniega la confirmación de la inscripción de reconocimiento suspendida (art. 124.II CC, incisos segundo y tercero)", en *Estudios Jurídicos en Homenaje al Profesor Luis Díez-Picazo,* t. III, Civitas, Madrid, 2003, pp. 4396 y ss.].

[269] Propósito vedado, hoy, por el artículo 175.3 CC, tras su reforma por Ley de 11 de noviembre de 1987 que impide adoptar a un descendiente.

[270] Un análisis de este caso puede verse en DURÁN RIVACOBA, R., "Adopción por los abuelos maternos contra la voluntad del progenitor. Comentario a la Sentencia del Tribunal Supremo de 2 de marzo de 1989", en *La Ley,* nº 3, 1989, pp. 838 y ss.

mayor de edad o ha adquirido la plena capacidad, entonces ha de aplicarse el artículo 123 CC (cfr. RDGRN de 14 de diciembre de 1989[271]).

d. Reconocimiento efectuado dentro del plazo para practicar la inscripción del nacimiento

Junto al reconocimiento testamentario, es otro de los supuestos exceptuados del consentimiento del representante y de la aprobación judicial. Se trata del reconocimiento efectuado ante el encargado del Registro Civil, en escritura pública o en testamento abierto y notarial, realizado entre las 24 horas y 8 días siguientes al nacimiento o, excepcionalmente, dentro de los 30 días al alumbramiento, cuando se acredite justa causa (cfr. RRDGRN de 4 de febrero de 1988 y 3 de abril de 1990).

La *ratio* del privilegio concedido a este reconocimiento se justifica en la diligencia del reconocedor en determinar la filiación y en cumplir sus deberes paterno-filiales, al tiempo que se presume su correspondencia con la verdad biológica. No puede tener tal progenitor el mismo tratamiento que el que sólo tardíamente quiere proclamarse padre, porque este reconocimiento tardío puede hacer sospechar si responde más a la satisfacción de los propios intereses del autor del reconocimiento que a los del reconocido. Además, en tan poco tiempo, resulta imposible que el menor haya entablado unos lazos por posesión de estado con una persona distinta del reconocedor que puedan verse afectados por el reconocimiento.

La doctrina discute si este reconocimiento, además de ser materializado en el plazo previsto para practicar la inscripción, debe ingresar al Registro en ese mismo tiempo, o si basta con que el reconocimiento se efectué en ese período sin importar el momento de su inscripción. La redacción del artículo me hace inclinar por la primera alternativa. Así se podrá garantizar la facultad que la norma, a continuación, otorga a la madre de pedir la suspensión de la inscripción de este reconocimiento tempestivo, dentro del año de nacimiento. Si no se exigiera la inscripción en el plazo previsto, al reconocedor le bastará esperar a que pase un año desde el alumbramiento para inscribir el reconocimiento efectuado tempranamente para evitar que la madre ejercite su opción. Por tanto, si el reconocimiento tempestivo no ingresa al Registro dentro del

[271] "Por exigencias del principio de legalidad no debe inscribirse el reconocimiento testamentario de la paternidad hasta que el mismo alcance su eficacia, lo que puede suceder, durante la minoría de edad del reconocido, por fallecimiento del testador o por concurrir la aprobación judicial o el consentimiento del representante legal de aquél, o bien, después de la mayoría, si sobreviene el consentimiento expreso o tácito del reconocido (cfr. art. 123 C. C.)".

plazo para practicar la inscripción, perderá su privilegio y deberá someterse al consentimiento del representante o a la aprobación judicial

e. La contraexcepción: la suspensión de la inscripción a petición de la madre

El artículo 124 CC, tras privilegiar el reconocimiento testamentario y el reconocimiento diligente, establece una contraexcepción. Otorga a la madre, únicamente, la facultad personalísima de suspender la inscripción de la paternidad *así practicada* y dentro de un plazo de caducidad: durante el año siguiente al nacimiento del hijo, tras habérsele notificado la inscripción.

Esta disposición exige ciertas aclaraciones, a la vez que plantea interesantes cuestiones.

No se trata, propiamente dicho, de una suspensión de la inscripción. Lo que se suspende es la eficacia de reconocimiento que ya había desplegado plenamente todos sus efectos. Tras la suspensión de la madre (que se realizará mediante anotación marginal), el reconocimiento sería válido, pero ineficaz. Conviene, aunque no lo exige el precepto, que la madre manifieste las razones por las que solicita la suspensión, que orienten al juez al momento de decidir si confirma el reconocimiento a solicitud del reconocedor.

Se plantea la discusión respecto de si el control materno recae tanto sobre el reconocimiento testamentario como en el efectuado dentro del plazo de la inscripción, o únicamente sobre este último. A mi juicio, la madre sólo podrá pedir la suspensión de la eficacia del reconocimiento efectuado dentro del plazo para realizar la inscripción, incluyéndose los reconocimientos testamentarios que pretenden efectos *inter vivos*. Resulta imposible a la madre, materialmente, ejercitar este derecho en los reconocimientos testamentarios *stricto sensu* pues, cuando estos sean eficaces, a la muerte del testador, habrá pasado con creces el año del nacimiento. Incluso si el testador muere dentro del año siguiente al parto, no tendría sentido que la madre solicitara la suspensión, porque el reconocimiento ya no ocasionaría ningún beneficio al reconocedor. Además, al testador, tras su fallecimiento, le será imposible solicitar la confirmación de la inscripción[272].

---

[272] En contra Ballarín Hernández. Para el autor, el control materno sobre el reconocimiento se refiere tanto al tempestivo como al realizado en testamento, cualquiera sea la forma de éste. Afirma que ambos reconocimientos son privilegiados por la norma en estudio y que en ambos concurren las mismas razones para amparar el derecho de la madre a solicitar la suspensión (cfr. ob. cit., p. 4410).

Esta postura es acogida por la propia RDGRN de 22 de julio de 1985. Establece que "si el testamento en vida del testador queda sujeto a las previsiones del párrafo primero del artículo 124 CC y es solamente el que pretenda su eficacia una vez muerto el testador el que queda dispensado de los requisitos del consentimiento o la aprobación judicial, no tiene sentido hablar del derecho de la madre de pedir la suspensión del reconocimiento testamentario en este supuesto". Igualmente, el artículo 188 RRCC dispone que *"también es inscribible, sin necesidad de dicho consentimiento o aprobación, el reconocimiento de menores o incapaces otorgado en otro documento público dentro del plazo establecido para practicar la inscripción de nacimiento;* en este caso *la inscripción de paternidad podrá ser suspendida o confirmada de acuerdo con lo establecido en el Código Civil".*

Por otra parte, si bien la redacción de esta disposición supone que ya se ha practicado la inscripción del reconocimiento paterno, la *ratio* del precepto permite entender que aún antes de su incorporación al Registro, si la madre toma conocimiento del reconocimiento, puede formular la petición de suspensión de sus efectos.

Por último, también se cuestiona que la facultad de suspender la eficacia del reconocimiento se otorgue exclusivamente a la madre. Algunos consideran discriminatorio que se haya negado esta facultad al padre y tachan de inconstitucional esta disposición por contravenir el principio de igualdad[273].

No comparto esta crítica. Considero que esta distinción está totalmente justificada en el principio *mater semper certa est* y en el *favor filii*, por lo que el principio de no discriminación se ve salvado[274]. Normalmente, es la madre quien en primer lugar determina su filiación (*ex* artículo 120.1 o 120.4 CC) y es ella quien está en la mejor posición de saber si dicho reconocimiento es beneficioso para el hijo. Algunos autores, además del *favor filii*, justifican esta disposición en la verdad biológica. Argumentan que es la madre quien está en

---

[273] Cfr. *Ibídem*, p. 4397 y Pozo Vilches, J., *El reconocimiento de la filiación*... cit., p. 140. Este último considera que lo mejor hubiera sido no conceder este derecho a la madre. A su juicio, esta facultad tiene sentido desde la perspectiva de la verdad biológica, es decir, si se hubiera establecido únicamente con la finalidad de evitar reconocimientos falsos.

[274] Durán Rivacoba opina que la medida trae su causa del propio interés del hijo que guía todas las determinaciones del artículo 124 CC (cfr. "La eficacia... cit.", p. 182.). Fernández González argumenta que es la madre a quien corresponde la guarda y custodia del exclusivo beneficio del hijo. A su parecer, aunque el padre haya reconocido a tiempo, la madre puede considerar inconveniente para el menor tal circunstancia por muy diversas razones, entre las que enumera: acontecimientos en la generación que fueran censurables, o el comportamiento del padre una vez que la madre quedó embarazada, etc. (cfr. *El reconocimiento*... cit., p. 241).

la mejor posición de conocer la verdad material de la paternidad y evitar así reconocimientos falsos[275].

f. La facultad del padre de solicitar la confirmación de la inscripción suspendida

La suspensión de la eficacia del reconocimiento causada por la madre puede ser provisional, si el reconocedor utiliza la facultad que le otorga el artículo 124 CC *in fine*, de solicitar al juez la confirmación de la inscripción de su reconocimiento efectuado a tiempo. En realidad, más que una confirmación de la inscripción, se trata de una aprobación del reconocimiento con el fin de que recupere sus efectos.

Para que esta confirmación proceda debe concurrir la aprobación judicial con la audiencia del Ministerio Fiscal. Llama la atención que la norma no exija que se cite a la madre a la audiencia, puesto que su simple deseo convierte en ineficaz el reconocimiento realizado a tiempo. En todo caso, el juez deberá llamarla de oficio.

Nuevamente, el criterio judicial ha de guiarse por el *favor filii*. Si el juez confirma el reconocimiento, deberá ordenar la cancelación del asiento marginal que suspende sus efectos típicos. Si el juez no confirma el reconocimiento, al reconocedor sólo le queda la acción de reclamación de la paternidad no matrimonial, si ostenta legitimación, o esperar que el hijo adquiera la mayoría de edad o la plena capacidad para consentir el reconocimiento.

3. *La filiación incestuosa*

El artículo 125 CC otorga un tratamiento especial a la filiación incestuosa debido a que su determinación puede ser afrentosa para el hijo. Dispone que cuando los progenitores del menor o incapaz fueran hermanos o consanguíneos en línea recta, determinada la filiación respecto de uno, sólo podrá determinarse respecto del otro, previa autorización judicial que se otorgará con audiencia del Ministerio Fiscal, cuando convenga al menor o incapaz. Asimismo, se otorga a éste un derecho de veto a la decisión judicial que apruebe la determinación incestuosa.

---

[275] De la Cámara Álvarez sostiene que el derecho de la madre a suspender los efectos del reconocimiento garantiza la verdad biológica cuando el reconocedor no fuera realmente el padre del menor (cfr. ob. cit., pp. 467 y ss.). Peña y Bernaldo de Quirós considera que se trata de una facultad que la ley confiere a la madre, porque ella conoce mejor que nadie quién puede ser el padre y en atención también a su juicio negativo sobre el interés del reconocimiento para el reconocido (cfr. "De la paternidad... cit.", p. 930).

Cabe precisar, en lo que se refiere al ámbito de aplicación del precepto, que éste alcanza a los menores e incapaces (los mismos del supuesto del artículo 124 CC), cuya filiación haya quedado previamente determinada respecto de uno de los progenitores, sin distinción. Si el hijo es mayor de edad (o emancipado) y capaz, o si hubiera fallecido, se aplican, respectivamente, los artículos 123 y 126 CC. Tampoco se aplica el artículo 125 CC a los hijos de matrimonio nulo por parentesco, que merezca la calificación de putativo (cfr. artículo 79 CC). En este caso, la filiación se ha determinado automáticamente matrimonial de manera coetánea e indivisible a favor de ambos padres[276].

En lo concerniente a los progenitores, han de ser hermanos o consanguíneos en línea recta, incluidos los que son hermanos sólo de padre o sólo de madre. Se excluye el parentesco colateral, el parentesco por afinidad y por adopción[277]. Los hermanos adoptivos están fuera de la norma bajo estudio debido a que el propio Código Civil (cfr. artículo 47 CC) no impide su matrimonio. Lo que sí llama la atención es que el precepto no incluya a los parientes en línea recta por adopción ya que el propio ordenamiento les impide contraer matrimonio entre sí (cfr. artículo 47.1 CC).

Por otro lado, una vez más corresponde al juez la delicada tarea de pronunciarse sobre si la proclamación oficial de la filiación, en este caso incestuosa, conviene o no a los intereses del hijo. Decisión que ha de basarse únicamente en criterios de conveniencia del menor o incapaz[278]. La redacción del precepto, *previa autorización judicial,* permite inferir que se trata de un requisito previo,

---

[276] En contra Peña y Bernaldo de Quirós, para quien, de acuerdo con la *ratio* y con el texto mismo del artículo 125 CC, este supuesto también entraría en el ámbito de aplicación del precepto (Cfr., *ibídem,* p. 939).

[277] El Código Civil italiano presenta una regulación más compleja y amplia que el español. Condiciona la total determinación de la filiación incestuosa a la buena fe del reconocedor. Dispone en su artículo 251 CC que los nacidos de personas entre las que exista vínculo de parentesco, aunque sólo sea natural, en línea recta hasta el infinito, en línea colateral hasta el segundo grado, o bien un vínculo de afinidad en línea recta, no pueden ser reconocidos por su progenitores. Sin embargo, permite la determinación de la filiación si los progenitores, al tiempo de la concepción, ignoraban el vínculo existente entre ellos, o si se declaró nulo el matrimonio del que derivaba la afinidad. Cuando sólo uno de los padres haya obrado de buena fe, sólo él podrá reconocer al hijo. Se exige en todo caso la autorización judicial, variando la competencia del juez según que el hijo sea mayor o menor de edad.

El ordenamiento francés es mucho más estricto e impide la determinación de esta filiación deshonrosa para el hijo: *"Si existiera entre el padre y la madre del hijo alguno de los impedimentos matrimoniales previstos en los artículos 161 y 162 por causa de parentesco, estando la filiación ya establecida respecto de uno, estará prohibido establecer la filiación respecto del otro por cualquier medio"*. No obstante, se permite al hijo, si lo necesita, entablar una acción de alimentos, sin que la sentencia se pronuncie sobre la maternidad o paternidad incestuosas (cfr. artículo 310.2 CC francés).

[278] La enmienda 119 al artículo 125 del Proyecto de Ley de Modificación del Código Civil en materia de Filiación, presentada por el Grupo Parlamentario Unión de Centro Democrático, pretendía establecer la necesidad del hijo de ser alimentado como única causa para que se otorgase

sin el cual no puede iniciarse ningún procedimiento o expediente tendente a la creación del título de determinación. No obstante, nada impide que se efectúe primero el reconocimiento y la autorización judicial sea posterior.

Si el juez autoriza la determinación de la filiación afrentosa, este fallo es revisable por el hijo una vez adquiera la mayoría de edad o la plena capacidad de obrar. En este sentido, mediante declaración auténtica podrá invalidar la determinación de su filiación si no estuviera de acuerdo. Esta invalidación es un acto personalísimo y deberá realizarse en forma auténtica: ante el encargado del Registro Civil o en escritura pública y, en este último caso, se requiere que la declaración sea inscrita.

Mediante la invalidación del hijo se deja sin plena eficacia el reconocimiento que se perfeccionó con la autorización judicial. Sin embargo, estimo que esta invalidación es un acto revocable. El hijo podría levantar el veto con manifestación en sentido contrario, devolviendo al reconocimiento, que cuenta con la autorización judicial, su inicial eficacia[279].

El precepto analizado ha sido objeto de ciertas críticas –que no comparto–, sobre todo por la doctrina favorable a un principio de verdad biológica absoluto. Aducen que la norma no constituye una manifestación del beneficio del hijo, sino una barrera procedente de prescripciones sociales profundamente arraigadas que el legislador de 1981 no consideró conveniente romper del todo[280]. Propugnan la eliminación del artículo 125 CC del ordenamiento y consideran que, de existir razones infamantes en el hecho de la generación, se podría privar al progenitor de los efectos tuitivos (*ex* artículo 111 CC), pero no impedir, a merced de un variable juicio de conveniencia judicial, el establecimiento de la verdad material[281].

4. *El reconocimiento del fallecido*

Es uno de los reconocimientos que se mira con harta cautela, puesto que el reconocedor, que no ejerció en vida del reconocido su papel de padre, puede pretender el establecimiento de la filiación únicamente para lograr derechos sucesorios respecto del hijo premuerto.

Para evitar esta situación, el Código Civil dispone, en su artículo 126 CC, que el reconocimiento que tiene lugar después del fallecimiento del hijo

---

la autorización judicial que permitía determinar la filiación incestuosa. Dicha enmienda no fue aprobada.

[279] En contra, FERNÁNDEZ GONZÁLEZ, M. B., *El reconocimiento*... cit., pp. 249-250.

[280] Cfr. DÍEZ-PICAZO y PONCE DE LEÓN, L. y GULLÓN BALLESTEROS, A., ob. cit., p. 225.

[281] Cfr. GARCÍA VICENTE, J. R., "Comentario... cit.", p. 448.

sólo surte efecto si lo consienten sus descendientes, por sí o por medio de sus representantes legales[282]. Ante la negativa de éstos, no se otorga la posibilidad de acudir a la aprobación subsidiaria del juez.

El fundamento de este artículo se encuentra, más que en el *favor filii*, en la protección de los intereses de los descendientes del hijo fallecido (cfr. también el artículo 119 CC, segundo párrafo). Ellos son los únicos que pueden verse afectados por el reconocimiento, de tal forma que, de perjudicarles, pueden abstenerse de consentirlo. El interés legítimo del progenitor, en ver determinada su filiación, resulta diluido en ausencia del hijo, y se muestra como una pretensión que sólo podría fundarse en un derecho absoluto a investigar la paternidad que, como se ha expuesto, no se deduce del texto constitucional.

De existir varios descendientes, matrimoniales o no matrimoniales, creo necesario que todos deben consentir de manera unánime el reconocimiento, por sí mismos o por sus representantes. Si no existe unanimidad en el consentimiento, debe entenderse que éste no existe y, por lo tanto, el reconocimiento es válido, pero ineficaz[283].

Por otro lado, de la redacción de la norma se infiere que no cabe el reconocimiento de hijos fallecidos sin descendencia. Si el reconocimiento del fallecido no otorga un estado civil al hijo y, además, faltan los descendientes del premuerto, no beneficia a nadie, a excepción del reconocedor, por lo que, en estos casos, el reconocimiento después de la muerte no tendría razón de ser. Por consiguiente, la existencia de descendientes condiciona no ya la eficacia, sino la validez del reconocimiento efectuado[284].

B. El reconocedor en la paternidad matrimonial: Los reconocimientos de complacencia

Los reconocimientos de complacencia matrimoniales[285] son aquellos que se efectúan por el declarante en atención a circunstancias externas a la propia

---

[282] La legislación italiana sostiene que el reconocimiento póstumo no requiere el consentimiento de los descendientes legítimos, pero sólo produce efectos a favor de los herederos y nunca a favor del reconocedor (cfr. artículo 255 CC italiano).

[283] El ordenamiento catalán regula que el reconocimiento debe ser consentido, no por todos los descendientes, sino por aquéllos de grado más próximo. Además, si los descendientes son menores de edad o incapacitados, deberá ser el juez, con audiencia del Ministerio Fiscal, quien apruebe el reconocimiento. Es decir, los representantes legales no pueden consentir en su lugar (cfr. artículo 235.12 inciso 4 CC catalán).

[284] Cfr. CARBAJO GONZÁLEZ, J., *Manual*... cit., p. 321.

[285] Los reconocimientos de complacencia también se presentan en la filiación no matrimonial, pero los mayores desacuerdos y controversias se encuentran en los reconocimientos de complacencia seguidos o precedidos de matrimonio. Motivo por el que he orientado mi estudio a este último cam-

generación y que se hallan, además, en desarmonía con ésta de una forma consciente y voluntaria (cfr. STS de 12 de julio de 2004). Es decir, se trata de reconocimientos en los que su autor, a sabiendas de que no es el padre biológico del reconocido, efectúa voluntaria y libremente la declaración solemne con la finalidad de asumir la paternidad, de admitir como propios los hijos anteriores de su esposa (o futura esposa). Aspecto que se manifiesta en la existencia de posesión de estado de filiación matrimonial.

Estos reconocimientos son cada vez más frecuentes en España. Sin embargo, no han sido regulados expresamente. Ello no genera ningún inconveniente mientras la relación entre los cónyuges se desarrolla armoniosamente. Los problemas surgen tras el fracaso de la relación matrimonial, momento en que el marido decide impugnar la paternidad. Retractándose de su voluntad, pretende desligarse de una paternidad libremente asumida y vivida, normalmente con el ánimo de evitar las obligaciones económicas, como los alimentos.

Esta situación enfrenta al juzgador con el dilema de mantener una filiación contraria a la verdad material, prevaleciendo la declaración formal, o de declarar ineficaz el acto conscientemente mendaz, prevaleciendo la realidad biológica. Es decir, se interroga al ordenamiento, nuevamente, desde la contradicción de la paternidad legal del marido con la verdad de sangre. Principio que, en estos casos, ha de enfrentarse a la seguridad jurídica del estado de filiación, la doctrina de los actos propios y la irrevocabilidad de los reconocimientos.

Dos son los temas planteados alrededor de los reconocimientos de complacencia: su calificación jurídica (validez o nulidad) y la posibilidad de su impugnación por el propio reconocedor. Aspectos que no han sido interpretados pacíficamente ni por la doctrina ni por la jurisprudencia, que hace de aquéllos uno de los temas más interesantes entre los muchos implicados en la filiación por naturaleza.

1. Precisiones terminológicas

Antes de analizar a fondo las cuestiones antes planteadas, es necesario delimitar los supuestos en que la filiación matrimonial se determina por reconocimiento. De esta manera se podrá conocer con certeza los casos en que puede presentarse un reconocimiento de complacencia matrimonial. Asimismo, para llegar a conclusiones adecuadas, he de diferenciar el reconocimiento de complacencia de otras clases de reconocimientos.

---

po. Sin embargo, las conclusiones a las que aquí llegue se hacen extensivas a los reconocimientos de complacencia no matrimonial.

a. Reconocimientos que determinan filiación matrimonial

En primer lugar, se encuentra el supuesto del artículo 118 CC. El hijo nace fuera del ámbito de aplicación de la presunción, a causa de la separación de hecho o legal de los cónyuges, pero la filiación se determina matrimonial por el consentimiento de ambos.

También se incluye el supuesto del artículo 119 CC. Regula una filiación determinada inicialmente como no matrimonial. El reconocimiento se efectúa cuando los padres no están casados entre sí, pero sobreviene matrimonial tras las nupcias de éstos[286]. Motivo por el que la doctrina lo denomina determinación de la filiación matrimonial por subsiguiente matrimonio. Como bien precisa la STS de 27 de mayo de 2004, "se trata de padre y madre reales y que se casan con posterioridad al nacimiento del hijo o de los hijos nacidos de una unión extramatrimonial precedente y siempre que el hecho de la filiación quede determinado en forma legal".

Por último, también determina una filiación matrimonial el reconocimiento que el marido realiza después del matrimonio en relación con el hijo de su mujer nacido antes de las nupcias[287].

Este supuesto no se subsume en el artículo 119 CC debido a que, si bien hay un nacimiento previo al matrimonio, la determinación de la filiación paterna se hace con posterioridad a éste. No obstante, la filiación resultante ha de considerarse igualmente matrimonial, en función del artículo 108 CC, "pues no sería de recibo entender que la condición del matrimonial al hijo sólo se pudiera atribuir si la filiación quedó determinada legalmente a favor de ambos progenitores antes del matrimonio, y no después de él. Así lo entiende la doctrina más autorizada y así debe deducirse también de la propia normativa legal que indica que la filiación es matrimonial cuando el padre y la madre están casados entre sí, art. 108 del Código Civil" (SAP de Asturias de 17 de abril de 2000).

b. Diferencia con otros reconocimientos

Es menester diferenciar el reconocimiento de complacencia del reconocimiento: inexacto, ineficaz, viciado y nulo (o inválido).

---

[286] En principio, esta "matrimonialización" del artículo 119 CC no tendría sentido en un ordenamiento regido por el principio de igualdad, que establece iguales efectos para todas las clases de filiación. Su régimen se justifica porque el ordenamiento español otorga una mayor protección a la impugnación de la filiación matrimonial: reduce el círculo de legitimados y los plazos para ejercer la acción.

[287] Es el caso que recoge la RDGRN de 30 de marzo de 2009. El matrimonio se celebró el 7 de enero de 2006 y el esposo realiza el reconocimiento del hijo de su mujer el 20 de marzo de 2007, con el consentimiento de ésta.

El *reconocimiento inexacto* es un reconocimiento válido y eficaz. Reúne todos los requisitos esenciales de este medio de determinación y los complementarios exigidos por Ley, pero no coincide con la verdad biológica. Empero, a diferencia de los reconocimientos de complacencia, el reconocedor, *ab origine*, no es consciente de la falta de paternidad biológica.

Los reconocimientos inexactos, al ser reconocimientos válidos, no pueden impugnarse directamente. Lo que el ordenamiento permite es la impugnación de la paternidad que ellos determinaron, incluso por el propio reconocedor, mediante las acciones de estado propiamente dichas (cfr. artículos 136 CC y 137 CC, para la filiación matrimonial, y 140 CC para la filiación no matrimonial). Estimada la demanda de impugnación de la paternidad, como lógica consecuencia, se declara la ineficacia del reconocimiento.

El *reconocimiento ineficaz* es un reconocimiento válido, pero que no llega a producir efectos por una causa extrínseca a este medio de determinación. Específicamente, por carecer de alguno de los requisitos complementarios, como el consentimiento de la madre y/o la aprobación judicial, que exigen los artículos 123 CC a 126 CC.

El *reconocimiento viciado,* a diferencia del reconocimiento de complacencia –que es otorgado libre y voluntariamente–, presenta un vicio en el consentimiento: error, intimidación o violencia. Por ello, el ordenamiento permite su directa contradicción únicamente al propio otorgante, mediante la acción de anulabilidad prevista en el artículo 141 CC. No obstante, mientras no sea impugnado, el reconocimiento viciado es válido. Sólo una vez estimada la demanda de impugnación de este título de determinación (que no se pronuncia sobre la realidad de la filiación), el reconocimiento se declara nulo. Sin embargo, caducada la acción del artículo 141 CC, el reconocimiento viciado queda sanado, se convalida, siendo válido a todos los efectos.

He de señalar que la impugnación de este tipo de reconocimiento no supone una excepción a la regla de la irrevocabilidad del acto, porque el sujeto no cambia su voluntad, sino que, por el vicio, esa voluntad inicial deja de ser valorada jurídicamente.

Finalmente, el *reconocimiento nulo* es aquél que presenta un defecto en su estructura (defecto intrínseco y consustancial al reconocimiento) que lo hace inválido: ya sea en la *capacidad* del otorgante, defecto de *forma* o por presentar una *causa* distinta a la de todo reconocimiento (voluntad de proclamar y asumir la paternidad). Los reconocimientos nulos se impugnan mediante la acción de nulidad[288].

---

[288] La ineficacia del acto jurídico nulo se produce *ipso iure*, por tanto, la sentencia que elimina la apariencia del acto nulo es meramente declarativa y tiene eficacia *erga omnes*. Además, todo acto nulo es definitivo e insalvable. No pude ser objeto de convalidación.

En consecuencia, *ex* artículo 121 CC, será inválido el reconocimiento otorgado por incapaces o por quienes no pueden contraer matrimonio por razón de edad si carece de la aprobación judicial con audiencia del Ministerio Fiscal. La ausencia de declaración judicial genera la nulidad del reconocimiento, porque no se trata de un complemento de eficacia, sino de un auténtico requisito de validez.

En esta misma dirección, el Código Civil catalán, en su artículo 235.27, precisa que el reconocimiento realizado sin capacidad es nulo y establece que la acción de nulidad para impugnarlo caduca a los dos años del cumplimiento de la mayoría de edad o de la recuperación de la capacidad.

También son inválidos los reconocimientos que no se hayan efectuado bajo alguna de las formas solemnes exigidas por el artículo 120.1 CC, sin perjuicio de que puedan constituir un elemento básico para la declaración judicial de la filiación, por mandato del artículo 767.3 LEC.

Asimismo, son nulos los reconocimientos de causa ilícita o falsa, según los artículos 6.4 CC, 1275 CC a 1277 CC. Lo que da lugar a reconocimientos ilícitos o fraudulentos, que, normalmente, tampoco coinciden con la verdad biológica y no se ven consolidados con una relación familiar entre el hijo y el padre legal.

En otras palabras, en los reconocimientos fraudulentos, el reconocedor conoce la falta de verdad biológica, al igual que en los reconocimientos de complacencia, pero, a diferencia de éstos, no tiene ninguna intención de asumir la paternidad, sino otros motivos: que el reconocido adquiera la nacionalidad en fraude de Ley, entorpecer el correcto desarrollo de un proceso de reclamación de paternidad iniciado por el verdadero progenitor (cfr. SAP de Barcelona de 25 de septiembre de 2003), pagar menos impuestos, etc.

Estos reconocimientos fraudulentos o ilícitos no han sido regulados por el Código Civil español, pero si por el Código Civil catalán en su artículo 235.27 CC. El precepto establece que estos reconocimientos son nulos y que la acción de nulidad es imprescriptible. La legitimación para interponer la acción se otorga al Ministerio Fiscal[289] o a cualquier otra persona con un interés directo y legítimo.

El ordenamiento alemán también recoge los reconocimientos fraudulentos de manera expresa. En este país se constató que existían muchos reconocimientos aparentes, que lo único que buscaban era evitar el efecto de una expulsión del territorio alemán y conseguir el derecho a permanecer en Alemania tanto

[289] También el Código Civil francés prevé que la filiación pueda ser impugnada por el Ministerio Fiscal en caso de reconocimiento en fraude de ley (cfr. artículo 336 CC).

para la madre, como para el hijo[290]. Adicionalmente, estos reconocimientos también suponían la obtención de beneficios sociales a los que, de otro modo, no podían acceder esas personas por su situación legal. En algunos casos sucedía inversamente: era el reconocimiento de un menor alemán el que generaba los efectos mencionados para el hombre que prestaba la declaración de reconocerlo como hijo.

A diferencia del legislador catalán, el *BGB* sólo contempla una acción pública para su control[291]. Únicamente las autoridades administrativas de los *Länder* pueden impugnar esos reconocimientos de paternidad, siempre que mediante ellos se consigan los requisitos jurídicos para el permiso de entrada o residencia legal del hijo o de un progenitor y que no exista relación socio-familiar entre el hijo y el padre, ni haya existido en el momento del reconocimiento o en el de la muerte del padre[292] (cfr. § 1600.1 y 5).

Esta acción pública no es imprescriptible. Se somete a estrictos plazos de caducidad: una año desde que la administración toma conocimiento de los hechos que justifican la creencia de cumplirse los requisitos para su derecho a la impugnación y, en todo caso, está sometido a un plazo máximo de cinco años a contar desde la eficacia del reconocimiento, para un hijo nacido en territorio federal; en otro casos, a más tardar, cinco años desde su entrada en el país, en caso contrario (cfr. § 1600 b). Transcurrido el plazo, la impugnación por las autoridades competentes es imposible.

2. *Calificación jurídica e impugnación de los reconocimientos de complacencia por el reconocedor. Debate doctrinal*

La doctrina discute entre considerar nulos o válidos los reconocimientos de complacencia y, en consecuencia, si someten su impugnación a la acción de nulidad o al régimen de las acciones de filiación propiamente dichas.

---

[290] De acuerdo con las estadísticas suministradas por los Gobiernos de los *Länder,* entre el 1 de abril del 2003 y el 31 de marzo de 2004, se concedió el permiso de residencia a 1694 madres extranjeras y solteras que, en el momento del reconocimiento de la paternidad de su hijo, debían abandonar el país. Estos datos no necesariamente reflejan que todos estos casos se traten de reconocimientos fraudulentos, pero sí evidencian que puede estarse utilizando fraudulentamente el carácter privado del reconocimiento de paternidad [cfr. LAMARCA I MARQUÉS, A., "Autonomía privada e intervención pública en las acciones de filiación. La reforma del BGB", en *InDret. Revista para el análisis del Derecho,* julio 2008, p. 5 (www.indret.com)].

[291] El legislador alemán justifica esta excepcional intervención pública para destruir una relación de derecho privado en el interés general subyacente en las relaciones de filiación para toda comunidad organizada. Además, en el uso fraudulento de esta relación para conseguir una finalidad ajena al ámbito familiar.

[292] Conforme a la ley, se considera que existe una relación socio familiar si hay asunción de responsabilidad material del padre por el hijo.

Un amplio sector sostiene que los reconocimientos de complacencia son válidos. Por tanto, que no son impugnables directamente, pero sí la filiación por ellos determinada, que podrá ser contradicha incluso por el propio reconocedor y por la madre que consintió dicho reconocimiento, *ex* artículos 136 y 137 CC[293].

Algunos autores defienden que los reconocimientos de complacencia son nulos *ab origine,* pero que se ven convalidados, *a posteriori,* por determinadas circunstancias. En esta dirección, QUICIOS MOLINA propugna que un reconocimiento de complacencia es nulo, por ser contrario a la verdad biológica, antes de que se produzca la *determinación* (que identifica con la inscripción). Considera que si es detectado por el encargado del Registro, su nulidad impedirá su acceso al Registro. *Sensu contrario*, si el reconocimiento de complacencia ya *determinó la filiación* (fue inscrito), por no haber sido detectado por el encargado, sostiene que es válido porque en ese momento entran en juego otros principios relevantes, además de la verdad biológica, y porque los conceptos de ineficacia deben modularse en atención a los intereses personales en juego. Reconduce la impugnación del reconocimiento de complacencia inscrito al de las acciones de filiación de los artículos 136 y 137 CC[294].

Esta postura es criticable porque identifica la determinación de la filiación con el acto de la inscripción. La filiación se determina desde que el reconocimiento es efectuado, siendo la inscripción un acto posterior. Puede suceder, incluso, que se realice el reconocimiento pero que nunca se inscriba. No obstante, la filiación ya ha quedado determinada. Únicamente, determinación e inscripción pueden identificarse temporalmente cuando el reconocimiento se realiza ante el encargado del Registro Civil.

Por otro lado, es minoritaria la doctrina que se decanta por la nulidad de pleno derecho de los reconocimientos de complacencia. El defensor más representativo de esta corriente es RIVERO HERNÁNDEZ, quien considera que estos reconocimientos son nulos por carecer de objeto y constituir un fraude a la ley[295].

---

[293] Cfr. ALBALADEJO GARCÍA, M., ob. cit., pp. 222-223 (edición de 2007); AYARZA SANCHO, J. A., ob. cit., p. 8; BARBER CÁRCAMO, R., "Nuevos retos... cit.", pp. 38-45; FERNÁNDEZ GONZÁLEZ, M. B., *El reconocimiento...* cit., p. 86; GARCÍA VICENTE, J.R., "Comentario... cit.", pp. 439 y ss.

[294] Cfr. "Comentario a la Sentencia de 14 de julio de 2004", *CCJC,* nº 67, 2005, pp. 456 y 461.

[295] Dentro de los que propugnan la nulidad de los reconocimientos de complacencia muy pocos encuentran su causa en la simulación absoluta. A mi juicio, el reconocimiento de complacencia se cohonesta mal con esta tesis. La simulación se concibe como la celebración de un negocio jurídico que en verdad no se desea concluir. Es decir, se quiere la declaración, pero no los efectos. Mientras que en el reconocimiento de complacencia, que no lleva consigo un negocio jurídico, el reconocedor pretende realmente asumir la paternidad y los efectos que derivan de su declaración, aunque la relación paterno-filial no se base en la verdad biológica. Es decir, no se busca algo distinto a lo que implica el reconocimiento.

Este autor entiende que todos los problemas derivados de los reconocimientos de complacencia se deben al excesivo margen dejado a la autonomía de la voluntad en la determinación extrajudicial de la filiación. A su juicio, la voluntad no es un título independiente de determinación de la filiación natural, sino que sólo se admite por el legislador partiendo de la adecuación entre la declaración del reconocedor y la verdad biológica. Afirma que la filiación por naturaleza no puede ser creada por el reconocedor, quien simplemente reconoce una filiación preexistente. Con estos argumentos, alega que el *objeto* o contenido esencial de todo reconocimiento es *la creencia por parte del reconocedor de la relación biológica padre (madre)-hijo*. Objeto que, considera, se encuentra recogido de manera implícita en las normas imperativas de la filiación por naturaleza.

Concluye que los reconocimientos de complacencia, en los que el reconocedor sabe que no existe lo que declara, son *contra legem* al no existir objeto y contradecir normas imperativas, por lo que se encuentran viciados *ab origine* (defecto estructural). Su sanción no sería otra que la nulidad de pleno derecho, según los artículos 6.3 CC y 5.1 LEC, con todo lo que la acción declarativa de nulidad implica: imprescriptibilidad y amplia legitimación activa. Por tanto, –defiende– los reconocimientos de complacencia podrán ser impugnados por el propio reconocedor, la madre que consintió dicho reconocimiento y cualquier persona con interés legítimo en la nulidad. A su juicio, la impugnación por el reconocedor no transgrede la irrevocabilidad de los reconocimientos, ni la doctrina de los actos propios, porque estos principios sólo se presentan en actos válidos[296].

A mayor abundamiento, esta postura también fundamenta la nulidad de los reconocimientos de complacencia en el fraude de ley. En su opinión, estos reconocimientos son fraudulentos porque anejan una elusión de las normas relativas a la filiación adoptiva (y su irrevocabilidad). La adopción, sostiene, es la única institución que permite a los cónyuges (o compañeros *more uxorio*) del progenitor legalmente determinado poder adoptar, sin requerir de propuesta previa, a los hijos de su cónyuge (o compañera), de conformidad con

[296] En palabras del propio Rivero Hernández: "Si la propia declaración que constituye el reconocimiento prescinde de la relación biológica, y ésta es totalmente ajena al reconocimiento, no hay reconocimiento, porque la declaración carece de objeto y porque la filiación por naturaleza no es institución que se invente. Este es el reconocimiento de complacencia: es radicalmente nulo ab initio, e insanable; cualquier persona interesada y en cualquier momento (sin término de caducidad) puede pedir la declaración de su nulidad (destruir la mera apariencia jurídica)" ("Los reconocimientos... cit.", p. 1067). Comparten esta postura Pérez Martín, A. J., *Tratado de Derecho de Familia. Acciones de filiación,* t. VI, Lex Nova, Valladolid, 2010, pp. 633-637; Sancho Rebullida, F., ob. cit., pp. 663-664; entre otros.

el artículo 176.2.2 CC y Disposición Adicional 3º de la Ley 21/1987, de 11 de noviembre[297].

Por último, argumenta que los reconocimientos de complacencia son un foco de inseguridad jurídica porque, en la práctica, pueden ser dejados sin efecto por el propio reconocedor.

Varias cuestiones he de acotar y, otras, objetar a esta idea.

En primer lugar, el concepto de *objeto* en cuanto *unidad pasiva de referencia, la realidad sobre la que el negocio incide*[298], es decir, los bienes y servicios lícitos sobre los que puede recaer el contrato (cfr. artículo 1271 CC), no es un concepto trasladable al reconocimiento. Sólo puede entenderse *objeto*, en cuanto elemento esencial de este medio de determinación. Es decir, se denomina objeto, a lo que yo estimo mejor *causa* del reconocimiento.

Por consiguiente, no comparto la idea que la coincidencia del reconocimiento con la verdad biológica, o la creencia del reconocedor de la verdad biológica de la filiación, constituya un elemento esencial del reconocimiento. La veracidad, reitero una vez más, es un elemento del supuesto de hecho en que consiste el reconocimiento. Lo que sí constituye un presupuesto de validez de este medio de determinación es que éste se dirija a la *proclamación y asunción de una relación de paternidad*[299].

El propio ordenamiento ampara la determinación y el mantenimiento de una filiación por naturaleza contraria a la verdad material. Esta situación se presenta, por ejemplo, cuando han caducado los plazos para impugnarla. En esta línea, también es cuestionable afirmar que la nulidad de los reconocimientos de complacencia se encuentra implícita en la idea de filiación por naturaleza.

Además, tampoco es coherente la crítica a los reconocimientos de complacencia. Si así fuera, se extendería a la filiación asistida heteróloga. En esta filiación, la verdad biológica no se toma en cuenta, la voluntad adquiere un papel desmedido en la determinación del vínculo filial y el mantenimiento de esa filiación produce consecuencias más graves para el hijo que mantener un reconocimiento no veraz. Lo único que se dice para justificar la validez de la

[297] SANCIÑENA ASURMENDI también propugna que un reconocimiento de complacencia es fraudulento porque implica la afirmación de un hecho: el reconocimiento falso de una paternidad, que modifica las relaciones familiares con un menor y que, a su juicio, constituye el tipo delictivo de "alteración de la paternidad" (cfr. artículo 229 CP). No obstante, a diferencia de RIVERO HERNÁNDEZ, y, argumentando la irrevocabilidad del reconocimiento, la autora defiende que no podrá ser impugnado ni por el reconocedor ni por la madre que lo consintió o provocó. Únicamente por el hijo (cfr. "La posesión…", pp. 897-899).

[298] Cfr. DIEZ-PICAZO Y PONCE DE LEÓN, L., *Fundamentos de Derecho civil patrimonial. Introducción a la teoría del contrato*, Civitas, Madrid, 1996, p. 201.

[299] *Vid.* punto I de este Capítulo.

filiación asistida es de considerarla como un *tertium genus,* que no debe ser incluida en la filiación por naturaleza ni adoptiva.

Por otro lado, los reconocimientos de complacencia no encuadran en el fraude de ley (cfr. artículo 6.4 CC). La finalidad de los primeros (la creación de una relación paterno-filial) no es opuesta ni está prohibida por el ordenamiento, al contrario, está regulada por la misma legislación. Es decir, los reconocimientos de complacencia no buscan eludir las normas de la filiación, sino determinar verdaderamente un vínculo-filial para que éste despliegue todos sus efectos.

En realidad, se confunde los reconocimientos de complacencia con los reconocimientos fraudulentos o de fines ilícitos, pues se coloca como ejemplo de los primeros: el reconocimiento efectuado para crear nuevas obligaciones alimenticias para el reconocedor (respecto del reconocido) con el objeto de disminuir otra idéntica respecto de hijos anteriores de un matrimonio roto; reconocimiento efectuado para impedir una adopción o el reconocimiento por distinta persona, o para la obtención de la nacionalidad por el reconocido o de otros miembros de su familia[300].

Por último, he de precisar que los reconocimientos de complacencia, por sí mismos, no son un foco de inseguridad jurídica. Es la permisión de su impugnación en cualquier momento lo que ha originado una situación de inestabilidad en el estado de filiación, perjudicando notablemente al hijo.

3. *Doctrina de la Dirección General de los Registros y del Notariado*

El Centro Directivo viene calificando de nulos los reconocimientos de complacencia, aunque no es unánime al manifestar el motivo de dicha nulidad.

En la mayoría de las resoluciones argumenta que son nulos por contradecir la verdad material, principio al que califica de imperante en la determinación de la filiación, por mandato del artículo 39 CE (cfr. RRDGRN de 11 de noviembre de 2002, 5 de julio de 2006, 20 de noviembre de 2008, 28 de marzo y 3 de julio de 2009, entre otras).

En otra oportunidad, ha calificado de nulo el reconocimiento de complacencia porque lo confunde con un reconocimiento fraudulento, en el que el reconocedor no pretende asumir la paternidad, sino que busca otro interés. En esta línea, la R. de 6 de noviembre de 1993 precisa que el reconocimiento de complacencia es nulo de pleno derecho porque es un reconocimiento simulado

---

[300] Cfr. Rivero Hernández, F., "Los reconocimientos... cit.", pp. 1063-1064. Cabe acotar que, incluso aunque un reconocimiento sea fraudulento, no podría ser impugnado por el propio reconocedor, como bien sostiene Peña y Bernaldo de Quirós, ya que nadie puede argumentar su propia torpeza (cfr. "De la paternidad... cit.", p. 1013).

en el que no hay "una verdadera voluntad de establecer legalmente relación jurídica entre padre e hijos". *Sensu contrario*, se deduciría que aquellos reconocimientos que sí presentan una voluntad de establecer la filiación, como los reconocimientos de complacencia propiamente dichos, son válidos.

Por otro lado, a efectos de la inscripción de estos reconocimientos de complacencia, todas las resoluciones coinciden al sostener que al encargado del Registro no corresponde la investigación de la paternidad. Deberá verificar los requisitos de validez del reconocimiento exigidos por ley, entre los que no se encuentra la verdad biológica, y cumplidos, proceder a su inscripción.

Así, la propia RDGRN de 6 de noviembre de 1993 alude que: "en cualquier caso es indudable que todas estas contingencias, prescindiendo ahora de la absoluta imposibilidad de la procreación –supuesto distinto al aquí examinado–, escapan a la calificación del encargado, el cual sólo puede enjuiciar la falta de capacidad, las formalidades extrínsecas de los documentos presentados y los obstáculos que surjan del propio Registro (cfr. arts. 27 y 28 LRC). La oposición del Ministerio Fiscal no es bastante para impedir la inscripción, pues este efecto impeditivo sólo se da cuando, en ausencia de reconocimiento formal, se instruye el expediente registral a que alude el art. 120.2.º del Código Civil (cfr. también arts. 49.II LRC y 189 RRC). Consecuencia de lo anterior es que por el momento el reconocimiento discutido es válido, eficaz e inscribible y que, además, al haber contraído matrimonio posterior entre sí los progenitores, la filiación ha adquirido «ex lege» el carácter de matrimonial (cfr. art. 119 CC), lo cual ha de reflejarse en el Registro por medio de la oportuna nota marginal de referencia a la inscripción del matrimonio (cfr. art. 155 RRC)"[301].

El Centro Directivo alega que cuando concurren todos los requisitos, las simples sospechas de la falta de veracidad no deben impedir la inscripción del reconocimiento. A su parecer, sólo se ha de rechazar un reconocimiento de complacencia cuando de las actuaciones se encuentran *datos significativos y concluyentes* de los que se deduzca que tal reconocimiento no se ajusta a la realidad. Es decir, si es notablemente *evidente* al encargado del Registro que el reconocedor no es el progenitor: por ser menor que el reconocido, o porque resulta, por la edad, imposible que haya engendrado al hijo que pretende reconocer.

En esta dirección se pronunció la RDGRN de 15 de enero de 2004. Un ciudadano español pretendía inscribir en el Registro Consular de Costa Rica el reconocimiento de la filiación de una menor, efectuado 11 años después de su

[301] Cfr., además, la RDGRN de 11 de noviembre de 2002. El Centro Directivo confirma la decisión del encargado del Registro de rechazar la inscripción del reconocimiento fuera de plazo porque la madre declara que el reconocedor no es el padre. No obstante, la Dirección General impide la inscripción del reconocimiento, no por su falta de veracidad, sino porque entiende que no existe el consentimiento de la madre, exigido por el artículo 124 CC.

nacimiento. Dicho reconocimiento cumplía con el requisito complementario del artículo 124 CC en lo que respecta al consentimiento de la madre. No obstante, el juez consular denegó la inscripción por haber indicios de falta de verdad biológica en la filiación. El solicitante recurrió ante el Centro Directivo y el Ministerio Fiscal solicitó la inscripción argumentando que la duda sobre la verdad biológica de la filiación escapaba al encargado del Registro Civil. Finalmente, la Dirección General resolvió ordenando la inscripción del reconocimiento ya que sólo existían simples sospechas de que él no respondía a la verdad.

También es interesante detenerse en la RDGRN de 27 de abril de 2005. Un hombre reconoce a través de escritura pública la filiación de un menor, un año después de su nacimiento. El reconocimiento cuenta con el consentimiento de la madre. Una vez más el encargado del Registro deniega la solicitud de inscripción argumentando que existían razones para dudar del vínculo biológico entre el reconocedor y el menor por los diferentes domicilios del supuesto padre y de la madre. Como era de esperar, los solicitantes y el Ministerio Fiscal impugnan la decisión del encargado del Registro y el Centro Directivo revoca dicha decisión, porque en el caso no es evidente la falta de veracidad material y porque al encargado del Registro no corresponde indagar en la verdad biológica.

En cuanto al régimen de impugnación de los reconocimientos de complacencia, vuelve a encontrase una división en la doctrina del Centro Directivo. Unas veces sostiene que, de ser inscrito un reconocimiento de complacencia, puede anularse judicialmente (cfr. RDGRN de 16 de mayo de 2006). Es decir, somete su impugnación a la acción de nulidad. Otras veces, pese a considerar nulo el reconocimiento de complacencia, remite su impugnación por el propio reconocedor a las acciones de estado, pero vía artículos 140 o 141 CC: "el reconocimiento puede ser impugnado por el autor del reconocimiento o sus herederos por vicio del consentimiento en los términos que señala el art. 141 del Código Civil. Finalmente, si llega a demostrarse que el reconocido no es hijo del autor del reconocimiento, también el acto es impugnable según las previsiones que contiene el art. 140 del propio Código" (R. de 6 de noviembre de 1993).

4. *Debate jurisprudencial*

Son abundantes las demandas judiciales en las que el propio reconocedor, que devino en padre legal, impugna el reconocimiento de complacencia directamente o la filiación que determinó por no corresponder con la verdad biológica[302].

---

[302] No faltan supuestos, muy pocos, en los que quienes impugnan son personas distintas: la madre que asintió el reconocimiento (cfr. STSJ Cataluña de 29 de junio de 1998), los padres del

Sin embargo, hasta el momento no existe una línea constante en la jurisprudencia española, imperando la confusión, lo que ha generado, nuevamente, un foco de inseguridad jurídica en la filiación[303]. Valga como ejemplo las contradictorias soluciones a las que llega el Tribunal Supremo (la misma Sala) en dos sentencias entre las que sólo median dos días. La STS de 12 de julio de 2004 declara nulo el reconocimiento de complacencia por ser contrario a la verdad biológica. Mientras que la de 14 de julio del mismo año defiende la validez de estos reconocimientos e impide su impugnación. Argumenta el principio de irrevocabilidad de este medio de determinación.

a. Invalidez e impugnación de los reconocimientos de complacencia por el propio reconocedor

Los tribunales, mayoritariamente, han fallado la nulidad de los reconocimientos de complacencia, permitiendo su impugnación por quienes eran conscientes, *ab origine*, de la falsedad del reconocimiento: el reconocedor y la madre, pese a la existencia de una relación paterno-filial estable.

Esta jurisprudencia fundamenta la nulidad de estos reconocimientos bajo unos razonamientos semejantes a los de RIVERO HERNÁNDEZ, que han sido cuestionados antes.

Esta línea jurisprudencial alega que la verdad biológica es la regla absoluta en la determinación de la filiación por naturaleza y que la protección integral de los hijos es incompatible con la inexactitud en la determinación de la paternidad. En esta dirección, califica a los reconocimientos de complacencia como nulos de pleno derecho por carecer de un requisito objetivo (el de la paternidad) esencial al reconocimiento. A su juicio, en la medida en que estos reconocimientos afirman una realidad biológicamente inexistente, encierran, no una revocación del reconocimiento, sino un acto *contra legem*, por contravenir, específicamente, el artículo 108 CC.

Asimismo, esta praxis judicial afirma que el mantenimiento de una filiación originada en un reconocimiento de complacencia transgrede el artículo 24 CE porque genera indefensión en el padre legal: "la aplicación de un formalismo riguroso vendría a potenciar una situación injusta para quien ha probado que se limitó a reconocer como acto de complacencia, protegiéndose situaciones de indefensión que violentan el artículo 24 CE y hasta en línea de fraude, por

---

que reconoció (cfr. STS de 29 de octubre de 2008) y la hija del reconocedor (cfr. STS de 28 de noviembre de 2002).

[303] Así lo reconoce el propio Tribunal Supremo en sentencia de 29 de noviembre de 2010: "la falta de una línea constante en la resolución de estos problemas en las sentencias de esta Sala puede ser la causa del planteamiento de varios litigios".

lo que se impone la adecuada interpretación de la norma en la línea que marca el artículo tres del Código Civil" (SSTS de 27 de mayo y 12 de julio de 2004 y 29 de octubre y 5 de diciembre de 2008).

Por todo ello, esta línea jurisprudencial defiende que la impugnación por el propio reconocedor no se subsume en la revocación del reconocimiento, ni transgrede la doctrina de los actos propios.

Lo que llama la atención de esta jurisprudencia es que, si bien es unánime al declarar la nulidad de los reconocimientos de complacencia y permitir su impugnación por el reconocedor, no es coherente en su decisión debido a que no reconduce su contradicción, necesariamente, al régimen de la acción de nulidad.

Muy pocas son las sentencias que muestran conexión en su fallo, relacionando correctamente la vía para la impugnación de los reconocimientos de complacencia según la calificación de nulidad que le han otorgado a dicho reconocimiento. La STS de 12 de julio de 2004 presenta un caso en el que el marido reconoce a la hija de su mujer unos días después del matrimonio. Tras la separación matrimonial y al cabo de 6 años del reconocimiento y de relación familiar con la hija, demanda la nulidad de dicho reconocimiento por ser uno de complacencia. Ya había caducado toda acción de filiación, pero la sentencia es estimada por el Tribunal porque sostiene que lo que se está ejercitando es la acción de nulidad del reconocimiento y ésta es imprescriptible.

En general, los tribunales (sin tomar en cuenta si el actor demanda la impugnación del reconocimiento como título de determinación o la impugnación de la filiación por contradecir la verdad biológica), tras declarar la nulidad de pleno derecho de los reconocimientos de complacencia, contradictoriamente, defienden que la vía adecuada de impugnarlos es el de las acciones de filiación por su desavenencia con la verdad material. De esta forma, someten la impugnación de los reconocimientos de complacencia a los límites impuestos (legitimación y plazo) en las acciones de estado. Esta incoherencia es patente en las SSTSJ Cataluña de 16 de diciembre de 1997 y 29 de junio de 1998 y en las SSTS de 31 de octubre de 1997 y 27 de mayo de 2004.

En el colmo de la confusión, dentro de esta praxis que admite la impugnación de los reconocimientos de complacencia matrimoniales mediante las acciones de estado, existe una divergencia respecto a cuál es la acción adecuada que ha de ejercitar el reconocedor. Tres son las acciones entre las que oscila la jurisprudencia: la acción de impugnación de la paternidad matrimonial (artículo 136 CC), la acción de impugnación de la filiación no matrimonial por inexactitud con la verdad material (artículo 140 CC) o la acción de impugnación del reconocimiento (artículo 141 CC)[304].

Escasas son las sentencias que alegan la aplicación del artículo 136 CC para la impugnación de la paternidad matrimonial asentada en un reconocimiento de complacencia. Entre ellas, la STS de 26 de noviembre de 2001[305] y la SAP de Asturias de 17 de abril de 2000.

Esta última recoge el caso de un marido que impugna su paternidad tras más de cinco años de posesión de estado de filiación matrimonial y debido a que la sentencia de separación judicial con su mujer le obligaba a pagar una pensión de alimentos a favor de la hija. La Audiencia, además de aplicar el artículo 136 CC, admite la interpretación extensiva de este precepto en cuando a su *dies a quo*. Aún así, el plazo había caducado de sobra, pero, en pro de la verdad biológica, la Audiencia estima la demanda. Justifica su decisión, de prescindir del plazo preclusivo, en la poca convivencia conyugal, la falta de consolidación del estado matrimonial de la hija y la inconveniencia para ésta de la situación creada al no disponer de un padre sino de un alimentante[306].

Otros fallos sostienen que la única vía correcta para impugnar la filiación matrimonial originada en un reconocimiento de complacencia es la del artículo 140 CC[307]. Entienden que esta norma, al referirse expresamente a la filiación no matrimonial, se proyecta tanto a los hijos nacidos sin que los padres se hubieran casado, como a los nacidos antes del matrimonio y no resultan hijos biológicos, no obstante el posterior matrimonio de la madre progenitora y del padre no progenitor (cfr. STS de 27 de mayo de 2004). De esta manera, no sólo se aplica

---

[304] En cambio, cuando se trata de reconocimiento de complacencia que determina una filiación no matrimonial la cuestión es menos controvertida. Los tribunales no dudan en aplicar directamente el artículo 140 CC.

[305] La acción por el reconocedor es interpuesta tras la ruptura de las relaciones con su mujer y existiendo posesión de estado de filiación matrimonial. El Tribunal estima la acción vía artículo 136 CC y descarta por completo la del artículo 140 CC: "desde esta perspectiva el recurrente no puede apoyarse en el artículo 140 CC para fundar su pretensión, dado que la filiación tiene el carácter de matrimonial, mientras que las hipótesis prevenidas por el expresado precepto son las referidas a la filiación no matrimonial".

[306] Razones que para el Tribunal Supremo, en sentencia de 14 de julio de 2004, no son suficientes ni válidas para apartarse de un régimen legal que ha de ser respetado para atender el interés del hijo tal y como el legislador consideró más convenientemente protegerlo. Toma en cuenta que el demandante conoció desde el principio su falsa paternidad y que impugnó seis años después del reconocimiento y por motivos meramente económicos. Es decir, al momento de la impugnación, cualquiera haya sido la acción a ejercitar (la del artículo 136, 140 o 141 CC), ya había caducado. Casa la sentencia de la Audiencia Provincial de Asturias y desestima la demanda por caducidad de la acción.

[307] Cabe destacar que el Código Civil catalán, a diferencia del Código Civil, regula que la impugnación de la filiación matrimonial sobrevenida se rige por la reglas de la filiación no matrimonial (cfr. artículo 235. 7 CC).

a la filiación matrimonial un mayor plazo de caducidad que el regulado en el artículo 136 CC, sino que también se amplía la legitimación activa[308].

Además, estas sentencias rechazan la acción del artículo 141 CC porque afirman que el reconocimiento de complacencia fue realizado conscientemente, con lo cual no es posible alegar error alguno: "es posible ejercitar la acción de impugnación de paternidad al amparo de lo dispuesto en el artículo 140 CC cuando se trate de un reconocimiento de complacencia en el que no exista paternidad biológica siempre que se pruebe la inexistencia de ésta y si concurren los requisitos de legitimación establecidos en el indicado precepto; sin que sea aplicable en esos supuestos el artículo 141 y sea exigible la demostración de un vicio en el consentimiento" (integran esta línea jurisprudencial, las SSTS de 31 de octubre de 1997, 27 de mayo[309] y 4 de junio de 2004[310], STSJ Cataluña de 29 de junio de 1998, entre otras).

Sin embargo, a partir del año 2008 se encuentra una postura que sostiene que, si bien existe una línea jurisprudencial orientada a aplicar la acción del artículo 140 CC a los reconocimientos de complacencia, ello no "excluye la posibilidad de impugnar por vicio del consentimiento" (cfr. SSTS de 29 de octubre y 5 de diciembre de 2008[311] y 29 de noviembre de 2010[312]). Olvida que en los reconocimientos de complacencia no existe error, violencia o intimidación en la declaración de la paternidad y afirma que podrán impugnarse por la acción del artículo 140 CC o la del 141 CC, según si, respectivamente, se impugna la propia filiación determinada por el reconocimiento, o si se impugna el reconocimiento por vicios del consentimiento.

---

308 En concordancia con esta postura, RUBIO TORRANO añade que, cuando se impugne un reconocimiento de complacencia, la aplicación del artículo 140 CC se llevará a cabo aunque el actor no haya invocado dicho precepto en su demanda, pues considera que las cuestiones relativas a la filiación son de orden público y no rige en ellas el principio dispositivo. Fundamenta su postura en las SSTS de 5 de mayo 1989, 28 de noviembre de 1992 y 28 de marzo de 1994 (cfr. "Reconocimiento de complacencia", *AC*, nº 3, 2004, p. 2284).

309 Queda implícita la existencia de una relación familiar estable entre el reconocedor y la hija de por lo menos 2 años.

310 En este caso, el reconocedor interpone la demanda de impugnación cuando habían transcurrido más de 5 de años de haber efectuado el reconocimiento de complacencia.

311 De la sentencia se deduce la existencia de posesión de estado de filiación de poco menos de 4 años.

312 Existía una posesión constante de filiación matrimonial de 7 años. El reconocedor únicamente impugna la paternidad (el 29 de marzo de 2005) tras la presentación por su mujer de una demanda de separación (el 22 de marzo de 2005).

b. Validez de los reconocimientos de complacencia y su inimpugnabilidad por el reconocedor

Son minoritarias las sentencias que se decantan por la validez de los reconocimientos de complacencia y por impedir la impugnación de la filiación por el marido o por la madre conocedora de la verdad biológica.

Esta jurisprudencia entiende que el reconocimiento de complacencia es válido porque que el reconocedor y la madre, desde el primer momento, eran conscientes de la verdad material de la filiación: asumen y aceptan sin ningún inconveniente la paternidad formal. Sostienen que el reconocedor ni la madre pueden impugnar la paternidad, porque lo que en realidad estarían realizando es una revocación, lo que no es factible, puesto que el reconocimiento es irrevocable.

Precisa que la única excepción a la irrevocabilidad de este medio de determinación la constituye el artículo 141 CC. Supuesto en el que no calza el reconocimiento de complacencia, como bien lo declara la STS de 23 de diciembre de 1987: "de *initio* cabe concluir que al reconocerla en acta notarial como hija extramatrimonial, era por lo tanto consciente de que lo hacía de persona a la que no había concebido, por lo que no cabe hablar de error, entendiendo por tal creencia de ser padre biológico al tiempo del reconocimiento y tener posterior noticia de no serlo".

Además, esta jurisprudencia defiende la validez y no impugnación de estos reconocimientos por el propio reconocedor (y la madre). Argumentan la seguridad jurídica del hijo y la estabilidad de su estado civil como límites válidos a la verdad biológica, pues en todas los casos en que se impugnan reconocimientos de complacencia existía una relación estable entre el marido y su hijo legal.

Resume muy bien esta doctrina la SAP de Palma de Mallorca de 28 de enero de 2000: "lo que no acepta la Sala es que, so pretexto de que coincida la verdad material con la formal, pueda el Sr. Bernardo cuando le convenga (no por haber concurrido error en las circunstancias del reconocimiento que, como se ha dicho, fue de complacencia) desdecirse de lo que de forma tan solemne y libre manifestó en su día ante el Encargado del Registro Civil, obligándose a las consecuencias de comportarse como padre de la reconocida aceptando ser tenido como tal aún sabiendo que biológicamente no lo era. En definitiva, dada la importancia extrema que cuestiones, como la presente poseen, resulta evidente que, formulado el reconocimiento con todas las garantías, no puede quien así quiso expresarse, retractarse después caprichosamente o al menos sin justificación del aparente motivo que invoca, queriendo revocar su declaración, pese a afirmar en el mismo FJ que más clarificadora y sin complicación es la versión de la Sra. María Inmaculada viniendo a significar que habiendo acordado casarse con el Sr. Bernardo éste se avino a «adoptar» a Ana aún sabiendo que no era hija suya, para conformar los tres una familia"[313].

De igual forma, es interesante la STS de 27 de octubre de 1993. El actor, padre legal de la hija de su mujer, interpone demanda de nulidad del reconocimiento por contravenir la verdad biológica, tras 4 de años de posesión de estado de filiación matrimonial. Admite que realizó el reconocimiento de complacencia porque "quería tratar a la menor como si fuera su hija" e, increíblemente, desvela que estaba dispuesto a desistir del procedimiento iniciado si la madre renunciaba a la pensión de alimentos de la menor.

La demanda es desestimada por el Tribunal Supremo bajo el argumento de la irrevocabilidad y la ausencia de vicios en el reconocimiento: "la cuestión de fondo que se debate, es la posible anulación del reconocimiento de la paternidad de la menor, efectuado por el recurrente en el acta notarial, y cuando la reconocida contaba con casi seis años de edad. Resulta incuestionable el principio legal y jurisprudencial que atribuye al reconocimiento de paternidad los caracteres de acto unilateral, personalismo, formal y sobre todo irrevocable (arts. 120.1. y 741 del Código Civil); perdiendo su fuerza legal únicamente si se acredita que se ha incurrido en un vicio de la voluntad. El actor no ha mencionado a todo lo largo de las actuaciones que hubiera mediado dolo, violencia o intimidación en el momento del reconocimiento; su alegación siempre se ha referido implícitamente al error". Error que para el Tribunal no existe porque el actor no conocía a la madre en la época de la concepción y, cuando la conoció, manifestó el deseo de asumir la paternidad de la hija; la reconoció y contrajo matrimonio con la madre de la menor.

Por último, la STS de 14 julio de 2004, ante la acción del padre formal de impugnar la filiación determinada por un reconocimiento de complacencia, después de 6 años de realizado el reconocimiento y de continua posesión de estado de filiación matrimonial, establece que lo que realmente pretende el demandante es revocar el reconocimiento y, en definitiva, disponer así del estado civil, lo cual, afirma el Tribunal, no está permitido por la Ley, *ex* artículo 741 CC. Destaca también que el padre legal, al iniciarse el proceso de separación matrimonial, admitió su paternidad y que sólo la impugnó cuando los alimentos a su cargo se fijaron en cantidad superior a la propuesta por él mismo en su contestación a la demanda de separación conyugal (cfr. también la SAP de

---

313 Esta sentencia fue casada por la STS de 12 de julio de 2004. Estima la demanda del reconocedor y permite la impugnación del reconocimiento de complacencia, pese a admitir que se trata de una retractación de la voluntad. Considera, sorprendentemente y dejando de lado el principio general de los propios actos, que esta conducta es sólo reprobable en la sociología del uso y no en el Derecho, ámbito en el que, a su juicio, mantener ese reconocimiento de complacencia constituiría una clamorosa irregularidad.

Barcelona de 15 de julio de 1997[314], SAP de Zaragoza de 14 de julio de 2003[315] y la SAP de A Coruña de 23 de febrero de 2007 y las SSTS de 14 de marzo de 1994[316] y 26 de marzo de 2001).

5. *Posición personal*

Tras lo expuesto, puedo concluir que los reconocimientos de complacencia no son *contra legem*. No vulneran el orden público ni las normas imperativas que regulan la filiación por naturaleza ya que, como he sostenido, la verdad biológica no es el único ni el principio dominante de este tipo de filiación. Ha de prevalecer, ante todo, el *favor filii* y la seguridad jurídica del estado civil de los hijos. Estos principios inspiran las normas de legitimación activa y plazos de caducidad de las acciones de filiación.

Los reconocimientos de complacencia tampoco son fraudulentos, pues el reconocedor no tiene la intención de defraudar. Por el contrario, su intención es asumir verdaderamente la paternidad, lo que es palpable en la realidad porque, tras la determinación de la filiación, el padre legal y el hijo mantienen una relación familiar estable (como se puede comprobar en cada una de las sentencias analizadas), que sólo se ve interrumpida cuando los cónyuges rompen su relación.

Los reconocimientos de complacencia son válidos, porque no presentan ningún defecto estructural en su formación. En él concurren todos los requisitos esenciales exigidos: capacidad y consentimiento del reconocedor, causa

---

[314] Desestima la acción interpuesta por una madre que impugna la paternidad determinada por reconocimiento de complacencia. No obstante, esta sentencia es anulada por la STSJ de Cataluña de 29 de junio de 1998.

[315] "El reconocedor no podría desvincularse de su declaración, ya que fue consciente en su emisión, y el retractare podría perjudicar los derechos de terceros. En los supuestos de filiación, ya lo peor, se vulneran los derechos del hijo a ser alimentado por quien ha dicho libre y conscientemente que es su progenitor, además, si acaso esto es objetivamente un bien, a perder el status familia que hasta entonces tenía. Todavía, en este punto, cabría alegar que la materia de filiación, sea ésta considerada o no como un estado civil, es en todo caso indisponible, y por ello, no es posible ni la revocación, ni la impugnación del reconocimiento de complacencia".

[316] Si bien no impugna el propio reconocedor, sino los herederos dc éste, resulta de gran interés. El 20 de noviembre de 1972, don José, tras su matrimonio, reconoce en testamento realizado ante Notario a la hija de su mujer. A la muerte de ésta, la hija reclama a don José la porción hereditaria de su madre, motivo por el cual el reconocedor realiza un nuevo testamento, el 25 de octubre de 1985, en el que rechaza solemnemente ser el padre y deshereda a la hija de la fallecida, existiendo todos esos años posesión de estado de filiación. Tras la muerte de don José, la supuesta hija reclama a los herederos de éste la porción hereditaria que le corresponde. Los herederos pretenden hacer valer la nulidad del reconocimiento sobre la base de la retractación de su padre y la falta de correspondencia con la verdad biológica. Sin embargo, el Tribunal Supremo alega que el reconocimiento de complacencia es válido al concurrir los requisitos de todo reconocimiento y existir la voluntad de don José de reconocer a la hija de su mujer, con independencia de la verdad material.

(voluntad de asumir la paternidad y sus efectos) y forma. En consecuencia, presentes estos elementos, el reconocimiento es válido, independientemente de que no coincida con la verdad biológica, como sucede con los reconocimientos inexactos.

La validez del reconocimiento de complacencia, por tanto, impide impugnarlo de manera directa, como medio de determinación, mediante la acción de nulidad. Además, esta acción es muy peligrosa y no protege los intereses en juego, especialmente, el de los hijos. Su amplia legitimación permitiría la impugnación de los reconocimientos de complacencia por todo aquél que demuestre un interés legítimo, que unida a la imprescriptibilidad de la acción, son una amenaza a la posesión de estado de filiación, la estabilidad e indisponibilidad del estado de civil del hijo (cfr. artículo 9.3 CE). En consecuencia, lo que es *contra legem* es permitir la impugnación de estos reconocimientos mediante la acción de nulidad[317].

He de precisar que tampoco cabe impugnar el reconocimiento de complacencia por la acción del artículo 141 CC, como sostiene cierta jurisprudencia. La voluntad del reconocedor es emitida sin vicio alguno: admite la paternidad de manera libre y consciente de la discordancia entre el contenido de la declaración de voluntad y la realidad material. No existe en modo alguno error, intimidación o violencia al reconocer.

Ahora bien, el que un reconocimiento de complacencia sea válido no significa que la *filiación* que determina no pueda impugnarse por su inadecuación a la verdad biológica. La falta de veracidad del reconocimiento de complacencia se reconduce a la acción de impugnación de la paternidad matrimonial propiamente dicha. Impugnación que los ordenamientos admiten con sujeción a límites en el caso de los reconocimientos válidos, pero inexactos. Estimada la acción, y como lógica consecuencia, se declara la no paternidad del marido e ineficaz el reconocimiento.

En cuanto al círculo de legitimados para impugnar esta paternidad matrimonial, debe excluirse al marido reconocedor. Si se le concediera legitimación, se le estaría permitiendo retractarse de una declaración de voluntad válida, correctamente emitida. Es decir, se atentaría contra el carácter irrevocable del

[317] El Código Civil italiano, en su artículo 262, regula la impugnación del reconocimiento por defecto de veracidad. A pesar de no reconducir expresamente su impugnación a la acción de nulidad, así lo hace, pues la acción a la que somete dicha impugnación es imprescriptible y se encuentra legitimado cualquier interesado. Esta norma ha sido muy criticada por la doctrina y jurisprudencia debido a los abusos que puede acarrear y por obviar el interés del menor. Incluso, se ha llegado a plantear su legitimidad constitucional, aunque ha sido ratificada por la *Corte Constituzionale,* quien consideró que el interés del menor se hallaba en el establecimiento de la verdad biológica. Sin embargo, la preocupación por los efectos perniciosos de la norma se constata al advertir que se halla entre los temas a modificar en la proyectada reforma del Derecho de filiación.

reconocimiento[318] y el principio general del Derecho de los actos propios (*venire contra factum proprium non valet*)[319].

Estos argumentos deben extenderse a la madre a quien también debe negarse legitimación. Ella, consciente de la no paternidad de su pareja o de su marido, asiente el reconocimiento mendaz y su asentimiento comparte el carácter irrevocable del reconocimiento (cfr. RDGRN de 11 de noviembre de 1987[320]). Por lo tanto, no podrá impugnar la paternidad ni por derecho propio, ni en representación del hijo menor de edad o incapaz.

Además, permitir la impugnación al reconocedor y a la madre sería como incentivar actos de irresponsabilidad y una vulneración a la seguridad jurídica e indisponibilidad del estado civil del hijo (cfr. artículo 1814 CC). El reconocedor es consciente que así como determinó fácilmente la filiación, asumiendo voluntariamente obligaciones, sin ninguna consecuencia o sanción, podrá liberarse de esa obligación cuando la relación con la madre del reconocido haya terminado. Momento en que debe pagar una pensión de alimentos al hijo, lo cual no le es beneficioso. En otras palabras, se concedería al reconocedor un poder absoluto para desprenderse, a su voluntad, de cargas indeseadas, lo que es reprochable desde todo punto de vista. Como afirma QUICIOS MOLINA, "si una persona libremente, ha asumido una relación de paternidad con todas las obligaciones inherentes (alimentos, derechos sucesorios, etc.), no puede ampararse en el sacrosanto principio de la verdad biológica para desligarse de tales obligaciones en cualquier momento que lo desee"[321].

Por ello, no puede alegarse –como los hace cierta jurisprudencia– indefensión o vulneración del artículo 24 CE en pro de permitir la impugnación

318 La revocación es un acto unilateral que pretende dejar sin efecto otro anterior, sólo posible en un acto válido y en los casos que la ley lo prohíbe.

319 Para la aplicación de la doctrina de los actos propios se exige que los actos realizados por una persona constituyan una conducta vinculante que tenga repercusión en una relación jurídica de forma jurídicamente eficaz. GARCÍA VICENTE sostiene que no es posible argumentar la doctrina de los actos propios para impedir al reconocedor impugnar la paternidad *ex* artículo 136 CC. Considera que existen otras sanciones apropiadas a la conducta del reconocedor que impugna. Por ejemplo, declarar irrestituibles las prestaciones de alimentos ya satisfechas o permitir al hijo presentar una acción indemnizatoria contra el reconocedor (cfr. "Comentario… cit.", pp. 441-442). No toma en cuenta que ambos principios se aplican no por castigo al reconocedor, sino por la propia naturaleza del reconocimiento y por exigencia de las normas imperativas del Derecho de filiación.

320 "En cualquier caso es indudable que, una vez obtenido el consentimiento del representante legal, éste no puede, yendo contra sus propios actos, desdecirse o retractarse de su declaración. Las mismas razones que inducen a configurar el reconocimiento como un acto irrevocable (cfr. sobre todo, art. 741 CC) juegan para el consentimiento complementario del reconocimiento y que dota a éste de plena eficacia. Por esto es aquí intrascendente que la madre, desde el principio conforme con la inscripción de la filiación paterna, haya alegado después en el recurso que no desea que el varón autor del reconocimiento figure como padre de la menor, porque no lo es y porque no quiere mantenerla. El reconocimiento ha quedado perfeccionado, es por ello inscribible".

321 "Comentario… cit.", p. 461.

de estos reconocimientos por el reconocedor y la madre. En todo caso, quien se encuentra en indefensión es el hijo, quien ve determinada falsamente su filiación y luego impugnada a capricho del reconocedor o de la madre. En un momento determinado este hijo se ve sin padre, sin alimentante y sin ninguna indemnización que pueda paliar el daño que se le ha ocasionado[322].

A mi juicio, sólo el hijo, una vez alcanzada la mayoría de edad o plena capacidad, podrá impugnar la paternidad matrimonial surgida de un reconocimiento de complacencia, de conformidad con lo exigido en el artículo 137 CC. Se ha de excluir la aplicación del artículo 140 CC, reservada únicamente para la impugnación de la filiación no matrimonial. De esta manera se respeta la regulación del artículo 138 CC y el objetivo del Código Civil de dificultar la impugnación de la filiación matrimonial.

Asimismo, estimo que también podrá impugnar la filiación matrimonial el verdadero *pater,* si a la vez reclama la paternidad extramatrimonial y ésta se ve amparada por la posesión de estado (cfr. artículo 131 CC). Normalmente, en todo reconocimiento de complacencia existirá posesión de estado, pero no puede descartarse que por alguna circunstancia especial no haya existido, pese a la intención del reconocedor de asumir efectivamente la paternidad.

Para culminar con la inseguridad jurídica que se ha generado alrededor de los reconocimientos de complacencia y su impugnación, creo conveniente que el legislador regule expresamente esta materia en el sentido aquí propuesto. Es decir, deberá establecer taxativamente la vía de impugnación de la paternidad matrimonial surgida de un reconocimiento de complacencia así como las personas legitimadas y excluidas de este círculo. También deberían regularse los reconocimientos fraudulentos, para que su nulidad quede manifiesta expresamente y en los que se exija la falta total de posesión de estado de filiación, al estilo de la regulación del *BGB*.

[322] El Código Civil francés, antes de la reforma de 2005, regulaba una acción por la que cualquier persona con legítimo interés, incluso su autor, podía impugnar el reconocimiento por falta de veracidad, sin sujeción a plazo. Tras la modificación de 2005, esta acción ha desaparecido, de lo cual infiere la doctrina que la impugnación del reconocimiento por falta de veracidad se reconduce a las acciones generales de impugnación de la filiación. Ello significa que el reconocimiento de complacencia puede ser impugnado por el propio reconocedor. Esta situación se ve compensada por la jurisprudencia que niega al autor del reconocimiento declarado ineficaz todo derecho a repetir los pagos que hubiera hecho para el cuidado del hijo y le condena a indemnizar los daños y perjuicios a este último. Además, se encuentra el artículo 333.2 CC francés que determina que si la posesión de estado conforme al título se ha mantenido cinco años desde el reconocimiento, la filiación no podrá ser impugnada por nadie.

C. El reconocedor en la paternidad no matrimonial

1. El reconocimiento de hijo no matrimonial de mujer casada

Este reconocimiento origina frecuentes problemas debido a un posible enfrentamiento con la presunción de paternidad del marido. Conflicto que se vislumbra cuando ese reconocimiento intenta su ingreso al Registro.

Se plantean los siguientes supuestos:

a. La madre casada y el supuesto padre biológico pretenden inscribir la filiación no matrimonial

En función del principio de incompatibilidad de estados, es requisito imprescindible para la eficacia del reconocimiento, la inexistencia de una filiación contradictoria preestablecida legalmente (cfr. artículo 50 LRC y 113.2 CC).

El encargado del Registro, antes de extender el asiento, debe comprobar que el nacimiento no está cubierto por la presunción del artículo 116 CC: por existir una previa separación legal o de hecho de los cónyuges, cuando menos, de 300 días anteriores al nacimiento, o por haber nacido el hijo dentro de los 180 días siguientes al matrimonio, mediando una declaración auténtica del marido contraria a su paternidad (cfr. artículo 185 RRC y RRDGRN de 13 de junio y 5 de agosto de 1981, 4 de febrero de 1988, 3 de febrero, 16 de marzo y 3 de abril de 1990, 20 de diciembre de 1991, 22 de mayo de 1992, 1 de febrero y 11 de mayo de 1993, 26 de mayo y 7 de noviembre de 1994, 19 de enero, 23 de octubre y 30 de noviembre de 1995, 29 de mayo de 1996, 25 de octubre de 2003, 8 de junio de 2007 y 15 de junio de 2009). Para hacer estas comprobaciones, previas a la inscripción del reconocimiento paterno no matrimonial, el encargado del Registro Civil puede suspender la práctica del asiento, conforme a lo dispuesto en el artículo 28 LRC, si no le constara por notoriedad su procedencia.

Comprobada la no vigencia de la presunción de paternidad, podrá expresarse en la inscripción del nacimiento la filiación materna, consignando que la madre está casada y, después, expresar, en cuanto a la filiación paterna, la del otro progenitor distinto del marido, cualquiera sea su estado civil. De no existir reconocedor, únicamente se consignará la inscripción de la filiación materna (cfr. Circular de la Dirección General de 2 de junio de 1981 y artículo 10 RRC).

Así, el Centro Directivo, en RDGRN de 25 de octubre de 2003, tras verificar que no regía la presunción, ordena la inscripción de la filiación no matrimonial a favor de la madre y del progenitor extramatrimonial de estado civil divorciado, que había realizado el reconocimiento del menor.

Por otro lado, vigente la presunción, el reconocimiento extramatrimonial, aunque válido, es ineficaz. La paternidad se ha determinado matrimonial desde el nacimiento del hijo, debido al carácter automático de la presunción. De tal forma que cuando el reconocimiento pretenda inscribirse, la presunción despliega –lo que VERDERA SERVER denomina– su función acreditativa defensiva (negativa) del artículo 113.2 CC y, aunque no conste inscrita, si se deduce del Registro, produce la ineficacia de cualquier determinación posterior que pretenda inscribirse[323].

Este criterio ha sido confirmado reiteradamente por la Dirección General. En numerosas resoluciones ha rechazado el acceso al Registro de los reconocimientos paternos extramatrimoniales porque sostiene que, aunque no se haya instado la inscripción de la filiación matrimonial, la simple comprobación de la vigencia de la presunción impide la determinación extramatrimonial de la filiación (cfr. RRDGRN de 5 de marzo de 1986, 13 de mayo y 25 de noviembre de 1987, 9 de junio, 19 de septiembre y 17 de octubre de 1988, 13 y 14 de noviembre de 1989, 3 de febrero, 30 de agosto y 19 de diciembre de 1990, 11 de octubre de 1991, 22 de mayo y 26 de junio de 1992, 11 de mayo de 1993, 26 de mayo de 1994, 22 de junio de 1995, 18 de noviembre de 1996, 23 de mayo, 4 y 8 de junio de 2007, entre otras).

En consecuencia, se inscribe indefectiblemente la filiación presumida. Es decir, se hace constar con la filiación materna, la paternidad del marido, exista o no posesión de estado de esta filiación[324] y sin que sea obstáculo para ello la

---

[323] En cuanto a la función acreditativa positiva u ofensiva (del artículo 113.1 CC), el autor sostiene que la presunción de paternidad se enfrenta a las dificultades derivadas de su propia prueba. Considera que la forma habitual de probar los presupuestos fácticos que integran la presunción se realiza a través de las inscripciones (de nacimiento y de matrimonio) del Registro Civil, lo cual presupone que ya existe un título de legitimación de grado superior; por lo que en su opinión, resultaría superfluo acudir a la presunción como medio de acreditación de la filiación es sentido positivo (Cfr. *Determinación*... cit., pp. 71-76).

[324] El Centro Directivo, sobre la base del artículo 314 LRC en su antigua redacción y de la Circular de la Dirección General de 2 de julio de 1981, tomaba en cuenta la existencia de posesión de estado para la inscripción de la filiación matrimonial. Si la inscripción se instaba dentro de plazo, bastaba la simple vigencia de la presunción de paternidad para la inscripción matrimonial de la filiación. De instarse la inscripción fuera de plazo, además de comprobar la vigencia de la presunción, el hijo debía gozar de la correspondiente posesión de estado para lograr la inscripción del vínculo matrimonial (lo que no se exigía en la inscripción de la filiación no matrimonial). De no existir relación familiar, se inscribía únicamente la filiación materna no matrimonial. Se consideraba que si se inscribía la filiación paterna del esposo en orden a la presunción, pero sin existir posesión de estado, suponía dar por triunfante una acción de reclamación de la filiación matrimonial que había de ejercitarse en la vía judicial. Esta postura fue criticada en su tiempo por RIVERO HERNÁNDEZ. Alegó que la presunción de paternidad bastaba por su propia naturaleza o fundamento y debía surtir idéntico efecto, cualquiera sea la forma en que se acreditara la maternidad

conducta negatoria del marido ni la de los demás interesados[325]. La fuerza de la presunción no puede quedar al arbitrio de los particulares pues, en materia de estado civil, la voluntad sólo puede tener el juego que la ley le confiere.

Por ello, es harto cuestionable la RDGRN de 22 de mayo de 1991. El Centro Directivo hace prevalecer la voluntad de los interesados por encima de la imperatividad de la presunción, si bien, acertadamente, este criterio no ha sido recogido con posterioridad. En el caso que resuelve, tanto la madre, el supuesto progenitor (que reconocía formalmente) y el marido de la madre aceptaban la filiación extramatrimonial del menor. El Ministerio Fiscal también se encontraba a favor de la inscripción de la filiación no matrimonial. La presunción de paternidad no quedó desvirtuada, puesto que el nacimiento se produjo cinco meses después de la separación de hecho. El Centro Directivo, en lugar de inscribir la filiación matrimonial, que era lo que correspondía (y no entrar a analizar la verdad biológica de la filiación), entiende que no puede mencionarse la filiación del marido porque existían indicios de una discordancia entre el Registro y la realidad extrarregistral. Ordena la inscripción de la filiación materna y al Ministerio Fiscal para que, en el plazo de tres días, emita informe acerca de si procedía el ejercicio de las acciones de reclamación de filiación no matrimonial o, por el contrario, si procedía inscribir la filiación matrimonial[326].

de mujer casada: espontánea declaración dentro de plazo ante el Registro civil, prueba posterior en expediente gubernativo o en juicio declarativo (cfr. *La presunción*... cit., pp. 357-359).

Tras la RDGRN de 5 de marzo de 1986 y la modificación de la LRC de 29 de agosto de ese año, se eliminó la exigencia de posesión de estado. De tal forma que, tanto en las inscripciones dentro como fuera de plazo, bastará con probar la vigencia de la presunción para lograr la inscripción de la filiación matrimonial, cualquiera sea la posesión de estado en que se encuentre el hijo, pues la presunción basta por sí sola para determinar esta clase de filiación.

[325] En efecto, se ha inscrito la filiación matrimonial por vigencia de la presunción aunque los cónyuges estaban de acuerdo en que el marido no era el padre (cfr. RRDGRN de 5 de marzo de 1986, 14 de noviembre de 1989, 26 de junio de 1992 y 30 de noviembre de 1995). También cuando los cónyuges discrepaban sobre el tipo de filiación, ya sea porque la madre alegaba la filiación matrimonial, no estando de acuerdo el padre (cfr. RRDGRN de 25 de noviembre de 1987, 9 de junio y 19 de septiembre de 1988, 10 de marzo de 1989, 16 de marzo, 5 de junio, 30 de agosto y 19 de diciembre de 1990, 27 de agosto de 1991, 26 de septiembre de 1996 y 8 de junio de 2007), o, en sentido contrario, cuando la madre solicitaba la inscripción de la filiación no matrimonial, alegando el padre la matrimonial (cfr. RDGRN de 17 de octubre de 1988).

[326] POZO VILCHES es partidario de esta Resolución. A su juicio, por economía procesal, cuando los cónyuges estén de acuerdo en el carácter extramatrimonial de la filiación, aunque no se haya destruido la presunción de paternidad, debería admitirse la inscripción de la filiación no matrimonial. A su parecer, de esta manera se conseguiría el triunfo de la verdad biológica sin necesidad de acudir a la vía judicial (cfr. *El reconocimiento de hijo*... cit., p. 49 y 107-108). GARCÍA VICENTE, también en pro de la verdad biológica, propone que en una futura modificación del Código Civil español, se facilite la inscripción del reconocimiento del hijo de mujer casada cuando el hijo no es del marido (cfr. "Comentario... cit.", p. 448).

Por último, inscrita la filiación matrimonial, queda a salvo la vía judicial de impugnación de la paternidad por el marido, *ex* artículo 136 CC, o por el verdadero progenitor si ostenta la posesión de estado de filiación y, a la vez, reclama la paternidad no matrimonial, *ex* artículos 131 y 134 CC (aunque tras las sentencias del Tribunal Constitucional, incluso quien carece de posesión de estado puede acceder a las acciones de estado).

b. Se pretende la inscripción de la filiación matrimonial, pero consta inscrito el reconocimiento paterno no matrimonial de un tercero

En este supuesto, si el nacimiento se produjo fuera del ámbito de la presunción, el reconocimiento ha determinado la filiación y desplegado sus efectos, siempre que se hayan cumplido los requisitos complementarios de ser el caso. Por tanto, la inscripción de la paternidad extramatrimonial se ha realizado correctamente, sobre título valido para ello. Si junto a este reconocimiento no consta inscrita la maternidad no matrimonial, ésta tendría acceso al registro, dejando a salvo la vía judicial.

Si el nacimiento del hijo se produjo constante matrimonio o dentro de los 300 días siguientes a su disolución o a la separación de hecho o legal de los cónyuges, entonces la filiación se ha determinado matrimonial desde el nacimiento. Por tanto, cuando se efectuó el reconocimiento no matrimonial, *ab origine*, era ineficaz y no constituía un título válido para la inscripción. Luego, aunque este reconocimiento haya ingresado al Registro, este hecho no convalidó su falta de efectos. La inscripción de la filiación deberá ser rectificada mediante expediente gubernativo, de conformidad con los artículos 93, 94 y 95.2 LRC. Se ordenará la cancelación de la inscripción no matrimonial y se procederá a la inscripción de la filiación materna y paterna matrimonial[327]. No habrá necesidad de que el marido, o la mujer, acudan a la vía judicial a impugnar la paternidad no matrimonial y reclamar la matrimonial.

Por lo expuesto, disiento de la decisión de la RDGRN de 26 de mayo de 1987. Un marido pretende inscribir la filiación matrimonial, pero se da con la sorpresa que la filiación constaba inscrita como no matrimonial a favor de su mujer y de un tercero. El marido solicita la rectificación de esta inscripción. La Dirección General, sin corroborar la vigencia de la presunción, deniega la solicitud del marido. Argumenta que la inscripción de la filiación no matrimonial se había llevado a cabo mediante un título legal, y que el padre debería demostrar en la vía judicial, y no en sede registral, la vigencia de la presunción

327 Peña y Bernaldo de Quirós también se decanta en este sentido (cfr. "De la paternidad... cit.", pp. 889 y 896).

mediante el ejercicio de la acción de reclamación de la paternidad matrimonial e impugnación de la paternidad contradictoria[328].

Por otro lado, si sólo ha ingresado al Registro el reconocimiento paterno no matrimonial, surge la duda de si es posible inscribir la maternidad matrimonial, mientras se procede a la rectificación del asiento. RIVERO HERNÁNDEZ opina que la inscripción de la maternidad debería proceder, si se está dentro del plazo legal, sin necesidad de expediente y por medio de una inscripción complementaria. A su juicio, la maternidad se ha determinado de manera independiente por el principio *mater semper certa est* y, por consiguiente, su inscripción también puede realizarse de manera autónoma a la del marido[329]. A mi parecer esta opción no es posible. La indivisibilidad y bilateralidad de la filiación matrimonial impide la inscripción en solitario de la filiación materna matrimonial. Además, de permitirse, el Registro estaría publicitando una filiación inexacta. El hijo figuraría como no matrimonial de la mujer casada y del tercero, cuando en realidad es hijo de esa mujer con su marido. Primero habrá de cancelarse esa paternidad; después, inscribirse la filiación materna y paterna matrimonial.

c. La madre –casada con otra mujer– y el padre biológico pretenden inscribir la filiación no matrimonial del hijo

Al no existir presunción de paternidad en los matrimonios del mismo sexo, procedería, sin obstáculos, la inscripción de la filiación no matrimonial a favor de la madre y del hombre que ha realizado el reconocimiento.

Precisamente éste es el supuesto que resuelve la RDGRN de 28 de marzo de 2009. Pretende entrar al Registro un reconocimiento paterno no matrimonial de un hombre (casado) respecto del hijo de una mujer casada con otra mujer. La madre consiente el reconocimiento exigido por el artículo 124 CC. El Ministerio Fiscal emite informe favorable sobre la validez del reconocimiento. Sostiene que, al hallarse la madre casada con otra mujer, no era posible la procreación biológica entre ellas y no era aplicable la presunción de paternidad del artículo 116 CC. Igualmente se manifestó el Centro Directivo para

[328] POZO VILCHES alaba esta decisión. En su opinión, la presunción únicamente ha de prevalecer sobre el reconocimiento efectuado por un varón distinto, si concurren al mismo tiempo en la inscripción registral. Razona que si el reconocimiento ingresa al Registro antes que la filiación matrimonial no ha de ser rectificado mediante expediente, sino judicialmente, según los artículos 50 y 92 LRC. Es decir, deberá de ser el marido quien impugne esa filiación no matrimonial y reclame la matrimonial, con la consiguiente rectificación del Registro. Para afianzar su postura se basa en la primacía absoluta de la inscripción que figura en el Registro y de la verdad biológica (cfr. *El reconocimiento de hijo*... cit., pp. 95-106).

[329] Cfr. "*¿Mater semper certa est*? Problemas de determinación de la maternidad en el ordenamiento español", *ADC*, nº 1, 1997, pp. 57-61.

declarar la validez del reconocimiento y su inscripción en el Registro: "en el presente caso de filiación paterna no matrimonial de hijo de madre casada no actúa, por la propia naturaleza de las cosas, la presunción del artículo 116 del Código Civil, precepto referido al marido de la madre, toda vez que ésta se haya casada con otra mujer. Por tanto, no constituye obstáculo a la validez del reconocimiento el principio consagrado en el artículo 113-II del Código Civil de que no es eficaz la determinación de una filiación en tano resulte acreditada otra contradictoria".

Distinto es el supuesto en el que la mujer se somete a las técnicas de fecundación artificial y su cónyuge consiente para que se determine la filiación a su favor. En este caso el reconocimiento del varón sería ineficaz al haberse determinado la maternidad a favor de la esposa de la mujer usuaria, *ex* artículo 7.3 LTRHA.

2. *Reclamación e impugnación de la paternidad no matrimonial*

a. La legitimación del progenitor biológico, con o sin posesión de estado, para reclamar la paternidad no matrimonial e impugnar la matrimonial

El ordenamiento español otorga una amplia legitimación –*a cualquier persona que ostente un interés legítimo*– para reclamar la paternidad no matrimonial manifestada por la constante posesión de estado y siempre que no se encuentre determinada una paternidad contradictoria (cfr. artículo 131 CC[330]). En consecuencia, pueden reclamar la paternidad extramatrimonial vivida:

[330] El Grupo Parlamentario Unión de Centro Democrático (UCD), durante el *iter* legislativo de aprobación del Proyecto de Ley que dio lugar a Ley de 13 de mayo de 1981, cuestionó este precepto. Consideraba excesivo que cualquier persona con interés legítimo estuviera investida de legitimación para reclamar una filiación, cuando dicho vínculo se veía respaldado por la constante posesión de estado. A su juicio, la ley debía ser mucho más restrictiva al tratarse de un tema que atañía muy de cerca la intimidad de la persona y que podía provocar graves trastornos en la estabilidad de la familia. Además, porque podía ocurrir que una persona "trate a otra como si fuera su hijo sin que lo sea verdaderamente. ¿Cómo permitir que si el presunto padre, pese a la posesión de estado, no ha reconocido al hijo, ni éste intente la acción para reclamar su filiación, pueda un tercero –incluso en vida de los dos protagonistas– inmiscuirse en un asunto que, en principio, sólo les compete a ellos?". Esta crítica se concretó en la enmienda nº 119 en la que se proponía conceder legitimación únicamente al hijo o a sus herederos. Enmienda que no fue acogida por la Comisión.

De Castro y Bravo justifica esta amplia legitimación porque sostiene que "la eficacia general propia del estado civil, en cuanto afecta a todos, a todos también puede beneficiar o perjudicar. Por ello, la facultad de hacer que se declare la realidad y que se rectifiquen las falsas apariencias o mentidas afirmaciones la tiene toda persona que ostente para ello un interés legítimo" (*Derecho civil de España. II. Derecho de Persona. Parte primera. La persona y su estado civil,* Instituto de Estudios Políticos, 1952, reimpresión, Civitas, Madrid, 1984, pp. 90-91). En contra García el hijo; la madre, por derecho propio o en representación de su hijo menor o incapaz; y el padre extramatrimonial. En cuanto a este último, no se le exige como *condictio iuris* que haya acudido previamente al reconocimiento y que éste haya devenido ineficaz por la falta de consentimiento del hijo mayor de edad, del representante legal o de la aprobación judicial.

Por otra parte, existiendo posesión de estado de filiación no matrimonial, pero encontrándose determinado el vínculo matrimonial, tendría que impugnarse esta paternidad de conformidad con los artículos 136 CC y 137 CC, que sólo conceden legitimación al marido o al hijo. Por tanto, *prima facie*, al supuesto padre biológico, favorecido por la posesión de estado de filiación, no le quedaría otra opción que esperar a que el hijo (o la madre en representación de éste), o el marido, impugnen la paternidad formal para, posteriormente, efectuar el reconocimiento o incoar la correspondiente acción de estado. Sin embargo, ya que ostenta legitimación para reclamar su paternidad (*ex* artículo 131 CC), el artículo 134 CC le abre la posibilidad de impugnar la matrimonial, siempre que incoe la acción mixta[331], superando así las limitaciones de los artículos 136 CC y 137 CC[332].

En esta dirección se ha decantado la jurisprudencia. A juicio del Tribunal Supremo, en estos supuestos, la verdad biológica se ve afirmada por la relación familiar entre el supuesto padre y el hijo. En SSTS de 5 de noviembre de 1987, 23 de febrero de 1990, 28 de mayo de 1997 y 14 de abril de 1998 declara que "la aparente antinomia entre los artículos 131 y 134 del Código Civil, ha de resolverse en el sentido de dar una interpretación amplia y de cobertura a este último hasta el punto de catalogarlo como verdadera excepción al primero, ya que el propio artículo 134 permite la impugnación de la filiación contradictoria en todo caso, expresión esta tan elocuente, que permite colegir que siempre que la acción de reclamación se ejercite por el hijo o progenitor, es factible la impugnación de una filiación contradictoria ya determinada conviniendo así en la tesis favorable a que el progenitor no matrimonial puede acogerse a lo establecido en el artículo 134, *deviniendo avalada por el principio de la verdad biológica o en el de la posesión de estado del hijo como no matrimonial para coincidir así con el principio de la verdad sociológica*".

Vicente, porque, a su parecer, la regulación del artículo 131 CC se prestaría a chantajes (cfr. "La previsible reforma… cit.", p. 241).

331 Cfr. Barber Cárcamo, R., "Filiación y discriminación. Comentario a la STC 236/2000, de 16 de octubre", *RTC*, nº 3, 2000, pp. 1845 y ss.

332 En consecuencia, existiendo posesión de estado de filiación no matrimonial, el artículo 134 CC, permite incoar la acción mixta, reclamar la paternidad no matrimonial e impugnar la matrimonial, al padre biológico, a la madre por derecho propio (cfr. STS de 5 Noviembre de 1987) y al hijo.

Esta acción mixta del padre extramatrimonial no se somete a los plazos de caducidad de los artículos 136 CC y 137 CC, porque la jurisprudencia considera que la acción de impugnación es subsidiaria a la reclamación y aplica la imprescriptibilidad del artículo 131 CC (cfr., entre otras, la STS de 20 de diciembre de 1991). En este caso, la falta de caducidad de la acción no afecta la paz familiar ni la estabilidad de la prole, porque no existe una relación estable entre el marido de la madre y el hijo.

A falta de posesión de estado de filiación no matrimonial, del artículo 133.1 CC se desprende que el supuesto *pater* biológico se encuentra imposibilitado de reclamar su paternidad. La acción corresponde únicamente al hijo durante toda su vida (cfr. STS de 1 de septiembre de 2004[333]). Acción que también podrá ser iniciada por la madre, pero en calidad de representante legal del menor o incapaz (cfr. ATC de 9 de marzo de 1990, SSTS de 3 de diciembre de 1991 y 1 de julio de 2004).

La *ratio* de esta disposición es que, no habiendo posesión de estado, se impida al padre, que no otorgó el reconocimiento a tiempo, iniciar el proceso judicial de determinación de la filiación. De tal manera que la paternidad no matrimonial sólo pueda establecerse si así lo desea el hijo (o sus herederos) o su representante legal. La única salida de este progenitor sin posesión de estado será acudir al reconocimiento, siempre que cuente con los requisitos complementarios de los artículos 123 CC, 124 CC o 126, según corresponda[334].

Es decir, el Código Civil español, al no conferir legitimación al progenitor sin posesión de estado, es totalmente coherente con la opción legislativa de otorgar al hijo un ámbito de voluntad determinante para su filiación, en pro del *favor filii*: no puede imponerse al hijo ni judicial ni extrajudicialmente una filiación indeseada. Lo cual, a su vez, también concuerda con la ausencia de una previsión legal limitativa de los efectos de la determinación de la filiación, como lo prevé la legislación catalana[335].

---

[333] Resuelve una acción de reclamación de paternidad no matrimonial interpuesta por un hijo de 24 años contra el padre no matrimonial, con el que, según se desprende de la sentencia, no mantuvo ninguna relación de familia.

[334] En esta dirección, Serna Meroño sostiene que "parece lógico que faltando posesión de estado, el legislador haya considerado oportuno conceder sólo legitimación activa al hijo, puesto que tratándose de filiación no matrimonial, en principio, tanto el padre como la madre pueden establecer su propia paternidad o maternidad a través del reconocimiento. Para el caso de que el reconocimiento no pueda realizarse por faltar algún requisito de los establecidos en la ley, dada que la falta de posesión de estado denota que el padre o la madre no ha demostrado el mínimo interés hacia su hijo, el legislador valorando negativamente esta circunstancia, no concede legitimación activa ni al padre ni a la madre para poder ejercitar la acción de reclamación de su paternidad o maternidad" (*La reforma de la filiación*, Montecorvo, Madrid, 1985, p. 338).

[335] El Código Civil catalán, en su artículo 235.12, establece que *"1. Para la eficacia del reconocimiento de un hijo no matrimonial mayor de edad o menor emancipado, es preciso su consentimiento expreso o tácito. 2. El padre y la madre pueden reclamar que se declare judicialmente*

Ballarín Hernández, para paliar la falta de legitimación del progenitor biológico sin posesión de estado para reclamar su paternidad, defiende cierta exégesis para el supuesto específico que aquél haya realizado diligentemente el reconocimiento dentro del plazo para la inscripción (exento de los requisitos complementarios), mostrando interés en asumir sus obligaciones, pero cuya eficacia fue suspendida a petición de la madre y, tras solicitar la confirmación (demostrando constancia en su intento de determinar la filiación), el juez lo deniega (cfr. artículo 124 CC). El autor interpreta que, esa celeridad y constancia del padre por determinar la filiación, debe entenderse como una posesión de estado rudimentaria que le habilita para reclamar la filiación extramatrimonial[336].

A mi parecer, esta interpretación no deja de ser forzada. Es cierto que la conducta del *pater* demuestra diligencia y responsabilidad, tanto en el reconocimiento tempestivo como al solicitar la confirmación. Sin embargo, este proceder del padre no califica ni se subsume en lo que la doctrina y jurisprudencia califican estrictamente como posesión de estado de filiación (*nomen*, *tractatus* y fama), en este caso no matrimonial, que lleva consigo, más que prontitud en el reconocimiento, un trato familiar con el hijo o, en todo caso, con la madre durante el período de la gestación.

Además, esa presteza del padre biológico no supone que su reconocimiento beneficie al hijo. Precisamente por ser perjudicial a éste la madre solicitó su suspensión y, más aún, el juez ratificó la decisión de la madre al comprobar que el reconocimiento no beneficiaba al menor o incapaz, denegando la confirmación de sus efectos. Por tanto, permitir al progenitor biológico la reclamación de la paternidad, pese a no haber superado estos filtros, sería darle una oportunidad para que se declare una filiación en detrimento de los intereses del menor. Será el hijo, cuando alcance la mayoría de edad, quien valore el beneficio del reconocimiento realizado en su momento por el progenitor y otorgue su consentimiento, devolviéndole la plena eficacia.

Por último, determinada la filiación matrimonial, el supuesto progenitor extramatrimonial sin posesión de estado, al carecer de legitimación para reclamar su paternidad (cfr. artículo 133 CC), no podrá ampararse en el artículo 134 CC, cerrándosele toda posibilidad para ejercitar la acción mixta. Únicamente el

la paternidad o la maternidad no matrimoniales aunque el hijo haya denegado el consentimiento a que se refiere el apartado. La sentencia que la admita debe determinar la filiación sin ningún otro efecto, salvo que se pruebe la razón que justifica el retraso en el reconocimiento. 3. Para la eficacia del reconocimiento de una persona menor o incapacitada que no se haga en el plazo fijado para la inscripción del nacimiento, es precisa la aprobación judicial, con audiencia del ministerio fiscal, del representante legal del menor y, si es conocido, del otro progenitor. La denegación de la aprobación judicial no impide la reclamación de la filiación de acuerdo con lo establecido por el apartado 2 y con el mismo alcance".

[336] Cfr. ob. cit., pp. 4415-4426.

hijo, durante toda su vida, se encuentra facultado para reclamar la paternidad no matrimonial e impugnar la matrimonial[337] (cfr. STS 31 diciembre 2001[338] y SAP de Alicante de 31 de mayo de 2001[339]). La madre también podrá ejercitar la acción, pero sólo en representación del menor o incapaz (cfr. SSTS de 3 de junio de 1988, 28 de noviembre de 1992, 16 de diciembre de 1994 y 11 de septiembre de 2003). De esta manera, la legislación civil busca evitar que un tercero altere la paz y estabilidad del hijo y la del matrimonio.

i. La interpretación correctora del Tribunal Supremo del artículo 133.1 CC en relación con el artículo 134 CC

A pesar de la literalidad y la *ratio* de los artículos 133.1 CC y 134 CC, el Tribunal Supremo viene propalando una interpretación, a su entender, *correctora* de los preceptos citados. Esta exégesis extiende al presunto progenitor sin posesión de estado no sólo legitimación para reclamar la paternidad extramatrimonial, sino también para impugnar la matrimonial.

Esta jurisprudencia entiende que, en una interpretación sistemática, la legitimación del presunto *pater* biológico sin posesión de estado encuentra asidero en el artículo 134 CC cuando dispone que el ejercicio de la acción de reclamación por el hijo *o el progenitor permite en todo caso la impugnación de la filiación contradictoria*: "la interpretación literal por el juego de los artículos 134 y 133 demuestra que el 133 es una excepción que taxativamente cierra la posibilidad de ejercicio de la acción de filiación no matrimonial cuando falte la respectiva posesión, en cuyo caso exclusivamente, corresponderá al hijo durante toda su vida; mas frente a esa versión literal, puede hasta compartirse la versión más flexible, de que la regla general al no especificar nada en contrario, del artículo 134, que habla que esa sanción opera en todo caso, *posibilita que, cuando se ejercite la acción de reclamación conforme a los artículos anteriores, por el hijo o por el progenitor, se permitirá la impugnación de la filiación contradictoria"*

---

337 El hijo, mientras viva, tiene acción para reclamar siempre su filiación, sea ésta matrimonial (cfr. artículo 132 CC) o no matrimonial (cfr. artículo 133 CC).

338 En esta sentencia sucede algo muy curioso. El marido impugna la paternidad y él mismo reclama la filiación extramatrimonial del hijo, al amparo de los artículos 133 CC y 134 CC. El Tribunal Supremo aclara, con certeza, que el actor carece de legitimación para reclamar la paternidad no matrimonial y que, además, entre él y el menor existe un conflicto de intereses, motivo por el que no puede representarlo.

339 Esta sentencia revoca la de primera instancia, que declaró improcedente la acción de impugnación de la paternidad matrimonial y reclamación de la extramatrimonial (no amparada por la posesión de estado de filiación) interpuesta por una hija, cuando el padre biológico ya había fallecido, pues se le aplicó el plazo de caducidad del artículo 137 CC. La Audiencia precisa que la acción de impugnación de la paternidad matrimonial es accesoria a la de reclamación, aplicándose la imprescriptibilidad de esta última. En consecuencia, declara la filiación extramatrimonial de la actora y su calidad de heredera *ab intestato*.

(cfr. SSTS de 10 de marzo de 1988[340], 23 de febrero de 1990, 8 de julio de 1991, 24 de junio de 1996, 30 de marzo de 1998, 2 de octubre de 2000, 22 de marzo de 2002[341], 17 de junio de 2004, entre otras).

La praxis judicial citada precisa que esta acción mixta del padre biológico sin posesión de estado no está sometida a las reglas de la impugnación, sino a las de reclamación, ya que la primera acción es subsidiaria de esta última. Empero, como los requisitos de la acción de reclamación del padre no matrimonial sin posesión de estado no están regulados legalmente, la doctrina jurisprudencial sujeta esta acción a las características establecidas para la reclamación entablada por el hijo del artículo 133 CC. Acción que es imprescriptible. De esta manera, ha establecido que la acción mixta del que se pretende padre, sin posesión de estado de filiación, no está sujeta a ningún plazo preclusivo[342] (cfr. SSTS de 3 junio y 28 de noviembre de 1988, 20 de diciembre de 1991 y 16 de diciembre de 1994).

Cabe citar, especialmente, la STS de 28 de noviembre de 1995. El Tribunal Supremo estima la acción mixta del supuesto padre extramatrimonial (que no mantenía relación alguna con el hijo), sobre la base de esta interpretación correctora y la negativa de los esposos de someterse y someter a su hijo a las pruebas biológicas. Declara la paternidad no matrimonial del hijo y descarta la paternidad matrimonial, que era estable y vivida en paz dentro del matrimonio[343]

---

340 Declaró que "fuera de los supuestos de reclamación de filiación por la posesión, la nueva normativa permite la reclamación de la filiación no matrimonial cuando falte ese estado, legitimando para ello tanto al hijo como al progenitor, como se desprende de la simple lectura de los artículos 133 y 134 (...) Así las cosas, es visto que el actor reclamó la filiación no matrimonial al amparo de estos preceptos, por partir del supuesto de ser el padre biológico del hijo concebido con mujer casada, quedando así patente la legitimación ad causam", concluyendo que "resultan totalmente inoperantes los artículos 136 y 137 del Código Civil".

341 Tras la interposición de la demanda, el actor (progenitor extramatrimonial) fallece y es sucedido procesalmente por su madre. El Tribunal Supremo, además de alegar la interpretación correctora del artículo 133 CC, entiende que de la declaración de paternidad a favor del verdadero progenitor "no se derivarían ya para el menor los perjuicios que de la personalidad conflictiva de aquél se predican en el recurso".

342 Cfr. Sanciñena Asurmendi, C., "La verité... cit.", pp. 202-204.

343 El matrimonio interpuso una acción de amparo para que se deje sin efecto esta sentencia del Tribunal Supremo. Los cónyuges alegaron que existía una tranquila y pacífica relación matrimonial y que en la decisión debió tenerse en cuenta que la investigación de la paternidad y las pruebas biológicas son instrumentos que se erigieron para proteger a los hijos y que su prevalencia es perjudicial cuando el hijo se encuentra protegido y desarrollándose feliz con la filiación legal establecida. El matrimonio precisó que la cobertura jurídica invocada en la demanda (artículo 39.2 CE) está pensada para otros supuestos (madre soltera que reclama la paternidad al padre biológico, al carecer de filiación el hijo nacido de la relación entre ambos, hijo o hija que reclama la paternidad a quien le consta que es su padre por la conducta anterior observada por éste respecto a dichos hijos, etc.), pero que el legislador en ningún momento habría pensado en supuestos como el presente, es más, a su juicio, habría pretendido evitarlos. El Tribunal Constitucional, en auto de 2 de octubre de 1996, desestimó el amparo. Sostuvo que el interés del hijo consiste en la determinación de la filiación en

(cfr., además, la STS de 14 de abril de 1998[344]). Lo mismo sucedió en la SAP de Las Palmas de 4 de julio de 1998, en la que el padre biológico incoa la acción mixta en relación con dos menores, tras más de 10 años de posesión de estado de filiación matrimonial. El matrimonio se opone a la demanda. Alega la paz familiar y la existencia de una relación familiar estable. No obstante, la Audiencia, se basa en la interpretación correctora del artículo 133 CC y en la negativa de los demandados a la prueba biológica que, a su juicio, constituía una vulneración al artículo 118 CE y estima la demanda del supuesto *pater*.

En mi opinión, esta interpretación adolece de los mismos defectos de aquélla que realizó el Tribunal Supremo en relación con el *dies a quo* del artículo 136 CC.

En primer lugar, es una exégesis *contra legem* debido a que quebranta todo principio hermenéutico (artículo 3.1 CC) y transgrede la literalidad de la normas. Es imposible interpretar los artículos 133 CC y 134 CC en el sentido que lo hace el Tribunal Supremo sin alterar la letra de los preceptos[345].

El artículo 134 CC recoge lo que la doctrina denomina una acción de filiación mixta. Con ella, el legislador pretende abrir la posibilidad de impugnar cuando la finalidad de la acción no es sólo acabar con un título de legitimación falso, sino, además, determinar judicialmente la verdadera filiación[346]. En consecuencia, dicha norma amplía el círculo de legitimados para impugnar la filiación matrimonial, pero no indiscriminadamente, sino sólo al hijo o al progenitor que, de conformidad con los artículos 131 CC a 133 CC, tienen legitimación para reclamar la filiación no matrimonial[347], sin someter tal posibilidad a plazo.

---

correspondencia con la verdad biológica y que conceder el recurso implicaría una discriminación de la filiación no matrimonial.

344 Deniega el recurso de casación interpuesto por un marido contra la decisión de la Audiencia de estimar la demanda de reclamación de paternidad no matrimonial e impugnación de la matrimonial interpuesta por la madre y el padre biológico. Los hechos son los siguientes: la madre da a luz un hijo en 1985 que fue inscrito como matrimonial. En septiembre de ese año se separa de hecho del marido y se establece un régimen de visitas a favor de éste. En 1987 la mujer empieza a vivir con otro hombre, supuesto padre no matrimonial del hijo. Durante todos esos años y hasta que la madre y el tercero interponen la demanda, el padre legal se comportó como tal con su supuesto hijo. Se preocupó por su educación, alimentación y demás obligaciones. En concreto, el hijo y el marido mantuvieron una relación familiar de 5 años.

345 Incluso los más acérrimos defensores de la primacía de la verdad biológica en la filiación coinciden con esta crítica (cfr. Ballarín Hernández, R., ob. cit., p. 4424 y García Vicente, J. R., "La previsible reforma… cit.", p. 218).

346 Cfr. Carbajo González, J., "Las acciones de impugnación… cit.", p. 163.

347 Los herederos no están legitimados para iniciar esta acción mixta, ni aunque ostenten legitimación activa para reclamar la filiación de conformidad con los artículos 132 y 133 CC. Únicamente podrán continuar la acción iniciada por el causante.

Por tanto, el supuesto padre que no se ve respaldado por la posesión de estado de filiación extramatrimonial, al no ostentar legitimación para reclamar su paternidad, por excluirlo el artículo 133.1 CC, no encaja en el supuesto del artículo 134 CC[348]. Esta norma sólo amplía al padre biológico que mantiene una relación estable con el hijo la posibilidad de reclamar la paternidad no matrimonial e impugnar la filiación contradictoria, en cualquier momento[349].

La exégesis correctora tampoco es respetuosa del espíritu de la Ley de 13 de mayo 1981 y de la Constitución de 1978, pues pone en riesgo la estabilidad del hijo, la paz familiar y el matrimonio[350]. En aras a hacer prevalecer la verdad biológica, impone al hijo un padre con el que no ha mantenido ningún trato. No toma en cuenta si el descubrimiento del verdadero progenitor, con la consecuente determinación de su paternidad perjudica al hijo –máxime cuando éste venía desarrollándose tranquilamente en el ámbito de una familia matrimonial (o mantenía lazos con el marido de su madre)[351]–, ni si los propios cónyuges se oponen a la acción del supuesto padre[352]. Es decir, pasa por alto la protección especial que el ordenamiento otorga a la filiación vivida –coincidente o no con la biológica, pero real al fin de cuentas (cfr. STS de

[348] Muy acertado se muestra GULLÓN BALLESTEROS al emitir su voto particular en la STS de 30 de marzo de 1998. En su opinión "es clara la letra y el espíritu del artículo 133 CC, en el sentido de negar acción de reclamación de la filiación no matrimonial al progenitor, y así lo ha entendido la doctrina más autorizada. El artículo 134 CC no puede entenderse como contradictorio, o al menos causante de dudas sobre la interpretación del artículo anterior, pues se refiere al ejercicio de una acción conforme a los artículos anteriores, es decir, que comprende el artículo 133 CC, en modo alguna otorga una legitimación activa al progenitor a quien se le niega el anterior. El «en todo caso» claramente lo conecta el artículo 134 CC con uno de los efectos de la acción de reclamación; cuando se ejercita ésta, «en todo caso», o sea siempre, se permite la impugnación de una filiación contradictoria. Si se quiere decir de otra manera cuando se pueda reclamar la filiación. En consecuencia, no existiendo legitimación activa para ello, huelga buscar toda cobertura en el artículo 134 CC".

[349] Con razón, SANCIÑENA ASURMENDI critica a la jurisprudencia que "en aras de un igualitarismo oportunista ha ampliado los requisitos de la impugnación de la filiación matrimonial hasta equipararla a la impugnación de la filiación no matrimonial; y ampliado los requisitos de la reclamación de la filiación no matrimonial hasta equipararla a la reclamación de la filiación no matrimonial" ("La posesión…", p. 895).

[350] De la misma opinión son BARBER CÁRCAMO, R., "La legitimación del progenitor para reclamar su paternidad", *AC*, nº 2, 2006, pp. 2149 y ss.; LLEDÓ YAGÜE, F., ob. cit. p. 131 y RUBIO TORRANO, E.; "Inconstitucionalidad del artículo 133, párrafo 1º, del Código Civil", *AC,* nº 3, 2005, pp. 2152 y ss.

[351] En las SSTS de 24 de junio de 1996, 29 de diciembre de 1997, 19 de mayo de 1998, 20 de junio de 2000 y 8 de julio de 2004, el Tribunal Supremo otorgó legitimación al progenitor, que no ostentaba posesión de estado, para reclamar la filiación, pero con la diferencia que, en estos casos, no se encontraba determinada la paternidad matrimonial.

[352] Así sucedió en los casos que resolvieron las SSTS de 10 de marzo de 1988, 28 de noviembre de 1995, 30 de marzo de 1998, 8 de julio de 1991, entre otras, donde los cónyuges demandados solicitaban la desestimación de la petición.

29 de octubre de 2008[353])–, y la finalidad de evitar que un tercero altere las relaciones que se viven en paz.

Comparto lo sostenido por las SSTS de 28 de mayo de 1997 y 1 de febrero de 2002 que discrepan de esta interpretación del artículo 133.1 CC: "sólo puede ejercitar la reclamación de la filiación no matrimonial, cuando goce de la posesión constante de estado como se deduce del artículo 133 del Código Civil, que sólo lo atribuye al hijo y aunque no se desconoce la doctrina jurisprudencial que lo ha extendido al padre (...) tal extensión no puede ampararse indiscriminadamente en generalizaciones que pueden dañar seriamente pacíficas situaciones personales constantes surgidas de la generosidad de quienes asumen los deberes inherentes a la paternidad en bien del menor".

Además, esta jurisprudencia correctora, al convertir en imprescriptible la acción mixta del supuesto progenitor, coloca en peligro la seguridad jurídica que debe regir el estado civil de los hijos.

Por último, esta exégesis del artículo 133 CC ha modificado los artículos 136 CC y 137 CC. Elude la regulación del artículo 124 CC y, en general, la *ratio* del sistema, que busca dejar únicamente en las manos del hijo, o de su representante, la decisión de determinar su propia filiación cuando esta determinación sea perjudicial, *ad casum*, por tratarse del progenitor biológico que no sólo no reconoció a tiempo, sino que ni siquiera se interesó en asumir su responsabilidad para con su prole.

ii. La declaración de inconstitucionalidad por omisión del artículo 133.1 CC

Ante el Tribunal Constitucional se planteó cuestión de inconstitucionalidad del primer párrafo del artículo 133 CC. Se argumentó que la imposibilidad del progenitor biológico sin posesión de estado para reclamar su paternidad no matrimonial constituía una vulneración del artículo 14 CE (en comparación con la acción de reclamación de la filiación matrimonial en la que para la legitimación activa no se distingue si existe o no posesión de estado); se oponía al artículo 24 CE, en su aspecto de acceso a la jurisdicción (en cuanto impide al presunto progenitor sin posesión de estado el inicio del proceso), y transgredía el artículo 39. 1 y 39. 2 CE, al impedir el establecimiento de la relación paterno-filial.

---

[353] "La verdad material a cuya consecución se orienta la ley ha de responder al interés superior de los hijos y de la familia, y no ha de servir como elemento distorsionador del orden interno, y de ahí que no se haya introducido en nuestro sistema un modelo de investigación indiscriminada de la filiación y paternidad, perturbadora de ese orden familiar y contraria al estado civil y a la posesión de hecho del mismo que gozan las personas".

Esta cuestión fue resuelta por las SSTC de 27 de octubre de 2005 y 16 de febrero de 2006. En ambas, el Tribunal Constitucional, tras reconocer la existencia de otros principios constitucionales en la filiación tan importantes como la verdad biológica, ratifica la constitucionalidad del precepto en relación con el principio de igualdad. Este principio no impide el establecimiento de un régimen de determinación, impugnación y reclamación diferente para la filiación matrimonial y no matrimonial, como sostuvo en sus Sentencias de 26 de mayo y 9 de junio de 2005[354]. Asimismo, descarta la vulneración del artículo 133.1 CC en relación con el principio de protección de la familia y rechaza la interpretación correctora que venía aplicando el Tribunal Supremo por exceder el sentido de la ley y desfigurar los enunciados legales.

Nada tengo que objetar a estas aseveraciones.

Por otro lado, el Tribunal, para juzgar la conveniencia del artículo 133.1 CC en relación con los artículos 24 y 39.2 CE, acude, de nuevo, al juicio de proporcionalidad de intereses y se reafirma en la intelección de la investigación de la paternidad desde el provecho no sólo del hijo, sino también del progenitor. Sostiene que la investigación de la paternidad no puede quedar reducida a un derecho de la prole con exclusión de toda iniciativa por parte de los progenitores, pues considera que a éstos también les alcanza un interés por el conocimiento y declaración de la verdad biológica.

Afirma que la norma bajo análisis, al prohibir al progenitor biológico sin posesión de estado reclamar su paternidad, es desproporcionada a la finalidad perseguida de proteger el interés del hijo y salvaguardar la seguridad jurídica del estado civil de las personas.

Estos razonamientos conducen al Tribunal a declarar la inconstitucionalidad por omisión, pero no nulidad (a su juicio se produciría un vacío legal que impediría a los hijos ejercer la acción), del artículo 133.1 CC. Argumenta que el precepto vulnera la tutela judicial efectiva del supuesto progenitor sin posesión de estado, en su vertiente de acceso a la jurisdicción, en relación con artículo 39.2 CE, al impedírsele la investigación de la paternidad.

Además, exhorta al legislador a dictar una norma acorde con la Constitución (sin interponer un plazo para llevar a cabo la modificación del precepto) para que "regule con carácter general la legitimación de los progenitores para reclamar la filiación no matrimonial en los casos de falta de posesión de estado, con inclusión, en su caso, de los requisitos que se estimen pertinentes para

---

[354] En sentido contrario, QUICIOS MOLINA, S., ob. cit., p. 264. La autora sostiene que: "No es conforme con el principio de igualdad que el artículo 132 CC sí conceda legitimación al progenitor matrimonial para reclamar su filiación, aun sin posesión de estado, mientras no haga lo propio el artículo 133 CC". En la misma línea, CARBAJO GONZÁLEZ, J., *Las acciones*... cit., pp. 191-193.

impedir la legitimación abusiva de dicha vía de determinación de la filiación, siempre dentro de límites que resulten respetuosos con el derecho a la tutela judicial efectiva".

Esta decisión fue controvertida en el mismo seno del Tribunal Constitucional y se pone de manifiesto en los votos particulares de seis de los doce magistrados que integran la Sala[355]. Éstos defienden la constitucionalidad de la norma con argumentos semejantes a los de los votos discordantes de las SSTC de 26 de mayo y 9 de junio de 2005. Razonan que el juicio constitucional del artículo 133.1 CC debe hacerse a la luz del conjunto del sistema articulado por la normativa para la determinación de la filiación no matrimonial. En este sistema, el interés del progenitor se ve suficientemente protegido por la vía del reconocimiento de la filiación. Asimismo, manifiestan que dicho artículo no se opone al principio de investigación de la paternidad ya que ésta no es una finalidad en sí misma ni absoluta, sino una medida instrumental al servicio de la protección e interés del hijo.

A mi parecer, el fallo del Tribunal Constitucional limita el examen del precepto a la proporcionalidad de intereses. Olvida que la investigación de la paternidad constituye un objetivo en la medida que con ello se logra una mayor protección de la prole; y que no se percibe como un derecho fundamental del progenitor. Esa inadvertencia le impide ver que el *favor filii* exige el análisis de otros importantes factores, como la previa determinación de la filiación (matrimonial o no matrimonial), la existencia de posesión de estado de filiación legal y la conducta previa del progenitor que pretende accionar (si previamente pudo reconocer y no lo hizo, no hay razón para concederle una acción claramente perturbadora). Criterios que no aparecen en la argumentación del Tribunal Constitucional, ni tampoco en la exégesis correctora del Tribunal Supremo.

Por consiguiente, antes de emitir un juicio sobre la inconstitucionalidad por omisión del artículo 133.1 CC, se ha de ubicar al supuesto *pater* biológico sin posesión de estado en un doble escenario: el primero, cuando no se halla determinada la filiación que pretende reclamar y, el segundo, cuando la filiación se ha determinado previamente como matrimonial (o no matrimonial).

a) En el primero de los supuestos, el progenitor biológico sin posesión de estado, si bien no ostenta legitimación para reclamar su paternidad, puede reconocer al hijo siempre que concurran los requisitos complementarios del reconocimiento instituidos en beneficio de la prole (cfr. artículos 123 CC al 126 CC).

---

355 Esto significa que el fallo se adoptó por el voto de calidad de la Presidenta del Tribunal.

En este supuesto, la restricción en su legitimación es constitucional porque responde a una investigación de la paternidad al servicio del *favor filii*. Inclusive, desde la perspectiva de la proporción de los intereses en juego, el precepto supera el juicio de constitucionalidad, pues el ordenamiento no ha dejado de lado el interés del progenitor (aunque lo limita, obviamente, al interés del hijo). En consecuencia, la acción de reclamación de la paternidad no era la única vía que poseía el padre biológico sin posesión de estado para que se declare su paternidad extramatrimonial, por lo que comparto el voto discordante de las sentencias ya que se debió tomar en cuenta la regulación en conjunto del Código Civil.

Podría argumentarse que sí debería otorgarse la posibilidad de acudir a la vía judicial para reclamar la paternidad no matrimonial al *pater* biológico sin posesión de estado que ve ineficaz su reconocimiento por falta de consentimiento del representante legal o del propio hijo, o por denegación de la autorización judicial. En este caso, el juez, antes de declarar la filiación, deberá tomar en cuenta: la causas de la denegación de los consentimientos complementarios o de la denegación judicial, analizar las causas del reconocimiento paterno tardío, el comportamiento del padre y, sobre todo, si dicha declaración de paternidad beneficia al hijo, entendiendo que el *favor filii* no necesariamente se identifica con la primacía de la verdad biológica.

No obstante, la regulación del supuesto antes descrito no es una exigencia constitucional del derecho español. A lo mucho, una mera opción legislativa, como claramente lo expresa el Libro Blanco sobre los principios relativos al establecimiento y a las consecuencias jurídicas de la filiación, adoptado por el Comité de Expertos del Consejo de Europa sobre Derecho de familia, en mayo de 2004[356]. Por tanto, la no incorporación de esta legitimación en el Código Civil responde a una determinada manera de afrontar el régimen de la filiación, que bascula claramente sobre el interés del hijo y no sobre el del padre[357]. Motivo por el que su omisión no conlleva a tachar de inconstitucional el artículo 133 CC. Además, es importante reiterar que el Código Civil, a diferencia en este punto del Derecho catalán, como he expuesto, no ha contemplado la posibilidad de una declaración de paternidad sin más efectos civiles: determinada la relación, conlleva todos sus efectos personales y patrimoniales. Por ello, es lógico que el ordenamiento introduzca filtros para defender el interés del hijo.

---

[356] El principio octavo subraya la subsidiariedad de la acción respecto de la presunción y del reconocimiento como títulos de determinación de la paternidad y sólo reconoce al hijo o a su representante el derecho a interponerla, frente a la posibilidad (margen de apreciación de los Estados) de otorgarla también a la madre, a quien se afirma padre, a cualquier persona con interés legítimo o a la autoridad pública.

[357] Cfr. Barber Cárcamo, R., "La legitimación… cit.", p. 56.

b) En el segundo de los supuestos, cuando la paternidad que se reclama ya se encuentra previamente determinada en una filiación matrimonial (o no matrimonial), debe tenerse en cuenta que el presunto progenitor sin posesión de estado, además de reclamar su paternidad, debe impugnar la matrimonial. Por tanto, habrá de estimarse si esta paternidad matrimonial se ve respaldada por la posesión de estado.

En este sentido, cuando el hijo ostenta una paternidad legalmente determinada y goza de posesión de estado correspondiente, la limitación del padre extramatrimonial sin posesión de estado para acceder a la justicia a investigar la paternidad es también constitucional. Se entiende que el hijo ha establecido unos lazos afectivos muy fuertes con su padre legal, marido de su madre. Romperlos, implicaría una afectación grave a su salud psíquica, sobre todo si te trata de un menor de edad, cuyo interés prima por encima de todo, incluso sobre la verdad biológica.

Es decir, la limitación en la legitimación del padre biológico responde a la finalidad del legislador de 1981 de evitar que se vea alterada una relación familiar ya establecida, vivida, desde la óptica del interés preferente del hijo y, para conseguirlo, es coherente que se niegue legitimidad a quien se dice progenitor tanto para impugnar como para reclamar. Ello aparece explícito en la Exposición de Motivos del Proyecto que acompañaba a la ley de 13 de mayo de 1981: *"impedir que a voluntad de cualquier interesado puedan llevarse sin límite ante los Tribunales cuestiones que tan íntimamente afectan a la persona. Y ello, principalmente, para dar estabilidad a las relaciones de estado en beneficio del propio hijo, sobre todo cuando ya vive en paz una determinada relación de parentesco"*[358].

Además, en el caso de la filiación matrimonial, ha de recordarse que la regulación del Código Civil establece un sistema en el que la legitimación activa para impugnar una filiación matrimonial aparece mucho más restringida que aquella que se fija para impugnar una filiación no matrimonial (cfr. STS de 28 de noviembre de 2002).

Cabe el supuesto en que el hijo no ha mantenido una relación familiar ni con el marido de su madre (porque vive con ésta, que se separó tempranamente

[358] Barber Cárcamo considera que ante la existencia de una filiación contradictoria ya determinada habría de tenerse en cuenta cuál fue o pudo ser la conducta del progenitor con anterioridad a la situación ya consolidada. En su opinión, no cabe ampararse en el artículo 24 CE quien pudiendo un día haber reconocido, no lo hizo, posibilitando con ello la instauración de una relación de filiación que después pretende romper. Concluye que el juicio de inconstitucionalidad del artículo 133 CC debió limitarse a los casos en que, con anterioridad a la situación impeditiva del reconocimiento, el verdadero progenitor no pudo practicarlo, bien por desconocimiento de su paternidad (la madre puede habérselo ocultado), bien por incapacidad, bien porque la madre ya estaba casada (cfr. "La legitimación… cit.", p. 63).

del esposo, porque vive con otros familiares, etc.), ni con el padre biológico. En esta hipótesis, la acción mixta del *pater* extramatrimonial no afectaría la estabilidad del hijo. No obstante, ello tampoco lleva a tildar de inconstitucional el artículo 133.1 CC por omitir este caso.

La limitación de la legitimación del *pater* responde a la especial protección que merece la institución del matrimonio (cfr. artículo 32 CE y Exposición de motivos de la Ley de 13 de mayo de 1981) y que lleva a la mayor restricción de la legitimación activa para impugnar una filiación matrimonial en comparación con la impugnación de una filiación no matrimonial[359]. Tampoco afecta la investigación de la paternidad. El hijo tiene la opción, durante toda su vida, de reclamar la paternidad no matrimonial e impugnar la paternidad de su padre formal.

Tras este minucioso análisis, puedo concluir que, desde cualquier punto de vista, el artículo 133.1 CC se adecúa a la Constitución. En general, el interés de los hijos, valor supremo del Derecho de filiación, justifica la limitación del derecho de acceso a la jurisdicción de los padres extramatrimoniales sin posesión de estado.

No obstante, bajo la óptica del Tribunal Constitucional, el principio de libre investigación de la paternidad desplaza al hijo como centro de la regulación de la filiación en favor del padre y de su interés por ver declarada su paternidad. Lo que, a mi juicio, supone una alteración del significado y finalidad que tal principio ha tenido en la historia, y puede terminar erigiéndose en un instrumento contrario a los intereses del hijo. Por tanto, tras esta declaración de inconstitucionalidad, considero que el Tribunal ha consolidado una doctrina que afecta sustancialmente los principios de la filiación que inspiraron la reforma de 1981 y la actual Constitución.

Para resaltar aún más mi divergencia con las decisiones del Tribunal Constitucional, debo acudir al Derecho Comparado. El Código Civil Holandés no reconoce al supuesto progenitor ningún derecho para impugnar la presunción –sólo lo otorga al marido, a la madre y al hijo–, ni para reclamar su filiación, que sólo se concede a la madre y al hijo (cfr. artículos 1200 y 1207), sin que nada se le haya objetado, y eso que la modificación del Código Civil fue posterior a la sentencia del caso Kroon.

Por otro lado, y a pesar de que el Constitucional se esfuerza en aclarar que la interpretación correctora del artículo 133.1 CC es insostenible, su declara-

[359] Por consiguiente, cuando la paternidad determinada es una no matrimonial y no goza de posesión de estado, el padre biológico, según artículo 140.1 CC, podrá únicamente impugnar la paternidad y esperar tal declaración para proceder a reconocer la filiación, *ex* artículos 123 CC a 126 CC.

ción de inconstitucionalidad ha generado mucha confusión en los Tribunales, quienes siguen aplicando esa lesiva exégesis.

Para muestra, la STS de 2 de febrero de 2006. El Tribunal Supremo estima que el actor, un padre extramatrimonial que no ostentaba la posesión de estado, detentaba legitimación para reclamar su paternidad. Declara que aunque éste no ostente la posesión de estado, al igual que el hijo, tiene derecho a que se declare la verdad biológica de la filiación. Basa su fallo en la cuestionable interpretación que la jurisprudencia venía haciendo del artículo 133.1 CC y en la declaración de inconstitucionalidad por omisión de este precepto[360].

Asimismo, la SAP de Córdoba de 21 de febrero de 2006 estimó la reclamación de paternidad extramatrimonial no consolidada con la posesión de estado porque, según afirma, "el TS venía admitiendo esta legitimación (...) superando la literalidad del artículo 133 declarándose, como lo hace en la sentencia del TS, Sala 1º, de 27 de junio de 2003, por una interpretación más flexible de este precepto, poniéndolo en relación con el artículo 134 que reconoce «en todo caso» legitimación al progenitor para impugnar la filiación ya determinada, contradictoria de la que judicialmente se reclama" y que *"esta interpretación ha sido definitivamente sentada por la Sentencia del Tribunal Constitucional, Sala 3º, de 27 de octubre de 2005, cuando declara inconstitucional el párrafo primero del artículo 133, en cuanto reza el fallo «impide al progenitor no matrimonial la reclamación de la filiación en los casos de inexistencia de posesión de estado»"*.

También la SAP de Palma de Mallorca de 19 de julio de 2006. Denegó el recurso de apelación de la demandada, madre del menor, que alegaba la falta de legitimación activa del actor. La Audiencia refutó que "es doctrina jurisprudencial reiterada (...) la que reconoce la legitimación del padre en los casos de filiación no matrimonial, aunque no exista posesión de estado superando la literalidad del artículo 133 del Código Civil (...) La cuestión está, pues consolidada jurisprudencialmente, con lo cual la desestimación de la causa de impugnación se impone necesariamente".

El legislador es el llamado a corregir esta situación. En mi opinión, deberá establecer, taxativamente, que el supuesto padre biológico, sin posesión de estado, no ostenta legitimación para reclamar su paternidad ni destruir la filiación matrimonial determinada cuando esta última se vea favorecida por la posesión de estado. En todo caso, si el legislador no quiere dejar de lado el interés de aquel padre extramatrimonial, podría introducir una disposición en

---

360 En mi opinión, la demanda del actor debió ser rechazada *in limine* por no cumplir con el principio de prueba. El actor únicamente presentó con la demanda una declaración jurada de sus padres en la que manifestaban que su hijo y la actora habían mantenido una relación sentimental.

el sentido de que cuando no exista relación familiar con el padre legal, el *pater* biológico pueda impugnar la filiación matrimonial y reclamar su paternidad (siempre que esta acción esté limitada en el tiempo)[361], al estilo de lo regulado en la legislación francesa y alemana.

El primero de los ordenamientos otorga legitimación a quien pretende ser el verdadero progenitor para impugnar la paternidad matrimonial, dependiendo de la existencia o no de posesión de estado de la filiación legal y de su duración. Regula que si no existe posesión de estado de filiación matrimonial, el supuesto progenitor puede impugnar la paternidad en el plazo de diez años (cfr. artículo 334 CC francés). De haber existido relación familiar con el padre legal por un plazo inferior a cinco años y ésta cesó, el supuesto *pater* biológico tiene legitimación para impugnar la paternidad del marido en el plazo de cinco años contados desde el cese de la posesión de estado (cfr. artículo 333.1 CC francés). Finalmente, el legislador francés entiende que si el hijo mantiene una relación de parentesco con el marido de su madre por un lapso de cinco años, deberá mantenerse ese vínculo filial aunque no corresponda con la verdad biológica; lo contrario perjudicaría al hijo (cfr. artículo 333.2 CC francés).

El *BGB,* por su parte, permite al verdadero padre biológico impugnar la paternidad matrimonial siempre que concurran las siguientes circunstancias: a) que no exista ni haya existido relación socio-familiar entre el padre legal y

---

[361] García Vicente propone el establecimiento de acciones de mera determinación. Alega que es posible establecer quiénes son los progenitores biológicos sin deducir efectos jurídicos de tal establecimiento. A su juicio, el estatuto de la paternidad no tiene por qué ser exclusivo. Afirma que con la separación entre la relación de filiación y las instituciones de protección se logra valorar en su sede apropiada las conductas reprochables de los padres respecto a los hijos, o formular un juicio de conveniencia sobre el mantenimiento de relaciones jurídicas entre quienes no son padres e hijos, pero se comportan pacíficamente como tales. Por último, argumenta que el Tribunal Constitucional ha admitido esta disociación de paternidades en la sentencia de 19 de junio de 1999, cuando afirma "que no existe una obligada correspondencia entre las relaciones paterno-filiales jurídicamente reconocidas y las naturales derivadas de la procreación" (Cfr. "La previsible reforma… cit.", pp. 246 y ss.).

A mi juicio, estas acciones son factibles cuando se haya determinado la filiación adoptiva y se pretenda fijar, sin ningún efecto, la filiación natural. En este caso las filiaciones no son incompatibles, una es por naturaleza y la otra por adopción. No obstante, en la filiación por naturaleza, la mera determinación de la paternidad no matrimonial, sin alterar la paternidad matrimonial, no es acorde con el principio de incompatibilidad de filiaciones. Primero ha de impugnarse la filiación legal y luego determinarse la verdadera con todos sus efectos. En realidad, las acciones de mera determinación son una oda a la verdad biológica, pero vaciando de contenido la filiación. El Tribunal constitucional tampoco avala la propuesta expuesta. A mi juicio, el autor saca de contexto las declaraciones del Tribunal en sentencia de 19 de junio de 1999. Éstas se dirigían a defender la investigación de la paternidad limitada y, por tanto, la constitucionalidad de mantener una paternidad legal (pero con todos sus efectos, no una paternidad de mera determinación), aunque ella no corresponda con la verdad biológica.

el hijo y b) que el supuesto progenitor asegure bajo juramento que cohabitó con la madre durante el período legal de la concepción (cfr. § 1600)[362].

iii. La jurisprudencia del Tribunal Europeo de Derechos Humanos

El Tribunal de Estrasburgo ha tenido oportunidad de pronunciarse sobre el tema del progenitor biológico que reclama su paternidad en diversas oportunidades: sentencia de 27 de octubre de 1994 (caso Kroon contra Holanda), 5 de noviembre de 2002 (caso Yousef contra Países Bajos), 18 de mayo de 2006 (caso Rózanski contra Polonia), entre otras.

En las dos primeras sentencias, el Tribunal Europeo de Derechos Humanos se aleja totalmente de la línea seguida por el Tribunal Constitucional español, coincidiendo más con los votos discordantes de las SSTC de 27 de octubre de 2005 y 16 de febrero de 2006.

En ambas, si bien admite un derecho del progenitor biológico a determinar formalmente su paternidad, lo condiciona a la supremacía del *favor filii*. Estima justificada y razonable la limitación del derecho del progenitor a los intereses prevalentes del hijo –que pueden no coincidir con la proclamación de la verdad biológica– y a la posesión de estado de la filiación legal previamente determinada. Defiende que las limitaciones interpuestas al padre extramatrimonial para acceder a un tribunal y lograr la declaración de su paternidad son compatibles con el Convenio porque responden al beneficio del hijo. Estas declaraciones otorgan un argumento más para defender que las SSTC de 27 de octubre de 2005 y 16 de febrero de 2006 se han excedido al declarar contraria a la Constitución la falta de legitimidad del progenitor biológico carente de posesión de estado.

---

[362] Esta disposición no existía en el ordenamiento alemán hasta antes del 2004, por lo que el progenitor biológico no ostentaba derecho para reclamar la filiación ni derecho de visitas. La referida norma fue introducida previa exhortación del Tribunal Constitucional Federal Alemán. Éste, en sentencia de 9 de abril de 2003, realizó una argumentación ejemplar al analizar un recurso de inconstitucionalidad de la norma del *BGB* que impedía al supuesto progenitor biológico, sin posesión de estado, impugnar la paternidad matrimonial. Entendió que dicha limitación era constitucional porque respetaba el interés superior del hijo y garantizaba la relación familiar y social en que se inserta la filiación, es decir, de la posesión de estado de la filiación formal. Precisó que la verdad biológica no bastaba para que el progenitor desplace al padre legal en los derechos paternos, ya que junto al componente biológico se encontraba otro que no debía ser menospreciado relativo a la relación familiar y social en que se inscribe la filiación. En esta línea de pensamiento, consideró que sólo cuando dicha relación familiar con el marido de la madre no existiera, la norma lesionaba los derechos del supuesto progenitor biológico. En consecuencia, ordenó al legislador la modificación de la norma en ese sentido.

No obstante, en el caso Rózanski, el Tribunal centra su análisis en el derecho del progenitor biológico a ver determinada su paternidad, aunque tampoco deja de lado el interés del hijo.

Caso Kroon contra Holanda

En esta sentencia, el Tribunal cuestiona la presunción de paternidad no sólo desde el punto de vista de su impugnación, sino, también, en cuanto aquélla impide la determinación de la filiación a favor del progenitor extramatrimonial conforme a la verdad biológica.

La Sra. Kroon se separó de hecho de su marido a finales de 1980. El marido dejó Ámsterdam en 1986, ignorándose desde entonces su paradero. En octubre de 1987 la Sra. Kroon tuvo un hijo fruto de su relación extramatrimonial con un tercero. De conformidad con la legislación holandesa, dicha filiación era matrimonial[363] y con ese carácter se inscribió en el Registro Civil. La Sra. Kroon, un mes después del nacimiento de su hija, interpuso demanda de divorcio cuya sentencia se dictó en julio de 1988. Meses después, en octubre de 1988, la Sra. Kroon y su pareja intentaron inscribir el reconocimiento del verdadero padre, pero fue denegado por requerirse previamente la impugnación de la presunción, que correspondía únicamente al marido. La madre y su compañero defendieron su pretensión ante los Tribunales internos, pero fracasaron por carecer ambos de legitimación para impugnar la paternidad matrimonial.

Ante esta negativa, la madre, el padre biológico y el propio hijo incoaron demanda ante el Tribunal Europeo de Derechos Humanos alegando la vulneración de los artículos 14, 8 y 13 del Convenio. Esta demanda fue estimada por haberse vulnerado el derecho a la vida privada y familiar.

En este caso, el vínculo biológico del progenitor extramatrimonial se ve amparado por la posesión de estado. Por tanto, el Tribunal no proclama la primacía absoluta de la verdad material, sino que defiende que la verdad biológica y *social* han de prevalecer sobre la presunción legal cuando *ésta no beneficia a nadie*[364]. *Sensu contrario*, entiende que si la presunción de paternidad ampara una filiación contraria a la verdad biológica, pero que beneficia al hijo, porque es una filiación vivida, no es contrario al Convenio mantener esta realidad

[363] El artículo 197 CC holandés, vigente en ese momento, presumía que eran hijos del marido los nacidos de mujer casada en el momento del nacimiento del hijo y hasta antes de los 307 días posteriores a la disolución del matrimonio, salvo que la madre haya vuelto a casarse.

[364] Cabe destacar que este criterio no fue tomado en cuenta por la sentencia del caso Mizzi, donde el Tribunal alega la no prevalencia de una presunción legal sobre la verdad biológica, pero olvidándose de la precisión *cuando no beneficie a nadie*.

social, aunque se limite el acceso a los tribunales del verdadero progenitor para reclamar su paternidad.

Si bien es cierto que el interés superior del hijo no es la guía de la argumentación de esta sentencia, en la práctica, la decisión no le perjudica. El hijo nunca había mantenido una relación familiar con su padre legal, al contrario, vivió desde siempre con su progenitor y, es más, se une a la acción impugnatoria de su madre y de su padre biológico, por lo que en este caso la verdad biológica se ve consolidada y respaldada por la verdad social.

Sin embargo, no puedo dejar de objetar que el Tribunal de Estrasburgo entienda que exista un derecho del progenitor biológico a ver determinada su paternidad, cuando ello es contrario a los principios establecidos por el Comité de Expertos. Además, considera que este derecho exige, esencialmente, unas obligaciones negativas por parte del Estado, pero también obligaciones positivas para hacer efectiva la vida familiar dirigidas a la formalización de los lazos familiares de la forma más expeditiva posible. En este punto comparto la opinión de BARBER CÁRCAMO cuando sostiene que bastaba con analizar la adecuación de la presunción para verificar la vulneración al Convenio, sin necesidad de proclamaciones innecesarias sobre presuntos derechos y obligaciones positivas de los Estados[365].

También es criticable la afirmación del Tribunal en cuanto cabe una vida familiar sin convivencia, sin el establecimiento de lazos efectivos[366]. A mi entender, para que exista vida familiar entre el supuesto padre y el hijo debe existir, necesariamente, posesión de estado de filiación.

Estas discrepancias también son resaltadas por los dos votos particulares que acompañan esta sentencia y que justifican la limitación o la inexistencia de la posibilidad del progenitor a reconocer su paternidad, en pro del interés del menor y la paz familiar. En el primero de los votos, el juez MORENILLA es contrario a la existencia de un derecho del progenitor biológico a impugnar la paternidad. Entiende que ello significaría priorizar la relación biológica sobre la armonía y la cohesión de la familia y el interés prevalente del niño. Asimismo, advierte del gran peligro de la generalización de este criterio más allá del presente caso. El juez MISFUD BONNIC manifiesta, acertadamente, la inexistencia de vida familiar cuando el progenitor biológico y el hijo no viven juntos voluntariamente y echa de menos la mención del interés del menor en la sentencia.

---

[365] Cfr. "La jurisprudencia... cit.", pp. 134 y ss.

[366] El antecedente de este concepto de vida familiar se encuentra en la STEDH de 26 de mayo de 1994 (Caso Keegan contra Irlanda).

Caso Yousef contra Países Bajos

Tras el Caso Kroon, la Ley holandesa de 1 de abril de 1998 admitió la impugnación de la presunción de paternidad por el marido, la madre y el hijo. Sin embargo, no concedió dicha acción al supuesto padre. También le negó legitimación para reclamar la paternidad (que sólo se confiere al hijo y a la madre) y estableció límites a su reconocimiento (control materno y judicial).

Precisamente, el caso Yousef trata de una reclamación de paternidad extramatrimonial y de los límites impuestos al reconocimiento del progenitor. Esta sentencia es interesante porque el Tribunal Europeo de Derechos Humanos se muestra mucho más prudente que en el caso Kroon y se aleja de esa línea.

Tras alegar el mismo concepto de vida familiar expuesto en el caso Kroon, el derecho del padre a ver determinada su paternidad y la obligación positiva del Estado a la formalización de los vínculos familiares, determina que se ha materializado una injerencia en la vida familiar del demandante. No obstante, sostiene que dicha injerencia cumple con un fin legítimo (de conformidad con el segundo párrafo del artículo 8 Convenio), que es la protección de los intereses preferentes del niño. Intereses que, en su opinión, pueden desaconsejar la formalización de tal paternidad cuando acarree una alteración en la situación social vivida por el hijo. Por tanto, considera conforme al Convenio las limitaciones legales impuestas por la norma holandesa sobre la validez del reconocimiento (aprobación materna o judicial) en beneficio del hijo a la estabilidad de sus relaciones familiares.

Concretamente, afirma que es adecuada la decisión de los tribunales nacionales de rechazar la solicitud del demandante, padre biológico de una menor, sobre la inscripción del reconocimiento de su paternidad. La madre falleció y la niña vivió pocos años con el padre biológico, no obstante, el Tribunal da mucha importancia a la oposición de la madre al reconocimiento y al hecho de que la niña vivía y se desarrollaba en paz junto a sus tíos maternos. A juicio del Tribunal, el beneficio del hijo no se reduce a que la menor tenga un padre legítimo, ni aunque uno de los progenitores hubiera fallecido. Sostiene que, aunque el vínculo biológico es indiscutible, debía analizarse si el reconocimiento de la paternidad beneficiaba a la hija.

Concluye que la admisión del reconocimiento paterno de la filiación en nada beneficiaría a la menor, porque "en el presente caso los tribunales internos admitieron que el demandante tenía la intención de desbaratar la situación familiar de su hija. Deseaba el reconocimiento de su paternidad con el fin de llevarse a su hija a vivir con él en vez de continuara haciéndolo con su familia legítima" y "semejante cambio iría en detrimento de los intereses de la menor"[367].

---

[367] En el punto 65 de la sentencia afirma que "los tribunales de los Países Bajos no han ignorado el vínculo natural entre el padre y su hija. Tampoco han dejado de tener en cuenta el interés de la

Por último, destaca que los tribunales de los Países Bajos no ignoraron el vínculo natural entre el progenitor y su hija ni el interés de ésta en tener un padre legítimo, al conceder al padre un derecho de visitas sobre la menor.

Caso Rózanski contra Polonia

El demandante, el Sr. Rózanski, vivió con una mujer entre 1990 y 1994. La mujer tuvo un hijo en 1992 que fue inscrito en el Registro Civil como hijo de *Stanislas F*. Un nombre ficticio consistente en el nombre del demandante y el apellido de la madre. La relación finalizó en 1994. La madre dejó al niño con el demandante y desapareció durante más de un mes. El niño cae enfermo y el demandante lo lleva a un hospital, de donde es extraído por la madre (en mayo de 1994), quien se mantuvo oculta durante varios meses. Desde entonces el demandante no tuvo contacto alguno con el niño.

Antes de este acontecimiento, el 18 de abril de 1994, el demandante presentó una petición ante el Tribunal de Distrito de Gdańsk reclamando el establecimiento de la paternidad del menor en su calidad de padre biológico. No obstante, en virtud de la legislación interna, el supuesto padre biológico no casado con la madre no tenía capacidad legal para iniciar un procedimiento de determinación de su paternidad. Por este motivo, fue citado por el tribunal para presentar ciertos documentos con el fin que se designara a un tutor que iniciara la acción de paternidad en nombre del niño, pero el demandante no lo hizo.

El 27 de enero de 1995, el Tribunal de Distrito dictó resolución por la cual el menor quedó bajo tutela pública. Los derechos de custodia de la madre quedaron restringidos y solo se le permitía visitarle. En esa fecha, el demandante presentó una nueva petición ante el Tribunal de Distrito a fin de que se nombrara a un tutor para que representara al menor a efectos del procedimiento de paternidad. Sin embargo, en noviembre de 1995, el demandante retiró su petición y el Tribunal suspendió el procedimiento.

Un año después, el 15 de marzo de 1996, la madre declaró ante el Tribunal de Distrito de Gdańsk que su nuevo compañero era el padre biológico de su hijo y el Tribunal ordenó que el menor pudiera quedarse con la madre hasta que

---

niña en tener un padre legítimo. Sin embargo, consideraron que se atendía mejor a los intereses de S. permitiéndole crecer en la familia en la que fue colocada tras la muerte de su madre, y donde recibiría los cuidados que necesitaba. El demandante nunca antes cuidó de su hija, ni señaló anteriormente que quisiera hacerlo, ni ha probado de forma convincente que pudiera hacerlo de forma responsable. Asimismo, el permitir el reconocimiento significaría «ipso iure» que S. llevaría el apellido de su padre, mientras que ahora lleva el apellido de la familia con la que se ha estado criando; este cambio tampoco sería de su interés".

decidiera si se le restituía sus derechos sobre el niño. El 15 de julio de 1996, el nuevo compañero de la madre reconoció su paternidad.

Tras este hecho, el demandante presentó una nueva petición ante el Tribunal de Distrito y volvió a solicitar el nombramiento de un tutor que representase al niño a efectos de iniciar un procedimiento de paternidad. El Tribunal rechazó la solicitud. Afirmó que el demandante no tenía derecho a plantear la cuestión porque el menor ya contaba con un padre legal.

Agotadas las vías internas, el Sr. Rózanski planteó demanda ante el Tribunal Europeo de Derechos Humanos por vulneración del artículo 8 del Convenio.

El Tribunal sostuvo que Polonia violó el Convenio por varias razones. En primer lugar, porque el actor había mostrado un interés y un compromiso en cuanto al niño, tanto antes como después de su nacimiento, pero su legislación no amparaba un procedimiento directamente accesible para que el *pater* biológico logre la declaración de su paternidad. En segundo lugar, el Tribunal señaló la ausencia, en la legislación interna, de indicaciones en cuanto a la manera en que las autoridades debían ejercitar las facultades discrecionales de las que habían sido investidas, para decidir si impugnar o no la paternidad legal establecida mediante la declaración hecha por otro hombre. En tercer lugar, el Tribunal denunció la manera negligente en que las autoridades ejercieron sus facultades al tratar las solicitudes de impugnación de la paternidad del demandante.

Examinado el modo en que estos elementos en conjunto afectaron la situación del demandante, el Tribunal concluyó que, incluso teniendo en cuenta el margen de apreciación de que goza el Estado, éste no garantizó al actor el respeto de su vida familiar al que tenía derecho según el Convenio.

Esta postura del Tribunal contradice la establecida en el caso Yousef, donde reconoce que la inexistencia de un acceso directo del supuesto padre extramatrimonial no es incompatible con el Convenio porque responde a la protección de los intereses del menor.

Sin embargo, esta sentencia presenta votos disidentes (del juez GARLICKI a la que se une la jueza STEINER) con los que concuerdo y que resultan de gran interés destacar. Estos jueces opinan que la decisión del Tribunal no es adecuada. A su juicio, las limitaciones de la legislación polaca, y de las legislaciones en general, del supuesto padre extramatrimonial para reconocer su paternidad (necesidad del consentimiento de la madre) y para reclamar su paternidad e impugnar la legal (no acción propia sino que solicita al Ministerio Fiscal el nombramiento de un tutor para que reclame la paternidad en nombre del hijo o logre la nulidad) no son contrarias al Convenio.

Argumentan que el análisis debe situarse en el interés del hijo. Por tanto, en el caso de que la madre no consienta el reconocimiento del padre, debe ser el hijo y no el padre quien deba ser protegido en tal situación. Sostienen que "existe siempre el riesgo de que las reclamaciones de paternidad se puedan presentar de manera frívola o vejatoria y se utilicen para acosar a la madre y al niño. Eso puede tener un efecto desastroso en el desarrollo psicológico del niño. Por lo tanto, el legislativo puede y debe establecer las limitaciones y restricciones necesarias para la protección del bienestar del niño".

Además, los jueces disidentes opinan que el demandante mostró una actitud negligente e indecisa, porque no agotó todos los recursos existentes en la legislación polaca para lograr la declaración de su paternidad.

b. Impugnación de la paternidad no matrimonial

La acción de impugnación de la paternidad no matrimonial tiene por fin que se declare judicialmente que no es cierta la paternidad determinada, *ex* reconocimiento o resolución recaída en expediente registral[368], por su inadecuación con la verdad biológica (cfr. artículo 140 CC). Esta acción regula distintos requisitos de legitimación activa y plazos de caducidad, en atención a que falte o no la posesión de estado.

A falta de relación familiar estable, el primer párrafo del artículo 140 CC establece que la acción podrá ser ejercitada por aquellos *a quienes perjudique*. Es decir, se requiere que la falsa filiación no matrimonial discutida lesione un legítimo interés actual (presente), moral o patrimonial. Este interés se presenta, indudablemente, en quienes aparecen como hijo y padre. El propio reconocedor podrá impugnar su paternidad ya que reconoció la filiación por error y podrá contradecirla sin que ello implique un cambio de voluntad, una revocación del reconocimiento. También sufrirá un perjuicio el verdadero *pater biológico,* quien no podrá determinar su paternidad al encontrarse otra determinada[369]. El verdadero *pater,* por tanto, está legitimado para impugnar la paternidad no matrimonial, pero si no ostenta la posesión de estado, no podrá reclamar su paternidad (cfr. artículo 133 CC). No obstante, una vez estimada la sentencia

[368] En el caso de la madre, además, por la determinación del artículo 120.4 CC.

[369] De la Cámara Álvarez presenta un supuesto muy interesante sobre el perjuicio que puede sufrir el padre biológico, que merece la pena destacar. Es el caso del verdadero progenitor que realiza el reconocimiento de un menor de edad fuera de plazo. La madre se opone a dicho reconocimiento y, tras este hecho, entra al Registro el reconocimiento efectuado por otro hombre con el consentimiento de la madre y respecto del cual no existe posesión de estado de filiación no matrimonial. Como es evidente, el supuesto progenitor se ha visto perjudicado por esta determinación de la filiación y, por tanto, podrá impugnarla, *ex* artículo 140 CC, primer párrafo (cfr. ob. cit., pp. 492-502).

de impugnación, podrá realizar el reconocimiento, concurriendo, según las circunstancias, los consentimientos complementarios exigidos por el Código Civil.

Por otra parte, no se establece un plazo de caducidad para el ejercicio de la acción de impugnación en ausencia de posesión de estado. Ha de entenderse, entonces, que es imprescriptible.

La doctrina critica, por afectar el principio de seguridad jurídica, la amplia legitimación y la falta de un plazo preclusivo en la acción de impugnación a falta de posesión de estado[370]. A mi juicio, estos excesos encuentran justificación porque, al no vivirse en la familia la relación de filiación, el ejercicio de la acción no implica una grave perturbación. Además, esa amplia legitimación se ve menguada porque quienes impugnan deben acreditar un perjuicio actual, no futuro ni eventual. Por lo tanto, no siempre, ni en todo momento, se podrá interponer la acción.

Por otra lado, cuando la filiación está determinada legalmente y *corroborada por la posesión de estado* (segundo párrafo del artículo 140 CC), se favorece este vínculo mediante la limitación de las personas legitimadas para combatirla y el señalamiento de un plazo de caducidad (cfr. STS de 28 de marzo de 1994).

En consecuencia, no se legitima a todos los perjudicados, sino al hijo, al progenitor legal o a todas aquellas personas que por la filiación pudieran resultar afectadas en su calidad de herederos forzosos.

El hijo podrá impugnar la paternidad no matrimonial aunque haya consentido el reconocimiento. El reconocedor podrá impugnar siempre que haya reconocido desconociendo la verdad material de la filiación. De lo contrario, se trataría de un reconocimiento de complacencia, el cual no puede ser contradicho ni por su autor ni por la madre que, a sabiendas de la verdad biológica, asiente el reconocimiento. En cuanto a los herederos *forzosos,* se refiere tanto a los del hijo como a los del padre legal[371]. He de precisar que ha de entenderse por

---

[370] LLEDÓ YAGÜE considera que el *status filii* no puede permanecer en la inseguridad jurídica *sine die,* que supondría el ejercicio extemporáneo de un derecho. Aduce que a la acción que recoge el primer párrafo del artículo 140 CC se le debe aplicar el plazo de caducidad de 15 años, tal como lo establecía la jurisprudencia que interpretaba el artículo 138 CC, antes de la reforma de 1981, antecedente del actual artículo 140 CC, primer párrafo (cfr. ob. cit., p. 201). El autor no toma en cuenta que el artículo 138 CC recogía un supuesto diferente: regulaba la impugnación de aquellos reconocimientos no permitidos por ley, como el del hijo no natural. Por lo que, a mi parecer, resulta difícil aplicar la interpretación jurisprudencial de ese precepto al actual artículo 140 CC.

[371] En esta dirección, PEÑA Y BERNALDO DE QUIRÓS, M., "De la paternidad... cit.", pp. 1014-1015. En contra, LLEDÓ YAGÜE. Interpreta que, por sentido común, sólo estarían legitimados los herederos del reconocedor (hijos y descendientes), pues, a su juicio, son los únicos que podrían ver mermados sus derechos legitimarios si concurrieran con el supuesto hijo. Coloca como ejemplo el

tales no quienes tienen un derecho adquirido por haber fallecido ya el causante, sino quienes tienen un derecho expectante como legitimarios. Es decir, quienes por su pertenencia al círculo más íntimo de la familia de la persona tendrían a su fallecimiento esa calidad, pues el precepto es claro al referirse a los *que puedan resultar afectados en su calidad de herederos forzosos* y no *a los que resulten ya afectados*. Si el precepto recogiera este último supuesto, entonces debería entenderse que los legitimarios sólo podrían entablar la demanda si el reconocedor o el hijo mueren y, además, fallecen antes de transcurrir el plazo de caducidad. Interpretación bastante limitada que para nada se desprende de la lectura de la norma.

A mi parecer, esta legitimación otorgada a los herederos forzosos es excesiva cuando existe una relación familiar. Puede suceder que el padre legal no desee impugnar la filiación, pero los hijos concebidos de otra relación, por un interés meramente patrimonial, por temas sucesorios, decidan impugnar la paternidad. Resultaría una intromisión perjudicial en la estabilidad del hijo. Por ello, considero que los legitimados para impugnar la paternidad no matrimonial amparada por la constante posesión de estado deberían reducirse a la madre, al hijo y al padre formal.

Por otra parte, el verdadero progenitor no ostenta legitimación activa, porque la paternidad no matrimonial se ve afianzada por la posesión de estado. Sin embargo, PEÑA y BERNALDO DE QUIRÓS cree que el segundo párrafo del artículo 140 CC también comprende a todos aquellos que de no darse la filiación serían llamados herederos forzosos (del que aparece como progenitor, del que aparece como hijo), dentro de los cuales incluye al verdadero *pater*[372]. Interpretación de la que disiento. La propia norma legitima únicamente a aquellos que al *momento de interponer la acción* ostentarían la calidad de herederos forzosos. Por tanto, el presunto padre, al no tener determinada su paternidad, no tiene ningún vínculo con el supuesto hijo como para considerarse legitimario de éste.

En cuanto a la duración de la acción, en presencia de posesión de estado, caduca por el transcurso del plazo de cuatro años a contar desde que el hijo, una vez inscrita la filiación, goza de la posesión de estado correspondiente. Es decir, para la caducidad de la acción se requiere el transcurro de cuatros

caso de los hijos matrimoniales del reconocedor que verían disminuida su cuota legitimaria al tenerla que compartir con el hermano nacido fuera del matrimonio. Por el contrario, los herederos del hijo extramatrimonial estarían interesados en que no se impugne la filiación paterna no matrimonial del aparente progenitor de su padre, porque resultarían perjudicados en sus derechos legitimarios (cfr. ob. cit., pp. 199 y 203-204). Comparte esta postura SANCHO REBULLIDA, F. A., ob. cit., p. 671.

En mi opinión, sí existen supuestos en que los herederos forzosos del hijo pueden verse perjudicados con la determinación de la filiación falsa. Por ejemplo, cuando la herencia del reconocedor es deficitaria y les perjudica, legitimándoles para interponer la acción del artículo 140 CC.

372 Cfr. "De la paternidad… cit.", p. 1014.

años desde que concurra un doble requisito: la inscripción de la filiación y la posesión de estado. Mientras no opere la inscripción, el plazo no empieza a correr. Asimismo, aunque se practique la inscripción, el plazo no empezará a correr si no existe posesión de estado. Por ejemplo, puede suceder que exista un reconocimiento que se inscribe después de cinco años de posesión de estado de filiación no matrimonial y se impugne al año siguiente. Pese a existir 6 años de relación familiar, el plazo no ha caducado; sólo ha transcurrido un año desde la inscripción del reconocimiento, permitiéndose la impugnación de una filiación consolidada y vivida por mucho años. Tal vez por ello sea conveniente que los cuatro años de la posesión de estado se cuenten desde que se efectúa el reconocimiento.

Nótese que la inscripción de la filiación es un *dies a quo* objetivo, semejante al del artículo 136 CC. Por esta similitud, algunos autores advierten que el artículo 140 CC, segundo párrafo, también puede devenir inconstitucional al no tomar en cuenta el conocimiento de la falsa paternidad por el padre biológico no matrimonial cuando han transcurrido más de 4 años desde la inscripción con posesión de estado en las relaciones familiares. Esta inconstitucionalidad se presentaría, a su juicio, cuando se trate de una filiación no matrimonial determinada por el expediente del artículo 49 LRC. Cuando se ha determinado por reconocimiento, aún se puede acudir al artículo 141 CC e impugnar el reconocimiento por error dentro del año siguiente al conocimiento de la verdad biológica. Por estos motivos, consideran que los tribunales han de aplicar los criterios emanados de las SSTC de 26 de mayo y 9 de junio de 2005[373].

En mi opinión, el espíritu de la norma es proteger aquellas filiaciones no matrimoniales consolidadas con posesión de estado correspondiente por lo menos de cuatro años, aunque biológicamente sean falsas. Por tanto, no es cuestión de *dies a quo*, es cuestión de protección de esas relaciones familiares estables. En consecuencia, aunque se cambie el término inicial de la acción, deberá mantenerse el criterio de la posesión de estado, que impedirá que dicho término inicial subjetivo conlleve la impugnación de filiaciones consolidadas por mucho tiempo (más allá de cuatro años), como está sucediendo en la filiación matrimonial tras la interpretación dada al artículo 136 CC.

Por último, caducada la acción, la filiación biológicamente falsa, pero realmente vivida, se vuelve inimpugnable (incluso aunque transcurrido el plazo se pierda la posesión de estado), salvo para el hijo. Éste, una vez alcanzada la mayoría de edad y plenamente capaz, podrá impugnar la filiación no matrimonial aunque hayan transcurrido más de cuatro años desde la inscripción con

[373] Cfr. GARCÍA VICENTE, J. R., "La previsible reforma... cit.", p. 226 y ESTRUCH ESTRUCH, J., "¿Es inconstitucional el párrafo segundo del artículo 140 del Código civil?", *AJA*, nº 778, 2009, (www.westlaw.es).

posesión de estado de filiación. Esta acción del hijo va a durar un año después de haber llegado a la mayoría de edad (o emancipación). De estar incapacitado, el plazo empezará a correr desde que alcance la plena capacidad. No obstante, si el hijo ejercita la acción mixta, su acción se convierte en imprescriptible (cfr. artículos 132, 133 y 140 CC).

c. Impugnación del reconocimiento

El artículo 141 CC regula la acción de impugnación del reconocimiento[374], matrimonial o no matrimonial, realizado mediante error, violencia o intimidación[375]. Esta impugnación no cuestiona la realidad misma de la filiación (a la que se refiere el artículo 140 CC), sino, únicamente, si el reconocimiento, en cuanto acto jurídico, adolece de vicios que le hacen anulable y, en consecuencia, inválido e ineficaz como medio de determinación. Por consiguiente, aunque se estime una demanda *ex* artículo 141 CC, no obsta para que se ejercite una acción de reclamación y se declare judicialmente, de manera posterior, la paternidad en el sentido que recogía el reconocimiento impugnado[376].

En cuanto a la legitimación para el ejercicio de la acción, corresponde a quien hubiera otorgado el reconocimiento. La ley también establece que los herederos del reconocedor, *iure propio*, pueden ejercitarla o continuar la ya interpuesta, si su causante hubiera fallecido antes de que la acción caduque, debiendo ejercitarla dentro de este plazo.

El plazo de la acción es de un año[377] y empieza a correr desde que se efectuó el reconocimiento o desde el cese del vicio. Nótese que el Código Civil establece un único plazo preclusivo y no distingue si existe o no posesión de estado. Bajo esta regulación, puede presentarse el caso que cuando el reconocedor impugne el reconocimiento, exista una posesión de estado de filiación de

---

[374] Por consiguiente, no es aplicable a otros medios de determinación de la filiación como el del artículo 120.2 CC o 120.4 CC.

[375] El Código Civil italiano (cfr. artículo 265) limita la impugnación del reconocimiento por vicios a la violencia (que incluye la intimidación). Por su parte, el Código Civil francés y el *BGB* no recogen esta acción.

[376] Carbajo González establece claramente la diferencia: "No cabe duda que (…) combatiendo el reconocimiento se combate indirectamente la filiación determinada en su virtud, pero una cosa es impugnar el acto de reconocimiento porque el consentimiento prestado haya sido obtenido bajo violencia, por ejemplo, sin que se cuestione la veracidad de la filiación reconocida, y otra bien distinta es impugnar una filiación en cuanto al fondo porque no se ajuste al principio de verdad biológica. Para este cometido están pensadas las acciones de impugnación en sus diversas modalidades. Para el primero, la acción del artículo 141 CC, que, insisto, sólo es aplicable a la impugnación de este modo específico de determinación" ("Las acciones de impugnación… cit.", p. 167).

[377] Se trata de un plazo de caducidad más corto que el habitual de las acciones de nulidad de los contratos (cfr. artículo 1301 CC).

muchos años, perjudicando la estabilidad y paz familiar de hijo. Tal vez hubiera sido conveniente, en favor de la seguridad del *status filii*, que se establezca un límite a esta impugnación en caso de existir posesión de estado, al estilo del artículo 140 CC, máxime cuando lo que se impugna es un reconocimiento que determina una filiación matrimonial[378].

En cuanto a los vicios de la voluntad, el *error* es calificado por la jurisprudencia como el falso conocimiento de la realidad, capaz de dirigir la voluntad a la emisión de una declaración no efectivamente querida (cfr. STS de 27 de octubre de 1993 y artículos 1265 y 1266 CC).

El error ha de reunir dos características: la *esencialidad* y la *excusabilidad*. Es decir, debe provocar en el reconocedor la formación de una creencia inexacta sobre un dato que se considera primordial para la realización del acto de reconocer[379]. En cuanto a la excusabilidad, debe tratarse de un error que no haya podido superarse empleando una diligencia media. Es decir, no es posible invocar, para anular el reconocimiento, un error evitable con la normal diligencia, máxime en un tema de gran importancia como el de la filiación. La excusabilidad no es exigida por el Código Civil, pero sí por la jurisprudencia. La SAP de Málaga de 15 de octubre de 2008 manifiesta que "no puede estimarse que estemos ante un error invalidante y excusable del reconocimiento de la paternidad cuando en la demanda se afirman las dudas que albergaba el actor ya en el momento del nacimiento de la menor y a pesar de ello la reconoció como hija suya (...) y esa situación mantenida desde 1991 no puede verse modificada por una simple llamada anónima que tampoco se ha acreditado, pero se afirma producida el 17 de enero de 2006" (cfr., además, las SSTS de 7 de noviembre de 1986, 4 de diciembre de 1990, 30 de mayo de 1991, 18 de febrero de 1994, 17 de julio de 2000, 17 de julio de 2006, 29 de junio de 2009, 12 de noviembre de 2010, entre otras).

Por otro lado, para cierto sector de la doctrina el error debe referirse únicamente a datos relativos a la verdad biológica de la procreación, y no a uno

[378] Para salvar esta situación de inseguridad jurídica, la doctrina realiza algunas interpretaciones peculiares. LLEDÓ YAGÜE considera que si se impugna el reconocimiento no matrimonial por error, existiendo posesión de estado, debe aplicarse el plazo de caducidad del artículo 140.2 CC, de cuatros años (cfr. ob. cit. pp. 209-210). A mi parecer, esta aplicación analógica no es factible. El artículo 140 CC regula una acción totalmente distinta, basada en la inexactitud de la filiación legal con la biológica; mientras que la acción del artículo 141 CC nada tiene que ver con la verdad material.

[379] Como sostiene DE CASTRO Y BRAVO, "el dato respecto al que existe el error ha de ser estimado de importancia decisiva para la celebración del negocio, para quien alegue el vicio y, además, que, en sí mismo, pueda ser considerado base del negocio (condición *sine qua non*), teniendo en cuenta lo que resulte expresa o tácitamente de la conducta de quien o quienes hayan dado lugar al negocio" (*Derecho Civil de España. El negocio jurídico y la persona jurídica,* vol. III, Aranzadi, Navarra, 2008, p. 111).

que afecte el elemento volitivo de la decisión o declaración del reconocedor. Sostienen que el reconocedor puede invocar, como demostración máxima de su error, que es otra la realidad biológica. Otros consideran que el Derecho, para la invalidación del título por error, no exige tanto. Bastaría con que se demuestre que el reconocimiento fue realizado por causa del error sobre las condiciones (circunstancias) que principalmente hubieran dado motivo a creerlo hijo (no es necesario entrar en si efectivamente el reconocido resulta ser o no hijo biológico): sobre los hechos trascendentales en que el reconocedor directamente basó su juicio de que la madre sólo de él pudo concebir. Por ejemplo: error en la fecha del nacimiento del hijo en relación con el inicio de las relaciones con la madre; o error sobre la cesación, por ésta, de las relaciones con otro hombre; o como puede ocurrir con la creencia en la fidelidad de la madre[380].

A mi juicio, y ya que el reconocimiento es un acto jurídico de admisión, el error que afecta el elemento volitivo de la decisión o declaración del reconocedor también se incluye en el artículo 141 CC. Es decir, los errores que no afectan al juicio sobre la certeza de la propia paternidad (o maternidad), también son valorables a efectos de la anulación del reconocimiento, siempre que hayan sido determinantes en la voluntad del reconocedor. Por lo tanto, quien conscientemente de la falsa paternidad reconoce la filiación, puede impugnar el reconocimiento si existe un error determinante en las causas que le llevaron a asumir la paternidad, pero no puede acudir a la acción del artículo 140 CC (sólo cuando el error versa sobre la realidad biológica puede el reconocedor acudir tanto a la acción del artículo 140 CC como a la del 141 CC). Por ejemplo: el error sobre la salud de la madre que fue determinante en el reconocimiento de la filiación, para que el hijo de ella no quede en desamparo.

En relación con la *violencia,* he de precisar que no se trata de la *vis absoluta.* Ésta, más que un vicio, implica la inexistencia del consentimiento, porque el mismo no se ha formado de una manera defectuosa, por un deficiente entender o querer, sino que falta la misma esencia del libre consentimiento. Si existiera *vis absoluta,* la acción correcta a ejercitar es la de nulidad del reconocimiento y no la de la anulabilidad.

La violencia que ampara el artículo 141 CC es lo que la doctrina denomina *vis compulsiva.* Se trata de una fuerza irresistible que vicia la declaración cuando ella se emplea para arrancar el consentimiento, en el que la voluntad, no obstante la violencia, existe, aunque viciada (declaración forzada). Por tanto, sufre violencia quien otorga el reconocimiento encontrándose en una

---

380 Cfr. AYARZA SANCHO, J. A., ob. cit., pp. 11-12; PEÑA Y BERNALDO DE QUIRÓS, M., "De la paternidad... cit.", p. 1020, PÉREZ MARTÍN, A. J., ob. cit., p. 655 y RIVERO HERNÁNDEZ, F., *Elementos...* cit., p. 142.

situación inmediata de fuerza o coacción (secuestro, empleo de la violencia), que no excluye su autoría de la declaración misma.

La *intimidación* o *vis relativa* lleva consigo la coacción o la amenaza. Es decir, la *inspiración del miedo*, del temor racional y fundado de sufrir *un mal inminente* (que pueda producirse en cualquier momento) *y grave* sobre la persona, bienes o familiares del sujeto[381], que le llevan a realizar el reconocimiento, independientemente de la verdad biológica, porque piensa que es la única forma de evitar el mencionado mal que teme.

E*l mal ha de ser injusto* (relación entre la intimidación y antijuridicidad de la amenaza*),* de lo contrario se trataría del ejercicio legítimo de un derecho. En este orden de ideas, el anuncio del ejercicio de las acciones tendentes a declarar determinada la filiación, bajo ningún concepto, constituye intimidación. Sí sería propiamente coacción el hecho de anunciar otro tipo de acciones, por lícitas que éstas fueran en su ámbito, pero que no fueran dirigidas a determinar directamente la filiación, como pudieran ser delitos sexuales, fiscales, etc.

En general, se estará frente a una amenaza ilícita cuando no exista una adecuación del medio utilizado (amenaza de denunciar por violación sexual si, por ejemplo, no se reconoce) con el resultado que se pretende conseguir (determinación de la filiación). En esta dirección, el Tribunal Supremo sostiene que no existe intimidación en el caso que un hombre reconoce la filiación por haber sido una condición interpuesta por su pareja para contraer matrimonio (cfr. STS de 31 de octubre de 1997). Tampoco es coacción el hecho de que una mujer pida al hombre que reconozca a su hija para que ésta no tenga apellidos distintos al de los hijos que la pareja pudiera tener en el matrimonio (cfr. STS de 14 de julio de 2004).

También debe tenerse presente que el temor reverencial, contemplado en el artículo 1267 CC, que es el temor de desagradar a las personas a las que se debe sumisión y respeto, no anula el reconocimiento.

Si el reconocedor es verdaderamente el progenitor, pero efectúa el reconocimiento bajo intimidación, podrá anularlo al amparo del artículo 141 CC. También podrá anularlo aunque conociera que no era el padre del hijo, pero bajo amenaza reconoce la paternidad. Así lo manifiesta la STS de 23 de diciembre de 1987: "si el consentimiento fue prestado en razón a la intimidación de sufrir un mal inminente y grave, y se demuestra, ello determinaría la nulidad del expresado reconocimiento, sin que a tal efecto importe la no coincidencia

[381] El artículo 141 CC no señala sobre qué otras personas, además del reconocedor, ha de recaer el mal temido por éste para que pueda ser apreciada la intimidación (como sí lo hace el artículo 1267 CC para los negocios jurídicos). Ha de entenderse, entonces, que el juzgador puede moverse con gran amplitud.

con la verdad biológica de la paternidad, que el actor con pleno conocimiento asumió".

Por otro lado, la acción de impugnación del reconocimiento caduca transcurrido el año desde que se efectuó la declaración o desde el cese del vicio. También puede extinguirse una vez conocido el vicio de la voluntad, por confirmación del reconocimiento, adquiriendo validez y eficacia. Esta alternativa no ha sido recogida por el artículo 141 CC, pero es posible admitirla siguiendo la normativa general sobre anulabilidad (cfr. artículos 1310 CC y ss.). Además, como lo importante en el reconocimiento es la manifestación de voluntad de su autor, a él incumbe decidir no sólo si lo impugna o no, sino, además, si lo confirma.

Luego, se puede confirmar un reconocimiento viciado por error en la verdad biológica. Este reconocimiento se convertiría en uno de complacencia, lo que contribuye al sostenimiento de mi tesis sobre la validez de este tipo de reconocimientos. PEÑA Y BERNALDO DE QUIRÓS considera que, incluso, puede existir una confirmación tácita si, tras el cese del vicio, se mantiene la posesión de estado de filiación correspondiente[382].

Finalmente, en cuanto al artículo 141 CC, la doctrina se cuestiona sobre si aplicar el elemento del *dolo* como vicio de la voluntad para impugnar el reconocimiento como acto jurídico.

Cierta doctrina minoritaria defiende que el dolo también es motivo para anular el consentimiento determinante de la filiación y, aunque el artículo 141 CC no lo mencione expresamente, no ven razones para excluirlo. Sostienen que es preciso diferenciar el dolo (que induce a un error provocado) del error (producido por el propio declarante, sin intervención dirigida a su provocación, de terceros). En el primero, la atención se centra en el sujeto activo que induce a declarar. En el error, violencia o intimidación, se tienen en cuenta las circunstancias de quien declara. En otras palabras, no es lo mismo "engañarse a que me engañen".

Argumentan que el dolo tiene características propias: la maquinación insidiosa (elemento objetivo) y la intención de engañar (elemento subjetivo). Además, que debe ser grave, determinante y causante de la declaración[383]. Incluso, existen algunas sentencias que mencionan al dolo como uno de los vicios de la voluntad que invalidan el reconocimiento de conformidad con el artículo 141 CC: SSTS de 27 de octubre de 1993, 26 de marzo de 2001 y 29 de

---

[382] Cfr. "De la paternidad… cit.", p. 1023.

[383] Cfr. AYARZA SANCHO, J. A., ob. cit. pp. 10-11 y FERNÁNDEZ GONZÁLEZ, M. B., *El reconocimiento…* cit., pp. 119-126. No obstante, el primero de los autores considera que si bien el reconocimiento puede ser anulado por dolo, no lo será por la vía del artículo 141 CC, sino por las reglas generales.

noviembre de 2010 y SAP de Huesca de 29 de enero de 2007. Sin embargo, no he hallado ninguna que efectivamente anule el reconocimiento por dolo.

La doctrina mayoritaria, a la que me adhiero, suele ser contraria a aplicarlo. Se basan en la dicción literal del artículo 141 CC, que no lo recoge, y en la remisión que a este precepto efectúa el artículo 138 CC. Estos autores consideran que la omisión del dolo es intencionada, ya que las maniobras dolosas inducen siempre al reconocedor al error o a la intimidación, pudiendo ser impugnado por estos vicios[384]. Es decir, sería innecesaria la inclusión del dolo, puesto que siempre se reconducirá a los vicios antes mencionados, como bien lo demuestra la STSJ Cataluña de 24 de marzo de 1997[385]. Además, esta doctrina sustenta su postura en el hecho de que el Proyecto de Ley de Reforma del Código Civil en materia de filiación, patria potestad y régimen económico matrimonial, inicialmente, disponía que podía ser impugnado todo reconocimiento *"no realizado libremente"*. Si se hubiera aprobado la norma con esta redacción sí cabía incluir el dolo como vicio de la voluntad que anula el reconocimiento. No obstante, tras la presentación de las enmiendas, el Senado propone una nueva redacción y especifica claramente que el reconocimiento podrá impugnarse en los supuestos de error, violencia e intimidación, siendo aprobado en este sentido.

II. LA FILIACIÓN ADOPTIVA

A. La verdad biológica y la adopción

La adopción[386] determina la filiación excluyendo totalmente el elemento biológico[387]. Se basa, exclusivamente, en el principio superior del interés del

[384] Cfr. De la Cámara Álvarez, M., ob. cit., p. 889; Peña y Bernaldo de Quirós, M., "De la paternidad… cit.", p. 1019; Pérez Martín, A. J., ob. cit., p. 655; Rivero Hernández, F., *Elementos*... cit., p. 142, entre otros.

[385] Recoge el caso de una madre que hace creer a su pareja que espera un hijo suyo. El hijo nace a los 7 meses y la pareja de la madre, bajo la creencia que el niño prematuro era su hijo, lo reconoce. Contraen matrimonio y la filiación deviene matrimonial. Tras la separación del matrimonio, el suegro del reconocedor cuenta la verdad y el autor del reconocimiento impugna este medio de determinación alegando error en la declaración, estimándose su demanda por este motivo.

[386] Es una institución que ha sufrido muchas modificaciones. Se modificó en el año 1958 y, mucho más profundamente, en el año 1970. Después de la Constitución de 1978 se ha reformado varias veces más, lo que ha llevado a utilizar el aforismo *adoptio semper reformanda est*, descriptivo de la alta inestabilidad legal de esta institución jurídica. Pero, como opina De la Cuesta, tal vez la reforma de la adopción de 1987, al permitir la adopción por sujetos aislados, ha sido la primera en reflejar una noción de familia demasiado voluntarista y alejada de sus antecedentes (cfr. "La filiación en las reformas del Código Civil" en *La reforma del modelo de familia en el Código civil español,* Comares, Granada, 2005, p. 133).

[387] Tras la reforma de 11 de noviembre de 1987, la adopción se constituye por resolución judicial (cfr. artículo 176.1 CC) y no por escritura pública.

menor (cfr. artículos 126 CC y 21 CDN[388]). La institución adoptiva, partiendo de la importancia de la familia[389], ha sido desarrollada para solucionar el problema social de los niños en desamparo.

En un *plano fáctico*, la filiación natural y adoptiva suelen ser complementarias. Esta última viene a paliar las deficiencias planteadas en determinados supuestos por la primera[390]. Por lo tanto, la adopción trae consigo un efecto positivo, en tanto integra al adoptado en la familia del adoptante. También tiene un efecto negativo: implica una desvinculación con los progenitores biológicos[391], la extinción de los vínculos con la familia de sangre, que pasan a ser unos terceros (cfr. RRDGRN de 9 de octubre de 1993, 25 de octubre de 1996 y 29 de noviembre de 2001), y la prohibición del contacto directo entre la familia adoptiva y de origen[392] (salvo ciertos aspectos determinados por ley: impedimentos matrimoniales, etc.), para lo cual se instaura un sistema de confidencialidad.

De esta manera, el adoptado ya no ostenta derechos en relación con sus progenitores, entre los que se encuentran los derechos sucesorios. Así lo confirma la STS de 18 de septiembre de 2006. Resuelve un caso de una persona adoptada que pretendía ser heredera de su padre biológico, a lo que el Tribunal Supremo responde que "la desvinculación con la familia natural, como efecto de la adopción plena, se introduce en nuestro Código Civil, en la redacción dada por la Ley 11/1981 de 13 de mayo (...) las reformas introducidas por Ley 11/1981 en el artículo 108 CC vinieron a establecer la extinción de los vínculos jurídicos entre el adoptado y su familia biológica".

Ante tal grave consecuencia, el Código Civil exige el asentimiento de los padres biológicos a la adopción del menor no emancipado. Sólo se excluye su participación si se encuentran privados de la patria potestad, por sentencia firme, o por estar incursos en causa legal para tal privación (cfr. artículo 177.2 CC). De estar obligados a asentir y no hacerlo, es una causa de extinción de la

---

388 *"Los Estados Partes que reconocen o permiten el sistema de adopción cuidarán de que el interés superior del niño sea la consideración primordial".*

389 El ambiente familiar es una necesidad vital para la crianza de los niños, para el desarrollo de su personalidad y para su integración en la sociedad. En la familia aprenden la lengua y reciben formación moral y social (cfr. Peña y Bernaldo de Quirós, M., *Derecho*... cit., p. 465).

390 Cfr. Durán Rivacoba, R., "Adopción por los abuelos... cit.", p. 842.

391 Se extiende una nueva inscripción de nacimiento con los datos del nacido y de los padres adoptivos. Se cancela la inscripción anterior, a solicitud de los padres adoptivos, durante la minoría de edad del adoptado. Los datos de inscripción cancelada tienen una publicidad restringida, mientras que el nuevo asiento será objeto de publicidad amplia.

392 Sólo existe una alternativa a la adopción en la que los vínculos biológicos permanecen. Esta alternativa es el acogimiento familiar, *ex* artículos 172 CC y ss. Esta figura es contemplada por la ley para los supuestos en que los padres no puedan cuidar de sus hijos menores por concurrir circunstancias graves.

adopción, *ex* artículo 180.2 CC, siendo necesario que la demanda se interponga dentro de los dos años siguientes a la adopción, y que la extinción solicitada no perjudique al menor.

En un *plano jurídico*, la existencia de la filiación por naturaleza y adoptiva tampoco son incompatibles. No existe contradicción entre el establecimiento de la filiación biológica y la adopción, no obstante, es esta última la que tiene vigencia jurídica, máxime cuando es irrevocable. Es decir, una vez instituida la filiación adoptiva nada impide el establecimiento de la filiación de sangre que no se haya determinado, sin ningún contenido, más que el mero determinativo y, por tanto, que no extingue ni afecta en nada a la adopción (cfr. artículo 180.4 CC, STS de 18 de septiembre de 2006 y RRDGRN de 17 de julio de 1991 y 28 de septiembre de 1995).

Por último, es importante destacar que si bien la adopción excluye el elemento biológico en la determinación de la filiación, al igual que las técnicas de fecundación artificial, ambas instituciones no tienen punto de comparación. En la primera se confiere un estado de filiación a una persona ya existente. En la segunda, la persona a la que el acto negocial se refiere todavía no existe –se habla de un *concepturus*– y es generada para ser hijo del autor del acto (cfr. RDGRN de 5 de junio de 2006). Además, la finalidad de la adopción es dar mejor protección a los menores; mientras que la finalidad de las técnicas de reproducción asistida es satisfacer legalmente el deseo de ser padre. Prima la voluntad de querer ser padre *contra natura*, que ha conseguido una regulación legal, sin importar las reglas propias de la filiación como institución natural.

B. El derecho al conocimiento de los orígenes biológicos

El desconocimiento de los adoptados de su origen de sangre se origina porque los propios padres biológicos solicitan en el proceso de adopción que se guarde el secreto de sus identidades[393]. Asimismo, porque muchos ordenamientos, como una excepción a la regla *mater semper certa est,* regulan el anonimato

[393] El Derecho Anglosajón observa una tendencia a configurar la adopción de forma más abierta, que le hace muy diferente del resto de sistemas de adopción existentes en Europa. Esto se manifiesta, por un lado, en la posibilidad de derogar la regla de la confidencialidad con el consentimiento de los interesados. Por otro, especialmente en el sistema americano, que presenta una serie de caracteres al considerarse el proceso adoptivo parcialmente privado. Se constituye un acuerdo entre la familia, o la madre biológica, y la adoptiva (*cooperative adoption*) en el que se fijan las condiciones de las adopción, posibilitando el contacto entre ambas familias, tanto en el momento anterior a la adopción como en etapas posteriores. Esta forma de colaboración supone que el hijo sabe que ha sido adoptado y la identidad de sus padres biológicos. Sobre la adopción en el Derecho anglosajón me remito a Garriga Gorina, M., *La adopción y el derecho a conocer la filiación de origen: un estudio legislativo y jurisprudencial,* Aranzadi, Pamplona, 2000, pp. 191-210.

materno e impiden la determinación de la maternidad y el conocimiento de la identidad de la madre y, por ende, la del padre.

Desde hace algunos años, se ha planteado un interesante debate en torno al derecho del adoptado a conocer su origen biológico[394]. Este derecho se entiende como un acceso al conocimiento de la verdadera filiación por el mero hecho de conocer. Es decir, sin alterar la filiación adoptiva, ni los derechos y deberes que ésta lleva consigo, ni lograr la determinación de la filiación por naturaleza.

En España, la polémica ha surgido a raíz de la sentencia del Tribunal Supremo de 21 de septiembre de 1999 y, sobre todo, tras del famoso caso Odièvre. Controversia que se ha visto acentuada tras la aprobación del Libro II del Código Civil Catalán, en el que uno de sus artículos establece la obligación de los padres adoptivos de comunicar al hijo adoptado, tan pronto éste tenga la madurez necesaria y, en todo caso, cuando haya cumplido 12 años de edad, el origen de su filiación.

1. El caso Odièvre: Sentencia del Tribunal Europeo de Derechos Humanos de 13 de febrero de 2003

a. Panorama General

En el ordenamiento francés, objeto de examen por el Tribunal Europeo de Derechos Humanos en el caso Odièvre, la maternidad no se establece directa ni automáticamente.

En la inscripción de nacimiento no es obligatorio indicar el nombre de la madre (cfr. artículos 56 y 311.25 CC), ni el encargado del Registro tiene obligación de investigar de oficio estos datos. El recién nacido es inscrito en el Registro de nacimiento como nacido de padres desconocidos.

A lo anterior se une la mencionada tradición jurídica francesa del secreto de la maternidad (cfr. artículo 326 CC). Esta figura se regula con el objetivo de proteger la vida del hijo por nacer –y evitar abortos, infanticidios, abandonos indiscriminados que pongan en peligro la vida del niño– y facilitar la adopción[395]. Para lograr este fin se otorga a las madres la opción de dar a luz ocultando su identidad, debiendo entregar al recién nacido a las instituciones

[394] Ya propugnan voces que extienden este derecho a los hijos nacidos mediante técnicas de fecundación asistida. Así se decantan, AGUILAR RUIZ, L., "El derecho del adoptado a conocer su origen biológico en Italia", *Act. Civ.*, nº 6, 2006, pp. 671 y ss. y PULIDO QUECEDO, M. "¿El fin de la filiación anónima?", *RTC,* n º 2, 2005, p. 2.

[395] Cfr. CHAMPENOIS, G., *Réclamation d'état et revendication d'enfant légitime,* t. CXX, R. PICHON et R. DURAN-AUZIAS. Librairie générale de droit et de jurisprudence, París, 1971, p. 78.

públicas para su posterior adopción[396]. Ello da origen al secreto de la maternidad[397] y a la imposibilidad de que el adoptado acceda al conocimiento de la identidad de su madre y, por este conducto, a la paternidad biológica –ya que el anonimato materno implica la imposibilidad de que el padre pueda reconocer su paternidad– y a la de otros parientes carnales.

La petición que hace la madre del secreto de su identidad es expresa y precisa, de tal forma que los servicios médicos que la atienden en el parto no pueden dar datos de la identidad de la primera, ni aunque se ejercite una acción de reclamación de la maternidad. No obstante, la Ley 2002-93, de 22 de enero de 2002, relativa al acceso a los orígenes de las personas adoptadas y pupilos del Estado, sin cuestionar el principio del parto secreto en Francia, permite el levantamiento del secreto de la maternidad y facilita la posibilidad de desvelar la identidad de madre e hijo, siempre que concurran ciertos presupuestos: una petición expresa y *el consentimiento de ambos.*

Con esta finalidad, se creó un Consejo Nacional para la Búsqueda de Orígenes Personales, que registra la voluntad de los padres, conserva las informaciones y lleva a cabo los trabajos de mediación. A este organismo debe dirigirse quien investiga sus propios orígenes, que se pondrá en contacto con los padres que le dieron en adopción, para, eventualmente, desvelar el secreto, cuya revelación es siempre voluntaria[398]. Si la madre se opone, el hijo no podrá conocer la identidad de sus ascendientes. Si se accede al descubrimiento de los orígenes, ello no produce ningún efecto sobre el estado civil ni sobre la filiación. No nacen derechos ni obligaciones en beneficio o en carga de nadie (cfr. artículo 147-7 del Código de la Acción Social y la Familia).

Puede decirse que en Francia el derecho del adoptado a acceder a sus orígenes biológicos es un derecho excepcional y legal.

Ahora bien, el sistema antes descrito no es exclusivo del ordenamiento francés. Italia, España y Luxemburgo tampoco recogen la determinación automática de la filiación materna no matrimonial y limitan el derecho del adoptado al conocimiento de sus padres biológicos.

---

[396] El origen del parto anónimo parece hallarse en el *torno* que en la Edad Media se instalaba en la parte exterior de los orfelinatos. Este sistema se extendió rápidamente en los países y sistemas jurídicos de influencia romana. Otros sitúan el origen de esos tornos en los hospicios, a partir de un edicto de Enrique de Francia en 1566, que castigaba los infanticidios, y en la creación, por San Vicente de Paul, de los *Enfants trovés* en 1638, con objeto de facilitar el abandono de los recién nacidos y evitar los abortos e infanticidios.

[397] Debo aclarar que el Derecho francés no prevé que el parto pueda ser anónimo, sino que garantiza su secreto. El anonimato es ausencia de información, el secreto es la protección de información conocida.

[398] Cfr. GRIMALDI, M., ob. cit., pp. 172-173.

En Italia, hace algunos años, la Ley 149/2001, de 28 de marzo[399], introdujo una norma que posibilita al adoptado, en determinados supuestos, el acceso a la información de sus orígenes preadoptivos. Esta cuestión descansa en tres ideas fundamentales: a) el principio general del secreto en la adopción, b) la información al menor sobre su familia adoptiva corresponde a los padres adoptivos[400] y c) la información sobre la identidad de la familia biológica, una vez el adoptado conozca el verdadero origen de su filiación, y en determinados casos. Para este fin, la Ley citada establece unos casos *excepcionales y graduales* que permiten al adoptado acceder a la información sobre sus orígenes biológicos, sin que ello implique la reanudación de las relaciones personales y, *siempre que la madre natural, en el momento del nacimiento, no hubiera declarado permanecer en el anonimato.*

En resumen, el ordenamiento italiano reconoce tres niveles de tutela:

1) Se permite *un libre acceso del adoptado a la información sobre su origen biológico* si se presentan algunas de las siguientes situaciones: a) se encuentra en juego el derecho constitucional a la salud del adoptado, b) el adoptado alcanza la edad de 25 años y desea acceder a sus orígenes de sangre o c) por existir especiales circunstancias en la familia del adoptado.

El primer supuesto exige la necesidad, urgencia y un peligro grave para la salud del menor. Circunstancias que facultan a los padres adoptivos solicitar al Tribunal de menores la información sobre los padres naturales del adoptado. El contenido de la información no se refiere, necesariamente, a la identificación de los padres biológicos, sino a aquellos datos (biogenéticos o sus antecedentes médicos) que resulten de utilidad al tratamiento sanitario del menor. Estos datos podrán otorgarse, incluso, cuando la madre solicitó mantener su anonimato y sin necesidad de una orden judicial. En este supuesto, el legislador considera que el derecho constitucional a la salud debe prevalecer frente a intimidad o reserva de los progenitores biológicos.

---

[399] En líneas generales, esta Ley consagra en Italia el modelo tradicional de adopción fundada en el matrimonio, vigente en ese país desde hace varias décadas. El secreto del verdadero origen del adoptado y la ruptura del vínculo con su familia biológica aparece como un instrumento de tutela del interés del menor y de su nueva familia, de cara a evitar abortos e infanticidios. Por otra parte, se toma en cuenta que una injerencia de los verdaderos padres pueda alterar el clima de seguridad y unidad construido en torno al niño. Interés que el legislador italiano decide proteger, incluso sobre la legítima aspiración del adoptado a conocer la identidad de sus progenitores. Además, en esta línea del *favor filii,* la Ley regula varias medidas destinadas a dar mayor protagonismo al niño en el proceso adoptivo.

[400] El artículo 28 de la Ley 149/2001 establece el deber de los padres de informar al hijo adoptado de su condición, en el momento y forma que ellos estimen oportuno. No obstante, la Ley no dispone de ninguna sanción ante el incumplimiento de esta obligación, por lo que, más que un deber jurídico, constituye una mera recomendación a los nuevos padres, a manera de una obligación moral.

En el segundo supuesto, el ordenamiento italiano entiende que a la edad de 25 años la persona adquiere una cierta madurez para comprender el impacto que puede generarle el conocimiento de la identidad de sus progenitores. No obstante, para acceder a la información de sus orígenes preadoptivos será necesaria la autorización judicial y demostrar que dicho conocimiento no le causará daños.

El tercer supuesto se refiere al adoptado mayor de edad, pero menor de 25 años, que no mantiene una relación afectiva estable con sus padres adoptivos, porque éstos murieron o se encuentran desaparecidos o ausentes. En este caso, el adoptado solicita la información sobre sus orígenes biológicos y el acceso a ellos se basa en su propio interés, no requiriéndose una autorización judicial[401].

2) *Supuestos condicionados a motivos suficientes.* Si el adoptado es menor de edad y no existe un motivo de urgencia por estar afectado su derecho a la salud, los padres adoptivos, en representación del menor, podrán solicitar acceder a la información de los orígenes biológicos de su hijo adoptivo, previa autorización judicial y siempre que aleguen graves y probados motivos.

Si el adoptado es mayor de edad, pero menor de 25 años, podrá solicitar al Tribunal de menores la autorización para acceder a la información sobre sus orígenes, siempre que existan graves y comprobados motivos para su salud psicofísica (deberá acreditar su sufrimiento psíquico por no poder conocer la identidad de su familia biológica). El Tribunal decidirá si procede o no la autorización. Valorará el impacto que el conocimiento de los progenitores biológicos puede ocasionar en el equilibrio psicológico del adoptado. Nuevamente, la tutela al derecho constitucional de la salud parece ser la razón justificadora de la decisión del Tribunal.

3) Se contempla un *derecho de veto a favor de la familia biológica* cuando la madre solicita el anonimato de su identidad: sea a través del parto anónimo o en la inscripción del nacimiento, y siempre que no se haya sometido a las técnicas de reproducción asistida. En este último caso está prohibido el anonimato materno por Ley 4/2004, de 19 de febrero[402]. Es decir, en los casos de anonimato materno surge la imposibilidad natural, más que jurídica, de dar noticias al adoptado sobre su familia de origen, dada la ausencia de datos registrales. Sólo se conserva una conexión entre el parte médico y la historia

---

401 Cfr. Aguilar Ruiz, L., ob. cit., pp. 645-673.

402 El legislador entiende que resulta contradictorio que la madre, luego de consentir expresamente la técnica de fecundación artificial, se declare después recia a reconocer a la criatura engendrada.

clínica de la madre con la finalidad de excepcionar el anonimato en aquellos casos en que la salud del adoptado lo requiera[403].

En consecuencia, puede deducirse que en Italia no existe el derecho del adoptado a conocer orígenes biológicos propiamente dicho. Sólo se permite si el *favor filii* lo exige y bajo la perspectiva de una análisis *ad casum*.

Por otra parte, es cierto que son pocos los ordenamientos que amparan el parto anónimo y que la indicación del nombre de la madre, que se vincula automáticamente al del hijo, así como al del padre, es obligatoria en numerosos países, como Noruega, Holanda, Bélgica, Alemania, Dinamarca, Reino Unido, Portugal, Eslovenia o Suiza. Sin embargo, también es importante destacar que en los últimos años se asiste, en algunos países, a una evolución hacia la aceptación, si no del parto anónimo, al menos de un parto discreto en interés del hijo. Lo que, a su vez, supone un límite o exclusión del derecho del hijo a conocer sus orígenes de sangre.

En este sentido, en Alemania, la maternidad se establece en la inscripción de nacimiento, probado el parto y la identidad del hijo, sin que la madre pueda impedir la determinación de su maternidad por quedar sustraída a su voluntad. Respecto al conocimiento del origen biológico, fue reconocido, en primer lugar, por el Tribunal Supremo alemán y, más tarde, por el Tribunal Constitucional como un derecho fundamental, con base en la intangibilidad de la dignidad humana y en el derecho al libre desarrollo de la personalidad.

El Tribunal Constitucional Federal alemán, en sentencia de 31 de enero de 1989 (que declaró inconstitucional el § 1596 del *BGB* en cuanto que limitaba a ciertos supuestos la impugnación de la paternidad por parte del hijo), advierte que el establecimiento de la filiación no siempre supone la comprobación científica de la procedencia biológica de una persona. Por lo que el derecho fundamental correspondiente no se refiere en rigor a la obtención de conocimientos sobre la propia ascendencia o filiación, sino, más bien, a la protección jurídica frente a la privación de información disponible que sea relevante a esos efectos. Precisa que el derecho al conocimiento de la identidad de los progenitores no tiene carácter absoluto, sino que puede sufrir restricciones, legalmente establecidas, que persigan una finalidad legítima y que respeten el principio de proporcionalidad.

Asimismo, el Tribunal Constitucional Federal alemán, en sentencia de 26 de abril de 1994, declara que el derecho general de la personalidad, que implica el derecho a conocer el propio origen, queda violado por la limitación a ciertos plazos del derecho del hijo mayor de edad para impugnar su paternidad. Plazo,

---

[403] A diferencia del ordenamiento francés, donde además de esta información, sí se conservan los datos relacionados a la identidad de la madre.

cuyo límite, impide la investigación judicial de la verdadera filiación. Por ello, declaró inconstitucional el § 1598 *in fine* que establecía tal plazo preclusivo.

De estas decisiones se desprende que, en el ordenamiento alemán, el derecho del adoptado a conocer su origen de sangre no se traduce en un derecho automático al efectivo suministro de información relativa a la propia filiación. Se concibe como un derecho del interesado a reclamar información sobre la filiación de origen, sin que ésta pueda negársele arbitrariamente o sin justificación[404]. Además, de las propias sentencias se desprende que dicho derecho está muy ligado a la determinación o impugnación de la paternidad, por lo que no se reduce al mero hecho de conocer.

A todo lo expuesto se suma que, debido al aumento de recién nacidos abandonados, se instaló, en Hamburgo (en el año 2001), un primer buzón para bebés, *Babyklappe*[405]. Un lugar en el que la madre deposita a su hijo, toca el timbre y se va sin facilitar su identidad. A partir de entonces, se han creado otros *Babyklappen* en varias ciudades.

Otro ejemplo lo constituye Hungría, donde la madre puede decidir conservar el anonimato, al abandonar a su recién nacido en una sala especial no vigilada que existe en los hospitales.

Cabe destacar que Suiza es el único país que reconoce expresamente en su Constitución (desde 1992) el derecho del adoptado a conocer sus orígenes biológicos, por el mero hecho de conocer. Este derecho tiene reflejo en su ley federal sobre procreación asistida, que permite al nacido mediante estas técnicas obtener datos sobre la identidad del donante al cumplir la mayoría de edad.

b. El caso

Pascale Odièvre nació en 1965 en París. Su madre pidió el secreto de su identidad en el momento del parto y la abandonó ante los servicios de asistencia pública. Pascale estuvo durante cuatro años en una familia de acogida y fue adoptada en enero de 1969 por el Sr. y la Sra. Odièvre. Obtuvo constancia de sus orígenes a finales de 1990: noticias no identificativas sobre su familia biológica que constaban en el expediente. En enero de 1998, presentó una demanda ante el Tribunal de Gran Instancia de París. Solicitó el levantamiento del secreto de su nacimiento y se le autorizara el acceso a toda la documentación relativa a

---

[404] Cfr. MAGALDI MENDAÑA, N., *Derecho a saber, filiación biológica y Administración Pública,* Marcial Pons, Madrid-Barcelona, 2004, p. 56.

[405] Cunas calientes a las que se puede acceder por la parte exterior del edificio en el que se encuentran. El recién nacido es introducido en secreto y se pone en marcha un mecanismo de alarma.

su identidad. Añadió que tenía conocimiento de que sus padres habían tenido otros 3 hijos.

Agotados los recursos de la legislación francesa, instó demanda ante el Tribunal de Estrasburgo contra el Estado francés, de fecha 1 de noviembre de 1998. Alegó que el secreto de su nacimiento le imposibilitaba conocer sus orígenes preadoptivos (datos identificativos de su familia natural) y aspirar a la herencia de la madre biológica; lo que constituía una violación del derecho al respeto a la vida privada y familiar, garantizado por el artículo 8, y una discriminación proscrita por el artículo 14 del Convenio.

El Tribunal, con diez votos favorables (alguno con matices) y siete en contra, declaró que no existía vulneración de estos derechos[406].

Entiende que la vida familiar, en el sentido del artículo 8.1 Convenio, implica la existencia previa de estrechas relaciones personales, además de la paternidad, y que la relación de familia depende de circunstancias particulares de cada caso, entre las que la convivencia no es más que una de ellas[407]. Por tanto, dado que la demandante no pretendió cuestionar su filiación adoptiva, sino conocer las circunstancias de su nacimiento y de su abandono, así como la identidad de sus padres y de sus hermanos, el Tribunal sostiene que el caso no debe ser analizado desde el punto de vista de la vida familiar, sino desde la vida privada. A su juicio, este último incluye aspectos importantes de la identidad de cada persona y permite la plenitud personal y el desarrollo de relaciones con los semejantes y con el mundo exterior. Es decir, hace derivar el derecho a conocer la ascendencia de una interpretación bastante amplia del derecho a la vida privada (cfr., además, las SSTEDH de 7 de febrero y 24 de septiembre de 2002, 22 de enero de 2008 y 6 de julio y 21 de septiembre de 2010).

No obstante, precisa que el artículo 8 se aplica no sólo al hijo, sino también a la madre. Establece que, de un lado, se encuentra el derecho de la hija (ya adulta) a conocer el propio origen y, de otro, el interés de una mujer a conservar el anonimato para proteger su salud, al dar a luz en condiciones médicas apropiadas. Añade que también se encuentra presente el derecho a la vida privada de otras personas (padre biológico, hermanos) y el interés general del

---

[406] La presente sentencia ha sido dictada por la Gran Sala, remitida por la Sección tercera, en virtud de lo establecido en el artículo 30 del Convenio, al entender que el caso planteaba: *"una cuestión grave relativa a la interpretación del Convenio o de sus Protocolos, o si la solución dada a una cuestión pudiera ser contradictoria con una sentencia dictada anteriormente por el Tribunal"*.

[407] RODRÍGUEZ VEGA se manifiesta en contra de esta decisión. Para el autor, la vida familiar también implica el derecho a que la relación familiar nazca sin que existan vínculos que los justifiquen. Es decir, el derecho a constituir o entablar lazos familiares con las personas con las que se tiene un vínculo biológico (cfr. "Los límites del derecho a conocer la propia identidad", *RTC*, nº 4, 2003, pp. 3-4).

Gobierno francés de proteger la vida del *nasciturus*, del hijo por nacer, para evitar infanticidios y abandonos salvajes.

Determinados los intereses enfrentados, el Tribunal sostiene que el derecho al respeto de la vida privada no es ajeno a los fines que busca el sistema francés y que las medidas propias para garantizar el cumplimiento del artículo 8 de la Convención en las relaciones interindividuales deriva del margen de apreciación de los Estados contratantes. Por tanto, que resultaban lícitos los fines del Estado francés de proteger, a través del parto secreto, la vida del niño y la situación de las madres desamparadas para disminuir así el número de abortos legales y clandestinos y los abandonos.

Resalta que el legislador francés ha instaurado un sistema que facilita al adoptado el conocimiento de sus orígenes biológicos con la posibilidad de la reversibilidad del secreto de la maternidad, si la madre así lo consiente. En consecuencia, el Tribunal considera que se han conciliado equitativamente los intereses en juego. Luego, que Francia no ha sobrepasado el margen de apreciación que debe ser reconocido en razón del carácter complejo y delicado de la cuestión del secreto del origen respecto del derecho de cada uno a su historia, de la opción de los padres biológicos, del lazo familiar y de los padres adoptivos.

En cuanto al derecho de igualdad, el Tribunal rechaza la argumentación de la actora. Afirma que ésta tiene determinada la filiación en relación con sus padres adoptivos, respecto de los cuales tiene los mismos derechos hereditarios y que, en relación con la madre biológica, la situación de la demandante es diferente respecto de los hijos cuya filiación está determinada.

En síntesis, en el caso Odièvre, el Tribunal de Estrasburgo ha juzgado la adecuación del anonimato materno al Convenio de Roma, lo que ha incidido enormemente en la existencia del derecho del adoptado a acceder a sus orígenes biológicos y sus límites.

En esta dirección, el Tribunal de Estrasburgo declara que el Convenio Europeo de Derechos Humanos no ampara un derecho incondicionado del adoptado a conocer sus orígenes por naturaleza. Este derecho puede ceder frente a otros intereses: de la madre, parientes y del Estado, también legítimos y dignos de protección[408].

---

[408] Antes de la sentencia Odièvre, el Tribunal Europeo de Derechos Humanos ya había manifestado cierto criterio sobre los límites del derecho del adoptado al conocimiento de su filiación por naturaleza. Si bien se trata de casos distintos al presente, vale la pena mencionarlos siquiera brevemente.

En el caso Gaskin contra Reino Unido (sentencia de 7 de julio de 1989), el Sr. Gaskin, ciudadano británico nacido en 1959, fue recogido poco después por el Ayuntamiento de Liverpool. Esta situación se prolongó hasta 1974. Pasados los años, el demandante pretendió tener acceso al dossier

Puedo sostener, por lo tanto, que el Convenio no sólo garantiza el anonimato materno para favorecer la vida de hijo, sino también la opción de algunos Estados de mantener como principio en la adopción, la ruptura y confidencialidad respecto de la familia anterior. Cabe destacar que la decisión del caso Odièvre no es aislada, sino que ha sido reiterada por el Tribunal Europeo de Derechos Humanos en la sentencia de 1 de abril de 2010 (caso S.H. y otros contra Austria). En ésta sostiene que el derecho a la vida privada requiere que todos puedan establecer los detalles de su identidad y que el derecho del individuo a dicha información es importante, pero no absoluto; y se remite a lo manifestado en la sentencia del caso Odièvre.

2. *El derecho al conocimiento de los orígenes biológicos en España*

En España todo proceso adoptivo concluye con la inscripción del menor en el Registro Civil. La restricción al acceso de estos datos, contenidos en el Registro, se fundamenta en la necesidad de garantizar el derecho constitucional a la intimidad personal y familiar de los adoptados (cfr. artículo 18 CE). Asimismo,

---

confidencial para saber dónde, con quiénes y en qué condiciones había vivido, pues decía haber sido maltratado en aquella época. Las autoridades requeridas le permitieron conocer sólo algunos datos y denegaron otros, basándose en la legislación británica y la necesidad de confidencialidad de los expedientes. El Sr. GASKIN invocó la infracción del artículo 8 del Convenio y llevó su caso al Tribunal de Estrasburgo. El Tribunal Europeo de Derechos Humanos decidió que existía una infracción del Convenio, sobre la base de los datos e información que retenían las autoridades locales afectaban a la identidad fundamental del demandante y podrían proporcionarle los únicos trazos coherentes de su infancia y años de formación. No obstante, señaló que este derecho no era absoluto y que cada Estado ostentaba un amplio margen de apreciación en cuanto a sus obligaciones positivas en ese ámbito y que había de buscarse en cada caso un justo equilibrio entre los intereses concurrentes (el público, en un eficaz funcionamiento del sistema y el del demandante en consultar su historia personal).

Asimismo, cabe traer a colación el caso MIKULIC contra Croacia (sentencia de 7 de febrero de 2002), sobre reclamación de la paternidad no matrimonial. El Tribunal estableció que el respeto de la vida privada requiere que todos puedan establecer elementos de su identidad como seres humanos individuales y que un derecho del individuo a tal información es importante por sus implicaciones formativas para la personalidad. Añadió que los procesos de filiación dirigidos a establecer la paternidad y la verdad biológica guardan directa relación con la vida privada y que compete al Estado establecer los medios aptos para la determinación de la paternidad. En virtud de estos razonamientos, declaró la violación del artículo 8 del Convenio porque en el sistema legal croata no existían medios legales para obligar al padre a someterse a la prueba de ADN ordenada por un Tribunal. Además, porque tampoco estaba prevista la existencia de una autoridad que, de forma rápida, pudiera declarar la paternidad frente a esa negativa. A juicio del Tribunal de Estrasburgo las obligaciones positivas que impone el artículo 8 a los Estados sólo se cumplen, en supuestos como éste, si el sistema legal prevé, frente a la negativa del padre a someterse a la prueba biológica, otros medios para que de forma eficaz pueda determinarse la paternidad. Agregó que un sistema que, frente a la negativa del padre, para dar solución a la demanda de filiación se basa en una norma de carácter general, que otorga a los Tribunales el poder discrecional de valorar la negativa del progenitor, no cumple con las exigencias del artículo 8.

la política de confidencialidad parte de la suposición de que los progenitores por naturaleza confían en el anonimato que les fue prometido y que han querido romper toda relación con el hijo que dieron en adopción.

Por otro lado, al igual que Francia e Italia, y con la misma finalidad de estos ordenamientos, el legislador español posibilitó el anonimato de la madre no casada. Le otorgó dos facultades: el parto anónimo y el desconocimiento de su maternidad. Respecto del primero, el artículo 167 RRC *("el parte o la declaración de los profesionales y personal de establecimientos sanitarios que tengan obligación de guardar secreto no se referirá a la madre contra su voluntad")* permite a la madre no matrimonial ocultar su identidad al dar a luz y ante el médico o persona que le asiste. En cuanto a la segunda posibilidad, el artículo 47 LRC expresa que en la inscripción de nacimiento constará la filiación materna, siempre que en ella coincidan la declaración y el parte o comprobación reglamentaria. Mientras que el artículo 182 RRC complementa esta disposición y permite a la madre, cuando los datos de su identidad constan en el parte y se ha procedido a la inscripción de la filiación materna, instar el desconocimiento de su maternidad, para que no quede determinada su filiación, dentro de los quince días siguientes a la inscripción.

En relación al derecho del adoptado a conocer sus orígenes preadoptivos, todos los ordenamientos que lo recogen, lo regulan de manera expresa, en determinados casos y estableciendo un proceso y mecanismos específicos para su acceso. Por el contrario, en el ordenamiento español, ni la Constitución ni el Código Civil –hasta el año 2007– lo reconocían de manera expresa ni habían previsto una acción propiamente para conocer los orígenes biológicos por el mero hecho de conocer. Cabe precisar que la posibilidad del adoptado de determinar, sin ningún efecto, la filiación por naturaleza, *ex* artículo 180. 4 CC, dista mucho de ser una acción de mera investigación. El supuesto que recoge ese precepto supone que ya se conoce la identidad de los progenitores biológicos y el adoptado sabe a quién va a dirigir la acción con la que pretende determinar la paternidad o maternidad por naturaleza, mas no ampara una acción dirigida a su conocimiento. En consecuencia, tampoco existía, hasta el año 2007, una regulación que estableciera algún procedimiento o Comité especial, como en Francia o Italia, al que el adoptado debía someterse para lograr el levantamiento del anonimato materno o de la confidencialidad de la adopción.

Todas estas omisiones legislativas indicaban que en el sistema español no existía un derecho del adoptado a conocer su ascendencia biológica, como sí lo preveía expresamente el ordenamiento catalán. No obstante, esa omisión del Derecho común ha sido suplida por la controvertida decisión de la STS de 21 de septiembre de 1999.

a. El Derecho catalán

El artículo 129.1 CF establecía que la persona adoptada, a partir de la mayoría de edad o de la emancipación, podía ejercitar acciones dirigidas a averiguar (mero conocimiento) quiénes eran su padre y su madre biológicos, lo que no afectaba la filiación adoptiva. Agregaba que el ejercicio de este derecho se llevaba a cabo sin detrimento del deber de reserva de las actuaciones. Por tanto, las entidades o personas que intervenían en la adopción estaban autorizadas a denegar la información sobre la base de su deber de secreto y del derecho a la intimidad de los parientes por naturaleza. En el caso de que se llegase a conocer la identidad de las personas, no podía inscribirse esta filiación en el Registro Civil porque la acción no se dirigía a determinar la filiación.

En concreto, el artículo 129 CF permitía la búsqueda de la filiación biológica del adoptado, tanto en la vía y procedimiento administrativo (ante la entidad o servicio social que tuvo a su cargo al adoptado con anterioridad), como en la jurisdiccional, sea ésta contra la decisión de la Administración o ante los tribunales civiles directamente, sin que esta última se convierta en una acción de estado (cfr. SAP de Barcelona de 14 de marzo de 2006[409]).

Esta regulación revela que la solución que adoptó el legislador catalán suponía el reconocimiento expreso del derecho del adoptado a acceder a sus orígenes biológicos y, por ello, le otorgaba una acción de mera investigación, no sujeta a plazo. Esta acción, en la práctica, se tradujo en un sistema de autorización judicial caso por caso. Las autorizaciones judiciales para que el adoptado accediera a sus orígenes biológicos no se otorgaban de manera automática, con base en un derecho absoluto e incondicionado al conocimiento del origen, sino que había de concretarse *ad casum* los límites de ese derecho. En consecuencia, el derecho del adoptado al conocimiento de su ascendencia de sangre se introdujo como un derecho de carácter limitado y legal. Luego, la decisión del juez no podía llegar al Tribunal Constitucional, pues no se trataba de un derecho fundamental.

Por otra parte, cabe citar que la legislación catalana no posee una norma en el sentido del artículo 180.4 CC. Por consiguiente, sólo en el caso de que se extinguiera la adopción podría entrar en juego la filiación por naturaleza conocida por la acción de mera investigación.

El Código de Familia fue derogado el 1 de enero de 2011, tras la entrada en vigor del Libro II del Código Civil catalán, relativo a la persona y la familia.

---

[409] Concedió a la demandante (una hija adoptada) la autorización para que la Diputación Provincial de Barcelona le proporcionase los datos relativos a la identidad de su madre biológica, a pesar de la denegación expresa de la progenitora.

Este cuerpo legal, en su artículo 235.49, recoge el derecho del adoptado a conocer sus orígenes biológicos en el mismo sentido que el artículo 129.1 CF –por lo que sigue vigente la doctrina en torno a este precepto–, pero introduce algunas novedades. En primer lugar, prevé un procedimiento confidencial de mediación, que se articula como un sistema que pretende hacer efectivo el conocimiento de los progenitores biológicos al adoptado. Se presenta como una vía adecuada para el encuentro, de ser el caso, entre padres biológicos y sus hijos, con el previo consentimiento de ambos. En segundo lugar, dispone, en interés de la salud del adoptado, que tanto éste como los adoptantes, si el adoptado es menor de edad, puedan solicitar los datos biogenéticos de los progenitores. Datos que no llevan consigo el descubrimiento de su identidad.

La novedad que más polémica ha suscitado es la del artículo 235.50 CC. Esta norma impone a los padres adoptivos la obligación de informar al hijo adoptado sobre el origen de su filiación, *"tan pronto como éste tenga bastante madurez y en todo caso cuando haya cumplido 12 años, salvo que esta información sea contraria al interés superior del menor"*.

Las críticas no se han hecho esperar y no falta razón. Efectivamente, la decisión de informar al hijo adoptado sobre su filiación corresponde a los padres. Únicamente éstos son las personas aptas para determinar el momento y la forma oportuna en que el hijo pueda conocer esa información. No es necesario que una ley establezca esa obligación ni mucho menos, *a priori*, que los 12 años sea la edad en que toda persona alcanza una madurez suficiente para poder entender y afrontar el impacto de descubrir el origen de su filiación. Por tanto, a mi juicio, la disposición del artículo 235.50 CC es una intromisión indebida de la legislación catalana.

Sin embargo, sus efectos se ven mitigados, en el sentido que la legislación prevé la posibilidad de no revelar la información al adoptado si ello es contrario a su interés. Además, como no se establece ninguna sanción ante el incumplimiento de ese deber, puede inferirse que, aunque la norma haya sido redactada de manera imperativa, no deja de ser una simple sugerencia a los padres adoptivos.

b. La Sentencia del Tribunal Supremo de 21 de septiembre de 1999 y la reforma del Código Civil

La demandante, embarazada de 8 meses y viuda, alegó no poder hacerse cargo del hijo que esperaba. Renunció a él, a favor de la Consejería de Asuntos Sociales de la Junta de Andalucía, a los efectos de su guarda inmediata al parto, y prestó su asentimiento a la adopción. Asimismo, manifestó su deseo de mantener oculta su identidad, tanto a efectos registrales, como en el procedimiento de adopción. Tras dar a luz a la niña, en noviembre de 1991, la Consejería la declaró en situación de desamparo y solicitó su inscripción en el Registro como hija de padres desconocidos. Un año después, en septiembre de 1992, la madre se presentó en el Registro Civil y solicitó que se haga constar la filiación materna en la inscripción de nacimiento, lo que fue rechazado por el encargado del Registro y confirmado por la Dirección General.

La madre reclamó la maternidad no matrimonial. La sentencia del Juzgado estimó la demanda y ordenó que se entregara la niña a la actora, pero la Audiencia revocó la decisión, por entender que no había quedado acreditada la filiación materna reclamada. Esta sentencia es casada por el Tribunal Supremo en su decisión del 21 de septiembre de 1999. Aquí el Tribunal realiza una serie de declaraciones que han influido enormemente en la existencia y calificación del derecho del adoptado al conocimiento de sus orígenes biológicos en el Derecho común español.

Por una parte, sostiene que el consentimiento de la madre a la adopción, por no haberse prestado después de transcurridos los 30 días desde el parto, es nulo. Por otra, afirma que la libre investigación de la paternidad exige una coincidencia total entre la filiación legal y la paternidad y maternidad biológicas, por lo que las normas del anonimato materno se erigían en un obstáculo para el logro de dicha coincidencia. Para el Tribunal Supremo, las normas que permitían ocultar la identidad de la madre transgredían el artículo 39.2 CE, en el sentido que imposibilitaban el conocimiento de la filiación materna y ocasionaban que el adoptado pierda por completo el nexo que le permitiría, en su momento, conocer la verdadera filiación, debido a un acto voluntario de la madre. Declara la inconstitucionalidad de las normas del anonimato materno[410], manda reponer las actuaciones al momento posterior a la vista y ordena la práctica de la prueba biológica[411].

Tras la declaración de inconstitucionalidad, defiende la existencia, en el ordenamiento español, de un derecho *constitucional* e *ilimitado* de las personas adoptadas al conocimiento de su origen biológico: "cabe hablar del derecho de las personas a conocer su herencia genética". Es decir, de una acción por el mero hecho de conocer, sin necesidad de establecer la filiación.

---

[410] Este aspecto será tratado con mayor detalle en el capítulo correspondiente al principio *mater semper certa est*.

[411] Practicada la prueba genética, se acredita la maternidad y el hecho del parto, pero la menor no es entregada a la madre biológica. La SAP de Jaén de 8 de mayo de 2000 falla la imposibilidad de declarar la nulidad de la adopción y, en interés del menor, ordena su integración a la familia adoptiva. La madre recurre esta decisión en casación y la STS de 9 de julio de 2001 hace prevalecer la adopción. Argumenta que no se había ejercitado ninguna acción tendente a anular o extinguir la filiación adoptiva.

Esta doctrina ha sido refrendada por ciertos autores que sostienen que el citado derecho es principalísimo y el más cercano al derecho a la vida. Lo califican como un derecho fundamental, que forma parte de la dignidad humana, cuyo ejercicio contribuye al desarrollo de la personalidad y que ha de prevalecer sobre los otros intereses en conflicto. En síntesis, defienden que este derecho de los adoptados encuentra su fundamento en los artículo 10.1, 15, 18 y 39.2 CE[412].

A mi juicio, el derecho del adoptado a conocer su ascendencia biológica no encuentra amparo en la dignidad humana ni en el libre desarrollo de la personalidad (cfr. artículo 10.1 CE). Los autores que piensan lo contrario se basan en el Derecho alemán, el cual ha reconocido el derecho al conocimiento del verdadero origen biológico fundamentándolo en el derecho general de la personalidad y en la dignidad del ser humano. Pero, en ese país, el derecho al libre desarrollo de la personalidad tiene acceso a la acción de amparo. Por tanto, la aplicación de esta doctrina encuentra un gran obstáculo en el Derecho español, porque el libre desarrollo de la personalidad es un principio general que, de conformidad con el artículo 53.2 CE, no tiene acceso a la protección especial que otorga el Tribunal Constitucional español vía acción de amparo. En consecuencia, fundamentar un recurso de amparo por vulneración de un pretendido derecho del adoptado a conocer la identidad biológica, sobre la base del libre desarrollo de la personalidad, no tendría posibilidad alguna de prosperar.

Opino que tampoco es posible hacer derivar el derecho bajo estudio de la integridad física y moral que recoge el artículo 15 CE. Cuando por motivos de salud el adoptado tiene la necesidad urgente de conocer los datos de sus progenitores, por estar en riesgo su vida (no por el mero hecho de conocer y despejar su inquietud), se permite el acceso a la información de la familia biológica, pero no porque ha prevalecido el derecho a conocer a los orígenes preadoptivos, sino porque así lo exige la salud del hijo. Además, ello no aneja el conocimiento de la identidad de los progenitores, sino, únicamente, los datos imprescindibles para la mejoría del adoptado.

También encuentro obstáculos en fundamentar el derecho del adoptado a conocer sus orígenes en el artículo 18 CE –derecho a la intimidad en su vertiente positiva de solicitar información–. Se podría alegar que la madre también os-

---

[412] Cfr. Ballesteros de los Ríos, M., "El derecho del adoptado a conocer sus orígenes", *AC,* nº 17, 2009, pp. 22 y ss.; Barberá Fraguas, M., "La Adopción: cuestión jurídica. Problema Humano", en *Boletín Aranzadi Civil-Mercantil,* nº 39, 2002, p. 5 (www.westlaw.es); Garriga Gorina, M., ob. cit., pp. 247 y ss.; Quesada González, M. C., "El derecho (¿constitucional?) a conocer el propio origen biológico", *ADC,* nº 2, 1994, pp. 248 y ss. y Rivero Hernández, F., "De nuevo sobre el derecho a conocer el propio origen. El asunto *Odièvre* (Sentencia del Tribunal Europeo de Derechos Humanos de 13 de febrero de 2003), *Act. Civ.,* nº 2, 2003, pp. 627-632.

tenta un derecho a la intimidad en su vertiente negativa (a la reserva). Además, como entiende GARRIGA GORINA, no es que deba prevalecer el derecho a la intimidad del hijo, sino que debe tenerse en cuenta que precisamente el ordenamiento recoge el secreto de la adopción y la ruptura del vínculo biológico en interés del hijo[413].

Finalmente, del artículo 39.2 CE, desarrollado por el artículo 127 CC, hoy artículo 767 LEC, se infiere, como manifesté anteriormente, que la investigación de la paternidad y el descubrimiento de la verdad biológica aparecen vinculados estrechamente a los procesos de filiación y, fuera de ellos, no es posible ejercer esta investigación. Por consiguiente, un derecho del adoptado a conocer su filiación de origen, por el mero hecho de conocer, no encuentra cabida en ninguna de las acciones de estado y, por ende, tampoco encuentra fundamento en el artículo 39.2 CE.

El propio Tribunal Constitucional, en sentencia de 17 de junio de 1999, así lo entiende. La sentencia distingue claramente entre la acción cuya finalidad es el establecimiento de un vínculo jurídico de filiación y aquella otra cuyo objetivo es la mera revelación de la identidad del progenitor. Declara que sólo la primera está en el ámbito del artículo 39.2 CE, mientras que la segunda se sitúa en un ámbito distinto que el Tribunal no delimita. En consecuencia, puedo afirmar que la STS de 21 de septiembre de 1999 contradice la doctrina asentada por el Tribunal Constitucional tan solo unos meses antes.

Puede observarse, por tanto, que el derecho del adoptado a sus orígenes biológicos no tiene anclaje constitucional; no encuentra en la Constitución ningún fundamento[414]. Lo que ha hecho el Tribunal Supremo es forzar, mediante una interpretación, la existencia constitucional de un derecho que no existe. En todo caso, debe ser el legislador español quien otorgue al adoptado, mediante ley, el derecho a conocer la identidad de sus padres y, efectivamente, así ha procedido a hacerlo, pero 8 años después de la STS de 21 de septiembre de 1999.

En este sentido, la Ley de Adopción Internacional, Ley 54/2007, de 28 de diciembre, introdujo el inciso quinto al artículo 180 CC, en virtud del cual reconoce el derecho de las personas adoptadas, mayores de 18 años o menores de edad, representadas por sus padres, a obtener información sobre sus orígenes, que obren en poder de las Entidades Públicas españolas, sin perjuicio de las limitaciones que pudieran derivarse de la legislación de los países de los que provengan los menores. Añade que este derecho se hará efectivo con el asesoramiento, la ayuda y mediación de los servicios especializados de

---

413 Cfr. ob. cit., p. 67.

414 Igualmente opinan GARCÍA VICENTE, J R., "Comentario… cit.", p. 446; MAGALDI MENDAÑA, N., ob. cit., pp. 65-74; y SILLERO CROVETTO, B. y ASENCIO SÁNCHEZ, C., ob. cit., pp. 1083-1120.

la Entidad Pública de Protección de Menores u organizaciones autorizadas para tal fin[415]. También advierte que serán las Administraciones Autonómicas competentes en materia de adopción quienes adquieran el deber de conservar la información relativa a los orígenes del menor (cfr. artículo 12, 2º párrafo y disposición adicional primera).

Sólo tras esta regulación, puede concluirse que el ordenamiento español común recoge expresamente el derecho del adoptado a conocer sus orígenes de sangre. De tal forma que, si el Código Civil no lo hubiera amparado en su artículo 180.5 CC, sería muy difícil argumentar su aplicación. Además, se ha introducido como un derecho puramente legal y restringido. Sólo el adoptado tiene la posibilidad de solicitar la información referente a sus orígenes preadoptivos una vez alcanzada la mayoría de edad, o asistido por su padres durante la minoría de edad. Asimismo, el acceso a la citada información no es automática, sino que precisa de la supervisión y control de las entidades públicas o privadas que hayan intervenido en el proceso adoptivo.

En esta regulación se echa en falta la posibilidad de restringir o impedir el derecho a conocer esos orígenes cuando ello pone en peligro la vida del hijo por nacer o cuando, por cualquier otra circunstancia, ese conocimiento perjudica al adoptado (porque su familia biológica es toxicómana, porque lo maltrataron de niño, etc.). Es cierto, como manifiestan los especialistas en el tema (psicólogos, antropólogos y juristas), que el adoptado manifiesta un interés y una necesidad de conocer a sus padres por naturaleza y que ello no constituye una patología, sino una inquietud natural de estas personas. Sin embargo, esta inquietud no puede devenir en un derecho absoluto a acceder a sus orígenes de sangre, como lo demuestra la experiencia francesa e italiana –donde el derecho del adoptado a acceder a la identidad de sus progenitores es un derecho legal con límites–, ya que el *favor filii* debe ser guía de todo este proceso. Así lo expresan también una serie de tratados internacionales.

En este orden de ideas, una limitación al derecho del adoptado a conocer la identidad de sus progenitores se encuentra en el parto anónimo, cuyo régimen es acorde con el Convenio, según lo ha manifestado el propio Tribunal Europeo de Derechos Humanos en el caso Odièvre. Es más, la legalidad del anonimato

---

415 La Comunidad de Castilla y León se ha erigido en pionera desde el punto de vista de la concreción de esta regulación. Ha regulado las actuaciones profesionales de asesoramiento y mediación en el ejercicio del derecho de los adoptados a conocer sus orígenes (cfr. artículo 45 K Ley 14/2002, de 25 de julio, Ley de Promoción, Atención y Protección a la Infancia). En este sentido, de acuerdo con la Orden fam. 1990/08, de 10 de noviembre, están legitimados para el ejercicio de este derecho los mayores de edad que hubieran completado previamente un proceso de información y orientación (por profesionales expertos: psicólogos, pedagogos, trabajadores sociales, profesionales del Derecho) sobre la trascendencia y consecuencias del ejercicio del derecho a conocer sus orígenes y opten libremente por hacerlo efectivo.

materno no excluye el derecho del adoptado a conocer sus orígenes biológicos, como lo demuestra el ordenamiento francés e italiano.

El posible perjuicio a la integridad psíquica o moral del adoptado también puede imponerse al derecho legal a conocer los orígenes de sangre. Así lo demuestra el caso de un joven zaragozano adoptado que, en busca de sus orígenes biológicos, rastreó en el Registro Civil, encontrando la información que necesitaba. Conocer a su verdadera madre le provocó muchos problemas psicológicos, como él mismo expresa: "cuando volví a mi casa empecé a estar mal. No dejaba de llorar (...) No me he portado bien con ella, pero yo es que he tenido problemas psicológicos. Decirle a dos personas mamá es muy difícil. Y por curarme yo, no me he ocupado de ella (refiriéndose a su madre biológica que sufría una distrofia muscular en estado avanzado y deseaba que la dejen morir)"[416] .

También pueden existir factores, no fundamentados en el *favor filii*, que limiten este derecho. Un claro ejemplo se encuentra en Reino Unido, en el caso R. *v* Registral General, *ex parthe* Smith. El tribunal de apelaciones denegó a Charlie Smith, un perturbado mental con antecedentes penales por doble asesinato ingresado en un hospital de alta seguridad, conocer la identidad de su madre biológica, a quien hacía responsable de sus problemas. La sentencia argumentó que el derecho a conocer esta información no era absoluto y que podía ser denegado por razones de orden público. La denegación *ad casum* respondía al temor de que Charlie intentara agredir a su madre.

Para terminar, me cuestiono sobre el futuro del derecho del adoptado a sus orígenes biológicos. Si seguirá siendo un simple derecho de acceso a un expediente administrativo o se permitirá un día al adoptado pedir a un juez el examen genético o sanguíneo para establecer, positiva o negativamente, su origen, pues una vez que se conoce, puede proceder a determinar su filiación. En España, el adoptado podrá hacerlo (en función del artículo 180.4 CC), aunque esta determinación no tendrá ningún efecto, pues primará la adoptiva.

Por otro lado, también podría plantearse, en contraste con el derecho del adoptado a sus orígenes biológicos, un derecho de los padres biológicos a revertir su anonimato[417]. Esto no es una exigencia constitucional debido a que la investigación de la paternidad y maternidad se ha establecido a favor de los

[416] Noticia extraída del Diario *El País*, de 25 de octubre de 2006.

[417] En opinión de Martín García el único interés que legitimaría el conocimiento de los datos contenidos en el Registro Civil por parte de la familia biológica del adoptado estaría basado en un problema grave de salud, convirtiéndose el adoptado en una persona imprescindible para superar la gravedad de una enfermedad (Cfr. "Inscripción en el Registro Civil de la adopción internacional: la protección de la intimidad personal y familiar a través del Registro Civil. Breve reflexión en torno al derecho del adoptado a conocer sus orígenes", *RDP*, nº 1-2, 2010, p. 97).

hijos y no de los padres. No obstante, nada impide que legalmente se pueda conceder esta posibilidad. Si sucede, y el hijo es menor de edad, debería exigirse el asentimiento de los padres adoptivos. Si el hijo es mayor de edad, dependerá de si éste sabe que es adoptado y si desea conocer a sus ascendientes biológicos, siempre que no le cause ningún perjuicio.

III. LA FILIACIÓN POR FECUNDACIÓN ARTIFICIAL

La normatividad jurídica de la filiación, desde el Derecho romano, parte del hecho natural del nacimiento, producto de la cópula sexual entre hombre y mujer. Al mismo tiempo, para los casos en que la pareja no puede concebir un niño, los ordenamientos han previsto la institución de la adopción, para asegurar al menor la posibilidad de crecer dentro de una familia.

Hoy en día, las denominadas técnicas de fecundación asistida han venido a romper el molde clásico de la filiación, al originar un vínculo paterno-filial sin recurso a la cópula natural, llegando, en varios casos, a "conseguir" un hijo en un laboratorio humano.

Estas técnicas eran conocidas cuando se modificó el Código Civil español en 1981, pero el legislador no consideró oportuno, por las razones que fuere, darles cabida en ese cuerpo legal. Fueron reguladas, *a posteriori,* en la Ley 35/1988, de 22 de noviembre, que fue modificada por la Ley 45/2003, de 21 de noviembre. Ambas, a su vez, fueron derogadas por la Ley 14/2006, de 26 de mayo, de Técnicas de Reproducción Humana Asistida, vigente actualmente.

En general, la Ley vigente de técnicas de reproducción asistida española es una de las menos restrictivas[418]. Permite la utilización de estos métodos con una generosidad bastante amplia, lo que plantea problemas jurídicos muy graves.

---

[418] En Europa, puede distinguirse, por sus características genéricas, dos corrientes legislativas en relación con las técnicas de fecundación artificial. En la primera destacan, principalmente, las legislaciones de Alemania, Italia, Suecia, Suiza, Noruega y Austria y, en la segunda, las de España y Reino Unido. Las legislaciones del primer modelo permiten la aplicación de estas técnicas sólo si se respeta la dignidad de la persona y, concretamente, el interés del hijo de tener una familia biparental compuesta, en la medida de lo posible, por su madre y su padre por naturaleza. Se tiende a reconocer al hijo el derecho a una maternidad no disociada y a la propia identidad, de forma que si en algunos casos se admite la donación de esperma, se reconoce siempre al hijo el derecho a conocer la identidad de su padre biológico. La preocupación fundamental es la de evitar el recurso a procedimientos artificiales excesivos y el intento de hacer coincidir los vínculos biológicos con los sociales. Las legislaciones del segundo modelo tienden a suprimir cualquier obstáculo jurídico susceptible de impedir la aplicación de las técnicas aludidas, sin dar al nacido, a excepción de Reino Unido, la posibilidad de conocer la identidad de sus progenitores y, por tanto, con garantía de anonimato para el donante de material genético.

En primer lugar, la citada ley –debido al papel que se viene concediendo a la voluntad, que se ha transformado en razón de auge de los derechos fundamentales– se basa en un supuesto "derecho fundamental a la procreación", derecho a tener un hijo; que no existe. El hijo nunca puede ser objeto de un derecho subjetivo. El hecho de contraer matrimonio no confiere a los cónyuges el derecho a tener prole, simplemente les atribuye el derecho-deber a realizar los actos sexuales propios para procrear. Si en algún momento se ha pretendido defender ese derecho al hijo, se ha hecho justificando la libertad de los progenitores a decidir sobre su facultad procreativa ante las intervenciones estatales que pretendían limitarla. Éste sería el caso, por ejemplo, de Estados que limitan el número de hijos que cada matrimonio o pareja puede tener, e incluso de aquellos que no permiten el nacimiento de criaturas de un determinado sexo.

Por otra parte, la Ley de 2006 justifica la utilización de las técnicas de fecundación artificial en ser una solución a la infertilidad en un matrimonio. Esta argumentación es falaz. Es cierto que la fecundación asistida permite la procreación a la pareja en caso de infertilidad, pero nunca soluciona este problema (como bien lo destaca la STSJ de Cataluña de 27 de septiembre de 2007). La infertilidad persiste después de que la mujer se someta a la reproducción asistida[419]. Por lo tanto, en España, estas técnicas no tienen una finalidad terapéutica, sino que suponen un modo alternativo de procreación[420], siendo la voluntad de los padres el elemento determinante de la filiación. Ello con-

---

[419] Un artículo publicado por la periodista neozelandesa CAROLYN MOYNIHAN, en www.mercatornet.com, pone de manifiesto que, paradójicamente, la fecundación *in vitro,* concebida por el Premio Nobel ROBERT EDWARDS para que las parejas infértiles pudieran tener hijos, puede haberse convertido en otro factor de infertilidad. La esperanza que brinda el milagro técnico de la fecundación *in vitro* ha empezado a funcionar, según la periodista, como un motivo para retrasar la edad de tener hijos, constituyéndose este retraso de la maternidad en una nueva y principal causa de infertilidad. El artículo recoge las declaraciones del doctor RICHARD FISHER, uno de los principales expertos de fecundación *in vitro* en Nueva Zelanda, quien sostiene que un tercio de las mujeres sometidas a tratamientos de fecundación *in vitro* superan los 40 años. Edad en la que las oportunidades de concebir de forma natural están entre el 6 % y el 0%.

Este problema no es ajeno a España, en donde la edad de las mujeres que se someten a las técnicas de fecundación artificial es cada vez más alta. Según ROSA TUR, del servicio médico reproductivo del Instituto Dexeus, la media de edad de las solicitantes de este centro se sitúa en los 37 años. Señala TUR, la gente no tiene hijos, en la mayoría de los casos, no porque no pueda tenerlos, sino porque ha preferido aplazarlos. Luego se encuentra con que su ciclo biológico ha llegado a término, por lo general a una edad, 40-45, en la que toda mujer tiene problema de fertilidad (cfr. *Muy tarde con o sin vitro,* Diario *El País*, de 16 de febrero de 2010).

[420] En esta línea, ROMEO CASABONA sostiene que "entre la disyuntiva de permitir estos procedimientos como remedio terapéutico o como una forma alternativa de procreación, el legislador, que aparentemente se pronuncia formalmente por la primera, se ha decantado finalmente por la segunda pero a costa de mantener una contradicción o incoherencia normativa" (cfr. "Perspectiva legal de las técnicas de reproducción humana asistida. Los límites de la manipulación genética y experimentación embrionaria», en *Cuadernos de Derecho Judicial: La filiación: su régimen jurídico e incidencia de la genética en la determinación de la filiación*, Consejo General del Poder Judicial, Madrid, 1994, pp. 252-253). Defiende la misma opinión, entre otros, CORRAL TALCIANI, H., "La

trasta notablemente con la regulación austriaca. En este ordenamiento el uso de las técnicas es subsidiario. Sólo pueden llevarse a cabo si todos los demás tratamientos posibles conducentes a inducir el embarazo a través del coito han fracasado o no tienen posibilidades razonables de éxito[421].

Asimismo, la Ley de 2006 –a diferencia de la Ley de 1988, que enumeraba en una lista cerrada las técnicas de reproducción asistida permitidas– sigue un criterio abierto. Detalla las técnicas que según el estado de la ciencia y la práctica clínica pueden realizarse hoy en día (inseminación artificial y fecundación *in vitro* e inyección intracitoplásmica de espermatozoides con gametos propios o de donante y con transferencia de preembriones[422]), pero habilita a la autoridad sanitaria correspondiente para aprobar, previo informe de la Comisión Nacional Sanitaria de Reproducción Humana Asistida, la práctica provisional y tutelada de una nueva técnica. Si se constatara su evidencia científica y clínica, el Gobierno, mediante Real Decreto, actualizará la lista de técnicas autorizadas.

Por otro lado, como lo importante es la voluntad de tener un hijo, la Ley española de técnicas de fecundación asistida no persigue que la filiación resultante corresponda con la verdad biológica. En consecuencia, a diferencia del ordenamiento alemán y austriaco, que sólo permiten la fecundación homóloga[423], autoriza que las técnicas de fecundación artificial se lleven a cabo con

---

nueva legislación española sobre técnicas de reproducción artificial y procedimientos afines", *RDP*, nº 3, 1992, p. 206.

[421] El ordenamiento francés también prohíbe la reproducción asistida sin razón terapéutica. Sólo la admite en supuestos de esterilidad *lato sensu,* médicamente comprobada y cuando existe riesgo de transmisión de una enfermedad grave e incurable. Además, no hay posibilidad de utilizar técnicas de reproducción asistida por consideraciones eugenésicas: color de piel, color de ojos, etc.

[422] Siguiendo la clasificación de Olguín Brito, las técnicas de fecundación asistida se distinguen en dos grupos: según el lugar donde ocurre la fecundación y según la procedencia de los gametos utilizados para la fecundación. Dentro del primer grupo, las técnicas se dividen en *intracorpóreas*, cuando la fecundación se produce dentro del cuerpo de la mujer a través de la introducción de esperma en el interior de sus órganos genitales, conocida como inseminación artificial. *Extracorpóreas*, cuando la fecundación se produce fuera del cuerpo de la mujer, conocida como fecundación *in vitro*. Según la procedencia de los gametos, las técnicas pueden ser *homólogas*, cuando la fecundación se realiza con los gametos femenino y masculino de quienes serán los padres; y *heterólogas*, cuando los gametos femenino y/o masculino provienen de un tercero, una persona ajena a la pareja y, por lo general, anónimo (cfr. "Los derechos de filiación en la técnicas de fecundación artificial", en *Jornadas Internacionales de Derecho de Familia. La familia: naturaleza y régimen jurídico en el siglo XXI, Chiclayo, 26-27 de octubre de 2007,* Universidad Católica Santo Toribio de Mogrovejo, Chiclayo, 2007, pp. 13-14). Cfr., también, Metters, J. S., "Artificial Reproduction Techniques in use and likely to be developed", en *Artificial Procreation, Genetics and the Law,* Schulthess Polygraphischer Verlag, Zürich, 1986, pp. 9 y ss.

[423] La Ley de procreación artificial austriaca sólo permite, en principio, el uso de métodos homólogos, que no involucren técnicas particularmente sofisticadas y que no se separen demasiado de los medios naturales de concepción. Prohíbe, por tanto, la utilización de óvulos y esperma de donantes en procedimientos de fecundación *in vitro* (aunque sí acepta la inseminación artificial con donante de semen). Para el legislador austriaco el uso de la fertilización *in vitro*, como opuesto a la

la contribución de un tercero, donante anónimo, prohibiendo la investigación de la paternidad. Es decir, las técnicas de reproducción asistida heterólogas constituyen una excepción al principio rector de verdad material, tal como lo señala la RDGRN de 5 de junio de 2006. Generan una diversificación entre la maternidad y paternidad biológicas –sobre las que el Derecho de familia

---

procreación natural, planteaba asuntos serios como el bienestar del niño concebido por este medio, su salud y sus derechos y también tocaba los valores éticos y morales de la sociedad y entrañaba el riesgo de la comercialización y la reproducción selectiva. Esta prohibición se fundamenta en el bienestar del niño, la verdad biológica y la protección de las mujeres. Asimismo, el objetivo era evitar que se formasen relaciones personales inusuales, como un niño con más de una madre biológica (la madre genética y otra que gesta al niño) y para evitar el riesgo de explotación de las mujeres.

Sorprende que el Tribunal Europeo de Derechos Humanos, en sentencia de 1 de abril de 2010, caso S. H. y otros contra Austria, haya declarado lesivo al Convenio la prohibición de la legislación austriaca a las técnicas de fecundación *in vitro* heterólogas. Los demandantes, dos matrimonios (en uno de ellos ambos eran estériles, mientras que, en el segundo, la mujer no producía óvulos, pero el marido sí producía esperma hábil para la procreación), alegaron ante el Tribunal de Estrasburgo que la prohibición antes mencionada vulneraba los artículos 8 y 14 del Convenio, ya que era la única técnica por la que podían concebir un niño con éxito. Entre las observaciones de terceras partes, el Gobierno alemán justificó la legislación austriaca y argumentó que en Alemania constituía un delito punible colocar en una mujer un ovocito no producido por ella misma. Alegó que esta prohibición se basaba en la protección del bienestar del niño, al asegurar una identidad sin ambigüedades por parte de su madre. Para el legislador alemán, la relación con la madre es un elemento importante en el descubrimiento de la identidad del niño. Afirmó que de permitirse la técnica discutida, como resultado, el niño tendría grandes dificultades para asumir el hecho de que, en términos biológicos, dos mujeres habían tomado parte en su existencia. A su juicio, la maternidad escindida y la ambigüedad resultante de la identidad de la madre podría dañar el desarrollo de la personalidad del hijo y acarrear considerables problemas en el descubrimiento de su identidad.

Sin embargo, el Tribunal declaró que la prohibición austriaca sí constituía una transgresión a los artículos 8 y 14 del Convenio porque, a su parecer, el derecho a procrear formaba parte del Derecho a la vida privada. Consideró que dicha prohibición no constituía una medida proporcional para alcanzar el fin que perseguía el Gobierno austriaco de proteger a los niños y a las madres para evitar una explotación y humillación como consecuencia de la donación de óvulos. Argumentó que la ética y la moral no eran razones suficientes para la prohibición absoluta de una técnica de procreación artificial. Además, afirmó que si bien estas técnicas rompían el principio de verdad biológica, éste no sería el único caso, pues lo mismo sucedía en la adopción. Claro está que el Tribunal no se fija en las claras diferencias existentes entre ambas figuras.

En mi opinión, esta decisión es harto discutible. El Tribunal reconoce un derecho de las personas a procrear, a tener un hijo, cuando tal derecho no existe, es un mero deseo de las personas. Más adecuadas me parecen las opiniones disidentes de la sentencia, cuyos argumentos comparto. Para el juez STEINER, la prohibición austriaca era acorde con el Convenio al garantizar no sólo el principio de verdad biológica, sino el del interés del niño para evitar que se produzca la disociación de su paternidad y maternidad. Agregó que la prohibición respetaba los Principios adoptados por el Comité de expertos *ad hoc,* sobre el progreso de la ciencia biomédica de 1989. Este Documento establece que, en principio, la fecundación *in vitro* ha de utilizarse utilizando los mismos gametos de la pareja (cfr. principio 11). También he de destacar la opinión disidente del juez JEBENS, para quien tampoco existía vulneración. Destacó que no se discriminó a los demandantes, que la prohibición austriaca no excedía el margen de apreciación concedido a los Estados y que la ética sí justificaba esa regulación, máxime cuando la población austriaca mostraba su malestar ante la regulación de dichas técnicas.

tradicional descansa– y lo que se denomina maternidad y paternidad "legales, educacionales o de deseo"[424]. Por ejemplo, en cuanto a la maternidad, puede distinguirse una maternidad biológica plena, cuando la madre ha gestado al hijo con su propio óvulo, frente a otra en la que son distintas las personas que aportan los óvulos (maternidad genética) o la gestación (maternidad de gestación)[425].

Por otra parte, el hecho de que estas técnicas se perciban como un derecho, ha dado lugar a que el ordenamiento permita ser usuaria a la mujer mayor de 18 años, sin imponer un límite de edad[426] y sin tomar en cuenta su estado civil: casada, soltera e, incluso, a la mujer sola, y con independencia de su orientación sexual[427], siempre que haya prestado su consentimiento de manera libre, consciente[428] y

[424] La STSJ Cataluña de 27 de septiembre de 2007 destaca con acierto que el principio de verdad biológica en materia de filiación fue reformulado en la legislación española desde el año 1988. La STC de 17 de junio de 1999 añade que consecuencia de esta legislación es que existan dos planos de regulación de la filiación: el realista basado en el principio de veracidad, que pretende la correspondencia entre la verdad de sangre y la jurídica y que posibilita la investigación de la paternidad; y el de la ficción legal o voluntarista, que se fundamenta en la voluntad y en el consentimiento al empleo de técnicas de fecundación artificial y, consecuentemente, la asunción de una paternidad no biológica resultado de las técnicas, con los mismos efectos jurídicos que la filiación por naturaleza.

[425] En general, las variaciones que se pueden producir son muchas: esposa que gesta su propio óvulo fecundado con esperma de su marido o de donante; esposa que gesta un óvulo ajeno fecundado con esperma de su marido o de donante; mujer soltera o viuda que gesta su propio óvulo fecundado con semen de donante o con semen de su marido fallecido; mujer soltera o viuda que gesta un óvulo donado con semen de donante o de su marido fallecido y mujer casada con otra mujer que gesta un óvulo propio o ajeno con semen de donante.

[426] La falta de límite en la edad de la usuaria revela que lo más importante para el legislador es la simple voluntad de querer tener un hijo. Sin importar que ello rompa totalmente con la propia capacidad reproductiva de la mujer, que encuentra su límite al llegar a una determinada edad. La prensa ha dejado noticias de mujeres mayores de 60 años que, gracias a las técnicas de reproducción asistida, han logrado ser madres. Entre ellas, el de una mujer española a la que nadie vio embarazada. Viajó a Houston para convertirse en la madre más vieja del mundo, 67 años, de gemelos engendrados por fecundación *in vitro* con semen y óvulos donados. Incluso, el doctor RAFAEL BERNABEU, presidente de la Asociación Nacional de Clínicas de Reproducción Asistida, ha calificado de "frivolidad médica, el embarazo de esta mujer sexagenaria" (Diario *El Mundo*, de 14 de enero de 2007). Este problema podría ser paliado si se aplicara el artículo 3.1 LTRHA, del que se deduce, en una interpretación a *sensu contrario,* que las técnicas no se aplicarán cuando no haya posibilidades razonables de éxito o supongan riesgo grave para la salud, física o psíquica, de la mujer o la posible descendencia. Ello permitiría al equipo médico denegar su aplicación por razones de edad incardinables en alguno de los enunciados anteriores.

[427] Esta precisión, *orientación sexual*, es novedosa, pues no existía en la legislación de 1988. En realidad, se enmarca en un ordenamiento que había admitido recientemente, mediante Ley 13/2005, de 1 de julio, la equiparación de las uniones homosexuales con los matrimonios heterosexuales.

[428] La persona que lo presta debe saber y querer lo que va a hacer. El artículo 3.3 LTRHA establece los puntos sobre los que debe girar ese conocimiento: aspectos biológicos, jurídicos y éticos de las técnicas, los relativos a las condiciones económicas del tratamiento y las condiciones de aplicación de la técnica, posibilidades de éxito y riesgos.

expresa[429]. Es decir, incluso le está permitido a parejas homosexuales, obviamente, de mujeres[430], que son las únicas que pueden procrear y ser receptoras de los gametos y de los preembriones. Más aún, se amplía el ámbito de actuación de estas técnicas para evitar la aparición de enfermedades, sobre todo, en las personas nacidas que carecen de tratamiento preventivo[431].

Asimismo, en pro de satisfacer intereses de las personas, la Ley de 2006 permite la concepción de un hijo huérfano de padre antes de nacer, a través de la fecundación *post mortem*, lo que resulta contrario al artículo 39.3 CE.

En síntesis, las técnicas de reproducción asistida generan una nueva realidad no contemplada en el Código Civil. Por ello, la Ley 35/1998, de Técnicas de Reproducción Asistida, derogada por la Ley de 2006, puso de manifiesto en su Exposición de Motivos la necesidad de adaptar los Códigos a la realidad científica. Sin embargo, no son las normas tradicionales quienes se deben adaptar, sino la nueva realidad la que debe adaptarse o regularse de manera independiente.

Lo más conveniente hubiera sido regular las técnicas de fecundación artificial de manera restrictiva y la filiación obtenida mediante ellas como una clase de filiación civil o formal, apoyada fundamentalmente en el valor del consentimiento por encima del elemento puramente biológico, distinta de la filiación por naturaleza y de la adoptiva[432]. Filiación tradicional que en nada se plantea ni regula los problemas de doble paternidad o doble maternidad. Fue un error, por tanto, remitir su régimen a las normas tradicionales en las que no encuentran un anclaje, contribuyendo a mayores confusiones que a soluciones.

---

[429] La voluntad debe ser exteriorizada por escrito. Deberá cumplimentar un formulario de consentimiento informado (cfr. artículo 3.4 LTRHA).

[430] Austria sólo permite el uso de las técnicas dentro de un matrimonio o de una relación similar al matrimonio (sobre la base de que sólo hombre y mujer pueden procrear). En la misma dirección, la normativa francesa exige que las personas que recurren a las técnicas de reproducción asistida reúnan un conjunto de condiciones: ser una pareja formada por hombre y mujer, casados o en situación de hecho, por lo menos desde hace dos años. No se pueden someter a estas técnicas el soltero, la pareja homosexual, ni una pareja heterosexual de fecha reciente. Ambos deben estar vivos cuando se practique la técnica, prohibiéndose la implantación de embriones *post mortem*. Además, debe tratarse de una pareja en capacidad de procrear, por lo que se prohíbe ser usuaria a la mujer menopáusica. El consentimiento debe ser expreso y se concede un plazo de reflexión. Este consentimiento puede ser revocado libremente, antes de la realización de la técnica, y se extingue en caso de muerte, de solicitud de divorcio o de separación o de ruptura de la vida en común.

[431] La Ley de 2006 establece que el diagnóstico genético preimplantacional abre nuevas vías en la prevención de enfermedades genéticas que en la actualidad carecen de tratamiento. Permite la selección de preembriones para que, en determinados casos y bajo el debido control y autorización administrativos, puedan servir de ayuda para salvar la vida del familiar enfermo. Nada más y nada menos que una forma de instrumentalizar a un ser humano.

[432] Cfr. DURÁN RIVACOBA, R., "Matrimonio homosexual... cit.", pp. 1 y ss.; RIVERO HERNÁNDEZ, F. "¿*Mater semper*... cit.", pp. 16-17.

A. El anonimato paterno. Investigación de la paternidad del donante de material reproductor

En las técnicas de fecundación artificial, la usuaria sola, siempre, o la pareja, en un número significativo de ocasiones, ha de recurrir a un tercero, extraño a la relación, para que done o ceda sus gametos para la concepción del nuevo ser.

Pese a la transcendencia de la participación del dador, la legislación española se muestra bastante flexible en cuanto a las condiciones que ha de reunir este donante, futuro padre biológico del niño concebido mediante estas técnicas. Apenas le exige superar los 18 años, capacidad de obrar y gozar de buen estado de salud psicofísica. No le concede un tiempo de reflexión acerca del acto que va a realizar, ni la posibilidad de revocar su consentimiento y participación en el acto generativo[433]. Sólo puede retractarse cuando precisase para sí los gametos donados y siempre que estén disponibles. Además, establece un tope muy alto (6) en cuanto al número de hijos que pueden ser engendrados con el material reproductor del donante (cfr. artículo 5 LTRHA)[434].

Para cerrar esta laxa regulación, la Ley reviste la aportación genética del tercero con el más completo anonimato y dispone que debe garantizarse la confidencialidad de los datos de su identidad[435]. Excepcionalmente, por razones

---

433 Los gametos no son como otras piezas, órganos o tejidos del cuerpo humano. Aun separados de la persona, mantienen una especial conexión con ella, en cuanto potencialidades de nuevas vidas que biológicamente serán hijos. Por ello, en opinión de PEÑA Y BERNALDO DE QUIRÓS, la dignidad de la persona impone admitir la revocación de la llamada donación de gametos (cfr. *Derecho...* cit., p. 489).

434 La legislación francesa es mucho más exigente en este aspecto. Requiere al tercero donante haber procreado con anterioridad a fin de saber, por experiencia propia, a lo que se presta. Además, debe consentir por escrito y, si viviera en pareja, el otro miembro de la pareja también debe consentir y con los mismos requisitos formales. Asimismo, el tercero debe disponer de una prueba de haber sido un donante en un procedimiento de reproducción asistida y no un cómplice en el adulterio.

Sobre este punto llama mucho la atención la noticia publicada en el Diario *El País*, de 9 de abril de 2012, titulada: "El director de una clínica de fertilidad engendra cientos de hijos". El periódico informa que el ADN destapa que el biólogo BERTOLD WIESNER donó su propio esperma en el Reino Unido, entre los años 1940 y 1970, mientras funcionó su clínica de reproducción asistida. Uno de sus hijos nacidos mediante estas técnicas, ya adulto, accedió a conocer que WIESNER era su padre biológico y ha calculado que el biólogo podría ser el progenitor de 300 a 600 personas, de las 1500 que fueron concebidas en su clínica de fecundación asistida.

435 El acuerdo de donación de ovocitos entre hermanas gemelas univitelinas no es factible legalmente, porque quiebra el secreto de la identidad del donante y constituye una infracción administrativa grave, dando, incluso, lugar a posibles responsabilidades de carácter penal y civil. No obstante, ROMERO COLOMA, alegando el inexistente derecho a la reproducción humana asistida como un derecho al que deberían tener acceso todas las personas, sostiene que éste podría ser conculcado, por ejemplo, cuando se impide a la hermana fértil ser la donante ideal de la hermana infértil, por la existencia de la obligación legal de respetar el secreto de la identidad de los donantes (cfr. "La identidad genética y la intimidad: un conflicto de derechos", *AJA*, nº 789, 2009, p. 5). Nótese que esta situación generaría una confusión de parentesco. La donante sería la madre biológica, pero,

de salud del hijo o cuando proceda por arreglo a las leyes procesales penales permite revelar ciertos datos del padre biológico, sin que ello implique la publicidad de su identidad y, en ningún caso, la determinación legal de la filiación (cfr. artículos 5.5 y 8.3 LTRHA).

Es decir, la legislación española sobre técnicas de reproducción asistida ha instaurado el principio del anonimato del donante. Este principio conlleva la denegación expresa del derecho del hijo a conocer la identidad de su padre biológico, derecho que sí se atribuye al adoptado. Asimismo, lleva consigo una excepción a la investigación de la paternidad, al impedir al hijo determinar la filiación que biológicamente le corresponde[436]. En consecuencia, la legislación privilegia a los donantes, porque imposibilita que se les atribuya responsabilidad alguna por el hecho de ser progenitores. Responsabilidades y obligaciones que se ponen de relieve en el artículo 154 CC y que tienen todos los padres con carácter general[437].

Esta excepcional regulación suscitó un recurso de inconstitucionalidad contra el anonimato del donante, regulado en el artículo 5.5 de la derogada Ley 95/1988, de 22 de noviembre, por transgredir la protección de la familia y del hijo, así como el principio de libre investigación de la paternidad[438]. No obstante, el Tribunal Constitucional, en la citada sentencia de 17 de junio de 1999, declaró la constitucionalidad del anonimato del dador del material genético.

---

legalmente, sería la tía del niño que naciera mediante su donación. Confusión que, finalmente, redunda en perjuicio del hijo.

[436] Al donante anónimo tampoco se le permite conocer la identidad del hijo ni entablar una relación con él o reclamar la paternidad. Sobre este tema, es muy interesante la decisión de la Comisión del Tribunal de Estrasburgo de 8 de febrero de 1993 (caso J. R. M. contra Holanda). En este caso, un donante anónimo alegó el derecho a la vida familiar y pretendió establecer lazos de paternidad con la hija nacida de esas técnicas con su participación, pero la Comisión denegó su petición. Argumentó que nunca existió vida familiar entre el actor y la niña –que implicaba la existencia de estrechas relaciones personales, además de la paternidad–, siendo imposible que se vea vulnerado ese derecho.

[437] La legislación francesa, en la reproducción asistida –a diferencia de lo que sucede con el anonimato materno, en el que la voluntad de la madre consigue que el secreto sea revelado– mantiene siempre el anonimato y de modo absoluto, tanto para los donantes de gametos (cfr. artículos 16.8 CC francés y L1211.5 Código de Salud Pública), como para los donantes de embriones supernumerarios (cfr. artículo L2141.6 Código de Salud Pública), salvo necesidades terapéuticas. Asimismo, tampoco permite el establecimiento de ningún vínculo de filiación con los terceros donantes (cfr. artículo 311.19 CC francés).

[438] En 1989, 63 diputados del Grupo Parlamentario Popular interpusieron recurso de inconstitucionalidad contra la Ley 35/1988, de 22 de noviembre: contra la ley en su totalidad y, subsidiariamente, contra varios artículos vulneradores del derecho a la vida (embriones, preembriones e investigación con ellos), de la protección institucional de la familia, del principio de legalidad (en cuanto a las sanciones que prevé) y otros extremos, entre ellos, la inseminación de la mujer sin pareja y el artículo 5. 5 que garantizaba el anonimato del donante del material genético.

El Tribunal Constitucional argumenta que el mandato del artículo 39.2 CE no lleva consigo el reconocimiento de un derecho incondicionado a la averiguación de la identidad del progenitor, sino que pueden imponerse límites a este derecho, siempre que existan causas justificativas que impidan la investigación de la paternidad. En esta línea, sostiene que si se facilitara el levantamiento del anonimato ello desfavorecería el acceso a estas técnicas, ya que produciría la escasez de material genético para llevarlas a cabo. Motivo que, a su parecer, legitima el declive de la verdad biológica, declarando la licitud, desde el punto de vista constitucional, de la disociación entre progenitor biológico y padre legal en las técnicas de fecundación asistida.

Alega que la revelación de la identidad de quien es progenitor a través de las técnicas de reproducción artificial no se ordena en modo alguno a la constitución del vínculo jurídico, sino a una mera determinación identificativa, lo que lo sitúa en un ámbito distinto al de la acción investigadora que se regula en el artículo 39.2 CE.

Efectivamente, el Tribunal Constitucional atina cuando sostiene que el artículo 39.2 CE no ampara una acción de mero conocimiento de los orígenes biológicos. Esta acción no encuentra anclaje constitucional por los motivos expuestos en su momento. Por ello, disiento de cierta doctrina que defiende que el derecho de los hijos a conocer al donante de gametos es una exigencia constitucional, específicamente de los artículos 10, 14, 15 y 39 CE; alegando la controvertida STS de 21 de septiembre de 1999[439].

El pretendido derecho deberá ser introducido legalmente, como lo ha hecho Reino Unido[440]. Este ordenamiento ha seguido la línea de unos pocos países, como Austria y Suecia, y ha suprimido el anonimato de los donantes en 2005[441]. De esta manera, ha permitido que los nacidos mediante las técnicas de reproducción artificial, una vez cumplidos los 18 años, puedan conocer la identidad de su padre biológico. Consecuencia de esta regulación es que varias clínicas de FIV se quejan de no tener suficientes donantes de esperma para sus

---

439 Así lo sostiene Pulido Quecedo, M., ob. cit., p. 1; Rivero Hernández, F.; "La constitucionalidad del anonimato del donante de gametos y el derecho de la persona al conocimiento de su origen biológico", *RJC,* nº 1, 2004, pp. 105 y ss. y Romero Coloma, A. M., ob. cit., p. 2. Rivero Hernández argumenta, además, que al no concederse el mencionado derecho al hijo, se le negaría también la posibilidad de reclamar responsabilidad civil al donante de gametos que le transmitiera dolosa o culposamente una tara o enfermedad hereditaria.

440 Romero Coloma es de la opinión de que también debe permitirse al donante conocer la identidad del hijo. A su juicio, tan negativo y perjudicial es que el hijo no conozca quién es su progenitor, como que éste no pueda acceder al conocimiento de la identidad de su hijo biológico (cfr. *ibídem*, p. 4).

441 El 1 de abril de 2005 entró en vigor en el Reino Unido la nueva Ley sobre donación de semen, óvulos y embriones, en el marco de la legislación sobre inseminación artificial. Esta Ley modificó la *The Human Fertilisation and Embryology Act 1990.*

clientes[442]. También cabe destacar que, hace poco tiempo, el 15 de mayo de 2011, el Tribunal Supremo de Columbia Británica concedió un plazo de 15 meses para que esta provincia canadiense incluya explícitamente, en una nueva ley, el derecho de los concebidos con gametos donados a conocer la identidad biológica de sus progenitores[443]. La sentencia, sin embargo, todavía puede ser recurrida. Ahora bien, si el caso llegara hasta el Tribunal Supremo de Canadá, la decisión adoptada afectaría a todo el país.

Por otra parte, a diferencia de la filiación adoptiva en la que el derecho a la vida del hijo por nacer justifica la limitación del derecho del adoptado a conocer sus orígenes biológicos y considerarlo como un derecho excepcional, en la fecundación asistida no existen motivos de esa índole para limitar este derecho. No obstante, me cuestiono acerca de qué tan beneficioso sea para el hijo conocer la forma en que fue concebido. Enterarse de que proviene de unas técnicas de reproducción asistida puede causarle un grave daño moral, por lo que el simple conocimiento de su origen ya lleva consigo un perjuicio intrínseco. Ello no sucede en el caso del hijo adoptado. Éste siente cariño y respeto por la acción loable de sus padres adoptivos, mientras que el hijo concebido mediantes técnicas de fecundación artificial puede sentirse dolido por el actuar de su padres legales y de su padre biológico, que simplemente participó como un simple donante, desentendiéndose totalmente de su paternidad[444].

Así lo confirman unos estudios rigurosos de ELIZABETH MARQUARDT, del *Institute for American Values* (N.Y.). La autora demuestra que las técnicas de fecundación artificial constituyen una afectación a los hijos concebidos mediante ellas. Sostiene que la felicidad del hijo no sólo depende del "sentirse querido", sino que su estabilidad psicosomática se trunca al desconocer su origen biológico, con el consiguiente conflicto de identidad y sensación de pérdida. Señala

---

[442] Por este motivo, la industria de la FIV en Estados Unidos ha hecho lo imposible por evitar que los donantes dejen de ser anónimos.

[443] Hace tres años, un grupo de personas concebidas gracias a donaciones anónimas consiguió que el mismo Tribunal prohibiese la destrucción de los historiales con datos biológicos. Desde entonces se mantiene una orden judicial que impide la destrucción, eliminación o censura de los registros y expedientes de los bancos de material reproductivo. Sin embargo, para las personas afectadas no resulta suficiente. Esto explica que, en este caso, los jueces dieran la razón a la demandante, que participó también en el caso de hace tres años. Expresó sentirse discriminada frente a las personas adoptadas por haber sido concebida con gametos donados de forma anónima, porque a los adoptados la ley otorgaba de forma expresa el derecho a conocer la identidad de sus padres naturales al llegar a la mayoría de edad, e, incluso, el Gobierno se comprometía a ayudarles.

[444] Recientemente, varias películas han abordado el tema del donante anónimo. Ahí están *The Switch* (Un pequeño cambio), protagonizada por JENNIFER ANISTON, o *The Back-Up Plan* (El plan B), con JENNIFER LÓPEZ. Ambas películas se toman a broma la donación de esperma. Otras, como *Los chicos están bien* –el caso de una pareja de lesbianas que tienen dos hijos por inseminación artificial–, lo hacen con un poco más de seriedad. No obstante, todas pasan de puntillas sobre el dolor que provoca el hecho de descubrir que tus padres no son en realidad tus padres.

que algunos *in vitro,* cuando son adultos, lamentan que la aportación paterna ocurriera en una habitación fría con una revista pornográfica y que, a cambio de dinero, esos donantes se desentiendan de sus hijos engendrados. Considera que los problemas psíquicos de estos niños, a diferencia de los niños adoptados que sienten gratitud hacia quienes los acogen, es que los padre/s madre/s que cuidan de ellos los concibieron a través de una intervención quirúrgica –ni siquiera como fruto de una relación no afectiva–, condenada al anonimato, egoísmo y final pactado[445].

Por tanto, si bien el anonimato del donante supera el juicio de constitucionalidad porque la Constitución no ampara una acción de mero conocimiento, el perjuicio que este sistema y las técnicas en general ocasionan al hijo es patente. Por estos motivos, la constitucionalidad del anonimato del donante debe analizarse más allá de un simple derecho a conocer la identidad del donante anónimo.

En este sentido, desde el punto de vista de la investigación de la paternidad, el anonimato del dador sí vulnera la Constitución.

Es cierto, como bien sostiene el propio Tribunal Constitucional, en sentencia de 17 de junio de 1999, que existen causas que limitan la verdad biológica, porque este principio no es absoluto. No obstante, para que estas limitaciones

---

[445] Cfr. "New Reproductive Technologies and the age-old problem of father absence", en *John Marshall Law Review,* IV, 2011, pp. 114 y ss.

También es importante resaltar que en Estados Unidos ha surgido un foro donde las personas concebidas mediante estas técnicas, sobre todo a través de donantes de esperma o de óvulo, pueden decir lo que piensan sobre esta aventura tecnológica. La creación de este foro surgió por la iniciativa de ALANA S., de 24 años, escritora y música de San Francisco, nacida de un donante anónimo de esperma. Ella acaba de lanzar *The Anonymous Us Project,* una página web en la que invita a padres e hijos a contar sus historias. ALANA calcula que sólo en Estados Unidos nacen cada año entre 30.000 y 60.000 hijos de donantes de esperma; mientras que la industria de la reproducción asistida se embolsa anualmente 3.300 millones de dólares. No obstante, poco se sabe acerca de las experiencias de esos niños. El dolor y el resentimiento desvelado en algunas de estas historias provocan desconcierto. Una mujer joven se siente molesta al saber que no fue concebida como fruto de un acto de amor, sino fabricada como un producto: "Soy un ser humano. Sin embargo, fui concebida con una técnica que al principio se usó para la cría de animales. Peor aún: los granjeros conservaban mejor los expedientes genealógicos de su ganado que las clínicas de reproducción asistida. También me hace sentirme extraña pensar que mis genes son la suma de los de dos personas que nunca se quisieron, nunca bailaron juntas, y ni siquiera se conocen". Otra mujer descubrió a los 13 años que fue concebida por donantes y, para sorpresa de su madre, eso le causó angustia: "El deseo de conocer a mi padre biológico no ha disminuido con los años. [Aunque no le conozco] lo cierto es que no me cae especialmente bien desde que aceptó hacer de padre a cambio de dinero y prometió no investigar qué sería de mí, y aceptó ese acuerdo como un buen trato (...) No quiero su cariño ni deseo llamarle «papá»; yo ya tengo un padre. Tampoco quiero aparecer en su tarjetón de Navidad ni deseo robarle su valioso tiempo. Sólo quiero saber quién es". Paradójicamente, los padres de los concebidos por donación parecen encantados de haber tenido una oportunidad de criar a un hijo que les quiere. Pero, hacer felices a papá y mamá no es suficiente para justificar el hecho de fabricar un niño (cfr. www.anonymousus.org).

sean legítimas deben justificarse en el *favor filii.* Sin embargo, la prohibición que impone la Ley de Técnicas de Reproducción Humana Asistida a la investigación de la paternidad no se encuentra inspirada en el beneficio del hijo. Por el contrario, se asienta en el beneficio exclusivo de los padres putativos, en su voluntad y deseo de ser padres, que para nada constituye un derecho, y en incentivar el sistema de reproducción asistida. Si se permitiera la investigación de la paternidad, se encontrarían con escasez o ausencia de donantes, quienes al prever una futura acción de reclamación de su paternidad no prestarían su "colaboración" en la concepción del hijo.

El perjuicio para el hijo es mucho más claro en el caso de la mujer sola que se somete a las técnicas. El hijo se encuentra con que tiene un padre al que no puede conocer ni reclamar ninguna responsabilidad, en contra de lo consagrado en el artículo 39.3 CE. El vínculo con el varón queda eliminado y el hijo nacido carece de padre legal y de familia paterna, con todo lo que ello implica desde el punto de vista afectivo: como velar por él y tenerlo en su compañía, derecho a llevar sus apellidos, a recibir alimentos y los correspondientes derechos sucesorios. Por tanto, el dudoso derecho de la mujer a ser madre comporta que éste prevalezca sobre el derecho del hijo a nacer en una familia integrada por una madre y un padre.

De esta manera, la Ley de Técnicas de Reproducción Humana Asistida ha consagrado un sistema que fue rechazado a inicios del siglo XX por España y por todos los ordenamientos, que introdujeron la investigación de la paternidad con el objeto que los padres asuman sus obligaciones y deberes para con todos sus hijos, sin importar el origen de la filiación[446].

En conclusión, la inconstitucionalidad del anonimato del donante radica en impedir al hijo reclamar la paternidad de su padre biológico, en el caso de la inseminación de mujer sola, o ejercitar una acción mixta a efectos de impugnar la filiación voluntarista y reclamar la del dador. Asimismo, se discrimina a los hijos nacidos mediante estas técnicas, en comparación con lo hijos procreados de forma natural, quienes tienen acceso a todo el sistema de acciones de estado previsto en el Código Civil[447]. Además, el anonimato del dador transgrede el principio de indisponibilidad del estado civil de los hijos, a quienes se les instrumentaliza. Esto último supone una verdadera violación a su dignidad

[446] Por este motivo, el ordenamiento francés prohíbe a la mujer sin pareja someterse a las técnicas de fecundación asistida.

[447] Cfr. Carbajo González, J., "El principio de verdad biológica y las relaciones de filiación derivadas de la inseminación artificial y la fecundación *in vitro*: el anonimato del dador", en *II Congreso Mundial Vasco. La filiación a finales del siglo XX. Problemática planteada por los avances científicos en materia de reproducción humana. Ponencias y Comunicaciones. Vitoria-Gasteiz, 28-IX a 2-X-1987,* Departamento de Derecho Privado. Universidad del País Vasco, Madrid, 1988, pp. 403-404.

como persona, por lo cual, no sólo el anonimato del donante, sino las técnicas en general, pierden toda legitimidad. Ese deseo de "tener un hijo" por parte de adultos solteros, estériles, homo o heterosexuales, no puede prevalecer sobre el bienestar del niño.

En consecuencia, tras la regulación en el ordenamiento español de las técnicas de fecundación asistida, perecieron el derecho a investigar la paternidad –que sólo duró 10 años–, el principio de protección del hijo y el principio de equiparación de las filiaciones. Como afirma De la Cuesta, "la Ley de 13 de mayo de 1981 concretó los principios inspiradores de la Constitución de 1978: equiparación de filiaciones y protección del hijo. No obstante, la ley 35/1988 de 11 de noviembre sobre Técnicas de reproducción Asistida en sus artículo 5 a 10 creó legalmente una zona oscura, bajo forma en parte de secreto de la identidad de los donantes de gametos, y en parte consagrando la irrelevancia a efectos de filiación del conocimiento de la identidad de los donantes en el caso de que llegase a producirse"[448].

B. Filiación por fecundación artificial en una pareja heterosexual

Las técnicas de fecundación asistida se regularon sobre la base del componente heterosexual en una pareja. Sólo hombre o mujer, unidos en matrimonio o fuera de él, pueden procrear. Por este motivo, la actual LTRHA de 2006 –como la derogada Ley de 1988– limitó, inicialmente, la fecundación asistida a la pareja, casada o no, formada por varón y mujer[449].

Cuando esta pareja procura la fecundación de la mujer con su propio óvulo y con el semen y consentimiento del marido o del varón (fecundación homóloga), y mientras ambos viven, no se plantean mayores problemas, porque *el hijo será de ambos, tanto biológica como legalmente.* Por este motivo, la Ley no establece ninguna especialidad en la determinación de la paternidad y, por lo tanto, se aplica la normativa que se contiene en el Código Civil. Es decir, dependiendo del tipo de filiación, se acudirá a la presunción de paternidad, al reconocimiento o expediente registral, o a la determinación judicial de la filiación.

No obstante, sí se originan una serie de trastornos en la determinación de la filiación de los hijos nacidos mediante estas técnicas cuando la pareja acude a la utilización de métodos heterólogos o cuando se presenta un caso de fecundación *post mortem.* Motivo por el que centraré mi estudio en ambos supuestos.

---

[448] Ob. cit., pp. 134-135.

[449] No obstante, actualmente, el uso de las técnicas se ha extendido también al matrimonio de mujeres, como se analizará más adelante.

1. Filiación por fecundación heteróloga

La problemática que plantea este tipo de filiación es grande. Sabido es que la participación del donante no tiene mayores consecuencias en la determinación de la paternidad. Por lo tanto, se incorpora un nuevo tipo de paternidad distinta de la biológica.

En esta línea, cuando las técnicas de fecundación artificial se realizan con semen de donante, la paternidad se atribuye al marido o varón, pareja de la usuaria, que consiente el uso de la técnica. El ordenamiento, al atribuir la paternidad a ambos, ha creado una *fictio legis*, en la medida que ni uno ni otro son efectivamente los progenitores biológicos del hijo y, en puridad, no podría hablarse de una filiación por naturaleza, matrimonial o no matrimonial, *stricto sensu*.

El aspecto más relevante jurídicamente, a efectos de la determinación de esa paternidad por voluntad, será, por tanto, comprobar si el marido o el varón han prestado o no el consentimiento, y si este reúne los requisitos exigidos por ley.

a. Consentimiento del marido para la fecundación heteróloga en su mujer

Si la mujer está casada (y no separada legalmente o de hecho), la Ley exige el consentimiento del marido para que la usuaria puede ser destinataria de las técnicas de reproducción asistida (cfr. artículo 6.3 LTRHA). Este consentimiento del marido es una autorización al centro médico para emplear sobre la mujer las técnicas de fecundación artificial (homóloga u heterólogas)[450].

Por ello, el consentimiento del esposo ha de ser anterior a la utilización de la técnica heteróloga y habrá de reunir idénticos requisitos exigidos a la mujer: expreso –no puede suplirse con la alegación de que el varón tenía pleno conocimiento de las técnicas a las que estaba sometiéndose la mujer (cfr. SAP de Ciudad Real de 31 de julio de 1999)–, consciente, formal, personalísimo y ante el centro autorizado[451]. El aspecto personal es resaltado, con acierto, por la sentencia del Juzgado de Primera Instancia de Valencia de 13 de mayo de 2003. Recalca que "no es jurídicamente factible que la voluntad de un varón

---

[450] El ordenamiento no especifica que el consentimiento del marido deba otorgarse únicamente cuando la mujer se someta a las técnicas heterólogas. Por tanto, será necesario con independencia de que el material reproductor sea de un donante o del marido.

[451] La legislación catalana permite que el consentimiento del marido no sólo sea extendido ante el centro autorizado, sino también en cualquier documento público (cfr. artículos 235. 8 CC y 235.13 CC).

incapacitado y en estado de coma pueda ser suplida mediante autorización judicial, en orden a prestar consentimiento para tener descendencia a través del sometimiento de la esposa –ya sea con utilización de semen extraído de aquél o ya recurriéndose al procedente de donante anónimo– a técnicas de reproducción asistida (…) que no sólo no implica per se y en cuanto tal ningún provecho ni mejora para el que la asume, sino que, antes al contrario, genera unas cargas y responsabilidades de tal magnitud y transcendencia que, desde luego, sólo en virtud del personal consentimiento o actuación del afectado, y nunca por otra vía sustitutoria, puede admitirse la constitución de la paternidad".

Ahora bien, cabe preguntarse si este consentimiento del marido determina la paternidad matrimonial. En mi opinión, si el consentimiento del marido antes de la utilización de la técnica determinara la paternidad, se trataría del reconocimiento de un *concepturus*, lo que es imposible jurídicamente. Por tanto, el consentimiento marital no fija la paternidad.

En realidad, la determinación de la filiación y la inscripción del hijo seguirán los cauces propios de toda filiación matrimonial[452]. Máxime, cuando la LTRHA no ha realizado ninguna precisión en torno a esta determinación, por lo que en función del artículo 7.1 de ese cuerpo legal (*"La filiación de los nacidos con las técnicas de reproducción asistida se regulará por las leyes civiles, a salvo de las especificaciones establecidas en los tres siguientes artículos"*) habrán de aplicarse las normas civiles de la determinación del vínculo matrimonial. En consecuencia, nacido el hijo, la paternidad quedará determinada automáticamente por la presunción marital. Ahora bien, no es correcto entender que el consentimiento marital actúa como un desencadenante de la presunción; un requisito *sine qua non* por el que la presunción despliega su eficacia, como lo entiende PÉREZ MARTÍN[453]. La presunción se aplica de manera automática e imperativa haya o no asentido el esposo el uso de la técnica heteróloga (aunque con diferentes consecuencias)[454].

La verdadera función del consentimiento (por el que el marido admite que la paternidad no es suya) es convertir en inimpugnable la paternidad matrimonial determinada por presunción, tanto para el marido como para la

---

452 Nótese que el origen de la filiación queda oculto para el propio encargado del Registro, que desconoce el recurso a las técnicas de reproducción asistida y que, de conocerlo, no podría reflejarlo en la inscripción (cfr. artículo 7.2 LTRHA).

453 Cfr. ob. cit., p. 861. El autor sostiene que la falta de consentimiento del marido impide la eficacia de la presunción y motiva que se determine únicamente la filiación materna extramatrimonial del hijo nacido.

454 También defiende esta postura, CARBAJO GONZÁLEZ, J., "La filiación de los nacidos a través de las técnicas de reproducción humana asistida en la nueva Ley española de 2006", en *Revista Jurídica Universidad Interamericana de Puerto Rico*, 2007, pp. 873-874 y "NANCLARES VALLE, J., "Reproducción asistida y doble maternidad por naturaleza", *AC,* nº 7-8, 2008, pp. 11 y 20.

mujer, a título propio o en representación de su hijo menor o incapaz. Así lo dispone expresamente el artículo 8.1 LTRHA: *"Ni la mujer progenitora ni el marido, cuando hayan prestado su consentimiento formal, previo y expreso a determinada fecundación con contribución de donante o donantes, podrán impugnar la filiación matrimonial del hijo nacido como consecuencia de tal fecundación"* (en el mismo sentido, el artículo 235.8 CC catalán). Incluso, aunque el hijo nazca dentro de los 180 días siguientes a la celebración del matrimonio, el marido no posee la facultad del artículo 117 CC. De esta forma, la Ley convierte la presunción de paternidad en una presunción absoluta (cfr. STSJ Cataluña de 27 de septiembre de 2007). La única manera para que el cónyuge pueda impugnar la paternidad será demostrando que el menor no es fruto de la fecundación artificial que él consintió, sino de una inseminación absolutamente natural[455].

Por otra parte, ha de tenerse en cuenta que el artículo 8.1 LTRHA sólo impide al padre y a la madre impugnar la paternidad matrimonial cuando hayan prestado su consentimiento al uso de la técnica con semen de donante, pero no ha incluido al hijo en esa prohibición. Por tanto, al no existir ninguna precisión en la LTRHA en ese sentido, por mandato del artículo 7.1 LTRHA, podría recurrirse a las normas del Código Civil. En consecuencia, el hijo, *ex* artículo 137 CC, estaría legitimado para impugnar la paternidad matrimonial biológicamente falsa, aunque no para determinar la paternidad no matrimonial, al ser hijo biológico de un donante a la que la Ley ha eximido de toda responsabilidad[456]. Sin embargo, no parece ser que permitir la impugnación al hijo haya sido la intención del legislador.

Por otro lado, si el marido consiente la fecundación heteróloga, pero el hijo nace después de los 300 días de la separación legal o de hecho de los cónyuges, la filiación no se determina automáticamente matrimonial, pero los esposos pueden hacer uso del artículo 118 CC, siendo esta filiación también inimpugnable. De no hacer uso del artículo 118 CC, se puede acudir al documento en que el marido manifestó el consentimiento, a efectos de la determinación de la paternidad

---

[455] Si bien esta excepción no ha sido prevista literalmente por el legislador español, como sí lo ha hecho el francés (cfr. artículo 311. 20 CC), es posible alegarla.

[456] En el caso de que la fecundación asistida se haya llevado a cabo con donación de óvulos, será la maternidad matrimonial la que deba ser impugnada por el hijo. Sin embargo, este último no sólo no ostenta legitimación para ello (cfr. artículo 139 CC), sino que encuentra un obstáculo enorme en el principio *mater semper certa est*, pues ha sido la usuaria de la técnica quien ha llevado a cabo la gestación y el parto. En consecuencia, menudo problema con el que se encontraría el juez si se demuestra a través de una prueba biológica la no maternidad de la madre y por otra que ésta ha sido realmente quien ha dado a luz al hijo. No parece posible que esta acción tenga éxito, máxime si demuestra que la filiación ha sido producto de una fecundación artificial y no una fecundación natural. A pesar de ello, si la acción llegara a prosperar, decaería tanto la maternidad como la paternidad matrimonial. Empero, si biológicamente el marido es el padre del hijo, podría declararse la paternidad no matrimonial.

mediante expediente registral, o a la reclamación judicial, aunque en estos casos la paternidad no será matrimonial. Cabe precisar que si se acude a reclamar la paternidad no matrimonial deberá acudirse a las acciones de estado del Código Civil. Este proceder resulta contradictorio, pues las acciones de filiación buscan la adecuación con la verdad biológica y no amparan reclamaciones basadas en la voluntad, que no coinciden con la verdad material de la filiación.

También puede suceder que el marido consienta el uso de la técnica, pero, de manera posterior, el matrimonio se divorcie y la usuaria se case con otra mujer, quien consiente que cuando nazca el hijo de su cónyuge se determine a su favor la filiación (cfr. artículo 7.3 LTRHA). Si el hijo nace dentro de los 300 días desde la presentación de la demanda de divorcio, sucederá que la presunción de paternidad se enfrenta al reconocimiento efectuado por la consorte de su ex-mujer. No obstante, en mi opinión, ha de primar la presunción: por su carácter automático e imperativo, porque fue el ex-marido con quien la mujer inició el procedimiento de fecundación asistida y porque, en interés del hijo, conviene la determinación de una filiación que más se aproxime a la filiación por naturaleza.

Si el hijo nace después de los 300 días, no hay presunción a favor del ex-marido y se determinará la filiación a favor de la esposa de la usuaria que reconoció ante el encargado del Registro Civil. No obstante, por las razones antes alegadas, considero que el ex-marido podrá reclamar la paternidad y, aunque lo normal sería que impugne la paternidad determinada, en este caso, deberá impugnar esa maternidad voluntarista, pero sin saberse cómo, pues no existe tal acción.

Por último, si no ha mediado consentimiento del marido a las técnicas y aún así se ha llevado a cabo, la paternidad se determina a su favor por la presunción. Sin embargo, podrá ser impugnada *ex* artículo 136 CC (o 137 CC[457]) porque no ha existido ninguna participación biológica ni volitiva del cónyuge de la usuaria. En esta dirección se decanta la SAP de Ciudad Real de 31 de julio de 1999. Estima la acción de impugnación de paternidad de un marido al no constar el consentimiento informado suscrito por el esposo. Asimismo, en ausencia de dicho asentimiento, el centro médico autorizado se expone a la correspondiente sanción administrativa.

---

[457] Cuando la técnica de fecundación homóloga se lleva a cabo sin el consentimiento del marido, la paternidad también se determina por la presunción, pero igualmente puede ser impugnada. Ahora bien, bajo qué argumento y acción va a impugnarse la filiación, puesto que pese a no haber consentido, el hijo es biológicamente del esposo. Éste no podrá recurrir a la acción de del artículo 136 CC (por coincidir la filiación biológica y la legal), ni tampoco a la de los artículos 140 CC o 141 CC (al no existir ningún reconocimiento con vicio de la voluntad). La LTRHA no se ha puesto en este supuesto. Lo más adecuado será establecer un proceso de impugnación especial. Este vacío legal refrenda el pedido de la doctrina de incluir la filiación resultante de las técnicas de fecundación asistida como una clase distinta de la filiación por naturaleza.

b. Consentimiento del varón para la fecundación heteróloga en su pareja

Cuando una *pareja heterosexual no unida en matrimonio* pretende someterse a las técnicas heterólogas, la Ley también exige el consentimiento previo del varón, conviva o no con la mujer (cfr. artículo 8.2 LTRHA). Este asentimiento funciona como una autorización al centro médico para la realización de la técnica sobre la usuaria, pero no determina la paternidad extramatrimonial. Si así fuera, se trataría del reconocimiento de un *concepturus*.

La determinación de la maternidad no matrimonial se regirá por los cauces ordinarios (cfr. artículo 120.4 CC); mientras que la filiación paterna, al no existir ninguna presunción de paternidad no matrimonial en el Derecho común, exigirá para su determinación el reconocimiento ulterior del varón. Así lo ratifica la STSJ de Cataluña de 22 de diciembre de 2008. Sostiene que el establecimiento de la paternidad no matrimonial, producto de una fecundación asistida con semen de donante, se produjo no por la declaración de voluntad del varón a la realización de la técnica en su pareja, sino por "el reconocimiento que dicho varón realizó en el Registro Civil de la paternidad del menor el día 11 de junio de 2003" (cfr., además, la sentencia del Juzgado de Primera Instancia de Valencia de 13 de mayo de 2003).

Ahora bien, el consentimiento del varón no casado juega un importante papel a efectos de determinar la paternidad no matrimonial en caso de renuencia al reconocimiento voluntario. Si el varón no reconoce al hijo nacido de la técnica de fecundación heteróloga, el documento extendido por el centro o servicio autorizado, en el que se refleja el consentimiento a la fecundación, se considera como un escrito indubitado para la determinación de la paternidad no matrimonial vía expediente gubernativo (cfr. artículos 8.2 LTRHA, 120.2 CC y 49 LRC). En último término, la Ley deja abierta la puerta a la reclamación judicial de la paternidad no matrimonial, donde el documento en el que consta el consentimiento citado constituye un fuerte elemento probatorio. No obstante, cabe precisar que, al no tratarse de una filiación basada en la verdad biológica, resultarían inaplicables las normas generales de reclamación de la paternidad no matrimonial. Sin embargo, como el ordenamiento no ha previsto una acción de estado específica para reclamar esta paternidad voluntarista, no queda más que remitirse a las normas del Código Civil, aunque no encajen.

Por otro lado, aunque la LTRHA no lo indique, determinada la paternidad no matrimonial, ni el varón, ni la mujer usuaria (por derecho propio o en representación del hijo menor o incapaz), podrán impugnar esta paternidad, puesto que ambos consintieron que la fecundación de la mujer se lleve a cabo con semen de donante[458]. En este sentido se decanta la STSJ de Cataluña de 22 de diciembre de 2008. Este tribunal desestimó la acción de impugnación de la paternidad no matrimonial ejercitada por la madre biológica, respecto de un hijo cuyo nacimiento fue consecuencia de la aplicación de una técnica de reproducción asistida heteróloga. Constaba el consentimiento tanto del varón como de la mujer para llevar a cabo la técnica. Existía un reconocimiento de la paternidad por parte del demandado, inscrito en los Registros al cabo de 6 días del nacimiento del menor. Por todo ello, el Tribunal concluye que ambos litigantes debían asumir de manera irrevocable las consecuencias jurídicas de tal decisión.

No obstante, *ex lege*, el hijo sí podría impugnar la paternidad no matrimonial biológicamente falsa, si ejercita la acción del artículo 140 CC, aunque no tendría posibilidad de determinar la verdadera paternidad no matrimonial al ser hijo de un donante de semen[459].

Por último, se plantea un tema muy interesante en el supuesto que el varón no consienta la fecundación heteróloga. En este caso, no habrá forma de determinar la paternidad no matrimonial vía expediente registral, ni a través de una reclamación de la paternidad. Por lo tanto, el hijo ostentará únicamente la filiación materna extramatrimonial. Sin embargo, se abre la posibilidad de que el varón reconozca la paternidad. Si lo hace, se trataría de un reconocimiento de complacencia que, pese a no coincidir con la verdad biológica, y a pesar de que el varón no consintió la técnica, es inimpugnable por el reconocedor y por la madre. Únicamente el hijo, llegado a la mayoría de edad, está legitimado para impugnar la paternidad no matrimonial, aunque no podrá reclamar la verdadera paternidad por el principio del anonimato del donante[460].

---

458 Tampoco podrán impugnar la maternidad cuando la fecundación heteróloga se llevó a cabo con donación de óvulo.

459 La impugnación de la maternidad no matrimonial por el hijo (en caso de donación de óvulo) nuevamente encuentra obstáculo en el principio paulino. Además, si esta acción llegara a prosperar, quedaría permanentemente sin determinar la filiación materna, puesto que el hijo no lograría entablar ninguna acción de reclamación contra la donante del óvulo.

460 Es importante destacar que la Ley no exige al varón prestar su consentimiento cuando la fecundación asistida se practica con su propio semen, pero nada impide que lo emita. Es más, hasta parecería descuidado que no se le exigiera. El derecho francés así lo requiere (cfr. 319. 20 CC). No obstante, ya que la Ley española no exige el consentimiento del varón no casado para la técnica homóloga, puede interpretarse que la madre podrá, aún sin ese consentimiento, someterse a la fecundación asistida. Sin embargo, no contará con un documento indubitado a efectos de determinar la paternidad, *ex* artículo 49 LRC, debiendo el varón reconocer la paternidad o, incluso, reclamarse judicialmente. Si el varón reconoce al hijo, no se trataría de un reconocimiento de complacencia, como sostiene PÉREZ MARTÍN, A. J. (cfr. ob. cit., p. 863), pues es un reconocimiento que coincide perfectamente con la verdad biológica. Por otra parte, considero que el hecho de que el varón no haya prestado su consentimiento, debería tener alguna repercusión cuando se le reclame judicialmente la paternidad. Una repercusión no en la determinación de la paternidad, ya que el hijo biológicamente es suyo, pero sí en otros aspectos. Podría establecerse la posibilidad de

c. Revocación del consentimiento a la reproducción asistida

Mientras la pareja o el matrimonio desarrollan su relación de manera armoniosa, ninguno de los dos se plantea dar marcha atrás al proceso de fecundación artificial que consintieron inicialmente. Los problemas surgen cuando la relación se rompe y uno de ellos ya no desea tener al hijo, decide no continuar con la técnica y revoca su consentimiento. Tema que genera mayores consecuencias cuando la técnica a la que se ha sometido la mujer es la fecundación *in vitro* y la revocación se produce después de la constitución de los embriones y antes de su transferencia al útero de la mujer.

Un conocido caso, Evans contra Reino Unido, coloca esta cuestión en el centro del debate.

La Sra. Evans, tras ver extirpados sus dos ovarios cancerígenos y descubrir que su pareja –con cuyos gametos se había fecundado *in vitro* los óvulos de la demandante– había roto la relación y revocado el consentimiento para que los embriones fueran implantados en el útero de aquélla, demanda a los tribunales internos se le permitiera ser madre y proseguir con la implantación de los embriones.

La Ley inglesa dispone que el consentimiento puede ser revocado por ambas partes en cualquier momento hasta antes de la implantación embrionaria. De producirse la retractación, ordena la destrucción de los embriones[461]. Este marco legal fue dado a conocer a la pareja al inicio de la técnica de fecundación *in vitro*. Luego, ante la claridad de las normas, la demanda es desestimada por todas las instancias nacionales.

La desesperada mujer perdía la única oportunidad que le quedaba de ser madre e interpone demanda ante el Tribunal de Estrasburgo. Aduce la vulneración de los artículos 2 (derecho a la vida de los embriones), 8 (por impedírsele ser madre) y 14 en relación con el artículo 8 (ya que en comparación con una madre que fecunda de modo natural no disponía de la autodeterminación para llevar adelante el embarazo).

La Gran Sala del Tribunal Europeo de Derechos Humanos resuelve este caso en sentencia de 10 de abril de 2007 y declara que Reino Unido no vulneró el Convenio. De esta manera, confirma la sentencia de 7 de marzo de 2006, de la sección 4ª del Tribunal de Estrasburgo, que había desestimado la demanda de Natallie Evans.

---

menguar la carga económica (derecho de alimentos) que debe asumir aquel varón en relación con un hijo concebido a sus espaldas con su propio material reproductor.

[461] Cfr. párrafo 1 y 4 del Anexo 3 de la *Human Fertilisation an Embriology Act* de 1990.

La Gran Sala argumenta que no existe un consenso europeo sobre la definición legal y científica del inicio de la vida, razón por la cual considera que los Estados miembros tienen un amplio margen de apreciación. Por consiguiente, resuelve que Reino Unido no había quebrantado el artículo 2 del Convenio.

Es decir, el Tribunal, al admitir el carácter relativo del derecho a la vida de los preembriones, se evita efectuar una ponderación de derechos. Analiza la cuestión únicamente desde el punto de vista de la ley aplicable y del contenido del contrato que las partes habían firmado en la clínica[462] y centra su atención exclusivamente en los intereses de los progenitores: el deseo de la Sra. Evans a ser madre y de su ex-pareja a no ser padre. Esta decisión contrasta notablemente con lo resuelto en los casos Odièvre y Kearns, donde el propio Tribunal Europeo de Derechos Humanos defiende categóricamente el interés superior del hijo por nacer, concretamente su derecho a la vida, y afirma que éste ha de primar por encima de cualquier otro.

Por otra parte, el Tribunal considera que las relaciones familiares forman parte del concepto de vida privada, que comprende tanto la decisión de ser padre o madre como de no serlo. En este último caso, agrega que tampoco existe un consenso internacional en relación al momento en que una de las partes puede revocar el consentimiento otorgado para el uso de su material genético en los tratamientos de fecundación *in vitro*[463]. Por tanto, que Reino Unido, al pretender que el consentimiento se mantenga desde los inicios del tratamiento hasta el instante de la implantación del embrión, permitiendo la revocación hasta antes de ese momento, no transgredió el derecho a la vida privada de la demandante.

---

462 Cfr. Farnós Amorós, E., "*Evans v. The U.K (II)*: La Gran Sala del TEDH confirma la imposibilidad de utilizar los preembriones sin el consentimiento de la ex pareja", en *InDret. Revista para el análisis del Derecho,* abril de 2007, p. 5 (www.indret.com).

463 Del informe del Consejo de Europa de 1998 sobre asistencia médica a la procreación y protección del embrión humano (estudio comparativo sobre la situación en treinta y nueve países), citado por el propio Tribunal de Estrasburgo, se desprende que: las leyes danesa, francesa, griega, holandesa y suiza prevén expresamente el derecho de las partes a revocar el consentimiento en cualquier momento anterior a la implantación del embrión en el útero de la mujer. En la práctica, otorgan este mismo derecho Bélgica, Finlandia e Islandia. Por otra parte, en Hungría se tiene en cuenta que la reproducción asistida representa una carga más grande para la mujer que para el hombre, motivo por el cual, en ausencia de acuerdo específico entre los miembros de la pareja, se considera que la mujer puede seguir con el tratamiento a pesar de que el hombre haya muerto o se haya producido el divorcio. En Austria y Estonia, el hombre sólo puede revocar su consentimiento hasta la fecundación, momento a partir del cual es la mujer quien decide si continúa con el tratamiento. Finalmente, Alemania e Italia, donde ninguna de las partes puede revocar el consentimiento cuando ya ha se ha producido la fecundación.

Por último, en cuanto al artículo 14 del Convenio, el Tribunal considera que no puede existir violación por los mismos motivos alegados en cuanto al artículo 8, de modo que prescinde de analizar el fondo de la cuestión[464].

Ahora bien, este caso lleva a cuestionar al ordenamiento español sobre si es factible la revocación del consentimiento emitido inicialmente para la realización de la técnica de fecundación asistida y, si es así, el plazo máximo en que esta revocación puede llevarse a cabo.

Un análisis de la legislación arroja que el artículo 3.5 LTRHA dispone que la mujer puede pedir que se suspenda la aplicación de la técnica *"en cualquier momento de su realización anterior a la transferencia embrionaria"*. Por tanto, no hay duda de que la legislación española permite a la mujer revocar su consentimiento hasta antes de la implantación de los embriones.

En cuanto a la revocación por parte del varón, pareja o marido de la usuaria, no existe una norma tan expresa, en el sentido de la anterior, que le faculte a retractarse de su consentimiento. Podría argumentarse, entonces, que el varón, tras asentir el inicio de la técnica, no puede luego revocar su decisión e impedir la continuación del procedimiento. No obstante, puede interpretarse, como lo ha hecho la Gran Sala en la sentencia Evans (cfr. punto 42 de la sentencia), que por disposición de los artículos 11.4.a) y 11.6 LTRHA, sólo el hombre casado puede revocar el consentimiento hasta antes de la implantación. Los preceptos citados establecen que el consentimiento para dar a los preembriones conservados cualquiera de los destinos autorizados, incluida la transferencia a la mujer,

---

464 Junto al caso Evans, cabe mencionar otras sentencias extranjeras donde también se analiza el tema de la revocación del consentimiento desde el punto de vista del derecho de los padres.

En primer lugar, destaca la decisión del Tribunal Supremo israelí en el caso NACHMANI *v.* NACHMANI. El matrimonio NACHMANI se había sometido a fecundación *in vitro* con la intención que los preembriones creados con su material genético se implantasen a una madre subrogada, con quien habían firmado un acuerdo por el que se regulaba la disposición de los preembriones en caso de separación. A consecuencia del divorcio, el ex-marido revoca el consentimiento al uso de los preembriones. No obstante, el Tribunal resolvió a favor de la ex-esposa y permite la continuación del tratamiento, pues tuvo en cuenta la ausencia de otras alternativas para que la mujer pudiera tener un hijo. Por otra parte, en Estados Unidos se encuentra el caso DAVIS *v.* DAVIS. Es el primer caso norteamericano en el que se discutió la "titularidad" de los preembriones surgida la crisis matrimonial. El Tribunal Supremo de Tennessee afirmó que tanto el hombre como la mujer podían imponer su criterio en contra de la implantación de los preembriones, excepto cuando éstos fueran la única opción que permitiese a una parte tener hijos biológicos. En otro supuesto de divorcio, KASS *v.* KASS, la ex-mujer solicitó la custodia de los preembriones congelados después de varios intentos infructuosos de fertilización *in vitro*, con la oposición de su ex-marido. Durante el matrimonio, la pareja había firmado un acuerdo según el cual en caso de que las partes no quisiesen iniciar el embarazo o no pudiesen decidir sobre el destino de los preembriones, los mismos se destinarían a la investigación. La *Court of Appeal* de Nueva York dio validez al acuerdo. *Vid.* FARNÓS AMORÓS, E., "¿De quién son los embriones? Crisis de pareja y revocación del consentimiento a la reproducción asistida", en *InDret. Revista para el análisis del Derecho*, enero de 2007, pp. 1 y ss. (www.indret.com).

"podrá ser modificado en cualquier momento anterior a su aplicación" por la mujer o, en el caso de la mujer casada con un hombre, también por el marido.

Por tanto, existiendo matrimonio, ambos cónyuges podrían revocar el consentimiento hasta antes de la transferencia embrionaria. Luego, el varón sí podría impedir la continuidad de la fecundación *in vitro* y frustrar el deseo de su mujer a ser madre, tal como sucedió en el caso Evans. No obstante, ciertos autores interpretan que, ante la revocación del marido, la madre podría continuar con el proceso, determinándose únicamente la maternidad no matrimonial[465]. Es decir, la revocación del marido únicamente traería consecuencias en la determinación de la paternidad, pero no en la continuidad de la técnica de fecundación asistida. Esta interpretación, a mi parecer, no es factible. En primer lugar porque no se trata de la fecundación artificial de una mujer en solitario, pues el proyecto se inició conjuntamente y esa pluralidad ha de mantenerse para la continuación de la técnica, por lo que no resulta aplicable el artículo 6.2 LTRHA. Además, aunque se permitiera a la mujer continuar con la implantación, existiendo matrimonio, la paternidad del marido se determinaría automáticamente por la presunción, de la misma manera que, aunque se hayan separado, si el hijo nace 300 días después de dicha separación.

Por otra parte, el varón no casado, *ex lege*, carecería de la posibilidad de revocación, pero la continuación de la técnica se paralizaría si la mujer así lo manifestara, según lo dispuesto en el artículo 3.5 LTRHA.

En cuanto al destino de los embriones, la LTRHA no es tan drástica como la inglesa y prevé otras soluciones distintas a su destrucción, contempladas en el artículo 11.4 LTRHA.

En síntesis, podría decirse que el Derecho español también enfoca el tema de la revocación del consentimiento desde la perspectiva del supuesto derecho de las partes a ser padres o a no serlo. Este enfoque, en mi opinión, no es el más adecuado. Como he sostenido, no existe el derecho al hijo; éste no puede ser objeto de un derecho. El único interés que habría de tenerse en cuenta, para determinar la permisión y el momento de la revocación a la continuación de las técnicas, es el del hijo por nacer. En este sentido, el preembrión o embrión es un concebido y, de conformidad con el artículo 29 CC, habrá de tenérsele por nacido y como un sujeto de derecho para todo lo que le favorece. No cabe duda, en consecuencia, de que ostenta el derecho a la vida, a nacer.

Por consiguiente, la legislación española, al permitir la revocación hasta un momento anterior a la implantación de los preembriones en el útero de la mujer,

[465] Cfr. De Lora Deltoro, P., "¿Ser o no ser? El misterioso caso de los embriones «supernumerarios»", *ADC*, nº 1, 2003, pp. 103-106 y Lamm, E., "El elemento volitivo como determinante de la filiación derivada de las técnicas de fecundación asistida", en www.diposit.ub.es, pp. 189-190.

ha pasado por alto que la fecundación ya se ha llevado a cabo y que cualquier retractación a la transferencia embrionaria lesiona el interés del *nasciturus,* que se integra dentro del *favor filii* y del interés superior del niño. Concretamente se lesiona la dignidad, la vida e integridad física del hijo concebido.

De *lege ferenda,* de permitirse la revocación del consentimiento, éste debería manifestarse hasta antes de llevarse a cabo la fecundación; del mismo modo que tampoco puede retractarse una pareja que ha concebido por medios naturales. De lo contrario, se trataría de un aborto. Con la propuesta manifestada se evitaría la destrucción de los concebidos o que éstos sean manipulados siendo objeto de investigaciones científicas.

Por lo expuesto, la legislación italiana resulta ser bastante loable y digna de imitar.

El artículo 6.3 de la Ley italiana de procreación asistida, Legge 19 febbraio 2004, n. 40, *Norme in materia di procreazione medicalmente assistita*, establece que la voluntad de los dos sujetos de acceder a las técnicas de reproducción asistida debe manifestarse conjuntamente y por escrito al médico responsable del centro donde estas técnicas se van a llevar a cabo. Asimismo, entre la manifestación de esta voluntad y la aplicación de las técnicas deben transcurrir, como mínimo, siete días, y cualquiera de los dos sujetos podrá revocar su consentimiento hasta antes de la fecundación del óvulo.

2. *Fecundación* post mortem

El uso de esta técnica de fecundación asistida posibilita la concepción de un hijo con la particularidad que uno de los progenitores, el padre[466], ha fallecido antes de la fecundación[467].

Esta posibilidad, que hasta hace poco parecía imposible, hoy en día es una realidad gracias a la crioconservación. Ésta ha permitido que, en la realización de las técnicas de reproducción asistida, las fases de obtención de gametos o de embriones y la fase de la gestación no se efectúen en el mismo momento, de modo que la gestación puede tener lugar mucho tiempo después de producirse la extracción de los gametos o de obtenerse el embrión. De esta manera, la Ley permite la concepción de hijos no póstumos, sino *superpóstumos*[468], y satisface

[466] Sólo se permite en caso de fallecimiento del varón, no de la mujer. De lo contrario se trataría de una gestación por sustitución, prohibida por el ordenamiento español.

[467] Cfr. GÁMIZ SANFELIU, M., "Reflexiones sobre la fecundación *post mortem*: cuestiones interpretativas del artículo 9 de la Ley 14/2006, de 26 de mayo, sobre Técnicas de Reproducción Humana Asistida", *Act. Civ.*, nº 10, 2010, pp. 1163 y ss.

[468] Ello rompe con los esquemas de la filiación tradicional en la que el hijo póstumo es el nacido con posterioridad a la muerte de su padre, pero concebido por él en vida.

el deseo de la mujer de concebir un niño de su compañero muerto, o el deseo del fallecido de ver inmortalizada su memoria a través de la concepción de ese hijo.

Cabe precisar que esta técnica se permite, exclusivamente, a la pareja heterosexual, unida o no en matrimonio, siempre que exista consentimiento del marido o del varón y que la fecundación se lleve a cabo exclusivamente con gametos de éstos[469] (cfr. artículo 9 LTRHA, incisos 2 y 3) dentro del plazo establecido por Ley. Cumplidos estos requisitos, esta generación produce los efectos legales que se derivan, según corresponda, de la filiación matrimonial o no matrimonial.

Por lo tanto, en el marco de la legislación vigente, la fecundación *post mortem* hace referencia tanto a la posible realización de la técnica en cuestión, como a las consecuencias o efectos jurídicos que genera la concepción de un hijo en esas condiciones: la determinación jurídica de su filiación, la capacidad sucesoria y los derechos hereditarios, así como todo un haz de derechos y deberes que lleva aparejada la condición de ser hijo de una persona concreta y determinada.

a. El consentimiento del varón

Es exigido por el artículo 9.1 LTRHA. Este precepto establece que no podrá determinarse legalmente la filiación del marido (o varón) fallecido cuando su material reproductor no se halle en el útero de la mujer en la fecha de su muerte, salvo conste el consentimiento en vida del difunto autorizando, para después de su muerte, el uso de su material reproductor, que se encuentra crioconservado para la fecundación de su mujer[470]. Es decir, el consentimiento del marido o de la pareja de la mujer es imprescindible para que el centro autorizado proceda a la fecundación, con su material reproductor y dentro del plazo legal (12 meses siguientes a su fallecimiento), y, además, desempeña un papel esencial en la determinación de la paternidad.

En cuanto a las características de este consentimiento, puede decirse que es un acto personalísimo de Derecho de familia que, excepcionalmente, va a producir efectos después de la muerte de su autor. Sólo puede ser otorgado por el marido o el varón de manera libre y consciente. La ausencia de este consentimiento no puede ser completada (en caso de limitación de capacidad

---

469 La Ley prohíbe que se efectúe con semen de donante y, aunque no se establezca expresamente, del espíritu de la norma se desprende que tampoco podrá llevarse a cabo con donación de óvulo.

470 Por tanto, si a la muerte del varón, su material reproductor (semen o embrión) se halla dentro de la mujer, no se trata de una fecundación *post mortem*, pues el hijo ya estaba fecundado.

jurídica), ni suplida (en caso de ausencia de capacidad) por su representante, por la usuaria de la técnica, sus parientes o por una autorización judicial[471]. Así lo recuerda la SAP de A Coruña de 3 de noviembre 2000. En el caso que resuelve no existía consentimiento del marido a la técnica *post mortem*, pero los padres y hermanas del fallecido estaban de acuerdo con dicha fecundación. La Audiencia estima el recurso interpuesto por el Ministerio Fiscal y deniega la autorización concedida en un principio a la viuda para ser inseminada con el semen de su marido fallecido. Alega que el consentimiento es de naturaleza personalísima "y sobre el cual debió ser informado el cónyuge premuerto". La sentencia añade que, pese a la constancia de que biológicamente se diera a luz a un hijo con el material genético del cónyuge muerto, no sería legalmente hijo del difunto, carecería de derechos hereditarios y no podría utilizar sus apellidos.

La sentencia del Juzgado de Primera Instancia de Valencia de 29 de octubre de 2004 también recuerda el carácter personalísimo del consentimiento del varón. La esposa del difunto pretendía que el semen de su marido muerto, extraído antes de su muerte, le fuera implantado para dar lugar a la inseminación artificial. La sentencia rechaza la demanda de la viuda porque el marido no consintió expresamente la fecundación para después de su muerte. Incluso, el Juzgado vislumbra que el esposo no deseaba la procreación para después de su muerte, puesto que en el testamento que redactó no mencionaba descendencia póstuma. Más aún, él mismo ordenaba la sucesión de modo que su mujer no pueda heredar ninguno de sus bienes.

Por otra parte, el consentimiento del varón para procrear después de su fallecimiento debe ser exteriorizado de manera expresa, indubitada. Ir dirigido específicamente a autorizar la fecundación de una mujer concreta (la esposa o pareja[472]), con empleo de sus propios gametos (no los de un tercero) y para después de su muerte. No cabe un consentimiento implícito (a excepción del caso específico del artículo 9.2 LTRHA), por lo que no se puede deducir dicho consentimiento del hecho de que el marido o varón haya recurrido en vida a las técnicas de reproducción asistida. Luego, si consta el consentimiento del marido para que, en vida, su mujer sea inseminada con su semen y muere antes de que su material reproductor sea transferido a la mujer, no puede deducirse que ha dado su consentimiento para la fecundación *post mortem*.

Además de expreso, el consentimiento debe estar concretado en un instrumento fehaciente, establecido por Ley: en el documento de consentimiento

---

[471] Cfr. PIZARRO MAQUEDA, M. J., "Fecundación *in vitro*, fallecimiento del marido y filiación", en *Boletín Aranzadi Civil-Mercantil,* nº 47, 2002 (www.westlaw.es).

[472] La ley no exige alegación ni prueba de la convivencia, por lo cual podría designar a cualquier mujer.

informado emitido ante el centro médico (cfr. artículo 6.3 LTRHA), en escritura pública, en testamento o en documento de instrucciones previas[473].

Respecto a este último, cabe acotar que es regulado en el artículo 11 de la Ley 41/2002, de 14 de noviembre, básica reguladora de la autonomía del paciente y del derecho y obligaciones en materia de información y documentación clínica. Dicho documento permite a una persona mayor de edad, capaz y libre, manifestar anticipadamente su voluntad, con objeto de que ésta se cumpla en el momento en que llegue a situaciones en cuyas circunstancias no sea capaz de expresarlos personalmente, sobre los cuidados y tratamientos de su salud o, una vez llegado el fallecimiento, sobre el destino de su cuerpo o los órganos del mismo.

La opción de utilizar el documento de instrucciones previas como instrumento por el que el varón consiente la fecundación *post mortem*, plantea una nueva cuestión: la posibilidad de que el consentimiento abarque la extracción del material reproductor tras el fallecimiento (y no exclusivamente la utilización, después de la muerte del varón, de gametos crioconservados que le fueron extraídos en vida). A mi parecer, dicha posibilidad debe excluirse, es ilícita, pues la LTRHA se refiere exclusivamente al consentimiento del varón para la utilización de su material reproductor que le fue extraído antes de su deceso[474].

La Sentencia del Juzgado de Primera Instancia de Valencia de 13 de mayo de 2003 refrenda mi postura. Resuelve el caso de una mujer que desea ser madre, pero cuyo marido se encontraba en un estado vigil irreversible. Solicita autorización judicial para poder extraer espermatozoides de su esposo, ya que éste se encontraba incapacitado para dar su consentimiento a la fecundación heteróloga. La mujer precisa que únicamente desea el material reproductor de su marido sin que el hijo, fruto de la inseminación, sea declarado hijo matrimonial, ni ostente derechos sucesorios respecto de su marido. La Sentencia deniega la autorización. Alega que el consentimiento es personalísimo y que lo pretendido

---

473 Nótese que la Ley admite una pluralidad de documentos en los que el varón puede plasmar su consentimiento. A diferencia de la fecundación entre vivos, en la que el consentimiento debe constar únicamente en el documento extendido ante el centro autorizado.

474 También ha de excluirse la alternativa que la mujer pueda solicitar la extracción de semen tras el deceso de su marido o de su pareja para ser fecundada. Por tanto, un caso como el que aconteció en marzo de 1999, en California, no tiene amparo en el ordenamiento español: una niña fue concebida con semen extraído de su padre cuando llevaba unas treinta horas muerto. El padre del bebé tenía 30 años cuando falleció a causa de una reacción alérgica, unas treinta horas después la familia solicitó que se le extrajera esperma y se congelase y, a los quince meses, la viuda quedó embarazada tras someterse a una inseminación artificial (cfr. Gámiz Sanfeliu, M., ob. cit., p. 1169).

por la actora no está regulado por ley, siendo imposible la aplicación analógica del artículo 9.1 referido a la fecundación *post mortem*[475].

Por otro lado, ese consentimiento del varón es esencialmente revocable. La Ley señala un límite temporal para dicha retractación: podrá efectuarse hasta antes del inicio de la técnica. En tal caso, la fecundación no podrá tener lugar (artículos 9.1 y 2 LTRHA)[476]. El ordenamiento no precisa la forma que ha de revestir la revocación del marido. En mi opinión, para evitar problemas de prueba y dada la importancia de la materia, esta revocación debe cumplir los mismos requisitos que se exige para el consentimiento[477], aunque no necesariamente debe utilizarse el mismo instrumento usado para consentir. Asimismo, considero que la revocación no sólo debe efectuarse antes del inicio de la técnica, sino que también debe darse a conocer antes de ese momento. En otras palabras, si la revocación llega a conocerse cuando la fecundación se ha llevado a cabo, a mi juicio, por interés del hijo, dicha revocación no tendrá eficacia y deberá determinarse la paternidad del varón. Por lo tanto, será una carga del varón dar a conocer la revocación de su consentimiento para la fecundación *post mortem* de manera inmediata. Pienso que este aspecto tendría que establecerse expresamente en la ley para evitar soluciones *ad hoc* y dispares por el encargado del Registro, el Centro Directivo o los jueces, siendo el único perjudicado el hijo.

Ahora bien, emitido válidamente el consentimiento para la fecundación *post mortem*, queda por fijar la función que esa manifestación de voluntad desempeña en la determinación de la paternidad del fallecido.

---

[475] No obstante, parece que el Juzgado no quiere dejar a la madre desolada, sin cumplir su deseo de ser madre y, bajo el argumento que la mujer se encuentra separada de hecho del marido, es decir, dentro del supuesto del artículo 6.3 LTRHA de 2006, manifiesta que ella puede obtener el semen de un donante anónimo sin necesidad del consentimiento de su cónyuge. Parece increíble que el Juzgado deduzca la separación de hecho cuando la propia mujer no la alega, y es más, de la sentencia se deduce la convivencia de ambos. El Juzgado no puede determinar en contra de la realidad una separación de hecho de los consortes con la finalidad de satisfacer el deseo de la mujer a tener un hijo. Por otro lado, el propio Juzgado parece encontrar un error en su fallo cuando prevé que podría existir una inscripción matrimonial a favor del marido de manera maliciosa, pero lo soluciona diciendo que en todo caso, a la muerte del cónyuge incapaz los herederos podrán impugnar la paternidad.

[476] Ello contrasta notablemente con la facultad concedida a la mujer de revocar su consentimiento incluso después de la fecundación y antes de la transferencia embrionaria, como ya he criticado en su momento.

[477] En contra, PÉREZ MARTÍN para quien, debido a que la Ley nada dice sobre la forma de la revocación, ésta debe regirse por la regla general de la libertad de forma. Fundamenta su postura en la importancia que la Ley concede al consentimiento del varón para la realización de la fecundación *post mortem,* de tal manera que entiende que siempre que conste de cualquier forma la voluntad contraria a dicha fecundación debería ser relevante a tales efectos (cfr. ob. cit., pp. 873-874).

Respecto de la *fecundación post mortem realizada en la viuda*, biológicamente el hijo es del marido premuerto, aunque, aplicando las reglas de determinación del Código Civil, no sería matrimonial por nacer fuera del plazo de los 300 días que fija el artículo 116 CC. No obstante, la Ley establece que, verificado el consentimiento del marido y realizada la técnica en el plazo previsto por la ley, se determina la paternidad matrimonial. Es decir, el consentimiento del marido permite la extensión del ámbito temporal de la presunción. Por tanto, el legislador ha introducido una ficción jurídica al seguir aplicando la presunción marital.

Tratándose de *varón no casado*, el legislador no ha otorgado valor de reconocimiento al consentimiento de aquél, pues se trataría del reconocimiento de un *concepturus*, imposible jurídicamente. La vía prevista para la determinación de la paternidad no matrimonial es el expediente registral, según los artículos 120.2 CC y 49 LRC, donde adquiere valor el documento en el que consta el consentimiento del hombre. También se podrá acudir a la reclamación judicial de la paternidad. Esta acción, de conformidad con el artículo 133 CC, podrá ser ejercitada por el hijo, durante toda su vida, o por la madre, en representación del menor de edad o incapaz.

En resumen, el consentimiento del marido o del varón para la fecundación *post mortem* sirve tanto para la realización de la técnica para después de su muerte, como para la aceptación de las consecuencias jurídicas en la determinación de la filiación a su favor. No es ajustado a Derecho interpretar que el consentimiento del varón únicamente es importante a efectos de la determinación de su paternidad, pero no para el inicio de la técnica, de tal forma que, de no existir dicha manifestación de voluntad para la fecundación *post mortem,* podría realizarse la fecundación asistida con el material reproductor del marido o compañero muerto, pero fijándose únicamente la maternidad no matrimonial. Se trataría de una técnica ilícita, por no contarse con el consentimiento exigido por la norma. Para salvar esta situación, podría entenderse que se trata de una fecundación de mujer sola. Sin embargo, al no cumplirse con el requisito del anonimato del donante, tampoco sería una técnica permitida. Es decir, bajo todas las formas se transgrediría la ley y constituiría una infracción y una sanción para el centro médico que la realizara[478].

---

[478] Es el caso que resuelve la SAP de A Coruña de 3 de noviembre de 2000. La sentencia de primera instancia, aunque no constara consentimiento del marido a la fecundación de la mujer para después de su muerte, interpretó que los requisitos que establecía la LTRHA, entre ellos el consentimiento, eran necesarios para la determinación de la filiación a favor del marido premuerto, pero no para la autorización de la inseminación *post mortem.* De tal forma que, en opinión del Juzgado, la fecundación *post mortem* había sido realizada lícitamente, aunque el hijo no podría ser considerado del fallecido, ni consecuentemente matrimonial. Esta interpretación es rechazada tajantemente por la Audiencia Provincial, porque llevaría a profundas contradicciones en el ordenamiento. Literalmente sostiene que: "El argumento del Juez llevaría a situaciones paradójicas como las relativas

Esta postura resulta excesiva para BERCOVITZ RODRÍGUEZ-CANO. Al autor le produce desazón que una viuda no pueda tener un hijo de su marido fallecido que depositó su semen, pero que no autorizó para después de su muerte la fecundación, debido a que su deceso ocurrió repentinamente. Señala que "una cosa es permitir la utilización del semen del premuerto, en lo que me inclinaría por una regulación sumamente permisiva, limitada básicamente por la voluntad expresa en contra del fallecido, y otra cosa –que no tiene por qué ir unida a la anterior, ni, por ende, limitar su alcance– es permitir que esa inseminación «post mortem» produzca efectos sucesorios e implique la atribución del nombre del causante en cualquier circunstancia"[479]. A mi parecer, el autor otorga demasiado valor al deseo de una viuda de convertirse en madre. En todo caso, podrá acudir a las técnicas heterólogas como una usuaria sin pareja.

b. El consentimiento implícito a la fecundación *post mortem*

Bajo la regulación de la Ley de fecundación asistida de 1988, se presentaron casos como el de la RDGRN de 24 de septiembre de 2002: un matrimonio, tras cuatro años de tratamientos, decide acudir a la fecundación *in vitro,* en octubre de 2000. Se produce una transferencia de embriones frescos sin éxito y en diciembre de ese mismo año prestan su consentimiento para la criotransferencia de embriones congelados. Inician el tratamiento farmacológico correspondiente y, el mismo día (18 de enero de 2001) en que debía llevarse a cabo la transferencia, el marido fallece en accidente de circulación. La viuda decide seguir adelante con el tratamiento y, a consecuencia de la transferencia producida el 22 de mayo de 2001, queda embarazada. Nace el hijo, pero el Centro Directivo

a que pese a la constancia de que biológicamente se diera a luz a un hijo con el material genético del cónyuge fallecido, y así resulta expresamente de la resolución judicial apelada que autoriza la inseminación, sin embargo no sería legalmente su hijo, los hijos que tuviera su progenitor biológico de otra relación no serían legalmente sus hermanos, podría contraer matrimonio con éstos, carecería de derechos hereditarios, conocería quién es su padre biológico, y así se deduciría de una resolución judicial, y sin embargo no podría utilizar sus apellidos entre otras situaciones semejantes. También, por otro lado, de aceptarse la interpretación del juzgador «a quo», se llegaría a la consecuencia de que cabría autorizar una inseminación cuando el cónyuge premuerto hubiera exteriorizado, incluso, su voluntad contraria a que su mujer o pareja fuera inseminada, si entendiéramos, como se hace en el auto impugnado, que tal consentimiento lo es exclusivamente a los efectos de filiación. La Ley no puede permitir que, en contra del anonimato que preside su régimen jurídico, sea factible la utilización de material orgánico identificado y que la filiación no quede determinada". Con razón, revoca la sentencia de Primera Instancia que autorizó la inseminación *post mortem* de la mujer.

[479] El autor se cuestiona sobre "qué es lo más probable, a falta de declaración expresa, cuando un varón ha depositado semen de acuerdo con su pareja para proceder a la práctica de una técnica de reproducción asistida: ¿lo más probable es que quiera que se produzca esa inseminación artificial en su mujer aún después de muerto o lo más probable es lo contrario? Me inclino por lo primero, aun admitiendo las dificultades que ello plantea" ("Reproducción asistida *post mortem*", *AC*, nº 2, 2001, p. 2167).

deniega la inscripción de la filiación matrimonial, debido a que, aunque existía un consentimiento del marido para que en vida se lleve a cabo la transferencia embrionaria y biológicamente el hijo era del fallecido, no existía consentimiento expreso del esposo para que se continúe con el embarazo de la mujer después de su muerte. Así lo exigían las normas vigentes en ese momento (cfr. artículo 92 CF y el artículo 9 LTRA de 1988).

La LTRHA de 2006 se avino a recoger este específico supuesto. El artículo 9.2 LTRHA, segundo párrafo, se plantea el caso que a la muerte del varón su material reproductor y el de la mujer hayan sido utilizados para la fecundación *in vitro*. Es decir, los embriones ya se encuentren constituidos y únicamente necesiten ser trasladados al útero de la usuaria, pero antes de que ello suceda se produce el deceso del varón. En este caso la Ley no exige el consentimiento expreso del marido o pareja para la fecundación *post mortem* y presume un consentimiento implícito[480].

En realidad, con esta disposición se permite la continuación de la técnica. *Stricto sensu,* no se trata de una fecundación que se produzca después de la muerte del marido o compañero. El embrión fue fecundado en vida de los esposos o pareja y es su implantación, como su posterior desarrollo hasta su nacimiento, lo que se produce tras el óbito del padre[481]. Debe entenderse, además, que el marido o pareja de la usuaria consintieron el inicio de la técnica y, por ende, se determinará la paternidad a su favor, siempre que la implantación se lleve a cabo dentro de los 12 meses siguientes a su muerte.

Ahora bien, qué pasaría si constituidos los embriones el varón no desea tener descendencia póstuma y declara, en testamento, que si muere no se lleve a cabo la transferencia embrionaria al útero de la mujer.

Prima facie, en el caso planteado no existe un consentimiento expreso del varón para la fecundación *post mortem,* el del artículo 9.2 LTRHA. Por tanto, no se trata de la revocación de dicho consentimiento, que sólo puede producirse hasta antes del inicio de la técnica. Únicamente existe un consentimiento del marido para el inicio de la fecundación *in vitro* homóloga, conforme al artículo 6.3 Y 8.2 LTRHA. No obstante, en testamento, el cónyuge emite una especie de veto a la implantación de los embriones para después de su muerte. Es de-

---

480 El reciente Libro II del Código Civil catalán, en su artículo 235.8, ha recogido, casi literalmente, el artículo 92 CF catalán. Es decir, no ha incluido ningún tipo de consentimiento implícito. La solución podría ser la aplicación supletoria de la LTRHA de 2006.

481 En consecuencia, si el varón y la mujer otorgaron su material reproductor para la fecundación *in vitro,* pero fallecido el varón los embriones no se encuentran constituidos, no rige el artículo 9.2 LTRHA, segundo párrafo. Se requerirá el consentimiento expreso del varón en cualquiera de los documentos exigidos por Ley, pues este caso sí se trata estrictamente de una fecundación *post mortem*.

cir, el marido o varón se opone a que los embriones constituidos en vida sean implantados en el útero de su mujer si fallece. En consecuencia, se trata de la revocación del consentimiento a la transferencia de los embriones, analizado en el punto B.1.c. de este capítulo, pero sometido a una condición: el fallecimiento del marido.

Con dicha declaración el varón rompe con la presunción de un consentimiento implícito para la continuación de la técnica, por lo que resulta inaplicable el segundo párrafo del artículo 9.2 LTRHA. La solución parece ser y, en perjuicio de los hijos ya concebidos, que se respete su decisión, debiendo entenderse que con la disposición testamentaria está revocando su consentimiento a la continuación de la técnica, según lo dispuesto en el artículo 11.6 LTRHA, aunque ello estaría permitido únicamente al marido de la usuaria. No obstante, cabe especificar que muerto el marido, si esa revocación se da a conocer cuando se ha llevado a cabo la implantación en la mujer, no tendrá ninguna validez.

c. Fecundación *post mortem* sin consentimiento del varón

El artículo 9 LTRHA es expreso y tajante al hacer depender el inicio de la técnica y la determinación de la paternidad del nacido a consecuencia de la fecundación *post mortem* del consentimiento expreso y formal del varón y del cumplimiento del plazo. Si se realizara la fecundación después de la muerte del varón sin su asentimiento, se habría llevado a cabo una técnica ilícita, lo que supondría incurrir en una falta de las que regula el artículo 26 LTRHA. Además, *ex lege,* sería imposible determinar la filiación paterna a favor del fallecido, determinándose únicamente la filiación materna no matrimonial. Si a pesar de no existir consentimiento del varón, se permitiera determinar su paternidad, se estaría fomentando prácticas prohibidas de fecundación asistida.

Ésta es la solución que se desprende de la ley, pero es poco satisfactoria. El nacido es hijo biológico del fallecido, pero resulta imposible imputarle la paternidad. En realidad, son las consecuencias de propugnar y plasmar jurídicamente la existencia de "un derecho al hijo" por encima de su propio interés.

Otra situación se presenta cuando el varón sí ha emitido el consentimiento para la realización de la técnica, pero no bajo la forma exigida por Ley. La norma también es clara e impide la determinación de la paternidad, matrimonial o no matrimonial, porque la formalidad se requiere por seguridad jurídica y para evitar cualquier tipo de suspicacias. No obstante, a mi parecer, en este caso se presentan mayores posibilidades de determinar la paternidad a favor del fallecido, siempre que se cumpla el requisito del plazo y si la mujer usuaria acude a la reclamación de la paternidad en representación del menor. El dato volitivo y el biológico abonarían esta conclusión. Por tanto, el documento en el que conste el consentimiento serviría como un medio de prueba, siempre que se acredite su autenticidad en juicio[482].

d. Plazo para la fecundación *post mortem*

Para que la paternidad pueda atribuirse al marido o varón que consintieron la fecundación *post mortem,* el material reproductor deberá ser usado dentro de los 12 meses siguientes a su fallecimiento[483] (cfr. artículo 5 CC). Por tanto, muerto el varón, la mujer podrá alumbrar un hijo después de 21 meses del deceso de aquél[484].

Entiendo, como lo hace CARBAJO GONZÁLEZ, que el límite de 12 meses es un plazo máximo y que resulta admisible un consentimiento que autorizase la fecundación de la mujer en un plazo inferior (uno o dos meses, por ejemplo). Sólo de no señalarse plazo por el varón, se aplicaría el indicado por Ley[485].

Por otro lado, el establecimiento de un plazo era necesario, puesto que el artículo 11 LTRHA establece que el semen puede crioconservarse en bancos de gametos autorizados, únicamente, durante la vida del varón de quien procede. Fallecido el varón, no podría utilizarse su esperma. Entiendo, en consecuencia, que el artículo 9.2 LTRHA establece una excepción a esta regla, al permitir la utilización del semen crioconservado para la realización de una fecundación *post mortem,* con posterioridad a la muerte del marido o compañero.

En relación a la trasferencia embrionaria *post mortem*, el artículo 11.3 LTRHA prescribe que la crioconservación de los ovocitos, del tejido ovárico y de los preembriones sobrantes se podrá prolongar hasta el momento en que se considere oportuno por los responsables médicos, con el dictamen favorable de especialistas independientes y ajenos al centro correspondiente, que la receptora no reúne los requisitos clínicamente adecuados para la práctica de la técnica de

482 GÁMIZ SANFELIU también asume esta postura y argumenta, además, el *favor filii* (cfr. ob. cit., p. 1172).

483 La novedad de la LTRHA de 2006 respecto a la de 1988 es la ampliación del plazo de 6 a 12 meses. En este período temporal también la mujer deberá expresar su voluntad receptiva al respecto, ya que evidentemente su inseminación con el semen identificado del que fue su marido o pareja requiere la bilateralidad (cfr. artículo 3.5 LTRHA).

484 La legislación catalana se muestra prudente y establece un plazo más reducido. Permite que el proceso de fecundación se inicie como máximo, 270 días (aproximadamente 9 meses) después del fallecimiento del varón. Empero, prevé la prórroga de este plazo por un tiempo máximo de 90 días, previa autorización judicial y siempre que se demuestre un justa causa (cfr. artículo 2358.2 CC catalán).

485 Cfr. "La filiación de los nacidos… cit.", pp. 883-884.

reproducción asistida. Por tanto, a diferencia del semen crioconservado, este precepto no establece ningún límite de tiempo, sino que se deja a juicio del equipo médico el periodo de crioconservación. De esta manera se puede deducir que, incluso después de la muerte del marido, los embriones constituidos antes del deceso pueden conservarse en el tiempo y transferirse a la mujer después de los 12 meses de la muerte del marido. Si ello es así, entonces qué consecuencias jurídicas trae consigo en la determinación de la filiación.

Desde un punto de vista técnico, esa posibilidad es factible y realizable, siempre que el equipo médico lo autorice. Desde el punto de vista jurídico, mientras la maternidad se determinará en virtud del artículo 10 LTRH, en relación a la paternidad, no podrá establecerse al incumplirse el plazo del artículo 9.2 LTRHA, aunque exista el consentimiento del marido.

Por último, el establecimiento de un plazo también es importante a efectos sucesorios. No puede esperarse, *sine die*, a que se realice la fecundación o se transfiera a la viuda o a la mujer los embriones, dejando en pendencia la partición de la herencia del fallecido[486]. Con razón, BERCOVITZ RODRÍGUEZ-CANO cuestiona *de lege ferenda* el plazo de 12 meses. En su opinión, la descendencia proveniente de la fecundación póstuma debe tener lugar en un plazo corto para que el nacido sea debidamente integrado en su familia, reciba la herencia y el nombre de su padre[487].

C. Filiación por fecundación artificial en un matrimonio homosexual

Las normas sobre filiación, basadas en la heterosexualidad de la pareja que procrea, se apartan totalmente de la realidad que ahora abordo. Ello origina que sean varios los elementos que confieren relevancia y confusión a las situaciones de determinación de la filiación en los matrimonios homosexuales.

En general, las normas específicas que regulan el uso de las técnicas de reproducción asistida, las que se refieren a la atribución de la paternidad por vía de la adopción y la necesaria coordinación entre todas ellas con las previ-

[486] A la muerte del causante, si la fecundación no se ha realizado, no existirá un concebido, sino un *concepturus*, que al ser incierto no tiene expectativa alguna de heredar. En el caso de la fecundación *post mortem*, al existir un consentimiento expreso del varón, dicho panorama cambia: el *concepturus* sí que tiene expectativa de heredar a su difunto padre. Habrá, por tanto, que tenerse en cuenta sus derechos sucesorios al momento de llevar a cabo la partición de la herencia o tendrá que suspenderse la partición hasta que se produzca el parto o transcurra el plazo establecido por ley para llevarse a cabo la fecundación *post mortem*. Analógicamente, se podrían aplicar las medidas precautorias establecidas en los artículos 959 CC – 967 CC, previstas para el caso de la viuda que queda embarazada. En cuanto a la suspensión de la partición de herencia se podría aplicar lo dispuesto en el artículo 1054 CC sobre la partición con heredero condicional.

[487] Cfr. "Reproducción… cit.", p. 2166.

siones del Código Civil reguladoras del sistema tradicional de la filiación, tras la admisión de los matrimonios del mismo sexo, forman un "rompecabezas" en el que, es palpable, la mayoría de las piezas no encajan adecuadamente[488]. También forma parte de este *puzzle* el amplio marco normativo existente en el ámbito de las Comunidades Autónomas las que, al amparo del artículo 149.1.8 CE, vienen legislando y acometiendo reformas con trascendencia en materia de filiación.

1. Matrimonio homosexual y filiación

El artículo 32. 1 CE contiene una expresa garantía constitucional del matrimonio: *"el hombre y la mujer tienen derecho a contraer matrimonio con plena igualdad jurídica"*. Este precepto se limita a recoger una realidad existente desde siempre, no creada, sino reconocida y regulada por el Derecho[489]. Por tanto, lo que el matrimonio sea determinará las exigencias para su constitución, es decir quiénes pueden contraerlo. Otro planteamiento implicaría una inversión claramente inaceptable de los términos de la discusión.

En este sentido, el matrimonio es una institución en la que la diferencia de sexos es esencial, en concordancia con su naturaleza y función institucional (creación de una familia). El matrimonio es el sexo institucionalizado[490]. Por consiguiente, la Constitución consagra en el ordenamiento español, como única modalidad de matrimonio, la unión sexual entre hombre y mujer. Es decir, el

---

[488] Cfr. BENAVENTE MOREDA, P., "La filiación de los hijos de parejas, casadas o unidas de hecho, del mismo sexo. La situación legal y jurisprudencia actual", *ADC,* nº 1, 2011, p. 77.

[489] Existen dos tipos de instituciones jurídicas muy diferentes entre sí: de un lado, aquéllas creadas artificialmente por el legislador con fines instrumentales y pragmáticos, que son concebidas en su régimen funcional como mejor le plazca. De otro lado, instituciones que el legislador no inventa, sino que se limita a reconocer y proteger. Se trata de realidades prejurídicas que existen desde siempre y desde antes que el hombre empezara a discurrir jurídicamente y de que ningún legislador dictara norma alguna. Entre ellas se encuentra el matrimonio. Las instituciones del primer tipo pueden ser concebidas y reguladas como cada legislador prefiera por su propia naturaleza artificial y creación legal; pero la regulación jurídica del segundo grupo, en cambio, debe ir ceñida a la realidad subyacente de esa institución. Realidad y dato prejurídico que el legislador no puede ignorar sin deformarla. De manera que cuando prescinde de esa realidad "le impone una especie de camisa de fuerza que acaba haciendo saltar por los aires la institución jurídica resultante (...) el realismo jurídico (un realismo que no se limita a lo tangible o material, sino a la vida real y social) debe informar las instituciones jurídicas" (RIVERO HERNÁNDEZ, F., "*¿Mater semper...* cit.", pp. 9-10).

[490] ARECHEDERRA ARANZADI sostiene que "el sexo es una relación por oposición. Se trata de una realidad recíprocamente orientada. Antes de entrar en vigor la Constitución los hombres se sentían atraídos por las mujeres y las mujeres por los hombres. Esto no lo enseñaban en la escuela: lo descubría uno mismo. A los hombres les gustan las mujeres y a las mujeres los hombres. Esto puede calificarse de un dato notorio de carácter universal, en el que debe apoyarse el Derecho, de tal entidad que discutirlo es pelear con lo evidente" ("El matrimonio es heterosexual", *AJA,* nº 658, 2005, p. 9).

artículo 32 CE precisa que varón y mujer son los titulares del *ius nubendi* y, por ello, la heterosexualidad integra el contenido esencial del derecho a contraer matrimonio (cfr. artículo 53.1 CE), sin que fuera necesario que la norma constitucional precisara que el hombre y la mujer tienen derecho a contraer matrimonio "entre sí". Este presupuesto conduce, inevitablemente, a que en cada matrimonio legalmente establecido se distinga entre marido y mujer[491]. Así lo legisló el Código Civil y lo interpretó el propio Tribunal Constitucional español: "no existe un derecho constitucional a contraer matrimonio (o unión civil de análoga significación) para las personas del mismo sexo, todo lo contrario al matrimonio entre hombre y mujer que es un derecho constitucional" (auto de 11 de julio de 2004).

Por tanto, la Constitución y las normas civiles aseguran la existencia de una institución con un contenido predeterminado, y con la consecuencia de originar la inconstitucionalidad de las eventuales normas ordinarias que tuvieran por objeto, bien suprimir dicha institución, bien promulgar aquéllas que la vacíen de su contenido, o bien aquéllas que se propongan crear figuras paralelas que lleguen a resultados similares.

Sin embargo, para legitimar el matrimonio de personas del mismo sexo, se ha entendido que el artículo 32 CE no identificaba los componentes de un matrimonio, sino que simplemente aseguraba el equilibrio de sus derechos conyugales con independencia del sexo de los contrayentes. En consecuencia, que la Constitución no sólo amparaba el matrimonio heterosexual, sino que daba cabida al matrimonio de homosexuales. Interpretación bastante retorcida que, como denuncia Durán Rivacoba, no sólo daría cabida al matrimonio entre personas del mismo sexo, sino, incluso, al matrimonio poligámico, ya que el texto constitucional contemplaría el género, pero no el número[492].

No obstante, el legislador español, en virtud de esa exégesis y alegando el desarrollo de la personalidad (cfr. artículos 9.2 y 10.1 CE), la libertad en las formas de convivencia (cfr. artículo 1.1 CE) y la igualdad de las personas (cfr. artículo 14 CE), elevó la unión de las personas del mismo sexo a la categoría de derecho fundamental. De esta manera, ya no era necesaria una reforma constitucional del matrimonio y se reconoció la unión de homosexuales por una simple ley civil ordinaria. La Ley 13/2005, de 1 de julio, que modificó el Código Civil en materia de derecho a contraer matrimonio, agregó un segundo apartado al

---

[491] Cfr. García Cantero, G., "Sobre el llamado matrimonio «homosexual». Análisis de algunas de las cuestiones debatidas", en *La reforma del modelo de familia en el Código Civil español,* Comares, Granada, 2005, pp. 44-45.

[492] Cfr. "La riforma... cit.", p. 76.

artículo 44 CC: *"el matrimonio tendrá los mismos requisitos y efectos cuando ambos contrayentes sean del mismo o distinto sexo"*[493].

Es cierto que la Constitución reconoce el libre desarrollo de la personalidad como uno de los fundamentos del orden público y de la paz social, pero sólo en el marco del respeto a la ley y a los derechos de los demás[494]. Por otro lado, el principio de igualdad no se vulnera, porque existen diferencias objetivas, razonables y fundadas entre la unión heterosexual y homosexual, y tratar cosas diferentes de forma diferente no es discriminación. Lo que sí es una discriminación ilegal es reconocer el matrimonio entre personas del mismo sexo, pues se atribuye al matrimonio fines que no tienen nada que ver con la procreación o con la unión de los hijos con sus padres[495].

---

[493] Si bien con esta ley se oficializa el matrimonio homosexual, antes ya se había dado cabida a esta unión *de facto*. La RDGRN de 8 de enero de 2001 autorizó el matrimonio de un transexual, según su nuevo sexo, con persona con la que, desde una óptica cromosómica, ostentaba el mismo sexo. Se trataba de un matrimonio en el que la heterosexualidad era meramente registral, no biológica.

Todo se inició el 2 de julio de 1987, cuando la Sala Primera del Tribunal Supremo, constituida en pleno, declaró, por mayoría, haber lugar al recurso de casación y anuló la sentencia recurrida que negaba la posibilidad de que un cambio sobrevenido permitiese rectificar la original y correcta mención del sexo en el Registro Civil. En esta sentencia, el Tribunal Supremo admitió que una intervención quirúrgica no convertía a un hombre en mujer, pero que era razonable que el sexo "vivido", tanto personal como socialmente, fuese el sexo que constase en el Registro Civil sin que ello le confiriese la posibilidad de contraer matrimonio según su nuevo sexo. Empero, el Tribunal Supremo no pudo controlar lo que se le escapó de las manos. Abierta la posibilidad del cambio de sexo, pronto se planteó ante los jueces encargados del Registro la pretensión de contraer matrimonio según el sexo rectificado con persona del sexo "opuesto", registralmente consideradas las cosas. Hubo jueces que lo autorizaron, pero al menos uno de ellos vio cómo su auto autorizando el matrimonio era recurrido ante la Dirección General de los Registros y del Notariado por el Ministerio Fiscal. En esta R. de 2 de octubre de 1991, el Centro Directivo cerraba el paso tanto al matrimonio homosexual como al matrimonio del transexual según su «nuevo» sexo, porque entendía que en esas pretendidas celebraciones no era posible la prestación de un consentimiento matrimonial, ya que el derecho fundamental del hombre y de la mujer a contraer matrimonio (*ex* artículo 32 CE) estaba limitado a personas de distinto sexo biológico. No obstante, diez años después –R. de 8 de enero de 2001– la misma Dirección General llevaba hasta sus últimas consecuencias la bien intencionada sentencia del Tribunal Supremo de 2 de julio de 1987.

[494] Es importante resaltar que el libre desarrollo de la personalidad fue un valor llegado a la legislación constitucional tras la segunda guerra mundial causada por visiones sociales que menospreciaban a la personas. Arechederra Aranzadi sostiene que el libre desarrollo de la personalidad, alejado de su primer contexto e imbuido de los restos del 68, se ha erigido en árbitro de la convivencia rechazando displicentemente cualquier consideración ajena a la ensoñación individual de la persona (cfr. "El derecho… cit."). En este ámbito, no tiene nada de particular que dos mujeres lesbianas quieran unir sus vidas y prolongarlas en el tiempo y se entiende, de suyo, que, cuando lo hacen, mejoran sus vidas y las de los demás haciéndoles participes de su dicha.

[495] En esta dirección, es loable la Sentencia de la Corte Constitucional italiana de 15 de abril de 2010. Rechaza las cuestiones de inconstitucionalidad, basadas en discriminación por motivos de orientación sexual, presentadas por tribunales de Venecia y de Trento, frente a los artículos del Código Civil que impiden el matrimonio entre personas del mismo sexo. El caso se origina tras la negativa a registrar tres enlaces de este tipo celebrados fuera de Italia.

Con lo dicho no pongo en duda que las personas homosexuales tengan los mismos derechos que cualquier ciudadano, en toda su plenitud. Sin embargo, eso no les autoriza a contraer matrimonio entre sí, porque ello no forma parte de sus derechos civiles. Se lo impide la naturaleza específica del matrimonio, no una falta de plenitud en el reconocimiento y ejercicio de sus derechos fundamentales, que únicamente podría ser alegada si no pudieran contraer matrimonio lo mismo que los demás ciudadanos. Por ello, concebir el matrimonio como un derecho fundamental de los homosexuales a contraerlo entre sí es fundamentalismo constitucional y una burda tergiversación de los derechos fundamentales[496], que sólo es sostenible en un ámbito ideológico[497].

En su sentencia, el Tribunal Constitucional mantiene que el matrimonio es una institución jurídica clásica, prevista exclusivamente para unir a un hombre con una mujer y que no cabe su equiparación con las uniones homosexuales. Sostiene que el artículo 29 de la Constitución italiana, que recoge esa tradición, no puede considerarse en conflicto con la Carta de Derechos Fundamentales: no discrimina a los homosexuales, porque uniones y matrimonios no son realidades homogéneas. Por tanto, para el Tribunal, no cabe invocar, como hacen los recurrentes, el principio de igualdad consagrado en el artículo 3 de la Constitución.

Agrega que el artículo 29 de la Carta Magna italiana reconoce los derechos de la familia como una sociedad natural fundada sobre el matrimonio y que el precepto constitucional "no puede ser superado por vía hermenéutica, porque no se trataría de una simple relectura del sistema o de abandonar una mera praxis interpretativa, sino que de proceder a una interpretación creativa". Precisa que, aunque en la aplicación del ordenamiento se tenga en cuenta la evolución social, la interpretación no puede llegar al extremo de afectar el núcleo de cada norma. Por consiguiente, afirma, categóricamente, que el matrimonio y su finalidad de procreación, ausente en la unión homosexual, tienen relevancia constitucional: "no es casual que la Constitución después de haber tratado del matrimonio, haya considerado necesario ocuparse de la protección de los hijos", en el artículo 30.

La sentencia también considera inadmisible el recurso a partir del artículo 2 de la Constitución, sobre derechos humanos en relación con las formaciones sociales. Afirma que las uniones homosexuales se incluyen en estos grupos, pero excluye que el reconocimiento se opere a través de una equiparación con el matrimonio.

Respecto de la obligación del Estado de cumplir el ordenamiento comunitario y los compromisos internacionales, el Tribunal Constitucional subraya que el artículo noveno de la Carta de Niza, que reconoce el derecho a contraer matrimonio, reenvía a las legislaciones nacionales y a la discrecionalidad de cada Parlamento.

[496] De los Mozos denuncia que resulta alarmante que se presente la innovación legislativa cuestionada como una extensión de derechos a favor de los homosexuales partiendo de un evidente malentendido, como si los derechos civiles y, entre ellos, el derecho a contraer matrimonio, se generaran, sólo y únicamente, de manera unilateral, derivando de la sola invocación a los derechos fundamentales de la persona, especialmente de la libertad y de la igualdad, "con lo que se lleva a cabo una aplicación desmedida, por más que sea evidente que tales derechos fundamentales corresponden a todos, sin distinción alguna, y a los que todo ser humano es acreedor indiscutible, pero sin necesidad de confundir esto con la propia entidad de los derechos civiles y otros de distinta naturaleza que la Constitución y las leyes reconocen y garantizan expresamente" ("El matrimonio de los homosexuales: una tergiversación de los derechos fundamentales", en *La reforma del modelo de familia en el Código civil español,* Comares, Granada, 2005, pp. 59-61).

[497] La escasa recepción práctica que ha tenido el matrimonio entre personas del mismo sexo, frente a las amplias expectativas que produjo su aprobación, son pruebas manifiestas que es un intento más ideológico que jurídico (cerca del 1.5% de los matrimonios celebrados desde su

Además, de conformidad con el artículo 10.2 CE, las normas sobre derechos fundamentales se interpretan de conformidad con la Declaración de Derechos Humanos y los acuerdos y tratados internacionales ratificados por España. En este orden de ideas, el artículo 16 DUDH garantiza la heterosexualidad del matrimonio (*"los hombres y las mujeres a partir de la edad núbil, tienen derecho, sin restricción alguna por motivos de raza, nacionalidad o religión, a casarse y fundar una familia")* y en la misma dirección lo hacen el Pacto Internacional de Derechos Civiles y Políticos, de 19 de diciembre de 1966 (cfr. artículo 23.2) y el Convenio de Roma para la protección de los Derechos Humanos y de las Libertades Fundamentales (cfr. artículo 12).

En este último caso, el propio Tribunal de Estrasburgo ha manifestado que el Convenio no ampara un derecho de las personas homosexuales a contraer matrimonio entre sí: "el artículo 12, al garantizar el derecho a casarse, se refiere al matrimonio tradicional entre dos personas de distinto sexo biológico. Lo confirma su redacción: se deduce de ella claramente que la finalidad que se persigue es principalmente proteger el matrimonio como fundamento de la familia. Además, según lo puntualiza el artículo 12, el ejercicio de este derecho se somete a las leyes nacionales. Las limitaciones que se establezcan no deben restringirlo o reducirlo de tal manera, o hasta tal extremo, que afecte a su propia esencia" (sentencia de 17 de octubre de 1986, caso Rees contra Reino Unido). Este criterio fue reiterado en la sentencia de 24 de junio de 2010 (caso Schalk y Kopf contra Austria) en la que el Tribunal precisó que Austria, al negarse a casar a dos homosexuales, no vulneraba el Convenio, pues éste no ampara el matrimonio gay[498].

---

aprobación). Las cifras del Ministerio de Justicia demuestran que entre el 3 de julio de 2005 y el 6 de junio de 2010 sólo se han celebrado 8624 enlaces matrimoniales homosexuales. Esta cifra demuestra la falsedad del argumento de los defensores de la aprobación del matrimonio gay, que estimaban la celebración de 100 000 enlaces. Además, sustenta el argumento de los detractores del reconocimiento de estas uniones que defienden que el matrimonio no es una prioridad entre los homosexuales ni una cuestión demandada por la sociedad.

Como dato anecdótico, cabe mencionar que en Estados Unidos los primeros resultados del censo realizado el año 2010 arrojaban un fuerte aumento de las parejas homosexuales. Según estos datos, eran, en números redondos, 902 000, un 51,8% más que en el censo anterior, hecho en el año 2000. Por tanto, en diez años habrían pasado del 0,56% al 0,77% con respecto al total de hogares. Sin embargo, los técnicos de la Oficina del Censo revisaron los datos del censo de 2010 y hallaron errores que hinchaban artificialmente el número de parejas homosexuales. Por ello, se ha publicado una corrección que rebaja mucho el total publicado antes. La nueva estimación oficial es de 646 000 parejas homosexuales, el 0,55% de los hogares, casi la misma proporción que en el censo de 2000.

[498] Los dos homosexuales que exigían contraer matrimonio en Austria argumentaron la vulneración de tres artículos del Convenio: 12, 14 y 8.

El Tribunal estableció que Austria no vulneró de ninguno de los preceptos. Respecto del artículo 12, porque el Convenio no obligaba a los Estados a reconocer el matrimonio gay. Por otra parte, que no hubo discriminación, puesto que la convivencia de los actores se encontraba legalmente reconocida en Austria, tras la entrada en vigor de la Ley de Uniones Civiles en enero de 2010, y que la

El matrimonio homosexual y su introducción por ley ordinaria, por tanto, supone una infracción múltiple de la Constitución española: artículos 9, incisos 1 y 3; 10. 2; 32; 39.1 y 53.1[499]. Asimismo, una violación del principio de jerarquía normativa (artículo 1.2 CC)[500] y un atentado a la naturaleza y fines del matrimonio que lo han convertido en una institución de poca importancia[501].

Existían otras formas de reconocimiento social de estas uniones menos lesivas, sin llegar a reconocerlas como un derecho, ni equipararlas al matrimonio: regularlas como una unión civil –al estilo del *Lebensgemeinschaft* alemana, del *Pacte Civil de Solidarité* (PACS) francés, del *partnercav* de los países nórdicos, o del *Civil partnership* inglés– y en una ley independiente (fuera del Código Civil). Sin embargo, el legislador español buscó la forma más radical de legalizar esta unión y, simplemente, para satisfacer a un grupo social minoritario que huía expresamente de la fórmula matrimonial por considerarla retrógrada y decadente.

Por otro lado, equiparar las uniones de homosexuales al matrimonio ha traído consigo, consecuencias muy importantes en la filiación.

Sabido es que el matrimonio es el momento fundacional de una familia, entendida como progenie o sucesión de generaciones[502]. La heterosexualidad,

decisión de dicho país de no reconocer a las uniones homosexuales los mismos derechos que tienen los matrimonios no vulneraba la prohibición de discriminación recogida en el artículo 14. Finalmente, que no existía transgresión del artículo 8, porque la convivencia estable entre dos homosexuales es equiparable a la de dos personas de distinto sexo y, por tanto, cabe incluirle en el concepto de "vida familiar". Sin embargo, no explica muy bien, por qué son equiparables ambas uniones.

[499] Contra la Ley 13/2005, de 1 de julio, se presentó ante el Tribunal Constitucional un recurso de inconstitucionalidad promovido por el Grupo Parlamentario Popular del Congreso de los Diputados y varias cuestiones de inconstitucionalidad que no fueron admitidas a trámite por falta de legitimación de los jueces encargados del Registro Civil.

[500] García Cantero reprocha a la ley que introdujo el matrimonio homosexual ser "uno de los peores textos normativos promulgados desde la Transición, lo que supone por añadidura una innecesaria afrenta al bien hacer de la doctrina jurídica española". Añade que el utilizar una ley ordinaria para introducir el matrimonio homosexual "no puede menos de calificarse de elemental, tosca y rudimentaria, hasta convertirse el producto por ella generado en un auténtico fiasco, habiendo incidido en el craso error de simplificar la cuestión, dando por supuesto que bastaba con suprimir las referencias legislativas al «hombre» y «mujer» contenidas en el artículo 44 CC" (ob. cit., pp. 49-50).

[501] Las propias instituciones jurídicas españolas de mayor prestigio, al ser consultadas por la introducción del matrimonio homosexual, alertaron de esta inconstitucionalidad y manifestaron una unánime defensa del carácter heterosexual del matrimonio: el Consejo de Estado (Dictamen sobre el Anteproyecto de Ley por la que se modifica el Código Civil en materia de derecho a contraer matrimonio, de 16 de diciembre de 2004), la Real Academia de Jurisprudencia y Legislación (Informe que emite acerca del Proyecto de modificación del Código Civil en materia de Derecho a contraer matrimonio, aprobado por el Pleno de Académicos de Número en sesión del día 21 de febrero de 2005) y el Consejo General del Poder Judicial (Estudio sobre la reforma del Código Civil en materia de matrimonio entre personas del mismo sexo, de 26 de enero del año 2005).

[502] A esta verdad no se opone que ciertas leyes hayan eliminado la *impotentia coeundi* como impedimento matrimonial (cfr. artículo 83.3 CC en su redacción original), ni que cierto número

fracase o no fracase, se obstaculice o no su potencialidad, se reserva para sí la capacidad de transmitir la vida. Por tanto, el carácter heterosexual de la filiación pertenece al orden público[503].

Esa natural vinculación que, a lo largo de los tiempos, se ha producido entre matrimonio y filiación se rompe con el matrimonio de personas del mismo sexo, cuya unión es esencialmente infecunda. Los matrimonios homosexuales no pueden determinar la filiación matrimonial por presunciones de actos que nunca generarán nuevos individuos. Así lo reconoce la propia Ley que introdujo el matrimonio homosexual al establecer, en su Exposición de Motivos, que la presunción de paternidad se restringe al binomio hombre-mujer casados[504]. En otras palabras, en lugar de unir los hijos a sus padres biológicos, el matrimonio del mismo sexo es el vehículo que separa a los niños de uno de sus padres. Los defensores de lo que llaman "igualdad matrimonial" frecuentemente responden que eso no es más que biología, como si la biología, en cuanto principio de verdad biológica, no fuera un principio importante de la filiación en el ordenamiento español.

Esta barrera natural a la filiación ha sido superada increíblemente por la Ley 13/2005 y por otras, como la Ley de Técnicas de Reproducción Humana Asistida de 2006, Ley de Adopción Internacional de 2007, Ley reguladora de la rectificación registral en la mención relativa al sexo de las personas de 2007 y una diversidad de normas de las distintas comunidades autónomas. Estas normas, en pro de un igualitarismo y violentando la realidad, han creado una ficción legal, cargada de voluntarismo, permitiendo a los homosexuales lo imposible naturalmente: tener "descendencia"[505]. Esta *fictio legis* es contraria al orden público e implica una negación evidente al Derecho de familia. Esas uniones ciegan la vida y, por lo tanto, estarían fuera del ámbito de este Derecho.

---

de cónyuges no puedan tener descendencia biológica. Como sostiene el Informe de la Real Academia de Jurisprudencia y legislación "la función social del matrimonio consiste en ser el momento fundacional de una familia entendida como progenie. Es verdad que el ordenamiento reconoce variantes matrimoniales sin fundación de familia, o lo que es lo mismo sin progenie. Ocurre así en los matrimonios de edad avanzada o en los casos de esterilidad por regla general. Mas las excepciones confirman la regla general".

[503] Cfr. ARECHEDERRA ARANZADI, L. I., "El derecho… cit.".

[504] La técnica de completa igualdad, de igualitarismo, que propugna la Ley 13/2005 resulta imposible. La pareja del mismo sexo de un padre biológico nunca puede ser el otro padre biológico.

[505] Se ha utilizado el Derecho para configurar las relaciones homosexuales, artificiosa y ortopédicamente, como verdaderas familias, con padres (o madres) e hijos, de tal modo que la sociedad ha proporcionado lo que niega la naturaleza a la elección realizada por los homosexuales (cfr. MARTÍNEZ DE AGUIRRE Y ALDAZ, C., "La adopción conjunta por personas del mismo sexo: las razones de un no", en *La reforma del modelo de familia en el Código civil español,* Comares, Granada, 2005, p. 142).

Para lograr la "descendencia" se ha recurrido, en primer lugar, a la adopción[506], tras una mera referencia en la Exposición de Motivos de la Ley 13/2005 y con la modificación de los artículos 175.4 y 178.2 CC[507]. El primero de los preceptos posibilita la adopción simultánea por ambos cónyuges (con independencia de su sexo) y la adopción por uno solo de los cónyuges (igualmente con independencia de su sexo) del hijo de su consorte, tras contraer matrimonio con éste. El artículo 178.2 CC permite la adopción por parte de un miembro de una pareja de hecho, del hijo del otro. Es decir, se introduce la posibilidad de que, existiendo una pareja de hecho homosexual, uno de los miembros de la citada unión adopte al hijo del progenitor cuya filiación está determinada, conservando en tales casos igualmente la filiación respecto del progenitor determinado (filiación por naturaleza en un caso y adopción en el otro). La adopción simultánea por parejas de hecho del mismo sexo no está prevista debido a que no se modificó la disposición adicional 3º de la Ley de adopción de 1987. Ésta se refiere exclusivamente a la adopción simultánea y equipara sólo las parejas de hecho heterosexuales al matrimonio, con el objeto de atribuirles capacidad como adoptantes en conjunto[508].

Con esta regulación, el legislador español ha pasado por alto que la adopción consiste, fundamentalmente, en crear entre dos personas una relación jurídica de filiación semejante, desde el punto de vista jurídico y social, a la que existe

---

506 Se puede afirmar que en España todas las reivindicaciones más relevantes que reclamaban los grupos activistas homosexuales han sido oídas: la despenalización de las relaciones homosexuales entre personas mayores de edad, la disminución de la edad del consentimiento para mantener relaciones sexuales, la relación jurídica de las uniones homosexuales y la adopción conjunta por estas últimas. Pese a que la regulación jurídica de las parejas homosexuales no podía calificarse de una verdadera necesidad social porque el número de parejas del mismo sexo era reducido. Desde esta perspectiva era mucho más urgente otras cosas de mayor relevancia, por ejemplo, establecer ayudas a las familias numerosas, mucho más abundantes y mucho más funcionales socialmente.

507 Cabe destacar que como todas las disposiciones legales reflejaban la heterosexualidad del matrimonio al referirse al marido y a la mujer, posteriormente a la Ley 13/2005, se emiten dos Órdenes del Ministerio de Justicia. La primera, de 8 de febrero de 2006, establece que los cónyuges se designen por letras (cónyuge A y cónyuge B), en lugar de marido y mujer, para evitar tratamientos inadecuados. La segunda Orden, de 6 de marzo de 2006, por la misma razón, establece que en relación con las adopciones de matrimonios homosexuales se tratará como Progenitor A y B. De esta manera, se crea un doble régimen en materia de inscripción de la filiación en el Registro Civil. De un lado, el clásico, que distingue entre padre y madre a efectos de inscripción; de otro, el novedoso, que habla de A-progenitor/a y B-progenitor/a a los efectos de posibilitar a una persona tener dos padres o dos madres.

508 En el ámbito autonómico sí se permite la adopción conjunta a parejas de hecho de homosexuales. Es el caso de Aragón (Ley 6/1999, de 26 de marzo, de Parejas Estables de Aragón no casadas), Navarra (Ley Foral 6/2000, de 3 de julio, para la igualdad jurídica de las parejas estables), País Vasco (Ley 2/2003, de 7 de mayo, de Parejas de Hecho), Cantabria (Ley 1/2005, de 16 de mayo, de Parejas de Hecho), Cataluña (Código Civil), Galicia (Ley 2/2006, de 14 de junio, de Derecho Civil de Galicia). Igualmente se permite el acogimiento simple o permanente por las parejas de hecho con independencia de su orientación sexual en la Ley del Principado de Asturias, Ley 4/2002, de 23 de mayo de Parejas Estables.

entre una persona y sus hijos biológicos. De ahí que sea habitual, desde los tiempos del Derecho romano, decir que la adopción imita a la naturaleza (*adoptio imitat naturam*). Esta frase tan gráfica pone de relieve no sólo el alcance de la adopción, sino también sus propias limitaciones: lo que la naturaleza permite, pero también lo que la naturaleza impide, constituye el marco propio de dicha institución[509]. Por tanto, la adopción no excluye el origen heterosexual del adoptado, sino que lo presupone. De ello se deduce que el vínculo adoptivo sólo puede crearse entre un padre, una madre y un hijo. No pueden crearse vínculos de filiación entres dos padres y un hijo, o entres dos madres y un hijo, porque tales vínculos no existen en la filiación biológica.

Por otra parte, la medida que permite la adopción a la parejas de homosexuales unidos en matrimonio no es respetuosa de la protección integral que los poderes públicos deben asegurar a los hijos (artículo 39.2 CE). Este principio ha de regir todo el sistema de la adopción (cfr. artículos 176.1 CC, 21 CDN y, en general, el Convenio de la Haya sobre la protección del niño y la cooperación en materia de adopción internacional). En esta línea, lo que el Derecho ha de tener en cuenta es el interés del adoptado y la idoneidad de los adoptantes para ser padres y ejercer la patria potestad. En caso de conflicto, deben ceder las aspiraciones de estos últimos, por muy legítimas que sean, si la adopción no es beneficiosa para el menor.

Las parejas homosexuales están caracterizadas por la inestabilidad y, en términos generales, carecen de la idoneidad para proporcionar al niño adoptado un ambiente estable, de humanización y socialización adecuados, que compense las carencias sufridas por el adoptado durante los primeros meses o años de su existencia. La misma Asociación Española de Pediatría señala que un núcleo familiar con dos padres o dos madres, o con un padre o madre de sexo distinto al correspondiente a su rol es, desde el punto de vista pedagógico y pediátrico, claramente perjudicial para el desarrollo armónico de la personalidad y adaptación social del niño[510]. Estas consideraciones justifican que, incluso los ordenamientos que otorgan un cierto y amplio reconocimiento jurídico a

---

[509] Cfr. MARTÍNEZ DE AGUIRRE Y ALDAZ, C., ob. cit., p. 144.

[510] Como afirma MARTÍNEZ DE AGUIRRE Y ALDAZ, los estudios realizados hasta la fecha, en los que se afirma la idoneidad de las parejas homosexuales para procurar una adecuada socialización y educación de los niños adolecen de defectos metodológicos graves, que invalidan sus conclusiones (cfr. *Ibídem*, p. 148). Un ejemplo de lo que manifiesta este autor se encuentra en un artículo publicado en la revista *Pediatrics* (http://pediatrics.aappublications.org). Esta revista concluye en sus investigaciones que las parejas del mismo sexo pueden ser buenos padres (2010; 126: 28-36). Sin embargo, esta investigación se basó en los datos aportados por una muestra poco representativa de madres lesbianas de 78 adolescentes, información que no se puede considerar suficiente para establecer conclusiones generalizadas. Aún así, los titulares dijeron "Las lesbianas son los mejores padres".

estas uniones, excluyan expresamente la posibilidad de que reciban niños en adopción[511].

En España, por el contrario, el deseo del solicitante ha primado por encima del interés del adoptando y se ha concedido a los homosexuales el "derecho" a adoptar, bajo la máscara de evitar la discriminación de este gremio.

En primer lugar, no hay discriminación por el simple hecho de ser homosexuales, porque tampoco dos hermanos (varones o mujeres), o dos amigos convivientes no homosexuales, pueden adoptar conjuntamente. La finalidad es evitar la confusión de los roles familiares, confusión de la figura de padre y madre, ya sean quienes pretenden adoptar hermanos, amigos sin relación erótica, parientes o personas ligadas por vínculos de distinta especie del afectivo. No es un problema de homofobia, como no lo es de fraternofobia, sino que el niño tiene un interés legítimo en la estabilidad de la unión de sus padres. Por ello, lo que hace el Derecho es prohibir cualquier adopción conjunta por más de una persona con dos únicas excepciones: el matrimonio y las uniones heterosexuales estables. No obstante, el legislador invierte la situación: el caso de los homosexuales casados sería el único en el que dos personas del mismo sexo podrían adoptar conjuntamente. Entonces sí se podría hablar de discriminación contra cualesquiera dos personas del mismo sexo que pretendan adoptar conjuntamente. Además, a quienes se discrimina son a los propios adoptados. Se les asigna una filiación homosexual que es irreal y que los diferencia de los demás nacidos, al atribuírseles una génesis existencial diversa de la del 99,9% de la población[512].

En segundo lugar, se ha olvidado que la adopción no constituye un derecho de los posibles padres adoptivos[513], sino del menor desamparado, quien no está para satisfacer los intereses y deseos de los adultos[514]. El propio Tribunal Europeo de Derechos Humanos ha afirmado categóricamente que el Convenio Europeo, en su artículo 8, no garantiza el derecho a fundar una familia ni el derecho a la adopción. Asimismo, ha recordado que tampoco conceden este derecho otros Convenios Internacionales como la Convención sobre los De-

---

[511] Tal es el caso de Portugal, Francia, Suiza, Austria, Croacia, Hungría, entre otros. Tampoco se permite la adopción por parejas homosexuales en África ni en la mayoría de países de América Latina (a excepción de Argentina, México y ciertos Estados de Estados Unidos), ni en Asia. Incluso en China, uno de los países de más demanda de adopciones internacionales.

[512] Cfr. ARECHEDERRA ARANZADI, L. I., "El derecho del nacido… cit.", p. 3.

[513] A lo mucho, como acota MARTÍNEZ DE AGUIRRE Y ALDAZ, existe un derecho a formular la solicitud de adopción y a que el procedimiento de adopción se desarrolle con exclusión de la arbitrariedad y de cualquier discriminación injusta. Luego entra en juego el interés del menor y la finalidad protectora de la adopción, que son los principios que determinarán si la adopción solicitada llega o no a buen fin (cfr. ob. cit., p. 146).

[514] "El beneficio único de los menores aconseja operar con la cautela debida y no someterles a experimentos sociales de riesgo" (DURÁN RIVACOBA, R., "Matrimonio homosexual… cit.", p. 4).

rechos del niño o el Convenio de la Haya, relativo a la protección del niño y a la cooperación en materia de adopción internacional (cfr. Sentencia de 22 de enero de 2008, caso E.B. contra Francia[515]).

---

515 Se trata de una demanda interpuesta por una mujer homosexual que alega discriminación por su orientación sexual en el procedimiento de adopción internacional y, por lo tanto, vulneración del artículo 14 en relación con el artículo 8 del Convenio. La mujer, aunque no casada, vivía de manera permanente con otra mujer, quien no apoyaba el proyecto de adopción de la primera. Las autoridades internas francesas deniegan la autorización de adopción por dos motivos: falta de un referente paterno y el comportamiento negativo de la conviviente que en nada beneficiaría el interés del posible adoptado. Luego, el Gobierno francés solicita al Tribunal de Estrasburgo la inadmisión de la demanda y sostiene que la causa principal de la denegación de la adopción fue el interés superior del niño.

Por su parte, el Tribunal de Estrasburgo aclara que no existe un derecho a la adopción y que el deseo a tener un hijo no debe primar sobre el interés del propio niño. Asimismo, que el artículo 8 del Convenio, ni el resto de instrumentos internacionales garantizan el derecho a fundar una familia ni a adoptar. No obstante, precisa que el caso se trata de la adopción de una persona soltera (no adopción conjunta), supuesto permitido por la legislación francesa, por lo que la demanda caía dentro del Convenio.

El Tribunal considera que la argumentación de la falta de referente paterno es injustificada, puesto que se trata de la adopción de una persona sola, con lo que se corre el riesgo de vaciar de contenido el derecho que tienen las personas solteras a solicitar la autorización para adoptar. Respecto del segundo motivo, el comportamiento de la conviviente de la demandante, estima, acertadamente, que es importante que las autoridades internas analicen el entorno familiar en el que se desarrollaría la vida del menor. A mi juicio, ello no es discriminatorio, pues la falta de implicación de la pareja sería suficiente para denegar la adopción, por considerarla poco beneficiosa para el menor, con independencia de que los convivientes sean homosexuales o heterosexuales. No obstante, el Tribunal considera que al ser ilegítimo uno de los motivos se "contamina" la decisión completa de los tribunales internos. Además, señala que la orientación sexual de la demandante sí estuvo presente a lo largo del proceso, ya que en algún informe del psicólogo se destaca la importancia de un referente heterosexual en la adopción, por lo sí fue decisiva en la denegación de la autorización. Concluye, por tanto, que existe una vulneración del artículo 14 en relación con el artículo 8.

En realidad, el Tribunal Europeo de Derechos Humanos invierte el sentido de la discriminación denunciada y establece una discriminación a favor de los solicitantes individuales homosexuales. La solicitante es lesbiana, lo que provoca que el Tribunal considere que la negativa a la solicitud encubre una discriminación fundada en la orientación sexual. Lo que viene a decir el Tribunal es que debería haberse concedido la autorización de adopción para evitar la discriminación, aunque el problema detectado siguiera existiendo y siguiera siendo perjudicial para el menor.

Por el contrario, son bastante acertados los votos de los jueces contrarios a la decisión de la mayoría –pues la sentencia se aprobó por 10 votos contra 7–. En resumen, argumentan que la orientación sexual de la demandante no fue la decisiva para la adopción, sino el interés superior del niño. Otros, que, aunque la orientación sexual hubiera sido decisivo para la denegación, no necesariamente se trataría de una discriminación, siempre que se demuestre que la conducta homosexual en nada beneficiaría al hijo. Todos coinciden en que el motivo primero es ilegítimo ya que se trata de la adopción de una mujer soltera, no obstante, rechazan la teoría de la contaminación. Argumentan que basta con que uno de los motivos de las autoridades internas sea válida para que no haya vulneración. Argumento con el que coincido, máxime cuando el interés que se ve perjudicado es el interés del adoptado.

Por último, he de precisar que la sentencia afecta únicamente a aquellos Estados que admiten la adopción individual por personas solteras. El Tribunal no se pronuncia acerca de si los Estados tienen o no obligación de aceptar ese tipo de adopción individual, ni tampoco sobre la adopción conjunta por parejas homosexuales: se limita a señalar que si un Estado admite la adopción individual por

Por otro lado, junto al remedio adoptivo, se ha encontrado otra forma de conseguir un sucedáneo de descendencia común por parejas homosexuales. La solución proviene de la modificación de la Ley de Técnicas de Reproducción Humana Asistida, pese a que este cuerpo legal, originalmente, mantuvo la heterosexualidad como base de la reproducción. El mecanismo introducido es sólo factible para matrimonio de mujeres[516]. En concreto, se permite a una de las cónyuges ser usuaria de las técnicas, con la participación de donante anónimo, y la determinación de la filiación por mera voluntad de la otra esposa, que no será madre por esencia.

Los hombres, si bien no existe manera que puedan determinar filiación conjunta, salvo adoptiva, han encontrado en los vientres de alquiler la forma de lograr ser padres, pero este sistema es nulo en nuestro ordenamiento[517].

---

solteros (cuestión que los Estados son libres de decidir si hacen o no), no puede discriminar a un solicitante soltero por razón exclusivamente de su orientación sexual. Sí podría denegar la adopción solicitada, sin embargo, por motivos suficientemente proporcionados.

[516] Lo que constituye un buen ejemplo de que no son iguales los matrimonios con independencia del sexo de los partícipes, sino que, incluso, cuando los cónyuges son homosexuales tampoco es lo mismo si son hombres o mujeres. Como afirma Durán Rivacoba, un rasgo tan elocuente debería ser indicio suficiente para reconocer las carencias objetivas de una ley basada en una igualdad ficticia (cfr. "La riforma del matrimonio… cit.", p. 89).

[517] He de acotar que, además de la filiación, el reconocimiento del matrimonio homosexual ha generado consecuencias en otras instituciones como la patria potestad y el parentesco.

En este sentido, la diferencia sexual entre los titulares de la patria potestad sobre sus hijos no puede eliminarse habilidosamente mediante un simple quiebre terminológico –el articulo 154 CC en lugar de padre y madre utiliza el término padres–. En la patria potestad, la diferencia de la cualidad sexual del progenitor obedece a distinto fundamento (no todos los padres están casados), razón por la cual debe mantenerse esa diferenciación. Además, es bueno y provechoso para el hijo menor que los titulares del poder parental sean de sexo diverso, porque cada uno lo ejercerá normalmente según aquella condición. Es indudable que el deber de velar por los hijos, el de tenerlos en su compañía, alimentarlos, educarlos y procurarles una formación integral, se ejerce diferentemente según el sexo del progenitor. Enriquecedora posibilidad diferenciadora que se hurta legalmente a los menores cuando los titulares de la patria potestad pertenecen al mismo sexo biológico. El artículo 156 CC, párrafo segundo, es una muestra de que el legislador sigue pensando que la diferenciación sexual es un dato objetivo y un criterio básico y fundamental en el ejercicio de la patria potestad. Lo mismo sucede en los artículos 163 CC y 170 CC.

En cuanto a las reglas del parentesco consanguíneo, éstas resultan inaplicables al matrimonio homosexual. De aquí también las dificultades que ofrece, *ad exemplum,* la aplicación al matrimonio homosexual de la denominada reserva lineal del artículo 811 CC, porque aquí se habla de ascendiente y descendiente. Además, nuevas dificultades se derivan del concepto de preterición del artículo 814 CC en el que se manejan igualmente los conceptos de *"descendiente"* y *"descendientes de otro descendiente"*. Siguiendo con la ejemplificación de supuestos, se encuentran los artículos 959 CC y 964 CC en los que se refiere a la *"viuda que crea haber quedado en cinta"*, lo cual genera la duda de si la viuda es cualquiera de las componentes de una pareja de lesbianas cuando fallece la otra.

2. *Matrimonio de mujeres y la reforma de la Ley de fecundación asistida*

La Ley de Técnicas de Reproducción Humana Asistida de 2006, *ab origine* –pese a ser posterior a la entrada en vigor de la Ley 13/2005, que introduce el matrimonio homosexual en España–, obvió cualquier norma que permitiera determinar la filiación a favor de la consorte (o conviviente) de la usuaria que se sometía a las técnicas. La única posibilidad para que aquélla asumiera la maternidad se reducía a la adopción del hijo de su mujer nacido por fecundación artificial, siempre que fuese mayor de 15 años y superara en 14 años al adoptado (cfr. artículos 175.4 CC y 175.1 CC).

Frente a este vacío legal intencional del legislador[518], se pretendió la aplicación analógica de la regulación prevista para las parejas heterosexuales en las que basta con que el marido (o la pareja) de la mujer consienta el sometimiento a la técnica para que se le atribuya la paternidad. Mas ello resultaba imposible, como bien lo sostuvo el Centro Directivo en R. de 17 de abril de 2008: "No podía pretenderse una aplicación analógica de lo dispuesto en el artículo 8 de la Ley 14/2006 de Reproducción Humana Asistida, –que permitía considerar que los hijos nacidos a consecuencia de la fecundación asistida de la madre son también hijos del marido que haya prestado su consentimiento formal, previo y expreso a determinada fecundación con contribución de donante o donantes, según se colige de la prohibición que dicho precepto establece parada impugnación de la filiación matrimonial del hijo–, al supuesto de un reconocimiento de maternidad por parte de una mujer distinta de la progenitora casada con la madre gestante, ya que, aun siendo cierto que en los casos contemplados en el transcrito precepto cuando la inseminación es heteróloga, esto es, cuando el material reproductor procede de donante anónimo distinto del varón que haya prestado su consentimiento, se crea un título de atribución de la paternidad no basado en la realidad biológica, esta ficción legal tan sólo se consagra para los casos en que el progenitor legal no biológico que ha prestado su consentimiento es el marido de la mujer a la que se aplican las técnicas de reproducción asistida".

Por ello, cuando en Algeciras se conoció la noticia según la cual la jueza encargada del Registro Civil admitió la inscripción de la esposa de la madre usuaria de las técnicas como progenitora-B de una recién nacida, la primera

---

518 En 2006, cuando el legislador acometía la reforma de la LTRHA, ya vigente la ley que equiparaba los matrimonios del mismo sexo a los heterosexuales, conscientemente desatendió aquellas enmiendas en que se instaba la equiparación de los matrimonios entre mujeres frente a los matrimonios heterosexuales. Mantuvo el contenido de preceptos como el 6.3 y 8.2 LTRHA, en que tan solo se otorgaba valor al consentimiento del marido de la usuaria, o al consentimiento del varón, pareja de la usuaria.

reacción del Ministerio de Justicia español fue la de poner en duda la adecuación de la decisión judicial al Derecho vigente. Aseguró que la Fiscalía tendría que actuar y obligar a que la pareja siguiese el mismo procedimiento que otros matrimonios de lesbianas, el de la adopción. Sin embargo, lo que sucedió fue que el Gobierno se apresuró a proponer la modificación de la Ley 14/2006.

La Ley 3/2007, de 15 de marzo, reguladora de la rectificación registral de la mención relativa al sexo de las personas[519] –una ley absolutamente ajena a la institución de la filiación–, subrepticiamente, mediante la disposición adicional primera[520], aprovecha la ocasión para modificar la Ley de Reproducción Humana Asistida y añade al artículo 7 un inciso tercero. Esta disposición permite a la esposa de la usuaria determinar a su favor la filiación del nacido mediante esas técnicas, si manifiesta su consentimiento en ese sentido, antes del parto, al encargado del Registro Civil del domicilio conyugal. Maternidad que para la propia ley es matrimonial, es decir una filiación por naturaleza[521]. De esta

[519] Para la Ley 3/2007 un cambio de sexo es posible. Para lograrlo, la persona solicitante deberá acreditar mediante informe de médico o psicólogo clínico que le ha sido diagnosticada disforia de género. El mencionado informe hará referencia: 1) a la existencia de disonancia entre el sexo morfológico o género fisiológico inicialmente inscrito y la identidad de género sentida por el solicitante o sexo psicosocial, así como la estabilidad y persistencia de esta disonancia; 2) la ausencia de trastornos de personalidad que pudieran influir, de forma determinante, en la existencia de la disonancia. El informe deberá hacer referencia también a que el solicitante ha sido tratado médicamente durante al menos dos años para acomodar sus características físicas a las correspondientes al sexo reclamado; lo que se acreditará mediante informe del médico bajo cuya dirección se haya realizado el tratamiento, o, en su defecto, mediante informe de médico forense especializado. Este segundo requisito no será necesario cuando concurran razones de salud o edad que imposibiliten el tratamiento, y se aporte certificación médica de tal circunstancia. El tratamiento médico de acomodación de las características físicas a las correspondientes al sexo reclamado no tendrá que incluir necesariamente cirugía de reasignación sexual. Como es "lógico", la rectificación registral permitirá a la persona ejercer todos los derechos inherentes a su nueva condición.

Cabe destacar que el cambio de la mención registral del sexo es una materia de orden público; aunque registralmente se efectúe el cambio de sexo, biológicamente nada ha cambiado. Un hombre convertido en mujer nunca podrá dar a luz. Por ello, sostiene BERCOVITZ RODRÍGUEZ-CANO que, tradicionalmente, cuando se quería expresar enfáticamente el poder legislativo de los Parlamentos se solía decir que éstos podían hacerlo todo, salvo transformar un hombre en mujer o viceversa. No obstante, continúa el autor, la ley reguladora de la rectificación registral de la mención relativa al sexo de las personas altera el valor pedagógico que pudiera tener semejante ejemplo. Afirma que de acuerdo con la mencionada Ley, las Cortes Generales lo pueden todo, sin restricción alguna, o, en cualquier caso con restricciones totalmente ajenas a ese supuesto de transformación de la naturaleza [cfr. "Transexualidad, matrimonio entre personas de un mismo sexo y nombre", en *Boletín Aranzadi Civil-Mercantil,* nº 3, 2007, p. 1 (www.westlaw.es)].

[520] El Proyecto de la Ley reguladora de la rectificación registral de la mención relativa al sexo de las personas no contemplaba esta disposición adicional. Se introduce fruto de la enmienda nº 41 presentada en el Congreso por el Grupo Parlamentario IU-Iniciativa per Catalunya Verds. La citada enmienda sugería un texto acorde con la propugnada igualdad y equiparación de matrimonios heterosexuales y homosexuales: proponía la atribución directa de la maternidad de la esposa, cónyuge de la usuaria de las técnicas de reproducción asistida.

[521] El motivo de la introducción de este inciso no es otro que salvar la equiparación del matrimonio homosexual al heterosexual, atribuida legalmente. Si un nacido por inseminación artificial es

manera, ya no será necesario que la consorte tenga que adoptar al hijo de su mujer.

La citada norma presenta perfiles muy problemáticos –como estudiaré a continuación–, consecuencia de la forma tan precipitada e irreflexiva con que se introdujo en el ordenamiento.

a. ¿Doble maternidad matrimonial por naturaleza?

El artículo 7.3 LTRHA permite la filiación del hijo a favor de dos mujeres casadas, una por el hecho del parto y la otra, sin participar en modo alguno en la generación (llevada a cabo con la contribución de donante), mediante el consentimiento ante el encargado del Registro Civil. Filiación que para ley vendría a ser una doble maternidad matrimonial y, por tanto, natural. El Código Civil catalán es mucho más específico y considera, expresamente, como filiación por naturaleza la derivada del uso de las técnicas de fecundación artificial, abarcando, por lo tanto, la determinación de la filiación que surge del consentimiento a la fecundación asistida de la mujer (cfr. artículo 235.3 CC[522]).

Ahora bien, una cosa es que lo diga la ley y otra que dicha filiación sea realmente matrimonial. Si ya era difícil calificar de filiación por naturaleza matrimonial la filiación heteróloga en un matrimonio heterosexual, con mucha más razón se cuestiona que pueda darse esa denominación a los supuestos de atribución de la maternidad a la mujer casada con la usuaria de las técnicas de reproducción asistida.

La doble maternidad matrimonial encuentra un obstáculo insuperable en el artículo 108 CC. Este precepto establece que la filiación por "naturaleza" es matrimonial y no matrimonial y define la primera como aquella en que el *padre* y la *madre* están casados entre sí. Este vínculo filial en nada se relaciona con la llamada "filiación" que en este apartado se examina porque, salvo que se fuercen totalmente los conceptos, resulta imposible, siquiera por ficción

hijo extramatrimonial de su madre casada e hijo adoptivo de la esposa de su madre, el matrimonio, visto desde la procreación, es inexistente y el matrimonio homosexual una quimera. Como sostiene BERCOVITZ RODRÍGUEZ-CANO, con esta modificación el legislador trata de encontrar un remedio *ad hoc* a la no aplicación a los matrimonios entre mujeres de la presunción de filiación matrimonial que establece el Código para los nacidos después de la celebración del matrimonio. No aplicación que, en su opinión, demuestra que los matrimonios entre personas del mismo sexo constituyen otra clase de matrimonio distinto del matrimonio entre hombre y mujer, en contra de la previsión de nuestra Constitución, que admite una sola clase de matrimonio (cfr. "Transexualidad… cit.", p. 2).

522 *"La filiación por naturaleza, con relación a la madre, resulta del nacimiento; con relación al padre y la madre puede establecerse por el reconocimiento, por el consentimiento a la fecundación asistida de la mujer, por el expediente registral o por sentencia, y, únicamente con relación al padre, por el matrimonio con la madre".*

legal, considerar a la esposa de la usuaria un progenitor masculino[523]. En consecuencia, el hecho de que nazca un hijo de una mujer casada con otra no hace que esta filiación sea matrimonial y mucho menos que se trate de una filiación por naturaleza.

Una prueba más de que estamos ante una filiación legal y esencialmente voluntarista, contraria a la naturaleza de las cosas, y que afecta gravemente el principio de verdad biológica, pues parte de un imposible humano[524]. Esta circunstancia se opone totalmente a la dignidad del que va a nacer, que exige tener una proyección social normal (un derecho a nacer en una familia integrada por una madre y un padre) y que no se le atribuya una filiación imposible en términos biológicos que le discrimine respecto a los demás nacidos. La falsedad de la filiación es tan patente que deja el camino expedito a futuras impugnaciones y, por tanto, a una inestabilidad en el estado civil de los hijos así concebidos. Por lo expuesto, a mi juicio, el nuevo apartado 3 del artículo 7 LTRHA es claramente inconstitucional por contravenir los artículos 9.3 CE, 10 .1 CE, 14 CE y 39 CE.

Además, las consecuencias en el ámbito registral por la inscripción de esa filiación son de gran trascendencia. Si se inscribe en el Registro Civil no sólo un matrimonio de lesbianas, sino también *un hijo de ambas,* se incurre en una manifiesta inexactitud registral y en una vulneración de la Ley que rige dicho organismo público. Es deber de esta institución garantizar la exactitud de los hechos inscritos y su legalidad y, en este sentido, sólo se puede practicar la inscripción cuando resulte legalmente acreditado el hecho del que debe hacer fe (cfr. artículo 80 RRC).

La doble maternidad matrimonial también transgrede el principio *mater semper certa est,* pues no sólo es madre quien da a luz, sino también la mujer que, mediando matrimonio, quiere serlo. Por eso sorprende que RUBIO TORRANO califique este principio de vetusto con tal de justificar este tipo de regulaciones[525]. También se vulnera el principio de incompatibilidad de filiaciones (cfr. artículos 113 CC y 50 LRC) porque la verdad biológica, amparada por el *favor*

---

523 Cfr., entre otros, DURÁN RIVACOBA, R. "Matrimonio homosexual... cit." y BENAVENTE MOREDA, P., ob. cit., pp. 91 y ss.

524 Cfr. ARECHEDERRA ARANZADI, L. I., "Decirle a dos personas mamá es muy difícil", en www.unav.es; DE LA IGLESIA MONGE, M. I., ob. cit., p. 482; DURÁN RIVACOBA, R., "Matrimonio homosexual... cit.", p. 2; NANCLARES VALLE, J., ob. cit., p. 38, entre otros. El primero de los autores alega que "todo esto no es que esté mal, es que es estúpido. Una sociedad que prescinde de unos principios mínimos –pocas cosas habrá en esta Tierra más elementales que llamar madre a quien lo es– en aras del sentimentalismo, es una sociedad abocada al desconcierto en el mejor de los casos. ¿Por qué la progresía se la tiene jurada a la realidad? No me refiero al *status quo*. Me refiero a lo que las cosas son". En contra, TOMÁS MARTÍNEZ, G., "El consentimiento en relación con la doble filiación materna matrimonial y la práctica del Registro Civil", *Act. Civ.,* nº 7, 2010, pp. 758 y ss.

525 Cfr. "Madre no hay más que una", *AC,* nº 2, 2006, p. 2085.

filii, se opone frontalmente a que determinada la maternidad por el hecho del parto pueda sobrevenir, además, otro reconocimiento (filiación por naturaleza) de la maternidad por otra mujer[526].

El Centro Directivo compartía las críticas manifestadas hasta antes de la modificación de la LTRHA por Ley 3/2007. La R. de 5 de junio de 2006 rechazó categóricamente la posibilidad de una doble maternidad por naturaleza de un hijo que nació al someterse una usuaria a las técnicas de fecundación asistida[527]. El Centro Directivo subrayó lo obvio: la primacía de la verdad biológica y la unicidad de la maternidad. De esta manera, descartó que pueda sobrevenir otro reconocimiento de maternidad por otra mujer. Resaltó el carácter heterosexual de la filiación y afirmó que esta característica forma parte del *ius cogens*. Es decir, que reviste carácter imperativo, es de Orden Público y no depende de la voluntad del legislador[528] (cfr., además, la R. de 9 de enero de 2002[529]).

---

[526] Como bien sostiene NANCLARES VALLE, la repercusión de estas modificaciones de la LTRHA sobre la aplicación del artículo 113 CC párrafo segundo es notable. Mientras que en el modelo clásico de filiación seguirá aplicándose la prohibición de que queden determinadas legalmente e inscritas dos filiaciones contradictorias (cfr. artículo 50 LRC), de modo que quien afirme ser el verdadero padre de un hijo que figura como matrimonial, no podrá pretender ser legalmente determinado como tal a través de un reconocimiento, debiendo plantear la oportuna acción mixta de filiación para desbancar del Registro Civil a quien figura como padre y colocarse él en su lugar. El hecho de que ya haya alguien ocupando la casilla de padre o madre, aboca al aspirante a la vía judicial (cfr. ob. cit., p. 24).

[527] El procedimiento se inició mediante comparecencia efectuada en Registro Civil el 1 de septiembre de 2005 de doña M. y doña E., domiciliadas en Barcelona, al efecto de promover la inscripción de nacimiento de una niña, hija biológica de doña M. Solicitaron que la menor fuese inscrita también como hija no matrimonial de la segunda, por ser pareja de hecho, con base en el consentimiento que prestó a la inseminación artificial, en el que reconocía formalmente ser progenitora de la menor. El juez encargado del Registro Civil acordó que se procediese a la inscripción de la menor como hija no matrimonial de doña M. Dispuso que no era posible la determinación legal de la filiación respecto de doña E, por considerar que no procedía la aplicación analógica del artículo 97 CF. Asimismo, entendió que el reconocimiento llevado a cabo por doña E resultaba carente de eficacia jurídica por cuanto la maternidad era única y había quedado ya determinada en cuanto a doña M. Notificada la resolución a las interesadas interpusieron recurso ante la Dirección General de los Registros y del Notariado.

[528] En palabras del Centro Directivo: "Por mucho que las parejas de homosexuales no deban ser objeto de discriminación, los efectos atribuidos a las mismas no pueden llegar al objetivo descabellado de que se establezca doblemente, por la sola declaración de las interesadas, la maternidad tanto respecto a la mujer que ha dado a luz como a la compañera estable de ésta. La maternidad es única en nuestro Derecho y queda determinada por naturaleza o por adopción, resultando en el primer caso, respecto de la madre, del hecho del nacimiento. El principio de veracidad biológica que inspira nuestro ordenamiento en materia de filiación se opone frontalmente a que, determinada la maternidad por el hecho del parto, puede sobrevenir otro reconocimiento de la maternidad por otra mujer. No hay que esforzarse en encontrar argumentos jurídicos que fundamenten esta solución. De los principios constitucionales no puede deducirse ninguna norma que apoye la solución contraria y la postura mantenida en cuanto a la unidad de la maternidad es la que resulta del Código de familia catalán, del Código Civil y de la legislación del Registro Civil. Recuérdese que no es eficaz la determinación de una filiación cuando hay otra contradictoria acreditada (cfr., arts. 113, II,

Sin embargo, el Centro Directivo, hoy por hoy, se ha allanado totalmente a la disposición del artículo 7.3 LTRHA. Parece haber olvidado su doctrina, como si con cambiar la ley se cambiara la realidad y la naturaleza de las cosas. Sobre la base de una argumentación meramente legalista, justifica su giro doctrinal y refrenda e inscribe la filiación por naturaleza a favor de la esposa de la madre biológica, sin que sea necesario acudir a la adopción. Sostiene que "no es eficaz la determinación de una filiación cuando hay otra contradictoria acreditada (cfr. arts. 113, II, C.c y 50 LRC). Por ello, los supuestos en que, antes de esta reforma legal, se intentaba la determinación legal del vínculo de la maternidad respecto de quien no es madre biológica sólo podía obtenerse a través de todo el mecanismo de la adopción. Esta posibilidad no está limitada en la actualidad a las parejas heterosexuales, sino que se encuentra abierta en el Derecho positivo vigente del Código Civil también a las parejas del mismo sexo (cfr. art. 44 del Código civil, redactado por Ley 13/2005, de 1 de julio), a cuyo través se podrá obtener la constitución de una relación jurídica de filiación de igual contenido que la pretendida en tales casos dado el principio de equiparación absoluta entre la filiación natural y la adoptiva que se establece en los artículos 108 del Código civil, en cumplimiento del mandato del artículo 39 de la Constitución que proclama la igualdad de los hijos ante la ley con independencia de su filiación" (RDGRN de 17 de abril de 2008).

Criterio que es confirmado en la RDGRN de 18 de febrero de 2009. Resolución en cuanto a que de manera *obiter dicta* reconoce el alcance de la introducción del artículo 7. 3 LTRHA, dando carta de naturaleza a algo que la Dirección poco tiempo antes había denegado.

Esto es lo que efectivamente viene haciendo la Dirección General pese a que tiene dicho que un reconocimiento de la paternidad es nulo de pleno derecho y *no podrá ser inscrito* cuando haya en las actuaciones datos significativos y concluyentes de los que se deduzca que tal reconocimiento *no se ajusta a la realidad* (cfr. RDGRN de 24 de enero de 2006). Téngase en cuenta que en estos casos –reconocimientos de complacencia– el que da un paso al frente como padre es un hombre que, aunque no sea el padre, al menos podría haberlo sido.

Es irónico que cuando la verdad biológica debe ser aplicada porque favorece al hijo, como sucede en el supuesto que ahora se analiza, es dejada totalmente de

---

CC y 50 LRC)". Añadiendo que "en definitiva el vínculo intentado de maternidad respecto a quien no es madre biológica sólo puede obtenerse a través de todo el mecanismo de la adopción".

[529] "El principio de veracidad biológica que inspira nuestro Ordenamiento en materia de filiación se opone frontalmente a que, determinada la maternidad por el hecho del parto, puede sobrevenir otro reconocimiento de la maternidad por otra mujer". Agregando que "de los principios constitucionales no puede deducirse ninguna norma que apoye la solución contraria y la postura mantenida en cuanto a la unidad de la maternidad es la que resulta del Código de Familia catalán, del Código Civil y de la legislación del Registro Civil".

lado. Mientras que cuando debe ser menguada en interés de la prole no se hace, sino que, por el contrario, se lleva a tal extremo que los hijos quedan totalmente desprotegidos (es el caso de las impugnaciones de la paternidad matrimonial que, prácticamente, no tienen plazo; de la reclamación de la paternidad no matrimonial por el padre sin posesión de estado y de la impugnación de los reconocimientos de complacencia).

La guía de esta actuación, el denominador común, es buscar el interés de los padres: a que no sigan con una paternidad que no les corresponde biológicamente, a pesar de que hayan pasado muchos años, o a querer ser padres contra todo pronóstico, incluso forzando las propias leyes de la biología[530]. Todo ello confirma que, en España, el Derecho de filiación está cambiando de rumbo hacia un Derecho de paternidad.

b. Cuestiones en torno a la determinación de la segunda maternidad

La clave para la determinación de la filiación a favor de la consorte de la usuaria de las técnicas y la correspondiente inscripción a su favor es la emisión del consentimiento de la mujer no progenitora ante el encargado del Registro Civil del domicilio conyugal, después del inicio de la técnica y antes del nacimiento del hijo[531]. Dicho consentimiento de la progenitora B determina por sí mismo la filiación (al nacimiento del hijo), sin necesidad de seguir un expediente al estilo de la filiación no matrimonial[532]. Se trata del reconocimiento

---

530 La verdad es que estamos en una sociedad donde la libre elección del estilo de vida se considera compatible con cualquier derecho, y en la que toda diferencia de trato se denuncia como discriminación injusta. Por eso, no llama la atención que algunas lesbianas se indignaran porque al menos tres comunidades autónomas (Asturias, Cataluña y Murcia) se negaron a pagarles la fecundación artificial para garantizarles su "derecho a ser madres". La ley no obliga a hacerlo. Una mujer sola puede acudir a las técnicas de fecundación artificial, pero la ley no dice que haya que pagarlo con el dinero de todos. De hecho, el decreto que fija la cartera mínima de prestaciones del Sistema Nacional de Salud reserva la financiación pública para las parejas en las que uno de los miembros sea estéril, es decir, que haya una enfermedad. No obstante, Silvia García, vocal de Xente Gay Astur (Xega), se considera víctima de una injusticia: "me están diciendo de forma indirecta que me vaya a reproducir con un hombre. Es una violación emocional hacia mi persona" (Diario *El País,* de 26 de abril de 2011). En realidad, lo que le están diciendo es que vaya a una clínica privada y lo pague. Lo contrario sería una violación financiera de los recursos públicos, máxime en la situación de crisis que padece el país. Por ello, lo verdaderamente asombroso no es que haya tres comunidades que se nieguen a financiar el "derecho a ser madre" de las lesbianas, sino que todas las otras, cuyas finanzas están tan maltrechas, no pongan ningún reparo.

531 La razón de esta regulación es que no existe presunción legal alguna que resulte de posible aplicación. Tampoco es posible determinar esa segunda maternidad por vía del artículo 120.4 CC (principio *mater semper certa est*).

532 Cfr. Hernández Ibáñez, C., "Algunas reflexiones sobre los sujetos pasivos y la filiación de los hijos nacidos mediante técnicas de reproducción asistida", en *Familia y discapacidad,* Colección Scientia Iuridica, Madrid, 2010, p. 194. En contra, De la Iglesia Monge, para quien el consen-

de un *nasciturus*, admitido por la doctrina sobre la base del artículo 29 CC[533]. De faltar este consentimiento, sólo se determinará la filiación no matrimonial de la mujer usuaria de las técnicas.

Esa declaración de voluntad de la mujer no progenitora viene generando una serie de dudas debido a la escueta regulación del artículo 7. 3 LTRHA, lo que exige detenerse en su análisis.

Cabe aclarar, en primer lugar, que el consentimiento prestado por la mujer no progenitora debe llevarse a cabo ante el encargado del Registro Civil del domicilio conyugal, lo que excluye realizarlo ante el encargado del Registro Civil donde ha acontecido el nacimiento.

En cuanto al reflejo registral de esa declaración de voluntad[534], no parece adecuado incluirla al margen de la inscripción del matrimonio, pues aunque ésta conste en el Registro Civil, la legislación registral sólo prevé, en tal caso, la inscripción de resoluciones judiciales sobre nulidad, separación y divorcio (cfr. artículos 76 LRC y 263 a 265 RRC) y las indicaciones registrales sobre régimen económico del matrimonio (cfr. artículo 77 LRC y 266 RRC). Los artículos 15 LRC y 154 RRC resultan igualmente desechables. A mi parecer, tal declaración se incorpora al Libro Diario (cfr. artículo 108.2 RRC) y el expediente quedará en espera de que se produzca el alumbramiento. Momento en el que se procederá a la inscripción del nacido con las dos maternidades, la que corresponde por el parto y, en segundo lugar, la que tiene lugar a favor de la consorte que en su momento hizo la citada manifestación[535].

En cuanto al momento en que la mujer no progenitora ha de prestar su consentimiento ante el encargado del Registro Civil, cabe precisar que ha de ser con anterioridad al nacimiento del hijo de su consorte, pero después de haberse producido el embarazo, siendo innecesario que autorice a su cónyuge al uso de la técnica[536].

---

timiento de la mujer no determina la filiación, sino que, de conformidad con el artículo 120.2 CC en relación con el artículo 49 LRC, es requisito *sine qua non* para la iniciación del correspondiente expediente de determinación de la filiación y subsiguiente inscripción registral, tras la pertinente resolución en la que se declare su maternidad (cfr. ob. cit., p. 478). Opinión de la que discrepo, porque si la ley hubiera querido que este consentimiento sirva de título para la determinación por expediente, lo hubiera manifestado taxativamente, como lo ha hecho en la fecundación artificial heteróloga cuando consiente el varón, pareja de la mujer (cfr. artículo 8.2 LTRHA).

[533] Reconocimiento recogido expresamente en la legislación catana (cfr. artículo 235.9.2 CC catalán).

[534] Cabe acotar que La nueva Ley del Registro Civil, Ley 20/2011, de 21 de julio, en vigor a partir de julio de 2014, no establece nada sobre la forma de acceso al Registro de los consentimientos prestados por vía del artículo 7.3 LTRHA.

[535] En este mismo sentido, NANCLARES VALLE, J., ob. cit., p. 36.

[536] Este consentimiento difiere del exigido al marido por el artículo 6.3 LTRHA: ante el centro autorizado (no ante el Encargado del Registro Civil), con anterioridad al uso de la técnica por su

Sin embargo, de oficio, los encargados del Registro Civil vienen exigiendo que la consorte que va a asumir la maternidad haya prestado su consentimiento con anterioridad al uso de las técnicas por la usuaria, a efectos que se determine la filiación matrimonial a su favor. En concreto, existe un documento oficioso que se facilita en los Registros Civiles a aquellas mujeres que se encuentren en dicha situación y que contempla expresamente la necesidad de acreditar el consentimiento previo a la aplicación de la técnica en el centro médico al que se haya acudido[537].

---

mujer (no con anterioridad al nacimiento del hijo de su consorte). Además, el consentimiento del marido no determina por sí mismo la filiación, pues se aplica automáticamente la presunción de paternidad. Es decir, se impone un trato diferente al cónyuge de sexo femenino respecto al de sexo masculino con referencia a los hijos nacidos de la misma manera (por técnicas de reproducción asistida utilizando material genético ajeno al matrimonio). Otra muestra que por más equiparación que exprese el legislador, la realidad le impone tratar diferente, situaciones distintas. Por su parte, el legislador catalán, obvia cualquier diferencia de los supuestos de hecho y regula de manera uniforme el modo en que se ha de prestar el consentimiento al uso de las técnicas de fecundación artificial, por el cónyuge o conviviente (sin distinguir sexo) de la mujer usuaria de las técnicas. Establece que, en todos los casos, el consentimiento previo ha de prestarse en documento extendido ante el centro autorizado o en documento público (cfr. artículo 235.8 CC y 235.13 CC catalán). Mientras que la LTRHA diferencia entre 3 tipos de consentimientos: el que presta el marido de la usuaria (cfr. artículo 6.3), el que presta el varón no casado (cfr. artículo 8.2) y el que presta la mujer casada con otra mujer (cfr. artículo 7.3).

537 En noviembre de 2009 se celebró en la sede del Consejo General del Poder Judicial una reunión de los jueces encargados de los Registros Civiles. Se abordó, entre otras cuestiones, el tema relativo a la determinación de la filiación en la reproducción asistida en los supuestos de matrimonios del mismo sexo. En concreto, el documento que recoge las conclusiones de esta reunión contempla la concurrencia de los siguientes requisitos, que la futura madre deberá reunir y presentar en el Registro Civil del domicilio conyugal para poder practicarse la debida inscripción a su favor:

a) Que las madres estén casadas antes del nacimiento y lo acrediten con el Libro de Familia. No debe existir separación legal ni de hecho y, para confirmar este extremo, debe comparecer la madre biológica.

b) Aportar un certificado expedido por el centro médico que se une original al expediente, en el que se especificarán las siguientes circunstancias, exigidas por la Ley de Técnicas de Reproducción Asistida, como son: 1º Que la Clínica sea un Centro legalmente registrado y autorizado por la administración competente para la aplicación de técnicas de reproducción asistida, que fue autorizada por la Comunidad Autónoma en virtud de una resolución dictada en un expediente en fecha determinada, debiendo reflejarse estos datos en el certificado. 2º Que la madre biológica se hubiera sometido a un tratamiento de técnicas de reproducción asistida y que el embarazo se hubiera logrado por la aplicación de dichas técnicas. 3º Que la madre no biológica, cónyuge de la anterior, acredite que prestó formalmente su conformidad con la aplicación de dichas técnicas a su esposa, antes de iniciar el tratamiento. A tal fin deben aportar, original, el consentimiento informado que firmaron ambas madres en la clínica.

c) Acreditar el domicilio conyugal mediante sus documentos nacionales de identidad. Si en éstos constan domicilios diferentes, deben aportar un certificado de empadronamiento.

d) Efectuar por parte de la madre no biológica la manifestación (artículo 7.3 LTRHA) ante el Encargado del Registro Civil del domicilio conyugal consintiendo que se determine en su momento, cuando se produzca el alumbramiento, la filiación respecto del nacido. Esto es, que en su día se procederá a inscribir al nacido con la filiación materna biológica, determinada por el cuestionario

A mi parecer, esta exigencia de los Registradores impone a la mujer no progenitora un doble consentimiento no previsto por la Ley. Por tanto, el consentimiento anterior al uso de las técnicas es ilegal. Ahora bien, es cierto que esta manifestación de voluntad de la mujer sería importante porque, al estar casada con la usuaria, esa decisión va a repercutir en la comunidad de vida. Sin embargo, su omisión por el legislador se justifica perfectamente ya que, a efectos jurídicos, dicho consentimiento es innecesario. No tiene ninguna relevancia en la determinación del vínculo filial: no determina la filiación, porque se trataría del reconocimiento de un *concepturus*; no hay presunción de paternidad –únicamente relacionada a los matrimonios heterosexuales por la naturaleza de las cosas– a la que convierta en inimpugnable; ni mucho menos el documento que lo contiene sirve a efectos de determinar la filiación matrimonial *ex* artículo 49 LRC[538].

Tomás Martínez considera importante el consentimiento anterior al uso de la técnica a efectos sucesorios: cuando la madre, mujer de la usuaria, muere antes del nacimiento, habiendo autorizado la fecundación asistida de su cónyuge, pero sin haber consentido ante el encargado del Registro[539]. Mas yo no le hallo ninguna importancia debido a que, al no existir esta última declaración de voluntad, no se determina la maternidad. Únicamente se reconocerá la filiación materna que corresponda a la madre gestante por el parto, sin perjuicio que la esposa premuerta haya realizado disposiciones testamentarias a favor del concebido. La única forma por la que el *nasciturus* tiene expectativas de heredar a la causante será cuando ésta haya emitido el consentimiento exigido por el artículo 7.3 LTRHA, siendo el hijo efectivamente calificado de heredero a su nacimiento (cfr. artículo 30 CC).

(parte de nacimiento entregado en el centro donde se ha producido el alumbramiento), y la filiación materna matrimonial de la compareciente.

538 Como su consentimiento no es necesario, tampoco se prevé mecanismo alguno por el que la mujer de la usuaria pueda oponerse a la realización de la técnica si no ha manifestado su autorización ante el centro autorizado.

539 Además, considera que el consentimiento de la consorte de la madre biológica, expresado en los términos legales (libre, consciente y formal, como si fuera un varón) antes de la operación de fecundación, debería ser suficiente para que se estableciese la filiación matrimonial a su favor. A su parecer, el consentimiento genera una realidad legal que la naturaleza no ha podido crear y, en ese sentido, permite que quien está casado con quien se somete a estas técnicas admita que se lleven a cabo con las consecuencias que de ellas se derive: la procreación dentro del matrimonio. Concluye que, en la misma medida en que del matrimonio heterosexual surge una ficción legal por la cual cuando el material reproductor procede de donante anónimo distinto del varón que ha prestado su consentimiento, se produce la creación de un título de atribución de paternidad no basado en la realidad biológica, lo mismo puede suceder con la mujer cónyuge de aquella a la que se aplica una técnica de este tipo (Cfr. ob. cit., p. 755-756). La autora no tiene en cuenta que es imposible, jurídicamente, que dicho consentimiento tenga algún efecto en la determinación de la filiación. Además, no puede equiparar esa manifestación de voluntad con la del marido, que sí juega una función esencial ya que, una vez nacido el hijo y fijada la paternidad matrimonial por la presunción, convierte en inimpugnable dicha filiación.

En síntesis, el consentimiento determinante es el emitido antes del nacimiento ante el encargado del Registro Civil, incluso aunque la consorte no haya autorizado el uso de la técnica.

En relación con este tema, un aspecto que complica mucho la situación se presenta cuando la mujer que debe consentir es nacional de un país en el que no está permitido el matrimonio entre personas del mismo sexo, donde ha podido tener lugar la fecundación asistida, siendo así que la mujer usuaria aparecerá en la documentación médica como soltera[540]. Si *a posteriori* tiene lugar el alumbramiento en España, no podrá acreditarse el consentimiento formal previo al uso de la técnica que exigen los Registradores, so pena de estar violando el orden público del país. Estas situaciones ya están produciéndose en España, donde las corrientes migratorias son cada vez más intensas. La mujer podría consentir antes del nacimiento ante el encargado del Registro Civil en España y alegar que la ley únicamente exige este consentimiento. No obstante, si el Registrador no accede, como está sucediendo, deberá demostrar un consentimiento que el ordenamiento proscribe prestar.

Para superar esta "complicación", en algunos Registros Civiles se viene aceptando una carta de "acompañamiento" expedida por el médico o centro que aplicó la fecundación asistida, en la que consta que la consorte "acompañó", desde el primer momento de la fecundación y durante el embarazo, a quien fue la usuaria de la técnica. Esta carta es una vía de prueba que da salida al problema y que permite dejar constancia de que el proceso de fecundación asistida fue una decisión conjunta de ambas[541]. A mi juicio, esta carta de acompañamiento se puede prestar a muchas suspicacias.

También cabe aclarar, *ex* artículo 7.3 LTRHA, que cuando la mujer preste su consentimiento ante el encargado del Registro Civil, en ese momento ya debe encontrarse casada con la usuaria de la técnica. La norma no exige el matrimonio de las mujeres cuando la usuaria se somete a la fecundación asistida. Basta la existencia de vínculo matrimonial y consentimiento a la determinación de la filiación después del sometimiento a las técnicas, pero antes del nacimiento. Por ello, los Registradores, aunque requieren que la mujer que va asumir la maternidad otorgue su autorización ante el centro médico, advierten que no se solicita que en ese momento se encuentre casada con la usuaria. Nótese, entonces, que de presentarse este último supuesto, obliga a los Centros Médicos a admitir el consentimiento de la pareja o conviviente de la mujer usuaria si les

---

540 Sobre la cuestión de si pueden válidamente contraer matrimonio entre sí dos personas del mismo sexo siendo una de ellas española y la otra extranjera y si, en caso afirmativo, tienen competencia para ello no sólo las autoridades españolas previstas en el artículo 57 del Código Civil –en caso de celebración del matrimonio en España–, sino también los encargados de los Registros Civiles Consulares de España en el extranjero, véase la RDGRN-Circular de 29 de julio de 2005.

541 Cfr. TOMÁS MARTÍNEZ, G., ob. cit., p. 757.

explican que adquirirán matrimonio en breve. De tal forma que cuando la mujer de la usuaria consienta ante el Encargado del Registro sea ya cónyuge. Ahora bien, lo que no se admite, bajo ningún concepto, es que la mujer consienta ante el encargado del Registro no mediando matrimonio, pero con la condición de contraerlo *a posteriori*.

Por otro lado, un consentimiento ante el encargado del Registro posterior al nacimiento del hijo tampoco tiene efectos en la determinación de la maternidad voluntarista. Tendrá que acudirse a la adopción que, de conformidad con el artículo 176.2.2° CC, no requiere la propuesta previa de la entidad pública, ni produce la extinción de los vínculos jurídicos con la familia biológica, según se desprende del artículo 178.2.1° CC. Así lo confirmó el Centro Directivo en R. de 26 de noviembre de 2008. En el caso que resuelve, las promotoras, unidas en matrimonio en agosto de 2007, pretendían que en la inscripción de nacimiento de las hijas de una de ellas –nacidas ambas el 4 de diciembre de 2007 e inscritas con la sola filiación materna y con los apellidos de la madre en el mismo orden que ésta los ostentaba– se rectificase el error relativo al estado civil de la madre. Es decir, que no era soltera, sino casada, y que se identifique a su mujer a los efectos de la patria potestad de las menores y de la designación de sus apellidos. La jueza encargada del Registro dictó auto de 5 de marzo de 2008 por el que estimaba parcialmente el recurso y rectificaba el estado civil de la madre, pero desestimaba la segunda petición. La Dirección General, al constatar que el nacimiento se efectuó vigente la Ley 3/2007 y no existiendo obstáculo para que la esposa no progenitora prestara su consentimiento, sostuvo que no existía error y denegó el recurso. Agregó que, aunque se demuestre que a la fecha de la fecundación o incluso del nacimiento la madre estaba casada, si no mediaba el consentimiento de la consorte no podía determinarse la maternidad a su favor. Máxime cuando en ese matrimonio no regía ninguna presunción, al estilo de la presunción de paternidad, que permitiera determinar la maternidad a favor de la mujer de la usuaria, debiendo acudirse a la adopción[542].

Sin embargo, el Centro Directivo cambia de criterio, contradiciendo la disposición del inciso 3 del artículo 7 LTRHA, para los caso de nacimientos producidos con anterioridad a la entrada en vigor de la Ley 3/2007, época en la que no se podía inscribir la filiación matrimonial a favor de ambas cónyuges.

---

[542] "El matrimonio de las interesadas se había celebrado antes del nacimiento de las hijas y se hallaba ya vigente la modificación del artículo 7 de la Ley 14/2006, de 26 de mayo (...) Es decir, que según resulta del precepto transcrito, la manifestación ha de hacerse antes de que nazca el hijo, y no hay constancia en el presente caso de que en el momento adecuado se formulase dicha manifestación, por lo que al ser inscritas las nacidas con la filiación de la madre biológica, no se produjo el error denunciado (...) y no hay razón para que la repetida manifestación sobre la filiación de la cónyuge no gestante, no se hubiese hecho con anterioridad al nacimiento. En consecuencia, la interesada sólo podrá obtener lo que ahora ha pretendido por la vía inadecuada de la rectificación de errores a través del instituto de la adopción".

En R. de 17 de abril de 2008, aplica la disposición transitoria 1º CC y establece la maternidad a favor de la mujer de la usuaria que emitió su consentimiento después del nacimiento[543]. Idéntica posición se mantiene en las Resoluciones de 17 y 22 de mayo, 14 de octubre y 24 de noviembre de 2008.

Con estas resoluciones, el Centro Directivo transgrede el principio de irretroactividad de las leyes (cfr. artículo 2.3 CC). Además, emplea analógicamente las normas de la filiación matrimonial sobrevenida a una filiación que no es matrimonial. La única posibilidad que cabía a favor de la esposa era la adopción, como sostenía el Ministerio Fiscal en R. de 17 de abril de 2008 para oponerse a la inscripción de la maternidad a favor de la consorte, por no encajar dentro del artículo 7.3 LTRHA.

Por otra parte, el artículo 7.3 LTRHA no señala si es factible que la madre no progenitora pueda retractarse del consentimiento emitido ante el encargado del Registro en cualquier momento anterior al nacimiento del hijo. En mi opinión, aunque el precepto no lo diga, dicha manifestación de voluntad, al constituir un reconocimiento, es irrevocable. En todo caso, esa determinación dejará de producir efectos si el embarazo conseguido con el uso de la técnica no concluye, es decir, si el hijo no llega a nacer.

Lo que sí llama mi atención es que la norma no disponga que la madre gestante deba aceptar o pueda oponerse al consentimiento de su cónyuge a efectos de impedir la determinación de la maternidad voluntaria. No existe ningún tipo de contrapeso o control a la voluntad de la esposa declarante, máxime cuando la madre gestante, *ex lege*, puede someterse a la técnica sin el consentimiento de su mujer. Estos controles sí se exigen en beneficio de la prole para el reconocimiento del hijo menor de edad o incapaz (cfr. artículo 124 CC). Por tanto, resulta excesiva la relevancia concedida a la voluntad de la mujer no usuaria. Buena prueba de ello es que la única forma que posee la madre biológica para impedir que su consorte determine a su favor la filiación es abandonar el hogar conyugal para conseguir la separación de hecho y lograr la inaplicación del artículo 7.3 LTRHA.

También cabe cuestionarse sobre la posibilidad de impugnación de la maternidad voluntarista. Esta cuestión queda zanjada para el caso de la filiación matrimonial (o no matrimonial) en parejas heterosexuales, para las que se establece que ni el hombre ni la mujer pueden impugnar la filiación si consintieron al uso de las técnicas, pero nada se dice respecto a la contradicción de la maternidad determinada por consentimiento. No obstante, es sumamente difícil afirmar la posibilidad de impugnación aplicando las reglas del Código Civil,

543 Incluso, las mujeres habían contraído matrimonio de manera posterior al parto.

basadas en la cópula natural, a una filiación que ni es natural y que *ab initio* se conocía su falta de correspondencia con la verdad biológica.

Entiendo, por tanto, que la esposa que consiente no podrá impugnar su maternidad por falta de correspondencia con la verdad biológica, aunque sí acudir a la impugnación del reconocimiento por vicio del consentimiento. Sin embargo, me pregunto si la madre, la usuaria de la técnica, ya que no puede oponerse a la determinación de la maternidad de su cónyuge, puede impugnar esta filiación. La verdad es que la deficiencia legislativa deja abierta dicha posibilidad; aunque esta solución, tras la exigencia oficiosa de los Registradores de solicitar que ambas acudan a consentir el uso de la técnica, quedaría descartada[544].

Por último, me pregunto si el hijo ostenta legitimación para impugnar esa maternidad "matrimonial" por su falta de correspondencia con la verdad biológica. Nada se lo impide. La propia LTRHA establece que estas filiaciones se remiten a la regulación del Código Civil, salvo las especificaciones que la propia Ley establezca, dentro de las cuales no se encuentra ninguna prohibición al hijo de impugnar la segunda maternidad[545]. Ahora bien, el hijo únicamente podría impugnar, pero no reclamar la paternidad del donante, ni aunque conociera su identidad. Obviamente, la solución no es acorde con la regulación del legislador, pues no se hubiera permitido, por un lado, la doble maternidad matrimonial, para, por otro, desdecirse y facilitar la impugnación de dicha maternidad voluntarista por el hijo.

Todo lo antedicho es muestra de que la manifestación del consentimiento del artículo 7.3 LTRHA, pensada para resolver la doble filiación materna, plantea dificultades y crea complicaciones. Mientras que la prole permanece al albur de los exclusivos intereses de los progenitores con merma de su prioritaria protección.

c. La determinación de la maternidad voluntarista y su incompatibilidad con otras disposiciones legales

Muchas dificultades surgen cuando se pretende hacer compatible la determinación de la maternidad del artículo 7.3 LTRHA con otras disposiciones de la Ley y con las normas del Código Civil.

---

544 Sobre este punto, es interesante la Sentencia del Tribunal Supremo de California de 22 de agosto de 2005 (KRISTINE H *v.* LISA R.). La sentencia abordó el tema de si la madre biológica podía impugnar la maternidad de la mujer con la que convivía, que quedó determinada por voluntad de ambas antes del nacimiento. La madre biológica, tras separarse de su pareja, impugnó la maternidad de su ex-compañera alegando que contravenía las leyes del Estado. La Corte Suprema confirmó la legalidad de la declaración de maternidad. Razonó que el procedimiento para su declaración fue adecuado y que conforme a la doctrina del *estoppel,* KRISTINE no podía negar la validez de la declaración judicial que ella misma promovió.

545 Cfr. NANCLARES VALLE, J., ob. cit., p. 34.

Llama la atención, en primer lugar, que el artículo 7.1 LTRHA establezca que la filiación establecida mediante estas técnicas se regularía por las leyes civiles, excepto las especificaciones establecidas en los tres artículos siguientes, cuando la mayor excepción se halla en el inciso tercero del mismo precepto. Es decir, la segunda maternidad que se atribuye por el artículo 7.3 LTRHA no encaja en las normas tradicionales de filiación, por lo cual, por más remisión del artículo 7.1 LTRHA ello es imposible. Tampoco podrá aplicársele el artículo 8 LTRHA, incisos 1 y 2. Esta norma sólo es aplicable al matrimonio heterosexual.

Por otra parte, el artículo 7.3 LTRHA entra en contradicción con el inciso 2 del mismo artículo 7 LTRHA. Este precepto establece que en ningún caso la inscripción en el Registro Civil reflejará datos de los que pueda deducirse el carácter de la generación. No obstante, en caso de determinarse la filiación a favor de la esposa de la usuaria, es fácil deducir, por obvias razones, el carácter de la filiación. En otras palabras, el ocultamiento bajo el aspecto de filiación natural que pretende el artículo 7.2 LTRA no resulta posible.

También es incompatible con los artículos 11.5 LTRHA y 11.6 II LTRHA. El primero se refiere al consentimiento para que a los preembriones sobrantes (que no son de la mujer de la usuaria) se les dé la utilización alternativa que permite la norma. El segundo, la renovación bianual del anterior consentimiento. Ambas normas son claras y, pensando en la heterosexualidad del matrimonio, exigen que quien debe consentir es el marido junto con la mujer[546].

Otra deficiencia jurídica a la que ha dado lugar el artículo 7.3 LTRHA es la relacionada con el orden de los apellidos cuando se presenta la doble maternidad legal. El artículo 109 CC, en redacción de la Ley 40/1999, de 5 de noviembre[547], establece que el padre y la madre de común acuerdo escogerán el orden de los apellidos. En caso de no ejercer dicha opción, regirá lo establecido en la Ley del Registro Civil, es decir, se inscribirá al hijo de la forma tradicional: primer apellido paterno y primer apellido materno, en ese orden. Aplicando esta regulación, en caso de que las consortes ejerciten esa facultad y estén de acuerdo con el orden de los apellidos no se presentará mayor inconveniente. No obstante, sí se presentarán dificultades cuando no ejerciten esa opción porque a quién se ha de considerar como padre y a quién como madre. Acaso se calificará como padre a la madre no usuaria de las técnicas y como madre a la biológica. Además, qué sucedería si no se pusieran de acuerdo sobre el orden.

---

546 En el mismo sentido, CARRASCO PERERA, A., "Reproducción asistida", *AJA*, nº 674, 2005 (www.westlaw.es).

547 Artículo que no se modificó en cuanto a los términos de "padre" y "madre" por el de "progenitores", tras la Ley 13/2005, que dio cauce al matrimonio homosexual.

Surge la duda acerca de quién ha de solucionar el problema. En este último caso considero que el encargado del Registro Civil deberá decidir de oficio y de manera discrecional[548]. Me cuestiono sobre cuáles serían los criterios para determinar el orden[549].

La nueva Ley del Registro Civil, 20/2011, de 21 de julio (aún en período de *vacatio legis*), tampoco regula nada específico sobre los apellidos en caso de doble maternidad. Nuevamente, de manera consciente, una Ley evita regular el tema. Se limita a establecer en el artículo 49 que *"si la filiación está determinada por ambas líneas, los progenitores acordarán el orden de transmisión de su respectivo primer apellido, antes de la inscripción registral. En caso de desacuerdo o cuando no se hayan hecho constar los apellidos en la solicitud de inscripción, el Encargado del Registro Civil requerirá a los progenitores, o a quienes ostenten la representación legal del menor, para que en el plazo máximo de tres días comuniquen el orden de apellidos. Transcurrido dicho plazo sin comunicación expresa, el Encargado acordará el orden de los apellidos*

[548] El propio Centro Directivo, en la antes citada R. de 17 de abril de 2008, ha puesto de manifiesto este tema y otorgado una solución semejante a la que aquí se propone: "Lo que la reforma legal no ha resuelto es la cuestión registral relativa al orden de los apellidos en que se ha de practicar la inscripción. La laguna legal existente en la materia ha de ser colmada mediante la determinación de los principios generales que rigen en la materia y la analogía respecto de las soluciones legales ofrecidas en ternas próximos o conexos. Así desde este último punto de vista, ha de recordarse cómo, tras la reforma introducida en su redacción por la Ley 40/1999, de 5 de noviembre, sobre nombre y apellidos y orden de los mismos, el artículo 109 del Código civil permite que, si la filiación está determinada por ambas líneas, «el padre y la madre de común acuerdo podrán decidir el orden de transmisión de su respectivo primer apellido, antes de la inscripción registral. Si no se ejercita esta opción, regirá lo dispuesto en la ley», si bien tal libertad de elección sólo se dará respecto del mayor de los hijos comunes, ya que el orden de apellidos inscrito respecto de éste «regirá en las inscripciones de nacimiento posteriores de sus hermanos del mismo vínculo». Esta prevalencia del mutuo acuerdo de los progenitores en la determinación del orden de los apellidos, en defecto de norma legal imperativa, e incluso dispositiva, o de criterio objetivo alguno supletorio, debe ser igualmente el que marque la pauta para dirimir esta cuestión. El único problema que deja sin resolver este criterio es el que se plantea en los supuestos, no precisamente especulativos o académicos sino reales y vividos en la práctica registral, en que falta el mutuo acuerdo. En estos casos se impone una actuación de oficio del Encargado, a semejanza de lo que prescribe nuestro Ordenamiento registral para los casos de nombres o apellidos impuestos con infracción de norma, en defecto de elección del peticionario o de su representante legal (cfr. art. 212 RRC), decisión de oficio en la que habrá de reconocerse amplia discrecionalidad a favor del Encargado, y ello sin perjuicio de los recursos que los interesados puedan interponer contra su decisión (cfr. art. 29 LRC)". En idénticos términos se manifiestan las Resoluciones de 17 y 22 de mayo de 2008.

[549] La cuestión se complica en el caso de madre extranjera y madre española. Debe aclararse que en este supuesto el nacido tiene derecho a una identidad única y no a una distinta según cada país, como lo resolvió el Tribunal de Justicia de la Unión Europea, en sentencias de 2 de octubre de 2003 (caso García Avelló) y 14 de octubre de 2008 (caso Grukin-Paul). En este sentido, la filiación del menor tal cual se determine conforme a la legislación española deberá ser respetada en cualquiera de los países de destino.

atendiendo al interés superior del menor" [550]. Surge la interrogante acerca de qué manera puede interesar al menor llevar uno u otro apellido en primer lugar, cuando el mal mayor –el de permitir la determinación de la filiación a favor de personas del mismo sexo– ya está hecho.

Por último –aunque podría seguir con la enumeración de incompatibilidades–, en cuanto al parentesco, resulta inaplicable el artículo 915 CC. No cabe duda de que si una lesbiana alumbra a un hijo por fecundación artificial se origina un parentesco de consanguinidad entre ambos y entre el hijo y los parientes consanguíneos en línea recta y colateral de la madre. No obstante, a pesar de que la esposa de la madre consiente en asumir la filiación, no se generará ningún tipo de parentesco consanguíneo, directo o colateral, con el hijo biológico de su mujer, ya que no se trata de personas que desciendan unas de otras, ni de que posean un tronco común. La diferenciación sexual entre los progenitores está nuevamente presente en el artículo 920 CC. Por lo tanto, no podrá concluirse que el hipotético parentesco que eventualmente pudiera ostentar el hijo biológico de una lesbiana y su compañera sea, realmente de doble vínculo.

En conclusión, la determinación del artículo 7.3 LTRHA no encaja bien en el ordenamiento. Consecuencia, sin más, de una legislación al caso concreto (fecundación asistida, matrimonio homosexual, cambio de sexo, filiación por naturaleza en un matrimonio homosexual), que saliendo al paso de ciertas presiones sociales, no ha tenido presente los efectos colaterales importantísimos de estas reformas, sobre todo en materia de filiación.

d. Un caso especial: fecundación asistida de la usuaria con gametos de su mujer

Un espinoso tema por tratar es el de determinar si es posible la realización de la fecundación asistida en la que ambas cónyuges participen en la técnica, básicamente a través de la fecundación *in vitro:* una de las cónyuges dona su óvulo a la otra consorte y ésta, que llevaría adelante la gestación, pone su útero; de tal forma que una sería madre gestante y la otra, la madre genética. Además, se tendría que fijar cómo se determinaría la filiación del hijo nacido mediante esta técnica.

---

[550] Llama la atención que esta Ley 20/2011 establezca que *"con el fin de avanzar en la igualdad de género se prescinde de la histórica prevalencia del apellido paterno frente al materno permitiendo que ambos progenitores sean los que decidan el orden de los apellidos"* (Apartado V de la Exposición de Motivos de la Ley), cuando esta facultad ya se encuentra recogida en el Código Civil tras la reforma del artículo 109 CC. Asimismo, también sorprende que dicha Ley pretenda establecer la plena equiparación de la filiación no matrimonial a la matrimonial, cuando dicha equiparación fue introducida desde la Constitución de 1978.

Este método, que se ha venido a denominar ROPA (Recepción de óvulos de la pareja), pretendió ser utilizado en España en el año 2008. Se solicitó que una mujer donase su óvulo, que sería fecundado con gameto de donante, para posteriormente ser transferido a su esposa. No obstante, esta técnica no está prevista en la Ley. La donación de óvulos (como la de semen) ha de regirse por el principio del anonimato del dador y no genera ningún tipo de filiación a favor del donante (cfr. artículo 5 LTRHA). La única contribución posible es la del marido y la del hombre conviviente de la mujer usuaria (fecundación homóloga), únicos casos en los que aportando material genético se puede determinar a favor de ellos la paternidad, siempre que sea en una pareja o matrimonio heterosexual. Por tanto, si se permitiese la donación de óvulos de la esposa se trataría de una donación y una técnica ilegal, que generaría la correspondiente sanción al centro autorizado. Además, a pesar de que, forzadamente, se considerara una donación, no generaría la determinación de la maternidad a favor de la dadora de los óvulos.

Por estas razones, y de acuerdo con lo previsto en el artículo 2 LTRHA, se pidió autorización para la realización de la técnica a la Comisión Nacional de Reproducción Asistida, órgano consultivo del Ministerio de Sanidad. Se argumentó que si un varón podía donar gameto masculino a su cónyuge, por la misma razón debería autorizarse en el caso de dos mujeres casadas. En Dictamen de 4 de diciembre de 2008, dicha Comisión informó favorablemente a la admisión de la donación entre mujeres casadas, del óvulo de una de ellas para ser fecundado en la otra con esperma de donante. De tal manera que, por primera vez en España, nació una niña con dos madres el pasado 9 de agosto de 2009. La Comisión sugirió la necesidad de modificar la LTRHA para permitir directamente esta posibilidad, teniendo en cuenta que, conforme a la misma, tanto la donación de óvulos como la de esperma ha de ser anónima y en este caso no sucede así. Sin embargo, hasta el momento la Ley no ha sido modificada, por lo que una posterior utilización de la técnica requerirá, nuevamente, la autorización de la comisión correspondiente.

No obstante, como se ha abierto la brecha a este nuevo método, surge la cuestión de cómo se ha de determinar la filiación del nacido mediante la técnica ROPA.

Sobre la base del principio *mater semper certa est* será madre la que da a luz al hijo. Por tanto, no habrá mayor problema en la determinación de la maternidad de la madre gestante. Respecto de la madre donante del óvulo, aunque biológicamente es madre, no podrá determinar su maternidad de manera automática. Tampoco existe ninguna ficción legal de atribución de la maternidad, puesto que no es un supuesto contemplado por la norma. Por consiguiente, la solución se remite al artículo 7.3 LTRHA. Es decir, la maternidad de la mujer de la usuaria, donante a su vez del óvulo fecundado con material genético de donante, vendrá determinada por el consentimiento ante el encargado del Registro Civil del domicilio conyugal antes del nacimiento, pero no por el hecho de haber donado sus óvulos para tal fecundación[551].

En conclusión, la técnica ROPA es irrelevante a efectos jurídicos. La única maternidad determinada para el Derecho español sería la de la madre que da a luz, la otra deberá emitir su consentimiento, de igual forma que lo debe hacer la esposa que no contribuye con su óvulo[552]. Salvo que, en breve, el legislador, nuevamente con una regulación *ad hoc* y en su afán de un injusto igualitarismo entre el matrimonio heterosexual y homosexual, establezca que el consentimiento de la mujer de la usuaria a que se use su material genético para que su mujer se insemine sea el factor decisivo para determinar la maternidad a su favor, al estilo del marido u hombre que cede su esperma a su mujer.

e. La exclusión del artículo 7.3 LTRHA: la filiación por fecundación artificial en las mujeres no casadas

La Ley 14/2006 nada dice sobre una posible filiación a favor de las parejas de mujeres no unidas matrimonialmente. El artículo 8.2 LTRHA sólo prevé la atribución de la paternidad extramatrimonial al "varón" no casado, pese a las enmiendas que en su momento se presentaron al Proyecto de Ley de Técnicas de Reproducción Humana Asistida, instando la sustitución de la referencia al "varón" por la "persona que comparte la vida con la usuaria", lo que habría permitido incluir los supuestos de doble maternidad extramatrimonial. Esto demuestra que la omisión del legislador ha sido totalmente voluntaria, máxime si con la introducción del inciso 3 del artículo 7 LTRHA sólo se regula el caso de

[551] Llegan a la misma solución BENAVENTE MOREDA, P., ob. cit., pp. 101-102 y TOMÁS MARTÍNEZ, G., ob. cit., p. 748.

[552] Una solución distinta se encuentra en el Derecho norteamericano. En la Sentencia del Tribunal Supremo de California de 22 de agosto de 2005 (caso KM *v.* EG), se planteaba si podía declararse la maternidad de la mujer que donó óvulos a su pareja y que había renunciado a sus derechos de paternidad respecto de los hijos que nacieran de la fecundación de los mismos. Las gemelas nacidas de esta técnica fueron registradas sólo como hijas de la madre gestante. Tras la separación de la pareja, la donante de óvulos (KM) solicitó el reconocimiento legal de su maternidad. El Tribunal Supremo, para justificar la maternidad de quien aportó los óvulos a la fecundación, aun habiendo renunciado previamente a ella, no sólo atendió a la participación de ambas mujeres en la concepción y cuidado de los hijos, sino también al vínculo genético que unía a la donante de óvulos con la prole. La Corte Suprema entendió que el supuesto no podía decidirse al amparo de las normas que regulaban la donación de esperma porque la demandante no se limitó a donar sus óvulos, sino que los aportó para la inseminación de la mujer con la que convivía, en base a la existencia de un proyecto común de convivencia con los hijos en un hogar común. El razonamiento de esta sentencia, actualmente, no sería aplicable al sistema español, debido a que este ordenamiento descarta los vínculos legales entre los donantes y los hijos nacidos de la fecundación artificial.

matrimonio de lesbianas. Es imposible, por tanto, atribuir la doble maternidad a dos mujeres no unidas en matrimonio[553].

La pareja de la mujer usuaria deberá adoptar al hijo nacido de estas técnicas y sólo en aquellas comunidades autónomas cuyas leyes de uniones estables de parejas no casadas permitan la adopción a parejas del mismo sexo. En este caso es necesario que la adoptante sea mayor de 25 años (cfr. artículo 175.1 CC) –exigencia que se excepciona en el artículo 235.30. 1b CC catalán– y que exista propuesta de la entidad pública (puesto que sólo se excluye este requisito en el artículo 176.2.2 CC cuando el adoptando es hijo del consorte del adoptante).

En esta dirección, el Centro Directivo ha mantenido reiteradamente la negativa a inscribir la maternidad a favor de una mujer, pareja de la madre biológica, respecto del hijo de ésta nacida mediante el uso de las técnicas de fecundación artificial. Así lo resolvió en la R. de 9 de enero de 2002 en la que consideró descabellado establecer una doble maternidad por el mero hecho de que exista un acuerdo o declaración de la interesada. Concluye que la recurrente debería acudir a la adopción. A la misma solución llegó en R. de 5 de junio de 2006 y denegó la inscripción de la filiación no matrimonial respecto de la pareja de hecho de la madre biológica que consintió la inseminación artificial.

Por eso, lo acontecido en Talavera de la Reina llama totalmente la atención. Una jueza de Talavera de la Reina, donde viven las dos "madres" de Virgilio, le ha concedido a Zaida (ex pareja de la madre) un amplio régimen de visitas. Según la abogada, "la resolución judicial se basa en que existe una relación materno-filial y en que sería perjudicial para el niño que dejara de ver a quien él considera su madre"[554]. Relación "materno filial" que no se apoya ni en la naturaleza ni en la adopción. Zaida, no ha dado a luz al niño, a pesar de llamarlo "mi niño[555]". Lo dio a luz por inseminación artificial su ex pareja, Lucía. A pesar de ello, la jueza del Juzgado de Primera Instancia (nº 1) de Talavera, en su sentencia de 19 de marzo de 2007, reconoció a la "madre" no biológica, que

---

[553] A diferencia de la legislación catalana que permite la determinación a favor de la mujer, pareja no casada de la madre usuaria, que prestó su consentimiento al uso de las técnicas (cfr. artículo 235.13 CC catalán).

Una legislación semejante recoge Suecia desde el 1 de julio de 2005. A partir de allí, este país permite que la mujer casada con otra mujer, o bien registrada como pareja de hecho, pueda convertirse de forma automática en madre del hijo de su pareja fruto de un proceso de fecundación heteróloga producido en un hospital acreditado. Además, no importa que la pareja esté o no registrada siempre que hubiera dado permiso para la fecundación de su pareja y además haya aceptado el hecho de ser madre. En el mismo sentido lo regula los Países Bajos.

[554] Cfr. Diario *El País*, de 7 de noviembre de 2006.

[555] La relación se rompió y Zaida se encontró con que su ex pareja le impedía ver al niño.

no figuraba en el Registro Civil, bajo ningún concepto, un régimen de visitas similar al de un ex-cónyuge[556].

Una sentencia bastante criticable debido a que "una amistad, por muy íntima que sea, por muy en cuenta que tenga la orientación sexual de las amigas, no es título para adquirir vínculos familiares respecto a los hijos y demás parientes de la otra amiga. Es lo propio de las uniones de hecho homosexuales. Cuando no hay ni reproducción ni adopción se les pueden reconocer derechos de tipo patrimonial, basados en la solidaridad, pero no relaciones de parentesco. La procreación y la adopción son los dos únicos títulos que confieren derechos sobre los hijos. Derechos correlativos a los deberes que se adquieren y que son legalmente exigibles"[557].

La madre biológica recurrió la sentencia y la Audiencia Provincial de Toledo, en su sentencia de 22 de abril de 2008, admitió parcialmente el recurso. Entendió que debe suprimirse el término de "madre no biológica" del fallo, al no existir pronunciamiento judicial alguno que determine legalmente tal situación, siendo exclusivamente en este punto que estima el recurso. No obstante, la Audiencia mantuvo el amplio régimen de visitas acordado por la sentencia recurrida. No dio importancia a la inexistencia del vínculo de filiación y de cualquier otro vínculo de parentesco, fundamento esencial para atribuir un derecho de visitas a los progenitores u otros parientes[558]. Por el contrario, consideró que Zaida también era madre del menor, obviamente, de manera "sentimental". Es decir, negando título alguno a la demandante para ostentar el régimen de visitas que la jueza de primera instancia le reconoció, la Audiencia Provincial de Toledo refrendó dicho régimen de visitas[559].

Contra esta segunda sentencia, la madre biológica interpuso el correspondiente recurso de casación. Alegó que la situación que presentaba el caso

---

[556] Consistente en que Zaida puede tenerlo en su compañía los fines de semana alternos desde las 17,30 horas del viernes, hasta las 19,00 horas del domingo, así como martes y jueves desde las 17,30 horas hasta las 19,00 horas. Igualmente, podrá tenerlo en su compañía la mitad de las vacaciones de semana santa, verano y navidad, siempre de acuerdo con el calendario escolar del menor, eligiendo la madre biológica los años impares, y la madre no biológica, los años pares.

[557] Arechederra Aranzadi, L. I., "Decirle a dos personas… cit.".

[558] El derecho de visitas es un derecho-deber o derecho función, concedido a los *progenitores, abuelos u otros parientes* cuyo adecuado cumplimiento tiene por finalidad no satisfacer los deseos de los titulares de este derecho, sino cubrir las necesidades afectivas y educacionales de los menores en aras a un desarrollo equilibrado de los mismos (cfr. Serrano Castro, F. A., *Relaciones paterno-filiales,* El Derecho, Madrid, 2010, pp. 87-88).

[559] En palabras del Tribunal: "no es importante que exista una situación legal de filiación, pues lo importante para la Sala es que es indudable que para Virgilio, Zaida es su madre, no biológica, tampoco legal, pero madre a fin de cuentas desde el punto de vista que al menor le importa, que no es otro que el haber conocido a Zaida como madre propia desde el mismo día de su nacimiento". Agrega que "el derecho de visitas no debe ser interpretado de forma restrictiva y dado que no se ha probado que el régimen sea perjudicial, debe mantenerse".

no se encontraba regulada. Además, que cuando nació el niño fue registrado únicamente como hijo suyo, por lo que no había ninguna acción de filiación reconocida a favor de su ex pareja, Zaida, siendo su única madre la recurrente. Agregó que el derecho de visitas reconocido a Zaida vulneraba sus derechos como madre, al tener que compartir el niño con una persona allegada, pero no decisoria ni imprescindible en su formación y educación.

El Tribunal Supremo ha resuelto el recurso en sentencia de 12 de mayo de 2011, confirmando la sentencia de la Audiencia Provincial de Toledo. Es una sentencia bastante confusa. Precisa que Zaida es una simple *allegada* de la menor, no madre biológica, ni por adopción, ni por ningún otro título. No obstante, aclara que por el *interés del menor,* que debe prevalecer sobre cualquier realidad biológica, debe mantenerse el contacto de Zaida con Virgilio[560]. Precisa que a Zaida no le corresponde un derecho de visitas, reservado únicamente a los padres, titulares de la patria potestad, sino que le corresponde un derecho a mantener relaciones personales con el menor. Pese a esta aclaración mantiene el amplio margen de visitas concedido por el juez de la Audiencia Provincial como si se tratara de un progenitor, contradiciéndose totalmente. En realidad, el Tribunal no está haciendo otra cosa que satisfacer los deseos de una mujer a mantener una maternidad basada en puro sentimentalismo y para ello no duda en utilizar y manipular el interés superior del menor.

Además, el Tribunal, para reforzar su postura, proporciona un concepto de "familia" muy objetable. Considera que la pareja formada por Lucía, Zaida y Virgilio constituyó en su día una unidad familiar[561], para lo cual habla de la existencia de unos *lazos familiares de facto*[562]. Olvida que, como he sostenido en otro lugar, la familia es una institución natural con origen en el matrimonio, la filiación o el parentesco[563]. Situación que no se presenta en el caso bajo examen. La única familia es la que constituye Lucía y Virgilio porque los unen

[560] "Teniendo en cuenta todas estas circunstancias, se llega a la conclusión que la base de nuestra decisión debe ser no un hipotético derecho de la compañera de la madre biológica, sino un derecho efectivo que tiene el menor de relacionarse con aquellas personas con las que le une una relación afectiva y por ello debe entenderse aplicable al supuesto que nos ocupa el artículo 160. 2 CC, que establece que no podrán impedirse sin justa causa las relaciones personales del hijo con sus abuelos y otros parientes y allegados".

[561] "Aunque no puede hablarse de relaciones jurídicas y la filiación no se ha establecido, ni en este caso pudo establecerse dados los requerimientos de la Ley de Técnicas de Reproducción Asistida, en su art. 7.3, en cambio sí debe considerarse que, como se ha dicho antes, existió una unidad familiar entre las dos convivientes y el hijo biológico de una de ellas".

[562] El Tribunal Supremo sostiene que la pareja de la progenitora es "madre" de la menor desde 1996, por lo que existen lazos familiares *de facto* entre ellas.

[563] Cfr. SANCIÑENA ASURMENDI, C., y GONZÁLES PÉREZ, M. R., "La forzada igualdad entre el hijo y el hijastro. Comentario a la sentencia del Tribunal Constitucional de 30 de noviembre de 2007", en *Revista de Derecho de la Universidad de Piura,* nº 9, 2008, p. 327. Así también, DÍEZ-PICAZO Y PONCE DE LEÓN, L. y GULLÓN BALLESTEROS, A., ob., cit., pp. 31-36.

vínculos de filiación. Zaida no está casada con Lucía, no es progenitora de Virgilio, ni mucho menos pariente (consanguíneo o por afinidad) del menor. El Tribunal Supremo debe recordar que la familia, al ser una institución natural, no es una creación del Derecho, sino una realidad anterior a él, que no debe ser distorsionada por los cambios sociales ni por el consenso social, sino que debe ser protegida.

En cuanto al concepto de *lazos familiares de facto*, pienso que el Tribunal se ha excedido. Pertenecer a una familia genera una serie de consecuencias jurídicas: derecho de sucesiones, alimentos, su número de integrantes es importante para calificar una familia como numerosa y acceder a los beneficios que les proporciona la ley, entre otras muchas consecuencias. Bajo el concepto proporcionado por el Tribunal, deja abierta la posibilidad de que cualesquiera personas (amigos, compañeros de piso, etc.), sobre la base de existir *lazos familiares de hecho,* soliciten que se les reconozca como familia y acceder, injustamente, a la protección especial que el ordenamiento brinda a esa importante institución.

Por último, es confuso que el Tribunal designe a Zaida como familia de Virgilio y, a la vez, le dé la calificación de allegado[564]. Jurídicamente, calificar a una persona como un pariente y a la vez un allegado, resulta contradictorio. Ambos términos se excluyen.

3. Matrimonio de varones y filiación mediante gestación por sustitución

A diferencia del "matrimonio" de mujeres, los "matrimonios" de hombres no pueden someterse a las técnicas de fecundación artificial. No es factible atribuirles, siquiera por ficción legal, una doble paternidad matrimonial por naturaleza. La única forma para atribuirles una paternidad conjunta es a través de la adopción.

Sin embargo, como la ficción supera muchas veces la realidad, en algunos países, los matrimonios de hombres pueden acudir al alquiler de vientre para

[564] El artículo 160.2 CC establece el derecho que tienen los padres a relacionarse con sus hijos. Distingue a los progenitores de otros familiares al establecer que no podrá impedirse, sin justa causa, las relaciones personales del menor con sus abuelos y otros parientes, para, finalmente, fuera del ámbito familiar, reconocer un cierto derecho a las personas que no son progenitores, ni parientes cercanos o lejanos, a mantener relaciones personales con el menor a título de simples "allegados".

materializar su "derecho" a ser padres[565]. Otros ordenamientos, en cambio, como el italiano y el francés lo prohíben.

En el Derecho italiano, el contrato de gestación por sustitución es nulo de pleno derecho en cualquiera de sus modalidades, según resulta del artículo 12.6 de la Ley de 19 de febrero de 2004, de modo que, a efectos legales, la gestante será siempre considerada como madre. Asimismo, se entiende que ha incurrido en un delito, con pena de reclusión de tres meses a dos años y con una multa de 600 000 a un millón de euros, quien de cualquier modo realiza, organiza o publicita la subrogación de maternidad. Por otra parte, la legislación francesa en el artículo 16.7 CC –redacción dada por la Ley 1994-653, de 29 de julio de 1994– dispone que toda convención referida a la procreación o a la gestación por cuenta de otro es nula, debiendo entenderse, por disposición de la misma norma, que tal nulidad es de orden público[566].

En España el contrato de alquiler de vientre tampoco es posible. Se encuentra prohibido por disposición expresa del artículo 10 LTRHA, incisos 1 y 2. Normas que califican los contratos de maternidad subrogada como nulos y disponen que la filiación que se origine de ellos se determinará por el hecho del parto. Es decir, a favor de la madre que alquiló su vientre.

No obstante, hace pocos años se ha planteado en España un caso de maternidad subrogada que ha sido, y es, objeto de polémica social, legal y doctrinal.

En el origen de la cuestión se encuentra la pretensión de dos varones españoles (Bienvenido y Genaro, casados en España en el 2005), de inscribir, en octubre de 2008, en el Registro Consular de España en Los Ángeles a dos menores como hijos suyos (Carlos María y Ángel). Los menores nacieron en San Diego (California) a través del sistema de vientre de alquiler. Aportan un certificado de nacimiento expedido por las autoridades administrativas del

---

[565] Países entre los que se encuentran Estados Unidos (California), Ucrania, Bélgica, India, y Rusia, en los que tanto la legislación como los tribunales permiten el contrato de maternidad subrogada incluso a extranjeros no residentes, sin limitaciones de ningún tipo y sin tomar en consideración si su legislación de origen permite o prohíbe el uso de estas técnicas. Rusia, cuya legislación es una de las más displicentes en el mundo en lo que se refiere a las técnicas de reproducción asistida, regula los aspectos legales de la maternidad subrogada en el Código de Familia de la Federación rusa (cfr. artículo 51.4). Se establece que las personas casadas, que han consentido por escrito la inseminación en otra mujer, serán considerados como padres tan solo constando el consentimiento de la madre subrogada, no siendo necesario para ello ni adopción del menor, ni resolución judicial. Análogos derechos se conceden a las parejas homosexuales, casadas o no, y personas solteras.

[566] La Ley 1994-653 confirmó la jurisprudencia de la *Cour de Cassation* que, en sentencia de 31 de mayo de 1991, determinó el contrato de gestación por sustitución como contrario al principio de orden público, de indisponibilidad del cuerpo humano y al principio de indisponibilidad del estado civil de las personas.

Registro norteamericano[567], en el que constaba la paternidad de los varones, integrantes del matrimonio, respecto de dichos menores para lograr así el reconocimiento de la eficacia probatoria registral.

El encargado del Registro Civil Consular denegó la inscripción solicitada. Argumentó que los hijos fueron concebidos a través de la gestación por sustitución, técnica prohibida por la legislación española, que considera a la gestante como madre legal del niño.

El matrimonio interpuso recurso ante la Dirección General de los Registros y del Notariado que dio origen a la polémica R. de 18 de febrero de 2009. Ésta es anulada por la Sentencia de Primera Instancia de Valencia de 15 de septiembre de 2010. Sentencia que, a su vez, fue objeto de apelación, resuelta por la SAP de Valencia de 11 de noviembre de 2003. Antes de esta última decisión, la Dirección General emite una Instrucción, de 5 de octubre de 2010, con unos criterios bastante discutibles que confunden más el panorama. Documentos, todos, que vale la pena examinar a detalle.

a. La RDGRN de 18 de febrero de 2009 y la Sentencia de primera instancia de Valencia de 15 de septiembre de 2010

La RDGRN de 18 de febrero de 2009 resuelve por primera vez en España sobre la descendencia obtenida mediante gestación por sustitución en matrimonios homosexuales de varones. En ella, el Centro Directivo, sin existir alegación alguna del Ministerio Fiscal, estimó el recurso de los varones. Revoca el auto recurrido y ordena que se procediera a la inscripción de los gemelos como "hijos" de los recurrentes.

En concreto, el caso planteaba dos tipos de problemas:

a) De un lado, una cuestión puramente registral, que consiste en determinar hasta dónde alcanza la labor de calificación del certificado de nacimiento extranjero. Es decir, si, además de un control formal del documento, debería realizarse un control material del mismo, esto es, comprobar si la filiación de que da fe era conforme a la legislación española.

b) De otro lado, la compatibilidad de la resolución adoptada con los principios básicos del ordenamiento jurídico español.

[567] La expedición de dicho documento fue ordenada por los tribunales civiles de California con anterioridad al nacimiento de los menores (*pre birth judgement*). Esta decisión judicial establece la doble paternidad de los menores a favor de los padres intencionales y ordena la expedición de los certificados, en los que no figura ya ni la madre genética, ni la que da a luz (esta última tampoco consta en el parte médico del hospital relativo al parto).

En lo relacionado a la cuestión registral, el Centro Directivo, infiere que, habiéndose presentado para la inscripción pretendida una certificación registral extranjera, debían aplicarse los artículos 81 y 85 RRC, que disciplinan el acceso de esas certificaciones al Registro. En este sentido, sostuvo que el funcionario encargado del Registro Consular debía limitarse a comprobar si el documento aportado era *"regular y auténtico, de modo que el asiento (...) en cuanto a los hechos de que da fe, tenga garantías análogas a las exigidas para la inscripción por la Ley Española"* (artículo 85 RRC). En definitiva, postuló un control formal de la certificación, consistente en la comprobación de que se trataba de un documento público autorizado por una autoridad registral extranjera, que desempeñara funciones equivalentes a las correspondientes españolas (lo que en el caso contemplado se cumplía).

La Dirección General, entiende, por tanto, que el acceso de la certificación extranjera al Registro Civil español no constituye una cuestión de "derecho aplicable", sino una de "validez extraterritorial de decisiones extranjeras en España". En consecuencia, excluye la utilización de las normas españolas de conflicto de Leyes, en concreto el artículo 9. 4 CC, y también la aplicación de la Ley sustantiva a que tales normas españolas de conflicto podían conducir. Es decir, a la LTRHA y la prohibición prevista en su artículo 10 a la gestación por sustitución.

Por otra parte, interpreta que la certificación registral californiana no vulnera el orden público internacional, ni los principios jurídicos básicos del ordenamiento español.

Para dar sustento a estas subjetivas afirmaciones, sostiene, en primer término, que el Derecho español admite la filiación a favor de dos varones en caso de adopción, sin que quepa distinguir entre hijos adoptados e hijos naturales, ya que ambos son iguales ante la ley, de acuerdo con el artículo 14 CE. En segundo término, afirma que no permitir que la filiación de los nacidos conste a favor de dos varones lleva consigo una discriminación por razón de sexo, puesto que el artículo 7.3 LTRHA permite la determinación de la filiación matrimonial a favor de dos mujeres. Alega, además, el interés superior del menor, reconocido por el artículo 3 CDN, que exige que éstos queden al cuidado de los sujetos que han dado su consentimiento para ser padres. Asimismo, menciona el derecho de todo menor a gozar de una identidad única. Por último, excluye, de manera rotunda, que la actuación de los cónyuges constituya un fraude de ley[568].

[568] Tras el reconocimiento de los matrimonios homosexuales, esta Resolución no es la única con la que el Centro Directivo viene favoreciendo estas uniones, sin importar si ello es ilegal o imprudente. En concreto, para beneficiar las uniones homosexuales celebradas antes de la Ley de 2005 en otros países donde era legal, entiende, contra la irretroactividad de las normas y la seguridad jurídica, que también debía otorgarse reconocimiento a esos matrimonios. Para ello argumenta que "no puede oponerse a lo anterior la falta de eficacia retroactiva de la leyes que no dispongan

Como el Centro Directivo no deja de ser un órgano administrativo, se puede acudir a los Tribunales para recurrir sus decisiones, lo que hizo el Ministerio Fiscal. Este recurso fue resuelto por la sentencia del Juzgado de Primera Instancia de Valencia de 15 de septiembre de 2010. Ésta solucionó con acierto los problemas planteados por el caso y, tras concluir que el Centro Directivo tomó una decisión lesiva de las normas españolas, revocó la resolución y ordenó la cancelación de la inscripción de la filiación a favor de los dos varones.

La citada sentencia sitúa la cuestión registral en sus exactos términos. Evidencia que los artículos 81 y 85 RRC son normas reglamentarias supeditadas a la Ley del Registro Civil y que no pueden ser aplicadas haciéndose abstracción de lo dispuesto en el artículo 23 LRC. Norma de mayor rango normativo que las disposiciones reglamentarias citadas.

El Juzgado argumenta que el artículo 23 LRC, al imponer al encargado del Registro la comprobación de *"la realidad del hecho inscrito"*, exige no sólo un control formal de la calificación, sino, además, que no se tenga duda de que lo establecido en la certificación es real. Por ello, sostiene que es obligación del encargado verificar que realmente ambos solicitantes son los padres de los menores, cuya inscripción se pretende, lo que no lo es, ni puede serlo a efectos materiales. Biológicamente resulta imposible[569].

Al propio Juzgado le extraña que el Centro Directivo no examine la realidad del hecho inscrito porque él mismo, en anteriores resoluciones, así lo exigía expresamente. En las RR. de 19 de noviembre de 2008, 30 de enero y 24 de febrero de 2009, la Dirección General estableció que "para que un nacimiento acaecido en el extranjero pueda inscribirse en el Registro Civil español es necesario que afecte a algún ciudadano español, pudiendo prescindirse de la tramitación del expediente de inscripción fuera de plazo cuando se presente certificación del asiento extendido en un Registro extranjero, siempre que no haya duda de la realidad del hecho inscrito y de su legalidad conforme a la ley española (art. 23, II , LRC) y siempre que el Registro extranjero sea regular y auténtico, de modo que el asiento de que se certifica, en cuanto a los hechos de

---

lo contrario (cfr. artículo 2 núm. 3 CC), ya que el problema no es el de una aplicación retroactiva de una nueva norma, sino el del reconocimiento actual de una institución antes desconocida en España" (R. de 29 de julio de 2005). En esta misma Resolución acepta el matrimonio de extranjeros realizados en España, incluso en el caso de que ninguna de sus respectivas leyes nacionales permita tales matrimonios. De esta manera se fomenta una especie de turismo matrimonial transfronterizo entre personas del mismo sexo.

[569] "No parece que existan indicios racionales de la generación física de los nacidos en cuestión por progenitor español. A lo sumo esa generación física podría atribuirse en su caso, y previas las pruebas pertinentes, a uno de los dos varones cuya paternidad se pretende" (BERCOVITZ RODRÍGUEZ-CANO, R., "Hijos made in California", *AC*, nº 3, 2009, p. 2118).

que da fe, tenga garantías análogas a las exigidas para la inscripción por la ley española (art. 85, I , RRC)".

Siguiendo el hilo del razonamiento, al exigirse no sólo un análisis formal, sino también sustantivo (o legal) de la certificación que va inscribirse, la sentencia confirma la aplicación de las normas de conflicto y de la LTRHA. Afirma que no cabe duda de que esta última es una ley española y que el encargado del Registro Civil viene compelido, por el artículo 23 LRC, a examinar si la certificación extranjera es respetuosa de las disposiciones de dicha Ley. Disposiciones entre las que se encuentra el artículo 10.2 LTRHA, que impediría la inscripción de la filiación de los gemelos nacidos de vientre de alquiler a favor de los varones solicitantes[570].

La sentencia también desmonta los sucesivos argumentos del Centro Directivo que defendían la no vulneración de la inscripción de la doble filiación paterna a los principios básicos del ordenamiento español.

En cuanto al razonamiento que se amparaba en el principio de igualdad por razón de sexo, la sentencia pone de manifiesto que la improcedencia de la inscripción no nace en el hecho que los solicitantes sean varones, sino de que los bebés nacidos lo son como consecuencia de un contrato nulo. De tal forma que esta consecuencia le sería aplicable tanto a una pareja de varones, como de mujeres, hombre o mujer sola o pareja heterosexual, pues la ley no distingue los sexos; lo que le importa es la forma del alumbramiento[571].

Ahora bien, es cierto, que en supuestos de mujeres o parejas heterosexuales es posible que se presente el problema del conocimiento por parte del encargado del Registro de que se encuentra ante un caso de gestación por sustitución[572], pero una vez conocida esta circunstancia, como bien afirma el Juzgado, la con-

[570] "En conclusión la legislación española prohíbe la gestación por sustitución y puesto que el encargado del registro civil consular debe conforme al artículo 23 de la LRC examinar la legalidad conforme a la Ley española del certificado extendido en Registro extranjero con carácter previo a su inscripción en el Registro Civil español, al estar prohibida en España la gestación por sustitución debe impedirse el acceso al registro de la inscripción así intentada".

[571] Refrendan esta postura, BERCOVITZ RODRÍGUEZ-CANO, R., "Hijos made... cit.", p. 2119; DE VERDA Y BEAMONTE, J. R., "Inscripción de hijos nacidos mediante gestación por sustitución (a propósito de la Sentencia del Juzgado de Primera Instancia número 15 de Valencia, de 15 de septiembre de 2010)", en *Diario La Ley,* nº 7501, 3 de noviembre de 2010, entre otros.

[572] Desde hace más de diez años, varias parejas españolas heterosexuales han llevado a cabo el alquiler de vientre y logrado la inscripción de la filiación a su favor, sin que haya sido detectado ni denunciado. Se tiene noticias que desde 1997 parejas españolas contratan madres americanas. En concreto, el Instituto Valenciano de Infertilidad (IVI), entre otros centros, ofrecen los medios necesarios a la pareja para que sus gametos puedan ser gestados por una mujer americana. En el momento adecuado, el matrimonio español viaja a Estados Unidos y, finalmente, regresa con su hijo o sus hijos (Cfr. Diario *El País,* de 3 de noviembre de 1997); sin que se hayan planteado problemas hasta el momento en que dos varones casados pretenden inscribir la filiación, único caso que ha trascendido jurídicamente.

secuencia ha de ser la misma: denegar la inscripción. Para sustentar su postura trae a colación un caso francés en el que a un matrimonio heterosexual, MENNESSON, se le denegó la inscripción de unas gemelas en el consulado francés en Los Ángeles por la existencia de sospechas de haber encargado la maternidad, al no aportarse pruebas del parto de la esposa.

El Juzgado también refuta al Centro Directivo el hecho de no haber entrado a valorar el carácter fraudulento o no de la acción, siendo claro que el caso se subsumía en uno de fraude de ley: "nos encontramos ante un matrimonio español que acude a California (...) en los que es legal la gestación por sustitución, a diferencia de en España, la única justificación posible a su acción es clara, son conocedores que en España la gestación por sustitución está prohibida y que de producirse el alumbramiento en este país no podrían inscribir a los nacidos como hijos naturales de ambos, es por ello y no por otra razón por la que acuden a California con el conocimiento de que allí está permitido y que allí los bebes podrán ser inscritos en su registro civil como hijos naturales de ambos, pero también son conocedores que los registros españoles ponen trabas a la inscripción tal como ellos la pretenden, ello no obstante asumen el riesgo y actúan con conocimiento de que en cualquiera de las sucesivas instancias hasta la presente e incluso venideras su voluntad de proceder a inscribir a los nacidos como hijos naturales de ambos podía ser desestimada, pasando de una cuestión de probabilidad a absoluta certeza caso de que el nacimiento se hubiese producido en España, es por ello por lo que deciden acudir a EEUU, asumiendo con ello la consecuencia que su decisión conlleva".

Argumento que también comparto. No es posible acudir a un Derecho extranjero (en este caso al de California) para obtener lo que la ley nacional (francesa o española) prohíbe (ser legalmente padres). Esta argucia, no cabe duda, reviste caracteres fraudulentos[573] (cfr. artículo 6.4 CC), tan claros, que incluso MARTÍNEZ DE AGUIRRE se atreve a calificar de un ejemplo de manual de fraude de ley[574].

En otras palabras, si se permitiera la inscripción de la filiación a favor de los varones, a partir de entonces todos los matrimonios que deseen tener

[573] Como especifica QUIÑONES ESCÁMEZ, no puede admitirse que un juez extranjero pueda pronunciarse (en base a su ley) sobre la filiación (de los futuros hijos de españoles residentes), cuando su competencia no está basada más que en la voluntad de las partes (contrato de maternidad subrogada), ya que ni la filiación ni el estado civil de los menores son de libre disposición de las personas. Por ello –concluye la autora–, la pretensión jurídica relativa al establecimiento de la filiación queda deslocalizada por la voluntad contractual (y la práctica médica) operándose un "fraude al conflicto de calificaciones" y, por ende, a la norma de conflicto (cfr. "Doble filiación paterna de gemelos en el extranjero mediante maternidad subrogada", en *Indret. Revista para el análisis del Derecho,* julio de 2009, pp. 29; 35-36, www.indret.com).

[574] Cfr. "Turismo reproductivo y fraude de ley", en *Aceprensa,* 14 de abril de 2011, p. 2.

hijos naturales a través de una gestación por sustitución (tanto si se trata de matrimonios heterosexuales, como de homosexuales) sabrían el camino. Bastaría trasladarse a California (o a otro país cuya legislación autorice dicha gestación por sustitución) para conseguirlo. La puerta quedaría abierta para un turismo reproductivo[575] y de esta manera defraudar la prohibición del artículo 10 LTRHA[576].

Por otra parte, la sentencia, para sustentar la denegación de la inscripción de la filiación proveniente de la gestación por sustitución, también recurre a unos ejemplos. Afirma que en Colombia la edad mínima exigida a una mujer para contraer matrimonio es de 12 años, y "por lo tanto un matrimonio allí celebrado entre una menor y un español no tendría acceso al registro civil español, del mismo modo que ocurre con los matrimonios poligámicos legales en otros países pero no inscribibles en los registros españoles". De la misma forma, deduce que la filiación derivada de un contrato de alquiler de vientre, válida en California, pero prohibida en España, tampoco tendría acceso al Registro.

Por último, la sentencia sostiene que el interés del menor no se ve afectado por la falta de inscripción debido a que el ordenamiento jurídico español contempla medios e instrumentos suficientes para conseguir la concordancia del registro español y extranjero y que los hijos consten a nombre de los varones casados.

Esta afirmación produce cierta perplejidad. Si bien el Juzgado no admite la inscripción de la doble paternidad, no se atreve a sostener que la realización de la técnica de gestación por sustitución transgrede el *favor filii* por tratarse al hijo como un objeto de derecho, descrinándolo y disponiendo de cualquier manera de su estado civil[577]. Tampoco llega a sostener que el vientre de alquiler ampara un tráfico jurídico de las facultades reproductivas y de gestación de la mujer. En lugar de ello, afirma que la propia Ley española contempla, indirectamente,

---

[575] Cfr. Rubio Torrano, E., "Inscripción como hijos de un matrimonio de varones, nacidos mediante gestación por sustitución", *AC*, nº 9, 2011, p. 13.

[576] En realidad, muchos problemas se evitarían si las legislaciones permisivas al alquiler de vientre limitaran el uso de esta técnica a extranjeros en cuyos países es ilegal la gestación por sustitución. La legislación californiana únicamente coloca límites inter-federales (en cuanto que la madre subrogada ha de residir en California), pero no es respetuosa con las legislaciones prohibitivas de los otros países. Grecia exige que tanto la madre como los padres intencionales tengan un vínculo con este país, tal como establece la Ley 3089/2002, de 19 de diciembre de 2002. Con esto se evita un turismo reproductivo, pero bastará con que la madre o la pareja establezca su domicilio en Grecia por un tiempo para lograr acceder a la técnica.

[577] Como bien sostiene Quiñones Escámez, A., ob. cit., p. 39: "El mismo principio (el interés superior del niño) puede conducir a una solución opuesta en este ámbito de la maternidad subrogada, pues el interés del «niño», de todos los niños en general, exige poner a la persona humana al abrigo del comercio; es decir, de los efectos perversos que entraña la mercantilización de la práctica médica y el contrato de gestación por sustitución (...) Se trata de evitar el derecho al niño (que invertiría el derecho del niño a una familia, al que se ha referido el TEDH en el caso de la adopción)" .

mecanismos que permiten eludir la prohibición de gestación por sustitución. Lo que, sin embargo, parece ser cierto.

Si bien el número segundo del artículo 10 LTRHA establece que la filiación de los hijos nacidos por maternidad de sustitución se determina por el parto, no obstante, el número tercero del mismo precepto dice que: *"Queda a salvo la posible acción de reclamación de paternidad respecto del padre biológico, conforme a las reglas generales"*.

Por lo tanto, lo que la sentencia comentada parece sugerir es la posibilidad de que aquél de los varones que fuera el padre biológico de los menores puede ejercitar la acción de reclamación de la paternidad y, posteriormente, previo consentimiento de la madre gestante, los hijos podrían ser adoptados por el otro cónyuge, sin necesidad de mediar la declaración de idoneidad prevista en el artículo 176 CC.

A mi parecer, esta solución, que sería posible, también encubriría un contrato de alquiler de vientre, por lo tanto deberá ser considerada nula y fraudulenta, tal como lo resolvió la sentencia de la Asamblea Plenaria de la Corte de Casación francesa, de 31 de marzo de 1991[578].

El supuesto de hecho era el siguiente: ante la esterilidad de su mujer, un marido donó esperma para que otra mujer fuera inseminada artificialmente con él. Nació un niño, que fue inscrito como hijo del marido, sin hacerse mención a su filiación materna (lo que en Francia es posible). Posteriormente, se pretendió la adopción del niño por parte de la consorte del padre.

La sentencia recurrida autorizó dicha adopción. Argumentó que el método de la maternidad por substitución era lícito, no contradecía el orden público –téngase en cuenta que todavía no existía el actual artículo 16.7 CC francés, redactado por la Ley 1994-653, de 29 de julio de 1994– y que la adopción solicitada era conforme al interés del menor, que fue acogido en el hogar del matrimonio desde su nacimiento.

Frente a ello, la Corte de Casación afirmó que la adopción solicitada era la última fase de un proceso que en su conjunto estaba destinado a permitir a una pareja acoger en su hogar a un niño, concebido en ejecución de un contrato que tenía por objeto el abandono de su madre al tiempo del nacimiento y que, por lo tanto, atentaba contra los principios de la indisponibilidad del cuerpo humano y del estado de las personas.

---

578 Cfr. De Verda y Beamonte, J. R., ob. cit.

b. La instrucción de la Dirección General de 5 de octubre de 2010 y su desautorización por la SAP de Valencia de 23 de noviembre de 2011

Pocas semanas después de la sentencia del Juzgado de Valencia –y cuando parecía que había pasado todo riesgo de permisión de fraude de Ley–, se publica una Instrucción del Centro Directivo, de 5 de octubre de 2010, sobre el régimen registral de la filiación de los nacidos mediante gestación por sustitución. La Instrucción está dirigida a los encargados de los Registros Civiles consulares con la finalidad de establecer *"los criterios que determinen las condiciones de acceso al Registro Civil Español de los nacidos en el extranjero mediante esta técnicas de reproducción asistida"*.

La causa que la impulsa es atender el interés del menor y de la gestante que renuncia en el acto a su maternidad. Como la propia Instrucción señala, responde *"a la finalidad de dotar de plena protección jurídica el interés superior del menor, así como de otros intereses presentes en los supuestos de gestación por sustitución"*.

Este objetivo no se refleja en la Instrucción. Contiene unas discutibles directrices que, por un lado, establecen una serie de requisitos formales que dificultan la inscripción de los niños nacidos mediante vientre de alquiler como hijos de quienes encargaron su gestación, pero, por otro lado, cumpliéndose tales requisitos, admite dicha inscripción.

En esta dirección, la directriz segunda de la Instrucción afirma que en ningún caso se admitirá como título apto para la inscripción del nacimiento y filiación del nacido una certificación registral extranjera o la simple declaración, acompañada de certificación médica relativa al nacimiento del menor, en la que no conste la identidad de la madre gestante. Es decir, la Dirección General abandona la posición que había sustentado en la R. de 18 de febrero de 2009, en la que admitió la posibilidad de inscribir la filiación de los hijos nacidos mediante gestación por sustitución a través de un mero certificado registral de nacimiento.

No obstante, la directriz primera precisa que se admitirá la inscripción en los Registros Civiles consulares de los hijos nacidos mediante dicha técnica cuando, al menos, uno de los solicitantes sea español y se presente ante el encargado del Registro una *resolución judicial*, dictada en el país de origen[579], que deberá ser objeto de *exequatur*. Sin embargo, la misma directriz, en su párrafo tercero, establece que no será necesario acudir al procedimiento de

[579] La razón de este requisito se explica de la siguiente manera: *"La exigencia de resolución judicial en el país de origen tiene la finalidad de controlar el cumplimiento de los requisitos de perfección y contenido del contrato respecto del marco legal del país donde se ha formalizado, así como la protección de los intereses del menor y de la madre gestante"*.

exequátur, si existe un convenio internacional o cuando la resolución judicial extranjera "*tuviera su origen en un procedimiento análogo a uno español de jurisdicción voluntaria*". Disponiendo, en este último caso, que el encargado del Registro controle incidentalmente, como requisito previo a su inscripción, si tal resolución judicial puede ser reconocida en España[580]. Superado este control, se permitiría la inscripción de los hijos nacidos por maternidad subrogada.

Para sustentar el contenido de estas disposiciones, el Centro Directivo sostiene "*que la presente Instrucción incorpora la doctrina plenamente consolidada por el Tribunal Supremo*". Esta afirmación carece de veracidad porque, precisamente, ha sido el Tribunal Supremo, en sentencia de 21 de septiembre de 1999, el que declaró sobrevenidamente inconstitucional el mecanismo que permitía a las madres desconocer a la prole no matrimonial (anonimato materno). Este criterio, incluso, fue recepcionado por la propia Dirección General sin ninguna oposición: "el Tribunal Supremo declara que este sistema se opone frontalmente a diversos preceptos constitucionales. No puede permitirse que el hijo biológico pierda por completo el nexo que le permitiría conocer su verdadera filiación, debido a un acto voluntario de la madre, expresivo de su no asunción de la maternidad y sus responsabilidades inherentes" (R. de 8 de noviembre de 2001). Mas ahora, la Dirección General se desdice totalmente y acepta como legítimo que la madre gestante renuncie a su maternidad.

En síntesis, lo que ha hecho el Centro Directivo a través de la citada Instrucción es dar cobertura al fraude de ley y potenciar el turismo reproductivo[581]. Ello en perjuicio del hijo, contra ley expresa, pasando por alto la decisión del Juzgado de Primera Instancia de Valencia y, lo más grave, transgrediendo una

---

580 Para ello deberá examinar: a) La regularidad y autenticidad formal de la resolución judicial extranjera y de cualesquiera otros documentos que se hubieran presentado. b) Que el Tribunal de origen hubiera basado su competencia judicial internacional en criterios equivalentes a los contemplados en la legislación española. c) Que se hubiesen garantizado los derechos procesales de las partes, en particular, de la madre gestante. d) Que no se ha producido una vulneración del interés superior del menor y de los derechos de la madre gestante. En especial, deberá verificar que el consentimiento de esta última se ha obtenido de forma libre y voluntaria, sin incurrir en error, dolo o violencia y que tiene capacidad natural suficiente. e) Que la resolución judicial es firme y que los consentimientos prestados son irrevocables, o bien, si estuvieran sujetos a un plazo de revocabilidad conforme a la legislación extranjera aplicable, que éste hubiera transcurrido, sin que quien tenga reconocida facultad de revocación, la hubiera ejercitado.

581 En opinión de Durán Rivacoba la asombrosa doble vara de medir del Centro Directivo introduce un evidente cauce de fraude de ley. Agrega que no es deseable proteger conductas prohibidas para los nacionales gracias a su acceso a mecanismos internacionales, salvo que se admita la quiebra de igualdad de los ciudadanos y el respeto a la Ley como fundamento del orden social y político en un Estado de Derecho. Prácticamente, sostiene, se inaugura un nuevo capítulo del llamado turismo reproductivo, a la búsqueda de la mejor opción para quienes tengan suficiente capacidad económica (cfr. "La riforma del matrimonio… cit.", p. 97).

norma de orden público[582]. En pocas palabras, la Dirección General ha vuelto a excederse. A ella corresponde interpretar y aplicar las leyes, pero no corregirlas ni prescindir de ellas[583], ni obviar lo establecido en una sentencia, que ya había declarado la imposibilidad de inscribir la filiación que se deriva de un contrato de maternidad subrogada.

No cabe más que congratularse con la Audiencia Provincial de Valencia que, en sentencia de 23 de septiembre de 2011, viene a impedir las perniciosas consecuencias de la Instrucción del Centro Directivo. La sentencia resuelve el recurso de Apelación interpuesto por el matrimonio de varones contra la sentencia de 15 de septiembre de 2010 del Juzgado de Primera Instancia de Valencia y confirma esta última en todos sus aspectos, con argumentos semejantes a los invocados en la sentencia recurrida.

La Audiencia reafirma que para decidir si una certificación registral extranjera –que materializa una filiación que es consecuencia de la gestación por sustitución– puede acceder al Registro Civil español, ha de tenerse en cuenta el tenor del artículo 23 LRC. Descarta, por tanto, la aplicación de los artículos 81 y 85 RRC en virtud del principio de jerarquía normativa. Concluye que, como el primero de los preceptos ordena un control de legalidad de dicha certificación extranjera, ello impide su acceso al Registro por contravenir el artículo 10 LTRHA. Además, recalca que el propio Centro Directivo venía exigiendo en anteriores resoluciones ese control de legalidad, con lo cual deja al descubierto el contrasentido de la Dirección General[584].

---

[582] Cabe destacar que la Instrucción también se opone a la nueva Ley del Registro Civil, 20/2011, que entrará en vigor en julio de 2014. Ésta admite la inscripción en el Registro Civil español de resoluciones extranjeras judiciales, documentos extranjeros extrajudiciales así como de certificaciones extranjeras, siempre, entre otros requisitos, que ninguna de ellas transgreda el orden público internacional (cfr. artículo 96 y ss.)

[583] Benavente Moreda se pregunta si una Instrucción puede exigir más, menos o diferente de lo que exige una Ley como es el aún vigente artículo 23 LRC. A lo que responde que no. Salvo, agrega, que lo que trate de aplicar esta instrucción es lo dispuesto en el artículo 10.3 LTRHA con el fin de determinar la filiación respecto del padre biológico mediante el ejercicio de la acción de reclamación de la paternidad. Sin embargo –concluye– ello en nada afectaría al otro cónyuge al no existir vínculo genético con el hijo (cfr. ob. cit., p. 111). Por su parte, De Verda y Beamonte, sostiene que no es que la Instrucción pretenda atribuir ciertos efectos jurídicos a una institución prohibida por el Derecho español, sino que está proponiendo la recepción sustantiva de la misma, lo que, a su juicio, es inadmisible (cfr. ob. cit., p. 11).

[584] "Se trata en consecuencia de decidir si una certificación registral extranjera que documenta una filiación que es consecuencia de la gestación por sustitución, puede acceder al Registro Civil español pese a la prohibición de la ley española. Para ello debe tenerse en cuenta el tenor del artículo 23 de la Ley del Registro Civil de 8 de junio de 1.957 (…) Encontramos por lo tanto en el texto de la ley un impedimento para la inscripción de la filiación certificada por los funcionarios estadounidenses, consistente en su contrariedad a la legalidad española, y en concreto al artículo 10 de la ley 14/2006 sobre técnicas de reproducción humana asistida, que como se ha dicho, declara la nulidad del contrato de gestación por sustitución; ni el artículo 85 del Reglamento del Registro Civil ni tampoco el artículo 81 de la misma norma aprobada por Decreto do 14 de noviembre de 1.958,

Por otro lado, la sentencia es bastante clara y loable al establecer que la gestación por sustitución vulnera expresamente el orden público internacional. A diferencia de la sentencia apelada, la Audiencia afirma, categóricamente, y con acierto, que el contrato de vientre de alquiler se opone a una serie de principios, como el que la persona humana no puede ser objeto del comercio de los hombres, porque así lo exhorta la propia dignidad de la persona. Estos principios se reflejan en una serie de normas: artículo 10.1 CE, 15 CE (derecho a la integridad moral), 39.2 CE (protección integral de los hijos y de las madres cualquiera que sea su estado civil), 1271 CC (prescribe que pueden ser objeto de contrato todas las cosas que no están fuera del comercio de los hombres) y 1275 CC (impide la producción de efectos a los contratos con causa ilícita). Incluso, la Audiencia sostiene que el artículo 10 LTRHA puede considerarse como una norma de policía, en el sentido del artículo 9.1 del Reglamento 593/2008 sobre ley aplicable a las obligaciones contractuales: *"una disposición cuya observancia un país considera esencial para la salvaguardia de sus intereses públicos, tales como su organización política, social o económica, basta el punto de exigir su aplicación a toda situación comprendida dentro de su ámbito de aplicación"*.

También descarta que el impedir la inscripción de la doble paternidad transgreda el principio de igualdad. En opinión de la Audiencia, se permite la inscripción de la doble maternidad en el caso de matrimonio de mujeres porque se trata de un supuesto distinto al del caso que se enjuicia, pues las cónyuges no necesitan acudir a otra mujer para encomendar la gestación. De modo que, concluye, no puede considerarse discriminatorio el tratar desigualmente lo que es desigual. Agrega que la decisión sería la misma si se tratase de una pareja de mujeres o heterosexual que acude a la gestación por sustitución, porque no se trata de discriminación sino que su prohibición se fundamenta en la modalidad utilizada para la procreación de los menores, que la ley española considera nula. Sostiene que si el impedir la inscripción de la filiación a favor de dos varones se considerara una discriminación ello llevaría a calificar de inconstitucional del artículo 10 LTRHA, que "no se ha hecho, ni como se ha dicho, tendría suficiente base jurídica".

En cuanto a la Instrucción de la Dirección General de 5 de octubre de 2010, sostiene que resulta inaplicable. Afirma que ésta permite la inscripción del nacimiento de menores nacidos en el extranjero como consecuencia del uso de

pueden ser invocados para contrariar los dispuesto con claridad por el precepto legal transcrito, en virtud del principio de jerarquía normativa reconocido en el artículo 9-3 de la Constitución. Por tanto, previamente a acordar su inscripción la certificación extranjera tiene que superar un control de legalidad, como ha afirmado la Dirección General de los Registros y del Notariado (resoluciones de 18/12/2000, 28/4/2008, 9/2/2009 y 27/2/2009 y otras muchas), que deriva del artículo 23 de la Ley del Registro Civil y del artículo 85 de su Reglamento".

técnicas de gestación por sustitución, si se presenta una resolución judicial en la que se determine la filiación del nacido, o cuando la resolución judicial tiene su origen en un procedimiento análogo a uno español de jurisdicción voluntaria, mediante el reconocimiento incidental ante el encargado del Registro. Para ello exige la previa constatación de que se ha respetado el interés del menor y los derechos de la madre contratante gestante, así como que conste su *identidad*, además de otros requisitos de carácter formal y procesal.

Por tanto, sobre la base de esta regulación concluye que, aunque los demandantes argumenten que la certificación californiana ha sido expedida por orden de una previa decisión judicial, dicha resolución judicial no consta. Además, y lo más interesante, que tampoco constaba la identidad de la madre gestante, por lo que "no es posible aseverar, como hacen los apelantes, que conforme a la nueva Instrucción la filiación californiana de los menores se inscribiría en el Registro Civil español".

Ahora bien, es cierto que la Instrucción exige que la resolución judicial que pretende tener acceso al Registro español debe garantizar el derecho de la madre gestante. Sin embargo, no establece que su identidad venga determinada en esa resolución. Empero, para la Audiencia, dicho requisito, ineludiblemente, forma parte de los derechos de la gestante. En otras palabras, con esta exégesis, la Audiencia nos viene a decir que la Instrucción nunca podrá aplicarse. Por tanto, que la inscripción de la filiación que se origina en la maternidad subrogada no tiene posibilidad de prosperar en el ordenamiento español, porque las resoluciones judiciales que establecen la filiación de las personas que han contratado un vientre de alquiler, bajo ningún concepto, reflejan la identidad de la madre.

Por último, las únicas cuestiones con las que no estoy de acuerdo son las declaraciones en torno al fraude de ley y las relacionadas al interés del menor.

En cuanto al primero de los aspectos sostiene, contra lo que es evidentemente una conducta fraudulenta, que los recurrentes no han cometido un fraude de ley. Por el contrario, considera que los varones simplemente "han huido" de la aplicación de la norma imperativa del artículo 10 LTRHA "poniendo la determinación de la filiación en manos de las autoridades californianas mediante el desplazamiento a aquel Estado y la suscripción allí de un contrato permitido según la ley de California, que tiene por objeto además una materia, como es la filiación y el estado civil, caracterizado por la indisponibilidad".

Alega que el interés del menor no se ve perjudicado puesto que –al igual que lo sostuvo la sentencia recurrida– "la propia ley española ofrece cauces para la inscripción de la filiación de los menores a favor de los demandados". Argumento que he refutado y analizado *supra*.

Pese a estas últimas discrepancias, comparto la acertada decisión de fondo de la sentencia al descartar la filiación a favor de dos varones que tuvo su origen en un vientre de alquiler y tachar esta institución de nula, ilegal y contraria al orden público internacional.

Dependerá del legislador no introducir, en pro de su tan buscado igualitarismo, una normativa que modifique los criterios establecidos, permitiendo la gestación por sustitución a un matrimonio de varones. Esperemos no encontrarnos con un norma que, en paralelo con la prevista en el artículo 7.3 LTRHA, permita atribuir la paternidad al cónyuge varón que consiente que el hijo nacido de las técnicas de reproducción asistida para fecundar, con esperma de su cónyuge, a una mujer que cede su cuerpo para ser fecundada, renunciando a la maternidad, siendo considerado este hijo como matrimonial de ambos.

CAPÍTULO CUARTO
EL PRINCIPIO *MATER SEMPER CERTA EST*. ESPECIAL REFERENCIA A LOS SUPUESTOS DE OCULTACIÓN DE LA MATERNIDAD

La maternidad –hasta hace poco– ha permanecido un tanto relegada, en comparación con la gran atención que los juristas han prestado a la paternidad. El motivo: la facilidad de la determinación de la maternidad, pues la relación madre-hijo es directa e inmediata, por lo que la mayoría de las legislaciones parten del principio romano según el cual la maternidad es siempre cierta. En cambio, la paternidad no lo es, ya que la relación padre-hijo es conocida por conducto de la madre y, por tanto, es mediata e indirecta. Ello justifica que para su determinación se establezcan mecanismos de atribución mucho más complejos: instrumentos lógicos-formales, consistentes en presunciones o pruebas más o menos convincentes y fiables[585]. Con razón, los anglosajones resumen la situación descrita en la frase: *maternity is a matter of fact, paternity is a matter of opinion.*

Ahora bien, la certeza a la que alude el principio *mater semper certa est* se refiere a la certidumbre del hecho natural, directo e indubitado (objetivamente comprobable) de la gestación y del parto. Se considera que la mujer que gesta y alumbra un niño es madre a efectos jurídicos. Es decir, la determinación de la maternidad exige la concurrencia de dos elementos: el hecho del parto y la identidad del hijo (correspondencia del nacido con el parto precedente)[586].

Por otro lado, sobre la base del principio paulino, se ha entendido siempre que la maternidad comporta, a la vez, herencia genética y relación fisiológica de embarazo y alumbramiento y, por tanto, que *madre no hay más que una.*

---

[585] Coincido con RIVERO HERNÁNDEZ cuando sostiene que si bien la filiación es doble: maternidad y paternidad, esa doble relación no es simétrica, fáctica ni jurídicamente. No es igual, desde su origen, la relación del hijo con su madre que con su padre (Cfr. "¿*Mater Semper*... cit.", pp. 6-7). En el mismo sentido, REVERTE NAVARRO, A., *Intervención judicial en las situaciones familiares (Notas al Código Civil),* Secretariado de Publicaciones de la Universidad de Murcia, Murcia, 1980, p. 120.

[586] Salvo, obviamente, en la adopción, donde la madre jurídica queda determinada no por el hecho natural del parto, sino por un acto civil y solemne.

Sin embargo, hoy en día, todo este esquema lógico parece romperse. La maternidad viene planteando una serie de problemas que ha llevado a la doctrina a replantearse, incluso, su propio concepto. Estas complicaciones, en gran o total medida, han de imputarse a las técnicas de reproducción asistida por las nuevas maternidades posibles y resultantes (genética, biológica y voluntarista)[587]. También viene causando muchas polémicas los supuestos de excepción al principio *mater semper certa est* en la maternidad por naturaleza no matrimonial, que conducen, muchas veces, a la imposibilidad de que el hijo acceda al conocimiento de sus orígenes biológicos. Cuestiones que analizo especialmente en este capítulo.

I. MATERNIDAD MATRIMONIAL

Constante matrimonio y concurriendo el parto y la identidad del hijo, la maternidad matrimonial queda determinada desde el mismo momento del nacimiento. Es decir, la mujer que se convierte en madre por el parto pasa, automáticamente, a tener el *status* jurídico de madre ante el Derecho, sin que, posteriormente, deba reconocer la filiación o llevar a cabo algún procedimiento especial para ser considerada como tal. Se identifica, por tanto, el hecho biológico del nacimiento con la constitución de la relación jurídica de filiación (maternidad biológica y jurídica coinciden), cumpliéndose a la perfección el principio *mater semper certa est*.

Por ello, cabe nuevamente objetar el artículo 115 CC y la postura de Rivero Hernández por sostener que la maternidad matrimonial se determina por la inscripción del nacimiento junto con la del matrimonio de los padres[588].

Como sostuve en su momento, al analizar la presunción de paternidad[589], el matrimonio de los padres es válido y produce efectos desde su celebración (cfr. artículo 61 CC). Por tanto, su inscripción deviene innecesaria para que las nupcias produzcan efectos civiles respecto a la filiación. Lo que se consigue con la inscripción del matrimonio es el pleno reconocimiento de esos efectos y lograr los privilegios probatorios del acta (cfr. artículo 2 LRC). Es decir, la

587 Sobre este aspecto, Grimaldi se interroga "¿sería entonces necesario volver sobre el concepto de maternidad y decir que madre es aquella que concibe al niño y que el alumbramiento sólo da lugar a una presunción de maternidad?" (ob. cit., p. 179).

588 Sostiene el autor que "la constancia de la maternidad no se deduce del matrimonio, sino que consta en la inscripción del nacimiento y, por razón de éste, según las normas registrales relativas al mismo (arts. 40, 44, 47 LRC) (...) De ello se infiere que la filiación materna matrimonial se determina en principio, en la inscripción, con cierto automatismo (por la simple declaración de quien promueva la inscripción unida al parte médico o comprobación reglamentaria) y sin necesidad de reconocimiento voluntario (...) En conclusión, la maternidad del hijo de mujer casada debe quedar determinada por la inscripción en Registro Civil" ("¿*Mater Semper*... cit.", pp. 52-53).

589 *Vid.* punto I del Capítulo segundo.

inscripción del nacimiento no determina en absoluto la maternidad matrimonial. Es un hecho muy posterior a la determinación y se lleva a cabo para lograr el título de legitimación por excelencia de la filiación: el acta del nacimiento. En realidad, el artículo 115 CC y la doctrina que refrenda su regulación, confunden dos planos muy distintos: el de la determinación y el de la acreditación. En esta línea, mucho más precisa es la legislación catalana que, expresamente, establece que la maternidad se determina por el nacimiento (cfr. artículo 235.3 CC catalán).

Ahora bien, fijada jurídicamente la maternidad matrimonial, sobre esta determinación actúa la presunción de paternidad, también automáticamente desde el parto, sin necesidad de ningún mecanismo en especial. No está de más recordar que la facilidad de ambas determinaciones se ampara en la certeza que el matrimonio confiere a la constitución jurídica del vínculo filial (cfr. Exposición de Motivos del Proyecto del Gobierno que dio lugar a la Ley de 13 de mayo de 1981).

Por otra parte, determinada la maternidad matrimonial, el Código Civil también permite su impugnación por su falta de correspondencia con la verdad biológica, por la vía de la acción del artículo 139 CC. Esta norma ha generado varias dudas de interpretación, motivo por el que no ha estado exenta de críticas.

En primer lugar, se cuestiona el hecho de que se otorgue legitimación únicamente a la madre, impidiendo a las otras partes interesadas entablar la acción. No obstante, esta regulación puede encontrar justificación en el sentido de que tanto el padre como el hijo pueden impugnar la paternidad matrimonial, *ex* artículos 136 y 137 CC, respectivamente, y obtener, de alguna manera, el mismo efecto que al impugnar la maternidad, ya que al decaer ésta, automáticamente decae la paternidad. Además, padre e hijo al impugnar la paternidad matrimonial también pueden contradecir la maternidad como medio para hacer declinar la presunción del marido. En cuanto a la verdadera madre, PEÑA Y BERNALDO DE QUIRÓS sostiene que también podrá impugnar la maternidad matrimonial, por disposición del artículo 134 CC, siempre que ejercite la acción mixta[590]. Acción que también corresponde al hijo.

La acción del artículo 139 CC no está sujeta a ningún plazo de caducidad –a diferencia de la impugnación de la paternidad matrimonial–, por lo que se infiere que es imprescriptible. Esta situación implica un grave peligro para la paz familiar y la seguridad jurídica del estado filiación, buscada por el propio ordenamiento. Máxime cuando desbaratado el vínculo materno matrimonial también se disuelve la paternidad, quedando el hijo en un determinado momen-

590 Cfr. "De la paternidad... cit.", pp. 1006-1008.

to sin filiación alguna. Además, que no se haya establecido un plazo preclusivo, constituye un contrasentido del legislador cuya finalidad ha sido siempre dar una mayor protección a la impugnación del vínculo matrimonial por la importancia de la institución del matrimonio. Por ello, ciertas autoras defienden que esta acción debe estar sujeta a plazo y alegan la aplicación analógica de los plazos preclusivos de los artículos 136 y 137 CC, teniéndose en cuenta, además, la existencia o no de posesión de estado[591].

Por último, es bastante objetable que se permita impugnar a la madre cuando incurre en el delito de suposición del parto o de sustitución de un niño por otro, yendo contra sus propios actos.

Ante estas deficiencias del Derecho común, nuevamente, cabe destacar la legislación catalana. No sólo ha colocado ciertos límites temporales a la impugnación de la maternidad matrimonial, sino que, también, otorga legitimación a la madre, al hijo, a sus herederos y a los herederos de la madre. Asimismo, sólo permite impugnar la maternidad a la madre que no tenía conocimiento inicial de su falsa maternidad, pues establece que ella podrá ejercitar la acción en el plazo *de dos* años *desde el conocimiento de las pruebas que fundamentan su impugnación* (cfr. artículo 235.29 CC catalán). Dando a entender que el conocimiento de la falsa maternidad ha de ser sobrevenido.

II. MATERNIDAD NO MATRIMONIAL

La determinación de la filiación materna no matrimonial presenta ciertas reglas especiales al no existir la certeza que el vínculo matrimonial otorga a la filiación[592].

De conformidad con el artículo 120. 4 CC, la maternidad no matrimonial se determina cuando se hace *constar la maternidad biológica en la inscripción de nacimiento practicada dentro de plazo,* según lo dispuesto en la Ley del

---

[591] Cfr. Sillero Crovetto, B. y Asencio Sánchez, C., ob. cit., pp. 1109-1110.

[592] "Cuando falta el matrimonio, no es tan fácil la determinación legal de la filiación. Sin duda así ocurre respecto de la filiación paterna (...) pero también está en cierto modo obstaculizada de hecho la misma determinación legal de la filiación materna" (Peña y Bernaldo de Quirós, M., "De la paternidad... cit.", pp. 885-886.

No obstante, ciertos autores olvidan la circunstancia objetiva de las nupcias y se muestran críticos con las diferencias existentes en la determinación de la maternidad matrimonial y no matrimonial. A su juicio, en ambas situaciones la maternidad es la misma, presenta la misma certeza y características (directa, inmediata, cognoscible), por lo que consideran que su diferencia es histórica, artificial y no encuentra justificación. En consecuencia, defienden que la determinación de la maternidad no matrimonial debería ser igual a la matrimonial (cfr. García Vicente, J. R., "La previsible reforma... cit.", pp. 222-223; Rivero Hernández, F., "*¿Mater semper...* cit.", pp. 11 y ss. y Verdera Server, R., *Determinación...* cit., pp. 120 y ss.).

Registro Civil[593]. Es decir, esta maternidad no se determina automáticamente, desde el alumbramiento, como la matrimonial, sino *a posteriori*, específicamente, en la inscripción de la filiación. Para ello deben coincidir los datos que sobre la madre se proporciona en la declaración de inscripción, con los datos que constan en el parte del médico, comadrona o ayudante técnico sanitario o en la comprobación reglamentaria supletoria (cfr. artículos 47 y 67 LRC; 167, 168 y 181 RRC).

Es decir, la *coincidencia* entre la declaración de la persona que promueve la inscripción y el parte escrito que se entrega al encargado del Registro determinan la maternidad no matrimonial, siempre que esta declaración se realice dentro del plazo (entre las 24 horas y 8 días desde el nacimiento, que puede extenderse a 30 días por causa justa).

Ahora bien, que la determinación se produzca de manera posterior al nacimiento no se traduce en la exclusión del principio *mater semper certa est.* Nótese que el ordenamiento no exige que la propia madre deba acercarse al Registro Civil a reconocer la filiación o a realizar algún proceso especial para ser considerada como tal. La declaración puede llevarse a cabo por cualquier persona que tenga conocimiento cierto del nacimiento[594] (cfr. artículo 42 LRC), acreditándose las pruebas directas de la maternidad: el hecho del parto y la identidad del hijo[595]. Por consiguiente, si bien el parto no determina nada en ese momento, sí sirve de base para la posterior determinación.

Luego, puede concluirse que también en la determinación materna no matrimonial (que se inscribe dentro de plazo) se consagra el principio *mater semper certa est.*

Por otra parte, cabe precisar que la legislación prevé una excepción a la determinación de la maternidad no matrimonial (*ex* artículos 47 LRC, segundo

---

[593] En la misma dirección, la legislación catalana establece que la maternidad no matrimonial ha de remitirse a lo establecido en la Ley del Registro Civil (cfr. artículo 235.9.1d. CC).

[594] Ha de tenerse presente que, por las circunstancias físicas posteriores al parto, una mujer no está ordinariamente en condiciones para realizar ningún género de reconocimiento antes de la inscripción del nacimiento, como lo requería el ordenamiento jurídico con anterioridad a 1957. En este sentido, la actual Ley de Registro Civil supuso un adelanto legislativo enorme y tuvo una repercusión práctica indudable: se conseguía satisfacer el deseo de la generalidad de las madres en cuanto que la inscripción del nacimiento fuese promovida por las personas que tuvieran conocimiento cierto del hecho del parto.

[595] Rodríguez Adrados afirma que "la madres quieren, normalmente, reconocer a sus hijos no matrimoniales; pero en general no llevan a cabo un reconocimiento formal porque no se personan en el Registro para hacer la declaración del nacimiento (…), ni consideran preciso el ulterior reconocimiento en forma legal cuando la maternidad consta ya en el Registro por coincidir la declaración y el parte o comprobación reglamentaria" ("La filiación", en *Las Reformas del Código Civil por Leyes de 13 de mayo y 7 de julio de 1981,* Instituto de Estudios Jurídicos. Ministerio de Justicia, Madrid, 1981, pp. 109 y ss.).

párrafo, y 182 RRC), cuando la declaración de la maternidad es realizada por persona distinta a la gestante y aunque coincida la declaración y el parte reglamentario. En concreto, a la vista de dichos preceptos, efectuada la declaración de la maternidad no matrimonial, el encargado del Registro tiene la obligación de notificar el asiento a la interesada o a sus herederos. Tras la notificación, la madre puede *desconocer* la filiación mediante declaración formulada ante el encargado del Registro en el plazo de 15 días siguientes a la notificación[596]. Por tanto, la facultad concedida a la madre en las normas citadas acarreará la posibilidad de dejar sin efecto una anterior determinación de maternidad o, en otras palabras, se subordina la definitiva constancia de la maternidad no matrimonial a la falta de desconocimiento de la madre.

Sin embargo, las normas registrales que otorgaban a la madre la facultad de desconocer su maternidad han sido declaradas inconstitucionales por la STS de 21 de septiembre de 1999. Cuestión que será tratada en el apartado siguiente, cuando analice el tema del anonimato materno.

Por otro lado, cuando la inscripción de la maternidad no matrimonial se solicita fuera de plazo, la determinación de la filiación materna habrá de efectuarse mediante los mecanismos previstos en el artículo 120 incisos 1 a 3: el reconocimiento de la madre, expediente registral y sentencia firme. Ello se traduce en la inaplicación del principio *mater semper certa est*, pasando a ser decisiva la voluntad de la madre biológica y la existencia de otros elementos o pruebas que lleven a determinar la maternidad[597].

Esta exclusión del principio, sin embargo, no es lesiva de la doctrina del Tribunal Europeo de Derechos Humanos en la sentencia Marckx contra Bélgica, de 13 de junio de 1979. Esta sentencia declara, en aplicación del principio paulino, que carece de justificación la regla belga conforme a la cual la determinación de la filiación materna, si no es matrimonial, queda subordinada únicamente a un reconocimiento voluntario formalizado por la madre o a una sentencia declarando la maternidad, socavándose totalmente el principio *mater semper certa est*[598].

A diferencia de esta regulación, en el ordenamiento español, la regla general es la aplicación del principio *mater semper certa est* y, excepcionalmente, cuando la inscripción se realiza fuera de plazo, se acude al reconocimiento y a los otros medios enumerados en el artículo 120 CC.

---

596 Cfr. FERNÁNDEZ GONZÁLEZ, M. B., *El reconocimiento*... cit., p. 50.

597 RIVERO HERNÁNDEZ no está de acuerdo con esta determinación. A su parecer, se estaría acudiendo injustificadamente a criterios formalistas, como el reconocimiento, como si se tratara de la determinación de la paternidad, que es una realidad muy distinta a la maternidad (cfr. "*¿Mater semper*... cit.", pp. 8 y ss.).

598 Panorama similar se presentaba en España con la anterior Ley del Registro Civil de 1870.

III. EL ANONIMATO MATERNO

El artículo 120.4 CC dispone, a efectos de determinar la maternidad no matrimonial, una expresa remisión a las normas registrales. Estas normas otorgan a la madre no casada unas facultades que le permiten ocultar totalmente su identidad, impidiendo la determinación de la maternidad no matrimonial, pese a existir los elementos de la maternidad biológica. De esta manera se instaura un anonimato materno y se obstaculiza cualquier posibilidad de establecer la filiación biológica del nacido[599].

En resumen, se trata del parto secreto y del desconocimiento de la maternidad ya establecida en el parte correspondiente. En el primero, la madre, desde el inicio, solicita no figurar en el parte de nacimiento, es decir, se le otorga la posibilidad de ocultar su identidad en el parte médico. En el segundo, la madre figura en el parte de nacimiento y al acceder éste al Registro por persona distinta a la madre, se le notifica y, en el plazo de 15 días, desconoce su maternidad, quedando sin determinar su filiación[600] (cfr. artículos 47 LRC, 167, 181 y 182 RRC). Es decir, la Ley del Registro Civil deja al arbitrio y voluntad de la madre la determinación de su maternidad no matrimonial: tanto el que llegue a constar registralmente la filiación materna, como el que persista tal constancia registral, una vez practicada[601].

España no es el único país que permite y regula el anonimato materno. También lo hacen Francia, Italia y Luxemburgo. Además, en los últimos años, muchos países siguen una tendencia hacia el parto anónimo[602].

Cabe destacar que el ordenamiento francés, a diferencia del español, prescinde, prácticamente, del principio romano *mater semper certa est* para la determinación de la maternidad. Establece que se determina bien por la designación de la madre en la partida de nacimiento, por reconocimiento o bien por la posesión de estado, pero nunca de forma inmediata por el hecho del

---

599 Ha de tenerse en cuenta que la maternidad es un elemento básico para determinar la paternidad y el dato más importante en la identificación de la persona frente a los otros: identificación biológica, vinculación a una estirpe y a un parentesco.

600 Transcurrido ese lapso de tiempo sin que la madre haya desconocido su maternidad, ésta se determina y no podrá ser cancelada más que por sentencia judicial.

601 A diferencia de Portugal que prescinde prácticamente de la voluntad de la madre y ha previsto un sistema de investigación de oficio de la maternidad. En ese país, tanto maternidad matrimonial como no matrimonial resultan del hecho del nacimiento.

602 Bélgica siguió, inicialmente, en materia de filiación materna, la línea voluntarista del Código francés. No obstante, tras la condena del Estado belga por el Tribunal Europeo de Derechos Humanos (cfr. sentencia de 13 de junio de 1979, caso Marcks) se reformó el Código Civil y se estableció que la maternidad se determinaba automáticamente por la mención del nombre e identidad de la madre en el acto de nacimiento. Sin embargo, en este país se abrió el debate sobre el parto anónimo debido al gran número de mujeres que pasaban la frontera para parir en Francia en el anonimato.

nacimiento (cfr. artículos 311. 25 a 317 CC francés). Por otra parte, al igual que España, permite a la madre decidir dar a luz ocultando su maternidad bajo una "X". Es decir, solicitando el secreto de su admisión hospitalaria y su identidad (cfr. artículo 326 CC francés), sin determinación de su filiación, y aceptando la madre la entrega del niño a los servicios sociales para su posterior adopción[603]. Asimismo, el ordenamiento francés excluye la posibilidad de investigar la maternidad[604] (cfr. artículo 325 CC francés).

En conclusión, el anonimato materno constituye una excepción al principio *mater semper certa est* y una quiebra del principio de verdad biológica. No obstante, la *ratio* de la figura obedece a la protección de valores constitucionales importantísimos. En concreto, garantizar la vida del hijo por nacer, evitando abortos; la vida e integridad física del nacido (cfr. artículo 15 CE), impidiendo infanticidios y el abandono indiscriminado de los menores[605]; el amparo de las madres para que puedan dar a luz en condiciones médicas adecuadas, protegiendo así su salud[606] (cfr. artículo 39.2 CE); y facilitar la posterior adopción del nacido para que tenga la oportunidad de insertarse en una familia donde pueda desarrollarse armoniosamente (cfr. artículo 39.2 CE) .

Sin embargo, en España, la ya citada STS de 21 de septiembre de 1999 ha declarado la inconstitucionalidad de las normas que amparaban la ocultación de la identidad de la madre: artículos 47 LRC incisos 2 y 3, 167 y 182 RRC. Para el Tribunal Supremo estos preceptos se oponen frontalmente a la investigación de la paternidad que, en su opinión, exige una coincidencia absoluta entre la filiación legal y la paternidad y maternidad biológicas. Sostuvo que,

---

603 No obstante, para salvaguardar el interés de la madre, se otorga a esta última un plazo de reflexión para que solicite la restitución del niño. De conformidad con el Código de la Acción Social y la Familia, el hijo podrá ser reclamado por el progenitor que lo confió a los servicios sociales en el plazo de dos meses, debiendo ser entregado sin más formalidades. Existe, además, un segundo plazo para el supuesto que el niño tenga un segundo progenitor que no lo ha confiado a los servicios sociales, pudiendo ser reclamado en el plazo de seis meses (cfr. artículo L. 224-6 Código de la Acción Social y de la Familia). Transcurridos estos plazos, se podrá recurrir la admisión como pupilo del Estado ante el Tribunal de Gran instancia en el plazo de treinta días desde la fecha de esta matriculación (cfr. artículo L. 224-8 Código de la Acción Social y de la Familia). Más allá de estos plazos, la colocación con vistas a la adopción obstaculiza cualquier restitución del niño a su familia de origen (cfr. artículo 352 CC francés).

604 Sin embargo, como he sostenido antes, la Ley francesa 2002-93, de 22 de enero de 2002, relativa al acceso a los orígenes de las personas adoptadas y pupilos del Estado, sin cuestionar el principio del parto anónimo, permite el levantamiento del secreto de la maternidad: facilita la posibilidad de desvelar la identidad de madre e hijo, siempre que exista una petición expresa y el consentimiento de ambos, pero si la madre se opone, el hijo no podrá conocer la identidad de la primera.

605 Como sucedió últimamente en Valencia, donde un bebé, de apenas un mes, fue abandonado en el portal de un edificio y recogido por una vecina (cfr. Diario *ABC,* de 24 de octubre de 2011).

606 Precisamente cuando uno de los objetivos de la ONU es mejorar la salud materna y lograr la disminución de la mortalidad infantil.

sin excepción, siempre ha de determinarse la maternidad. Además, afirmó que las normas citadas vulneraban el principio de no discriminación respecto del padre no matrimonial y en comparación con la normativa de la filiación matrimonial, en la que los padres no pueden desconocer la filiación de sus hijos. También declara que el anonimato materno transgrede la dignidad de las madres e hijos y el libre desarrollo de su personalidad (cfr. artículo 10 CE). Por último, concluye que, como dichas normas registrales son anteriores a la Constitución de 1978, quedaron derogadas por inconstitucionalidad sobrevenida: "tal limitación, elusiva de la constancia de la madre, ha quedado derogada por su manifiesta oposición a lo en ella establecido, y no debe ser aplicada por jueces y tribunales". Por tanto, declara nulos todos los actos realizados bajo su cobertura, ordena la reposición de las actuaciones al momento posterior a la vista de segunda instancia y la práctica de la prueba biológica.

Tras esta sentencia, se publica la Orden Ministerial de 10 de noviembre de 1999, sobre cuestionario para la declaración de nacimiento al Registro Civil que, recogiendo la doctrina del Tribunal Supremo y para reforzar la identidad biológica del nacido, introduce dos modificaciones importantes: suprime en el cuestionario la referencia registral al parto anónimo e introduce unos recuadros en blanco en el impreso destinados a recoger las huellas dactilares de la madre y relacionarlas con la del nacido. Con esta modificación sustancial, la madre ya no podrá ejercer la posibilidad de ocultar su maternidad (el modelo anterior, aprobado por la Orden de 15 de noviembre de 1996, sólo incorporaba las huellas del hijo)[607]. Asimismo, una vez declarada la filiación materna por persona diferente de la madre, se determina la maternidad no matrimonial, sin que el Registrador pueda notificar a la madre para que ésta desconozca la filiación.

La doctrina del Tribunal Supremo también ha sido recepcionada por la propia Dirección General. En R. de 8 de noviembre de 2001 manifiesta la imposibilidad de ocultar en el parte médico la identidad de la madre. Para ello se basa en el argumento de inconstitucionalidad de las normas registrales de la STS de 21 de septiembre de 1999 y que en España la maternidad queda determinada por el parto. En palabras de la Dirección General: "Esta sentencia del Tribunal Supremo se pronuncia de modo tajante sobre la inconstitucionalidad sobrevenida del artículo 167 del Reglamento del Registro Civil, que permitía a la madre ocultar la maternidad, no descubriendo su identidad en el parte médico de asistencia al parto. El Tribunal Supremo declara que este sistema se opone frontalmente a diversos preceptos constitucionales. No puede permitirse que el hijo biológico pierda por completo el nexo que le permitiría conocer su

---

[607] En la inscripción de la filiación no matrimonial fuera de plazo aún existe la posibilidad de que la madre evite la determinación de su maternidad. En este caso, para que pueda inscribirse la filiación materna extramatrimonial se requiere, tal como establece el artículo 120 CC, reconocimiento, sentencia firme o bien resolución recaída en expediente registral.

verdadera filiación, debido a un acto voluntario de la madre, expresivo de su no asunción de la maternidad y sus responsabilidades inherentes. La maternidad queda, pues, determinada en nuestro Derecho por el hecho del parto, conforme al principio tradicional «mater semper certa est», cuya vigencia en todo el territorio español se produce desde que España se adhiriera en 1984 al Convenio internacional citado en los vistos. Consiguientemente, no existiendo duda de la identidad de la madre tal y como se deduce de las actuaciones la maternidad ha quedado determinada legalmente y la misma debe reflejarse en la inscripción de nacimiento".

No obstante, el caso que resolvió la Dirección General versaba sobre una inscripción de nacimiento fuera de plazo. En este caso el Código Civil dispone expresamente que uno de las formas de determinación de la maternidad es el reconocimiento. Nunca se supo el domicilio de la madre, porque ella nunca lo registró. Empero, el Centro Directivo hace extensiva la regla *mater semper certa est* a este tipo de inscripciones, *contra legem*, contra la solicitud del Instituto Madrileño del Menor y la Familia de Madrid y el Informe favorable del Ministerio Fiscal que solicitaban la inscripción de la filiación desconocida[608].

Ahora bien, la doctrina del Tribunal Supremo, aunque refrendada por la Dirección General, es harto discutible.

He repetido, continuamente, que el principio de verdad biológica es el punto de partida en la determinación de la filiación, pero no es norma absoluta, puesto que pueden influir factores distintos a los biológicos que la hagan declinar, como lo refleja la propia Ley de 13 de mayo de 1981. Por ello, discrepo de las afirmaciones del Tribunal Supremo. Éstas incluso contradicen la doctrina del propio Tribunal Constitucional que, tan sólo unos meses antes (cfr. Sentencia de 17 de junio de 1999), declaró la constitucionalidad de la disociación de la paternidad legal y biológica, sobre la base de que el principio de verdad de sangre tiene límites en el Derecho español.

En el caso del anonimato materno, la verdad biológica, que exige que se determine la maternidad de sangre o que el hijo pueda conocer su origen biológico (que no tiene amparo constitucional, sólo legal) se enfrenta al *derecho*

[608] El menor nació en un hospital y fue abandonado por la madre. La Conserjería de Servicios Sociales de la Comunidad de Madrid acoge al niño y solicita al encargado del Registro inscribirlo, ocultando la maternidad de la madre y señalando la filiación paterna como desconocida, atribuyéndole unos apellidos distintos a los biológicos. El Ministerio fiscal presentó informe favorable a esta inscripción y el encargado del Registro procedió a inscribir la filiación, no quedando reflejadas ni la maternidad ni la paternidad. Posteriormente, la madre biológica presenta recurso ante el Centro Directivo (cuando estaba en proceso la adopción del niño) y manifiesta que se había producido un error al inscribir la filiación materna como desconocida. Ante este hecho, el Ministerio fiscal pide que se confirme la inscripción realizada, lo cual es denegado por la Dirección General.

a la vida del hijo por nacer y del nacido[609], así como a su *integridad física*. En último término, la colisión se reduce a verdad biológica *versus favor filii*. Éste tiene un valor tan superior, que la verdad biológica no tiene más que ceder[610]. A mayor abundamiento, el derecho a la vida ha de primar contra cualquier otro interés, incluso sobre el interés futuro del hijo de conocer sus orígenes, que sería implanteable si el hijo no hubiera nacido. En realidad, si el hijo no llega a nacer ningún derecho existiría. Por lo tanto, el primer derecho de toda persona es el derecho a la vida, no, como sostiene RIVERO HERNÁNDEZ, el de conocer su propia identidad[611].

Por lo antedicho, discrepo de la doctrina detractora del anonimato materno cuando sostiene que ésta obedece a proteger únicamente el derecho al honor e intimidad de la madre soltera, el cual debe ceder ante el derecho del hijo a acceder a sus orígenes biológicos[612]. Es cierto que la madre pueda tener miedo al deshonor y a la vergüenza de tener un hijo no matrimonial, pero precisamente este motivo puede llevarla a atentar contra la vida del *nasciturus*.

Por otra parte, si bien el anonimato materno sólo se prevé a favor de la madre soltera, ello no conduce a una discriminación proscrita por el artículo 14 y 39 CE. Su no concesión al padre soltero y a la filiación matrimonial obedece a criterios objetivos. En primer lugar, el principio de igualdad ampara que ante la ausencia de matrimonio, la determinación de la filiación no matrimonial se lleve a cabo por mecanismos distintos. Además, la madre soltera, a diferencia de la madre casada, está expuesta, por su misma situación, a muchas más presiones externas e internas sobre su conducta o estado civil, que le lleven a desistir de su embarazo o atentar contra la vida o integridad del nacido. Por

---

609 La madre interpreta que el anonimato, que facilita la posterior adopción del menor, es el mejor modo de protegerle y, sin duda, su conducta es preferible a la que comete infanticidio o aborto.

610 Incluso, podría permitirse al hijo, excepcionalmente, y siempre que la madre lo consienta, conocer sus orígenes de sangre. No obstante, para conceder este derecho al hijo no es necesario arremeter contra el anonimato materno, como bien lo demuestra la regulación francesa e italiana. *Vid.* punto II. B. del Capítulo tercero, sobre el derecho del adoptado al conocimiento de sus orígenes biológicos.

611 Cfr. "*¿Mater semper*... cit.", p. 23.

612 Mantienen esta postura, RIVERO HERNÁNDEZ, F., "*¿Mater semper*... cit.", pp. 18 y ss. Asimismo, FERNÁNDEZ GONZÁLEZ, M. B., *El reconocimiento*..., pp. 51 y ss.; GARCÍA GÓMEZ, R., "Mujer soltera y ocultación de la maternidad. Los derechos de la madre frente a los del nacido", en *Violencia y desigualdad,* Universidad de Salamanca, Salamanca, 2004, pp. 154 y ss. y QUESADA GONZÁLEZ, M. C., "Algunas reflexiones sobre la maternidad a principios del S. XXI", en *Estudios Jurídicos en Homenaje al Profesor Luis Díez-Picazo,* t. III, Civitas, Madrid, 2003, pp. 4871 y ss. Sin embargo, esta última autora se muestra favorable al establecimiento de lugares, al estilo de Alemania, donde las madres puedan depositar anónimamente a su hijo. Considera que los fines caritativos de estas instituciones justifican su implantación, además de evitar abandonos que pongan en peligro la vida e integridad del hijo. Asimismo, considera que debe propiciarse la ayuda material y psicológica a las mujeres que no saben cómo afrontar su maternidad.

otra parte, como la maternidad no es igual que la paternidad –pues la madre es quien lleva consigo al hijo por nueve meses–, se justifica que el anonimato se descarte en la filiación paterna.

Ahora bien, lo que sí constituye una discriminación es que se declare la constitucionalidad del anonimato paterno (del donante, padre biológico) con tal de refrendar las técnicas de fecundación asistida y hacer posible el deseo de las personas a tener un hijo (cfr. STC de 17 de junio de 1999), mientras que el anonimato materno, que persigue fines realmente importantes (proteger la vida por nacer y otorgar una salida a las madres que decidían llevar adelante el embarazo), se declare contrario a la Constitución[613].

Con los razonamientos expuestos se demuestra que las normas que posibilitaban la ocultación de la identidad de la madre eran acordes con la Constitución española[614]. Este argumento se refuerza en el hecho de que la propia Ley de 13 de mayo de 1981, que adecuó la legislación civil a los nuevos principios constitucionales, remite la determinación de la maternidad no matrimonial a los preceptos de la Ley del Registro Civil. En la misma dirección, el Real Decreto 1917/1986, de 29 de agosto, que adecuó el Reglamento del Registro Civil a la nueva legislación civil postconstitucional, tampoco modificó las normas que posibilitaban el secreto de la maternidad. De igual forma, no las han reformado las posteriores modificaciones hechas a las normas registrales.

Cabe destacar que las normas del anonimato de la madre tampoco contradicen los convenios internacionales ratificados por España. Como expuse anteriormente, ninguno de ellos ampara la primacía absoluta de la verdad biológica[615]. Incluso, puede decirse que legitiman el anonimato materno.

En esta dirección, el Convenio de Bruselas nº 6 de la Comisión Internacional de Estado Civil sobre determinación de la maternidad no matrimonial regula,

---

613 La misma opinión mantiene Durán Rivacoba, R., "El anonimato… cit.", pp. 2081-2120. Por otro lado, llama la atención que Rivero Hernández justifique el anonimato paterno en las técnicas de reproducción asistida y sin ningún argumento contundente (Cfr. "De nuevos sobre el derecho a conocer… cit.", pp. 618-622).

614 También eran acordes con el dictamen del Comité Consultivo de Bioética, de 12 de enero de 1998, en el que se hacía constar dos posturas defendibles, propuestas desde el punto de vista de la ética: "algunos consideran que es inaceptable que vengan al mundo niños sin filiación; es por ello que prefieren proponer «el parto con discreción» no cerrando definitivamente la puerta a cualquier búsqueda de filiación. Otros piensan que el dilema ético planteado por el parto en el anonimato no reside en modo alguno en la oposición de los derechos respectivos «del niño a una filiación» y de «la madre desamparada» a resolver su situación conflictiva, sino en la confrontación más fundamental de los dos valores, el de la vida del niño, por un lado, y el derecho de toda persona a conocer a su madre biológica por otro. Señalan que, en este dilema, el primer valor a respetar es la protección de la vida del niño y su desarrollo. Es por ello que consideran que el parto en el anonimato es perfectamente legítimo y aceptable desde el punto de vista ético".

615 *Vid.* punto I. A. del Capítulo primero, sobre la investigación de la paternidad.

en su artículo 1, que *"cuando una persona es designada en la inscripción del nacimiento de un hijo no matrimonial como madre de éste, la filiación materna quedará determinada por la designación. Sin embargo, esta filiación podrá ser impugnada"*. Este último término debe ser entendido en sentido amplio, es decir tanto la impugnación judicial propiamente dicha como el simple desconocimiento[616].

La Convención sobre los Derechos del niño (cfr. artículos 7 y 8) no admite incondicionalmente y en abstracto que la prole conozca su origen biológico; limita ese conocimiento a la *medida de lo posible*. En este punto comparto la opinión de Durán Rivacoba para quien la expresión posibilista se refiere al interés superior del niño, guía de todas las actuaciones del Convenio[617]. La Carta Europea de los Derechos del niño (cfr. artículo 8), por su parte, también condiciona y restringe el descubrimiento de los orígenes biológicos a las limitaciones que impongan las legislaciones nacionales para la protección de los derechos de terceras personas. Asimismo, establece que se deberán determinar las condiciones bajo las que se daría al niño las informaciones relativas a sus orígenes biológicos.

El Convenio de la Haya sobre protección del niño y cooperación en materia de adopción internacional, de mayo de 1993, establece que debe garantizarse el acceso del adoptado a su origen, pero con unas limitaciones tan importantes que, en definitiva, supone grandes dificultades a su eficacia (cfr. artículos 16.2 y 30) porque depende, en todo caso, de lo que permite la legislación del Estado origen de la adopción. Por su parte, el Convenio europeo sobre materia de adopción[618] recoge el derecho del adoptado a conocer su lugar y fecha de nacimiento, pero no la identidad de sus padres biológicos (cfr. artículo 22).

También el Dictamen sobre la adopción elaborado por el Comité Económico y Social de la Unión Europea, 92/C287/08, aprobado el 1 de julio de 1992, es otro documento que se expresa en el sentido de restringir el acceso del adoptado a la información sobre su origen. Establece grandes precauciones en materia de información con la finalidad de no afectar los intereses de las familias involucradas, con atención especial a la madre por naturaleza. Dispone que la madre que entrega en adopción a su hijo *"interpone el interés de su hijo a su propia paz psicológica y moral, pues se ha comprobado sobradamente que el*

[616] Una interpretación contraria es la que sostiene Rivero Hernández. Para el autor, este Convenio no ampara el anonimato materno. Recoge, a su entender, la determinación automática de la maternidad no matrimonial sobre la base del principio *mater semper certa est*, debiendo interpretarse el término "impugnación" en el sentido de una acción de filiación propiamente dicha (cfr. "De nuevo sobre el derecho a conocer… cit.", pp. 607-608).

[617] Cfr. "El anonimato… cit.", p. 6.

[618] Revisado en Estrasburgo el 27 de noviembre de 2008. Vigente en España desde el 1 de septiembre de 2011.

abandono de un niño deja a menudo huellas muy profundas en la madre que se ha visto obligada a ello" y, por otro lado, que conocer los orígenes *"no necesariamente significa conocer la identidad de sus padres. En materia de acceso a los orígenes se sabe que no es fácil establecer una regla general (...) si se hallan soluciones, deberían rodearse de precauciones para garantizar el legítimo interés de todas las personas afectadas".*

Algunos autores alegan que la ocultación de la maternidad transgrede la doctrina del Tribunal de Estrasburgo a la luz de la sentencia Marckx, de 1979[619]. No comparto esta opinión. Dicha sentencia en absoluto se refiere al sistema bajo estudio y, además, el propio Tribunal de Estrasburgo, en el famoso caso Odiévre, ha reconocido la adecuación del anonimato materno al Convenio de Derechos Fundamentales de Roma. Este caso es directamente aplicable al ordenamiento español.

En el caso Odièvre –analizado en el punto II. B. del Capítulo tercero– se enjuiciaba el sistema del secreto de la maternidad francés frente al derecho de la demandante de acceder al conocimiento de sus orígenes biológicos. El Tribunal declaró que resultaban lícitos los fines del Estado francés de proteger, a través del parto anónimo, la vida del niño y la situación de las madres desamparadas para disminuir así el número de abortos y los abandonos, haciendo prevalecer estos valores sobre el derecho de la demandante a la verdad biológica[620].

---

619 Cfr. Fernández González, M. B., *El reconocimiento...* p. 51 y Peña y Bernaldo de Quirós, M., "De la paternidad... cit.", p. 888. Este último argumenta que las normas sobre el anonimato materno son contrarias a la doctrina de la sentencia Marckx contra Bélgica porque constituyen una infracción al respeto de la vida privada familiar del nacido. A su juicio, la determinación de la filiación queda al arbitrio de la madre, que si se niega, deja al nacido jurídicamente sin filiación materna, debiendo acudir a la reclamación de la maternidad no matrimonial, produciéndose dilaciones innecesarias en la determinación de su filiación.

620 Son destacables los votos concordantes de esta sentencia de los jueces Ress y Kuris, que realizaron una precisión respecto a los intereses enfrentados en el caso. Destacaron que el conflicto no podía reducirse a la relación entre la madre y el hijo tras el nacimiento, entre el derecho del niño a conocer sus orígenes biológicos y el interés de la madre a conservar su anonimato, sino que el conflicto se situaba mucho antes del parto: entre el interés del Estado en prever una solución para las madres desamparadas y en proteger al mismo tiempo la vida del niño por nacer *versus* el interés de ese niño que, tras su nacimiento, pretende acceder a sus orígenes biológicos. En consecuencia, defendieron que el derecho a la vida debe prevalecer sobre cualquier otro y que los fines legítimos del derecho francés dirigidos a proteger la vida humana pueden padecer efectos nefastos si se permitiera levantar el secreto. En este sentido, sostienen que "el individuo que trata de levantar el secreto a cualquier precio, incluso contra la voluntad expresa de su madre natural, debe preguntarse si su nacimiento habría tenido lugar sin el sistema del parto anónimo".

No obstante, Rivero Hernández se manifiesta en contra de la decisión del Tribunal de Estrasburgo. En su opinión, es excesiva la importancia que se otorgó a la finalidad de evitar abortos e infanticidios a la luz de la realidad actual. Además, sostiene que no se ha tomado en cuenta el interés del padre, de otros ascendientes y de los hermanos (cfr. "De nuevo sobre el derecho a conocer... cit.", pp. 599-600 y 616). En la misma línea, Rodríguez Vega considera que se ha dado un excesivo valor al derecho de la madre y que el Tribunal lo ha valorado de forma absoluta, lo que a su

Este criterio también ha sido confirmado por la STEDH de 10 de enero de 2008, caso Kearns contra Francia. La Sra. Kearns, de nacionalidad irlandesa, casada y embarazada (de un hombre distinto del marido), junto a su abogado y madre, se trasladan a Francia –días antes de que la primera diera a luz– para acogerse al parto anónimo. Figura que no existe en su país de origen. Los servicios sociales mantuvieron con la Sra. Kearns, antes y después del parto, varias entrevistas en presencia de personal que hacía de intérprete. Le informaron de todas las implicancias y consecuencias del parto anónimo, así como de los plazos en que podía solicitar la restitución de su hija. Tras esta información, la madre firma un acta. Entrega a su hija como pupila del Estado, solicita el secreto de su identidad y señala que se trataba de una hija extramatrimonial no reconocida.

Pasado el tiempo para solicitar la restitución por la madre, el padre biológico de la niña solicita se paralicen los trámites de adopción y la restitución de la menor. Tras esta inicial actividad del padre, la madre se presenta ante la maternidad del hospital y solicita la restitución de su hija, solicitud que fue denegada por haber transcurrido el plazo de 2 meses. La madre acude a los tribunales franceses quienes desestiman la petición de restitución de la menor. Se continúa con el proceso de adopción y se otorga la adopción plena de la niña a un matrimonio. La madre biológica interpone demanda ante el Tribunal de Estrasburgo argumentando violación del artículo 8[621], 6.1 y 14 del Convenio, por la brevedad del plazo y la mala información que recibió de los servicios sociales franceses. El Tribunal desestima la demanda. Argumentó que el plazo de 2 meses es un plazo legal que persigue un interés legítimo y que guarda el equilibrio de los intereses de las partes involucradas: de la progenitora biológica (que tiene un tiempo suficiente y razonable para reflexionar sobre la entrega de la niña al Estado), del interés superior del hijo (a que en un breve de plazo de tiempo pueda establecer relaciones afectivas familiares en el seno de una nueva familia[622]) y de los padres adoptivos (a gozar de una vida familiar estable con el hijo adoptado). El Tribunal de Estrasburgo reconoce que estos intereses

juicio es una decisión imprudente (cfr. ob. cit., pp. 11-12). De esta manera, los autores coinciden con la opinión de los votos de los jueces disidentes de la sentencia Odièvre. Éstos afirman que no ha existido una correcta ponderación de los intereses en juego y que se ha vulnerado el artículo 8 del Convenio. A su parecer, el interés enfrentado es el del hijo a conocer su origen biológico frente al de la madre a su intimidad. Concluyen que la madre siempre tiene el poder de impedir el acceso a su identidad, lo que vulnera el interés del hijo a conocer su ascendencia, que ha de prevalecer.

[621] El Gobierno francés argumenta algo muy interesante en cuanto al derecho a la vida familiar. Precisa que cuando la madre se acoge al secreto de la maternidad, entregando a su hijo inmediatamente después del parto, no se ha instaurado ninguna vida familiar, que luego pueda ser vulnerada.

[622] Como acertadamente alega el Gobierno francés, el derecho a la vida familiar del hijo impone que el plazo de revocación y restitución del hijo no sea excesivo (cfr. punto 61 de la sentencia).

son muy difíciles de conciliar, sin embargo, establece que en la búsqueda del equilibrio debe prevalecer siempre el beneficio del niño.

Asimismo, argumenta que la madre fue suficientemente informada sobre las consecuencias del parto anónimo, no existiendo ambigüedad en el plazo, máxime cuando ella se trasladó por su cuenta a Francia y con el asesoramiento de un letrado en el tema.

En conclusión, la doctrina del Tribunal Supremo español, en sentencia de 21 de septiembre de 1999, es contraria a la protección especial que la Constitución y los diferentes tratados internacionales suscritos por España aseguran a los hijos y a las madres. Además, dicho órgano se ha atribuido una función que no le corresponde: la declaración de inconstitucionalidad de las normas, que sólo se atribuye al Tribunal Constitucional, como lo establece expresamente el artículo 163 CE[623].

Por tanto, es bastante objetable que tras una discutible interpretación y una instrucción ministerial se deje inaplicable el sistema del anonimato materno[624]. Máxime cuando España presenta una legislación favorable al aborto, con ayudas a su consecución[625], y carece, prácticamente, de ayudas que permitan sobrellevar la gestación a la madre embarazada[626]. Las pocas que existen se han visto recortadas[627] o no se ponen en funcionamiento[628].

---

623 Cfr. García de Enterría, E., "La Constitución como norma jurídica", *ADC*, nº 2-3, 1979, pp. 310-311.

624 Cabe destacar que la Ley del Registro Civil, 20/2011, de 21 de julio, en vigor a partir del año 2114, ya no recoge las normas del anonimato materno e impone al personal sanitario tomar las cautelas necesarias para asegurar la identificación del recién nacido y efectuar las comprobaciones que se determinen reglamentariamente para establecer su filiación (cfr. artículo 46).

625 Valga como ejemplo que la Consejería de Sanidad de Castilla y León ha contratado los servicios de Ginemédica para que perpetre abortos a las beneficiarias de la Seguridad Social en la provincia de Valladolid, durante los años 2010, 2011 y 2012. A ello ha destinado el Ejecutivo 750 463 euros, según una Resolución publicada en el BOCYL del jueves 28 de enero de 2010.

626 Ayudas que servirían, además, para aumentar la tasa de natalidad, tan disminuida en países europeos, especialmente, en España.

627 Recuérdese que el cheque bebe fue eliminado a finales del 2010.

628 Es el caso de la Ley de Apoyo a la Maternidad, Ley 12/2008 (BOCYL de 26 de diciembre de 2008), aprobada por Castilla y León y en vigor desde enero de 2009. Dicha ley concedía a la Junta un año para elaborar y publicitar un plan integral del que aún no se sabe nada. El artículo 10 de esta Ley establece que: "*En el plazo de un año a partir de la entrada en vigor de la presente Ley, se elaborará un Plan Integral de Apoyo a la Mujer embarazada en el que se contendrán los objetivos fundamentales y actuaciones previstas en apoyo de la mujer embarazada, así como las medidas de difusión necesarias para dar a conocer la existencia de la red de apoyo*".

Puesto que la Ley 12/2008, tal y como ordena su Disposición Final, entró en vigor el 26 de enero de 2009, en la misma fecha del 2010 finalizó el plazo que la Junta de Castilla y León tenía para cumplir con esa exigencia. Sin embargo, y a pesar de que, según lo publicado por algunos medios de comunicación, eran cinco las Consejerías encargadas de trabajar en el Plan Integral (Presidencia, Familia e Igualdad de Oportunidades, Economía y Empleo, Educación y Sanidad),

En comparación con el sistema francés, pone de manifiesto que, en materia de derechos fundamentales, aún nos queda mucho camino que recorrer.

IV. LA MATERNIDAD Y LA GESTACIÓN POR SUSTITUCIÓN

La gestación por sustitución, conocida también como maternidad subrogada o vientre de alquiler, puede definirse como el contrato por el que una persona o, más habitualmente, una pareja comitente (homosexual o heterosexual, casada entre sí o unida de hecho), que a su vez pueden aportar o no sus gametos, encarga a una mujer que lleve a término la gestación –aportando o no su óvulo– y nacimiento de un niño concebido mediante técnicas de reproducción asistida, a cambio de una prestación económica o a título gratuito. Tras el nacimiento, la parte comitente es quien se queda con el niño, de manera que éste figura legalmente como hijo de la persona o pareja que lo encargó, renunciando la madre portadora a la filiación materna que le corresponde (cfr. SAP de Valencia de 23 de noviembre de 2011).

La maternidad subrogada, por tanto, alberga varias modalidades en su realización: a) la madre sustituta aporta sólo la gestación (alquila su útero) para continuar con el embarazo de un embrión fecundado con material reproductor de la madre contratante y de su pareja (marido o conviviente). En este caso, la madre de alquiler es madre gestante, pero no biológica; b) la madre de alquiler cede no sólo su útero, sino también su óvulo, con lo que sería no sólo madre gestante sino también genética o biológica del nacido; c) la madre de alquiler cede sólo su útero y el óvulo proviene de donante anónima. Es decir, se presentan tres maternidades: gestante (de la madre de alquiler), biológica (de la donante) y por voluntad (de la madre contratante).

Todos estos supuestos reflejan que la maternidad por suposición conlleva algo impensado en la fecundación por cópula natural: la disociación de la maternidad. Además, al atribuirse siempre la maternidad jurídica a la madre contratante, quedando oculta la de la madre gestante, se deja de lado el principio *mater semper certa est* y el de verdad biológica, y con la única finalidad

---

constituye todo un misterio cuál será el contenido del Plan y qué presupuesto se destinará a su puesta en práctica.

Por otro lado, según lo recogido en el *Diario Oficial de Galicia* de 17 de octubre de 2011, la Secretaría Xeral de Igualdad, dependiente de la Consellería de Presidencia ha decidió otorgar 91.000 euros en forma de subvenciones a varias organizaciones antiabortistas. Las ayudas, concedidas de un total de 916.000 euros, están destinadas a programas para mujeres en situación de riesgo o exclusión social, víctimas de la violencia de género, mujeres gestantes o lactantes, en especial discriminación o para mantener centros de atención especializada a mujeres. Esperemos que estas ayudas se apliquen inmediatamente.

de satisfacer el deseo de los comitentes de tener un hijo a toda costa[629]. Por ésta, y por otras razones de peso, la figura bajo análisis es ilegal en la mayoría de los países. Sólo está regulado en Estados Unidos[630] (y en algunos Estados como California), Rusia, Ucrania, Israel, India[631]. En otros países, pese a estar prohibida, se practica; entre ellos destaca China. En Europa, sólo Reino Unido y Grecia lo permiten, pero con ciertas restricciones: ser residente, ser familiar directo y sin ánimo de lucro.

En España, la Ley 14/2006, de 26 de mayo (así como su predecesora, la Ley 35/1988), ha mantenido a toda costa la determinación de la maternidad por el hecho del parto en las técnicas de reproducción asistida, debido a la estrecha relación psicofísica de la gestante con el futuro descendiente durante los nueve meses de embarazo. Por ello, la Ley es tajante al prohibir la técnica de maternidad por subrogación, a título gratuito o a cambio de una prestación, y califica de nulo el contrato por la que se lleve a cabo[632].

---

629 Tanto la maternidad subrogada como los supuestos que dan origen al anonimato materno llevan consigo una ocultación de la maternidad de la gestante. No obstante, ambas figuras difieren totalmente. La segunda no tiende a cumplir "deseos" de nadie; se limita a proteger valores importantes, como la vida y la integridad física del nacido. Asimismo, implica que el hijo ha sido procreado de manera natural y no ha existido ningún contrato previo entre la madre biológica y los futuros adoptantes del menor. Es más, la madre no tiene conocimiento de la identidad de la pareja adoptante.

630 Precisamente a este país han acudido famosos personajes para contratar un vientre de alquiler. Hace pocos años, en el 2008, se conocía la noticia que el cantante Ricky Martín había logrado la paternidad de gemelos nacidos mediante esa técnica. También Miguel Bosé ha recurrido a ella y, en el año 2011, ha logrado ser padre de gemelos.

631 Debido al aumento de demanda de vientre de alquiler en este país, el Gobierno ha preparado una regulación de esta industria en una Ley de *Assisted Reproductive Technology* que, hasta la fecha, se encontraba en trámite parlamentario. Entre las disposiciones que recoge esta Ley se encuentra que: ambas partes deben firmar un contrato que tiene fuerza legal. Las partes que contraten con la mujer gestante pueden ser parejas o individuos, es decir solteros (as), parejas o matrimonio homosexuales y heterosexuales. La pareja contratante podrá ser o no los padres del niño que nacerá. Asimismo, la madre subrogada renuncia a todo derecho sobre el niño. Si está casada deberá contar con la autorización del marido. *Si el o los contratantes se trata de extranjeros, deben probar que pueden llevar legalmente al hijo a su país*. Por otro lado, en caso de separación o divorcio de la pareja contratante, el niño será hijo legítimo de ambos. Asimismo, los padres no podrán negarse a aceptar al hijo, en caso de que nazca con alguna anomalía.

632 En este mismo sentido, aunque la Ley no lo señale expresamente, también se puede deducir la nulidad de la denominada técnica de la "ectogénesis" por la que se crea un ser humano individualizado en un laboratorio. La gestación se desarrolla totalmente fuera del vientre materno no habiendo forma alguna de aplicar el principio *mater semper certa est*. Además, su realización habrá de ser sancionada como una infracción muy grave. La verdad es que con esta técnica no sólo se traspasan todos los límites de la realidad, sino que, además, se atenta de manera desmesurada contra el hijo. Si su fecundación en un laboratorio ya clamaba al cielo, su fecundación y desarrollo fuera del vientre materno debería ser considerado un delito. Sería llevar al extremo ese deseo de las personas al hijo.

A. La nulidad del contrato de gestación por sustitución y otras sanciones

El contrato de gestación por sustitución es nulo por varias razones.

En primer lugar, porque se opone al principio de indisponibilidad del cuerpo humano, al recaer sobre las facultades reproductivas y de gestación de la madre, específicamente, sobre su útero. Se trata del alquiler (o préstamo en caso de ser gratuito) de una función de la mujer, tan importante, como es la maternidad, que no puede ser objeto del tráfico jurídico. Es un bien *extra comercium*, fuera del comercio de los hombres[633]. Luego, el contrato de gestación por sustitución es nulo por su objeto (cfr. artículo 1271 CC).

Además, transgrede la indisponibilidad del estado civil de la persona, ya que trata de modificar las normas que determinan la constitución de la relación jurídica paterno-filial y la atribución de la condición jurídica de progenitor e hijo. Normas que revisten carácter imperativo y de orden público, por lo que cualquier renuncia a la filiación materna por parte de la madre gestante es un acto que incide sobre un aspecto que escapa a la autonomía de la voluntad y, por tanto, en la que no cabe ni renuncia ni disposición. Por otra parte, el contrato bajo análisis también es contrario a la dignidad de la mujer y del niño. Supone una explotación y manipulación de la madre[634] y se produce al margen de los intereses del hijo, quien tampoco puede ser objeto de comercio, no puede ser transferible. Se vulneran, pues, principios básicos de nuestro Derecho recogidos en normas constitucionales (cfr. artículos 10, 15 y 39.2 CE)[635]. Por estos argumentos, el acuerdo de vientre de alquiler incurre en nulidad por disposición del artículo 6.3 CC y por causa ilícita, *ex* artículo 1275 CC (cfr. SAP Valencia de 23 de noviembre de 2011[636]).

---

[633] Así lo precisa expresamente el artículo 16.1 CC francés: *"El cuerpo humano, sus elementos y sus productos no pueden ser objeto de un derecho patrimonial"*.

[634] La típica madre de alquiler india es una mujer del campo, pobre, que recurre a alquilar su vientre como último recurso para obtener dinero con el que criar a sus propios hijos. No pocas veces se trata de mujeres analfabetas, que ignoran lo que supone el procedimiento. Este perfil evoca, inmediatamente, la idea de explotación, de una mujer utilizada como útero de alquiler.

[635] Cfr. Bercovitz Rodríguez-Cano, R., "Hijos made... cit.", p. 2119.

[636] En este punto cabe traer a colación un famoso caso francés resuelto por la Sentencia de la Corte de Apelación de Rennes, de 4 de julio de 2002. Esta sentencia anuló el reconocimiento de un hijo, hecho por una unión *more uxorio* heterosexual, que había suscrito en California un contrato de útero de alquiler con una mujer estadounidense, por la que ésta, a cambio de veinte mil dólares, se comprometía a consentir la implantación en su útero de los embriones, obtenidos en una fecundación *in vitro* realizada con los gametos de la pareja. La razón de celebrar este contrato era que la mujer francesa, por una enfermedad congénita, no podía llevar adelante un embarazo. La mujer estadounidense tuvo dos gemelos, que fueron inscritos en el registro de nacimientos de California, como hijos de ambos convivientes, a pesar de que la conviviente no era la madre gestante de los niños, sino su madre biológica.

A pesar de la contundencia de estos razonamientos, algún autor defiende que la maternidad subrogada debería tener validez bajo estrictas exigencias: que el contrato sea gratuito y la libre voluntad de la gestante de abandonar al hijo, es decir, sin admisión de la ejecución forzosa del contrato de gestación para el otro[637]. Esta propuesta no es muy conveniente –a pesar de se cumplan las restricciones sugeridas– porque los presupuestos para declarar la nulidad del contrato existen. Más allá del sentimentalismo por el que la madre gestante se ofrece a "ayudar" a la madre o pareja contratante a cumplir el sueño de tener un hijo, se encuentra la forma en que dicha colaboración se lleva a cabo, lesiva siempre para el hijo. Así lo ha confirmado la propia SAP de Valencia de 23 de noviembre de 2011 al establecer, categóricamente, que el contrato de gestación por sustitución es nulo aunque se haya realizado a título gratuito u oneroso y aunque exista la libre voluntad de la madre gestante de entregar al niño.

En consecuencia, bajo cualquier forma y en todas sus modalidades, la nulidad del contrato de gestación por sustitución impedirá la exigencia de lo pactado. Es decir, ninguna de las partes está vinculada jurídicamente a realizar o exigir lo acordado. Si la madre gestante se arrepiente de renunciar a su maternidad y decide quedarse con el niño, nada podrá hacer la mujer comitente. No podrá reclamar la entrega del niño al nacer ni la devolución del dinero entregado a la gestante[638].

El Tribunal Supremo, en sentencia de 6 de abril de 2011, confirma la sentencia de la Corte de Apelación. Señala, de manera impecable, las razones de nulidad del contrato de vientre de alquiler: en primer lugar, afirma que el tenor de los artículos 16.7 y 9 CC francés llevan a calificar el contrato de gestación por sustitución como incurso en una nulidad de orden público. Alega que en el Derecho francés es patente que la madre es la que lleva al hijo y la que le da la vida trayéndolo al mundo y que, en consecuencia, no es la mera realidad genética la que crea la filiación materna. En segundo lugar, se invocan los principios de indisponibilidad del cuerpo humano y del estado de las personas; y, en tercer lugar, sostiene que el derecho al respeto de la vida privada y familiar conduce a no admitir la incitación al abandono de un niño por su madre mediante una contraprestación económica y el uso del cuerpo de otro para satisfacer el deseo personal de tener un hijo (cfr. De Verda y Beamonte, J. R., ob. cit.).

[637] Rivero Hernández rechaza el contrato de gestación por sustitución oneroso, pero acepta el gratuito: "creo que merecen más atención y otra consideración aquellos casos que ante una grave deficiencia y con paralela repercusión en la mujer o en la pareja, otra persona (la hermana, una amiga) se brinda benévola y altruistamente a gestar un preembrión, el óvulo fecundado, de la pareja o de la mujer que no puede en absoluto darle vida humana, y una vez nacido el nuevo ser no desea retenerlo como hijo propio, sencillamente porque la mujer gestante ya tiene hijos y no buscaba uno más como suyo, sino que se limitó a ayudar a su amiga o a su hermana donde ésta la necesitaba" (*Elementos*... cit., p. 164).

[638] De manera diferente resolvieron los tribunales californianos debido a que la gestación por sustitución es una técnica lícita en ese Estado norteamericano: Sentencia de la Corte Suprema de California de 20 de mayo de 1993, caso Jhonson *v.* Calvert. Esta sentencia da validez al contrato de subrogación gestacional celebrado entre los padres intencionales y la madre de alquiler para concebir un hijo genéticamente relacionado con la pareja. A la madre de alquiler se le implantó un cigoto, resultante de la fecundación in vitro de un óvulo de la esposa con esperma del marido. La madre de alquiler inicialmente renunció a su maternidad, que fue sin embargo demandada pos-

Ahora bien, la nulidad constituye una sanción civil al contrato de gestación por sustitución. No obstante, considero que es una medida insuficiente para evitar la celebración de estos contratos. Es imperativo que las conductas de las partes contratantes, así como la de los centros médicos que actúan como intermediarios en la realización de la técnica sean castigadas con otro tipo de penas.

La LTRHA prevé ciertas sanciones administrativas específicas para los centros o servicios que realizan una técnica que no está incluida en el anexo de la Ley o que no ha sido autorizada como técnica experimental. Esta praxis se considera una infracción muy grave que conlleva una multa pecuniaria y la clausura o cierre de los centros o servicios en los que se practiquen las técnicas no contempladas por Ley (cfr. artículo 26.2.b.2º LTRHA). Estas sanciones sólo se aplican si un centro autorizado en España lleva a cabo el contrato de gestación por sustitución en territorio español; pero como en todos los casos de los que se tiene noticia el centro médico no realiza directamente dicho contrato, sino que actúa como intermediario para la realización de la técnica en el extranjero, podría alegar, *ex lege*, su no inclusión en esta infracción.

Por estos motivos, no me sorprende que existan empresas (como las de Gran Vía de Barcelona) que se anuncien como intermediarias para llevar a cabo un contrato de maternidad subrogada en otros países, con la mayor impunidad. Esta situación debe ser un llamado al legislador para incluir una sanción administrativa directa para aquellos centros médicos autorizados en España que actúen como intermediarios para la consecución de un contrato de alquiler tanto en España como en el extranjero.

Por otro lado, a pesar de que no existe ninguna sanción penal para las personas que participan en un contrato de maternidad subrogada (tanto en la celebración como en el cumplimiento), coincido con PÉREZ MONGE en el sentido de que pueden aplicarse los artículos 220 y 221 CP[639].

El primero de los preceptos pretende evitar la alteración del estado civil de una persona derivado de la filiación. Su inciso 1 (*"la suposición de un parto será castigado con las penas de prisión de seis meses a dos años"*) podría aplicarse a la madre comitente que, ante la imposibilidad de lograr la determinación de la maternidad a su favor en España, realiza la suposición del parto. Asimismo, el inciso segundo de este precepto podrá aplicarse a la madre

teriormente por ella tras deteriorarse las relaciones con el matrimonio CALVERT. Para el Tribunal Supremo de California, el elemento intencional es el que determina la maternidad. Por ello, decidió que las personas que entran en un contrato de maternidad subrogada con la intención de cuidar un niño durante su minoría resultante serán los padres legales del niño.

[639] Cfr. "Cuestiones actuales de la maternidad subrogada en España: regulación *versus* realidad", *RDP*, nº 7-8, 2010, pp. 48-49.

de alquiler, haya o no recibido una contraprestación económica: *"la misma pena se impondrá al que ocultare o entregare a terceros un hijo para alterar o modificar su filiación"*.

El artículo 221 CP establece una pena mayor para quien entrega al hijo, mediando contraprestación económica: *"los que mediando compensación económica, entreguen a otra persona un hijo (...) eludiendo los procedimientos legales de la guarda, acogimiento o adopción, con la finalidad de establecer una relación análoga a la de filiación, serán castigados con las penas de prisión de uno a cinco años y de inhabilitación especial para el ejercicio del derecho de patria potestad por tiempo de cuatro a diez años"*. La misma norma posibilitaría imponer penas a los padres comitentes que reciben al niño e, incluso, a los centros médico u otras empresas que colaboraron con este delito *"con la misma pena serán castigados la persona que lo reciba y el intermediario, aunque la entrega el menor se hubiese efectuado en país extranjero"*.

Ahora bien, que la maternidad subrogada tenga lugar en el extranjero limita la acción penal, salvo que se opte por considerar que el fraude relativo a la alteración del registro civil se produce al volver al país y solicitar la inscripción.

B. La determinación de la filiación del nacido mediante maternidad subrogada

Si bien el contrato de maternidad subrogada es sancionado con nulidad, queda por resolver el problema de la determinación de la filiación del nacido, quien es una realidad y al que no pude calificársele de nulo.

El artículo 10 LTRHA contempla la posibilidad de determinar la relación paterno-filial del nacido a través de los medios regulados en la legislación española, permitiendo la inscripción del menor en el Registro Civil. El segundo párrafo del precepto legal establece que la maternidad, de conformidad con el principio paulino *mater semper certa est,* se determina por el parto a favor de la madre gestante y sin tomar en cuenta ninguna otra consideración. Es decir, sin importar si se ha llevado a cabo con el óvulo de la mujer comitente (cfr. SAP de Valencia de 23 de noviembre de 2011) o de una donante o de si existe un conflicto positivo (la madre gestante y comitente quieren asumir la maternidad), como negativo (ni la madre gestante ni comitente quieren asumir la maternidad), como si no se suscita ningún conflicto de asunción de la maternidad[640].

---

[640] QUESADA GONZÁLEZ opina que la maternidad debe determinarse a favor de la madre gestante únicamente cuando existe un conflicto de maternidades, pero cuando éste no existe o la madre gestante muere, la maternidad ha de determinarse a favor de la madre comitente. A juicio de la autora ésta es la mejor solución en el interés del menor, pese a que con ello se estaría dando plena validez al contrato de gestación por sustitución (cfr. "Algunas reflexiones... cit.", pp. 4877-4879).

En el caso de que la madre comitente sea la madre biológica, cabe plantearse si ésta, o incluso la madre gestante, pueden impugnar su maternidad y si esta misma acción la puede realizar el hijo para luego reclamar su verdadera maternidad biológica. A mi juicio, parece imposible que ello pueda prosperar, puesto que la Ley dispone que madre es la que da a luz, sin importar si la madre biológica es otra persona. Por ello, no comparto la postura de QUESADA GONZÁLEZ quien considera que la madre comitente y el hijo pueden impugnar la maternidad de la madre gestante y reclamar la maternidad biológica, siempre que la primera no se oponga. Además, que cuando el hijo impugne, ninguna de las dos madres oponga la aplicación del artículo 10 LTRHA[641]. La autora olvida que, aunque las madres no se opongan a ese precepto, su aplicación no puede dejarse de lado por mera voluntad de las personas, porque se trata de una norma imperativa y de orden público.

Mayor dificultad presenta la determinación de la paternidad, pues habrá de distinguir si la madre gestante es soltera o se encuentra unida en matrimonio.

a) Si la madre gestante no está casada, se determinará únicamente la maternidad no matrimonial, quedando sin fijar la paternidad. Para esto último, habrá que tomar en cuenta si el varón comitente aportó su semen o si la fecundación artificial se llevó a cabo con donante anónimo.

En este sentido, el varón comitente que aportó sus gametos, es decir, que realmente es el padre biológico del nacido, tiene expedita la acción de reclamación de la paternidad no matrimonial conforme a las reglas generales (cfr. artículo 10.3 LTRHA). Ello quiere decir que sólo podría entablar la acción si mantiene una relación familiar estable con el nacido, *ex* artículo 131 CC, aunque con la nueva interpretación hecha por los tribunales también tendrá legitimación en caso de no existir posesión de estado de filiación. De igual manera, el hijo también ostenta legitimación durante toda su vida para reclamar la paternidad no matrimonial del varón contratante (cfr. artículo 133 CC). Respecto de la madre gestante, podrá reclamar la paternidad del padre biológico, *ex* artículo 131 CC, y en representación del hijo menor o incapaz, *ex* artículo 133 CC.

No obstante, considero que también es posible la determinación de la paternidad no matrimonial de manera extrajudicial, vía reconocimiento, sujetándose a lo dispuesto en el artículo 124 CC, o vía expediente registral del artículo 120.2 CC.

Por otro lado, si la fecundación artificial se ha llevado a cabo con semen de donante, éste se encuentra protegido por el anonimato y la imposibilidad de determinar la filiación a su favor (cfr. artículo 5 LTRHA). Por parte del

---

[641] Cfr. *Ibídem*, pp. 4882-4883.

varón comitente, al no ser el padre biológico del nacido, no podrá acogerse a la disposición del artículo 10. 3 LTRHA.

Sin embargo, es posible que su paternidad se establezca extrajudicialmente si media el reconocimiento de la filiación (se trataría de un reconocimiento de complacencia). Además, también parece posible la aplicación de las disposiciones especiales del artículo 8.2 LTRHA que regulan la fecundación artificial en una pareja no casada. De esta manera, el documento donde consta el consentimiento que el varón comitente otorgó antes del uso de la técnica para que la mujer gestante sea fecundada con el gameto de un tercero se consideraría un escrito indubitado a efectos de determinar la paternidad extramatrimonial, según los artículos 120. 2 CC y 49 LRC. Ahora bien, el artículo 8.2 LTRHA también permite la determinación de la paternidad vía acción de estado en donde el citado documento constituye la prueba fundamental para determinar la paternidad voluntarista del comitente[642]. Sin embargo, como el legislador no ha establecido un proceso de reclamación de paternidad especial para esta filiación basada en la voluntad, ha de entenderse que deben de aplicarse las normas generales para determinar el círculo de personas que ostentan legitimación activa y los plazos preclusivos a los que se somete la acción.

b) Cuando la madre de alquiler está casada y no separada judicialmente o de hecho, la situación se complica aún más por la vigencia de la presunción de paternidad. Esta presunción actúa automáticamente, por tanto, la paternidad queda determinada a favor del marido de la gestante, pese a no ser el padre biológico del nacido y aunque haya consentido que su mujer lleve a cabo la maternidad por sustitución y se fecunde con semen de un tercero. No obstante, esta paternidad matrimonial podrá ser impugnada por el propio marido (cfr. artículo 136 CC) o por el hijo (cfr. artículo 137 CC). Éste, incluso podrá entablar la acción mixta siempre que la fecundación se haya llevado a cabo con semen del varón comitente.

Respecto de este último, si es el padre biológico del nacido, podrá reclamar la paternidad no matrimonial e impugnar la matrimonial, tenga o no posesión de estado, debido a la exégesis correctora del artículo 133 CC que vienen efectuando los tribunales. También puede esperar a que el marido o el hijo impugnen la paternidad matrimonial y proceder a reconocer la filiación. Por último, si la fecundación se ha llevado a cabo con semen de donante, no creo posible que el varón comitente pueda ejercitar una acción mixta. Deberá esperar a que la paternidad matrimonial sea impugnada y proceder a determinar su paternidad por reconocimiento o por expediente registral.

642 En el mismo sentido, PÉREZ MONGE, M., ob. cit., p. 51.

Es menester precisar que estos criterios de determinación de una filiación derivada de un contrato de gestación por sustitución se aplicarán cuando se tenga realmente conocimiento de que el hijo ha sido concebido mediante esta técnica. Hecho que puede pasar desapercibido, como he apuntado *supra,* cuando la parte comitente es una pareja heterosexual o incluso, cuando es un varón en solitario[643]. No obstante, si el origen de la filiación se descubre, han de aplicarse los criterios expuestos; de lo contrario se convalidaría un fraude de ley[644].

Cuando quien encarga la gestación es un matrimonio de varones, la paternidad podría determinarse únicamente a favor del varón que contribuyó con su semen, más no a favor de su cónyuge, salvo que éste adopte, posteriormente al menor, lo que llevaría consigo un fraude de Ley que tampoco debe permitirse.

Por último, si quien encarga la gestación por sustitución es un matrimonio de mujeres, resultará imposible que la filiación se determine a favor de alguna de ellas. A pesar de que una haya prestado su gameto, la maternidad se determina siempre a favor de la gestante. Tampoco se podría aplicar el artículo 8.2 LTRHA, para determinar la maternidad voluntarista de una de las contratantes, puesto que artículo sólo se aplica a una pareja heterosexual no casada.

---

643 Ello puede suceder porque bien la pareja logra inscribir la filiación a su favor como una filiación por naturaleza; o bien porque se determina la maternidad a favor de la gestante y la paternidad a favor del varón comitente, pero, luego, la mujer contratante (casada o no con el padre legal) adopta al niño, determinándose la filiación a favor de ambos. Podría objetarse que cuando la mujer comitente es la madre biológica no puede adoptar al menor por la prohibición de adoptar a los descendientes. No obstante, a mi parecer no habrá ningún problema. Esa circunstancia puede no salir a la luz y concluir con éxito la adopción.

644 QUESADA GONZÁLEZ, no obstante, es de la opinión de que, cuando el nacido viva con dicha pareja, habría de mantenerse la determinación de la filiación a favor de la pareja comitente en interés del menor (cfr. "Algunas reflexiones... cit.", pp. 4880-4881).

ÍNDICE DE SENTENCIAS Y RESOLUCIONES

Tribunal Constitucional

SENTENCIAS

Sentencia de 22 de mayo de 2006 (RTC 2006/154)
Sentencia de 24 de abril de 2006 (RTC 2006/118)
Sentencia de 16 de febrero de 2006 (RTC 2006/52)
Sentencia de 27 de octubre de 2005 (RTC 2005/273)
Sentencia de 26 de septiembre de 2005 (RTC 2005/233)
Sentencia de 9 de junio de 2005 (RTC 2005/156)
Sentencia de 26 de mayo de 2005 (RTC 2005/138)
Sentencia de 28 de febrero de 2005 (RTC 2005/44)
Sentencia de 14 de febrero de 2005 (RTC 2005/29)
Sentencia de 17 de enero de 2005 (RTC 2005/3)
Sentencia de 4 de octubre de 2001 (RTC 2001/200)
Sentencia de 17 de junio de 1999 (RTC 1999/116)
Sentencia de 31 de mayo de 1999 (RTC 1999/95)
Sentencia de 17 de enero de 1994 (RTC 1994/7)
Sentencia de 31 de enero de 1991 (RTC 1991/20)
Sentencia de 22 de diciembre de 1987 (RTC 1987/207)
Sentencia de 20 de febrero de 1984 (RTC 1984/23)
Sentencia de 2 de julio de 1981 (RTC 1981/22)

AUTOS

Auto de 11 de julio de 2004
Auto de 29 de noviembre de 2002 (RTC 2002/47 AUTO)

Tribunal Supremo (Sala de lo Civil)

Tribunales Superiores de Justicia

Cataluña

Navarra

Audiencias Provinciales

Dirección General de los Registros y del Notariado

Resolución de 3 de julio de 2009 (JUR 2010/352145)
Resolución de 15 de junio de 2009 (JUR 2010/316103)
Resolución de 30 de marzo de 2009 (JUR 2010/295844)
Resolución de 28 de marzo de 2009 (JUR 2010/295843)
Resolución de 18 de febrero de 2009 (RJ 2009/1735)
Resolución de 26 de noviembre de 2008 (RJ 2010/459)
Resolución de 24 de noviembre de 2008 (JUR 2010/2732)
Resolución de 20 de noviembre de 2008 (JUR 2010/2755)
Resolución de 14 de octubre de 2008 (JUR 2009/443280)
Resolución de 22 de mayo de 2008 (JUR 2009/389849)
Resolución de 17 de mayo de 2008 (JUR 2009/389880)
Resolución de 17 de abril de 2008 (JUR 2009/388655)
Resolución de 8 de junio de 2007 (JUR 2008/280887)
Resolución de 4 de junio de 2007 (JUR 2008/263996)
Resolución de 23 de mayo de 2007 (JUR 2008/256349)
Resolución de 5 de julio de 2006 (JUR 2007/246290)
Resolución de 5 de junio de 2006 (JUR 2007/130356)
Resolución de 16 de mayo de 2006 (JUR 2007/111875)
Resolución de 27 de abril de 2005 (RJ 2005/9779)
Resolución de 3 de febrero de 2005 (JUR 2005/150265)
Resolución de 2 de febrero de 2004 (JUR 2004/142408)
Resolución de 25 de octubre de 2003 (RJ 2004/706)
Resolución de 11 de noviembre de 2002 (RJ 2003/1100)
Resolución de 24 de septiembre de 2002 (RJ 2003/2453)
Resolución de 5 de abril de 2002 (RJ 2002/6193)
Resolución de 9 de enero de 2002 (RJ 2002/3611)
Resolución de 29 de noviembre de 2001 (JUR 2002/78286)
Resolución de 9 noviembre 2001 (RJ 2002/2873)
Resolución de 8 de noviembre de 2001 (RJ 2002/3083)
Resolución de 8 de enero de 2001 (RJ 2001/2568)
Resolución de 17 de junio de 2000 (RJ 2000/7991)
Resolución de 15 de marzo de 1999 (RJ 1999/10159)
Resolución de 18 de noviembre de 1996 (RJ 1996/)
Resolución de 6 de noviembre de 1996 (RJ 1997/6907)
Resolución de 25 de octubre de 1996 (RJ 1997/4488)
Resolución de 19 de octubre de 1996 (RJ 1997/3570)
Resolución de 7 de octubre de 1996 (RJ 1997/2143)
Resolución de 1 de octubre de 1996 (RJ 1997/1399)
Resolución de 26 de septiembre de 1996 (RJ 1997/1434)
Resolución de 25 de septiembre de 1996 (RJ 1997/1432)
Resolución de 20 de septiembre de 1996 (RJ 1997/714)
Resolución de 29 de mayo de 1996 (RJ 1996/4987)
Resolución de 10 de febrero de 1996 (RJ 1996/3409)

Tribunal Europeo de Derechos Humanos

Tribunal de Justicia de las Comunidades Europeas

Otras sentencias

Juzgados de Primera Instancia

BIBLIOGRAFÍA

AGUILAR RUIZ, L., "El derecho del adoptado a conocer su origen biológico en Italia", *Act. Civ.*, nº 6, 2006, pp. 645 y ss.

ALBALADEJO GARCÍA, M., *Curso de Derecho Civil,* t. IV, Edisofer, Madrid, ediciones de 2007 y 2008.

ÁLVAREZ GARCÍA, M. D., "Determinación judicial de la filiación: aspectos procesales", *AC,* nº 1, 1996, pp. 113 y ss.

ARECHEDERRA ARANZADI, L. I., "El matrimonio es heterosexual", *AJA,* nº 658, 2005, pp. 7 y ss.

— "El derecho del nacido a la verdad biológica", en www.unav.es.

— "Decirle a dos personas mamá es muy difícil", en www.unav.es.

AYARZA SANCHO, J. A., "La influencia de la autonomía de la voluntad en la filiación determinada por reconocimiento", en *La Ley-Actualidad,* Las Rozas, nº 6932, 2008, pp. 1 y ss.

BALLARÍN HERNÁNDEZ, R., "Sobre la legitimación del reconocedor paterno, por vía exenta de complementos, para ejercitar las acciones de filiación, si se deniega la confirmación de la inscripción de reconocimiento suspendida (art. 124.II CC, incisos segundo y tercero)", en *Estudios Jurídicos en Homenaje al Profesor Luis Díez-Picazo,* t. III, Civitas, Madrid, 2003, pp. 4396 y ss.

BALLESTEROS DE LOS RÍOS, M., "El derecho del adoptado a conocer sus orígenes", *AC,* nº 17, 2009, pp. 15 y ss.

BARBER CÁRCAMO, R., "Nuevos retos ante el derecho español de filiación", *RDP,* nº 7-8, 2009, pp. 3 y ss.

— "La jurisprudencia del Tribunal Europeo de Derechos Humanos sobre acciones de filiación y prospectiva", en *Derecho Privado y Constitución,* nº 20, 2006, pp. 105 y ss.

— "La legitimación del progenitor para reclamar su paternidad", *AC,* nº 2, 2006, pp. 2149 y ss.

— "Filiación y Discriminación. Comentario a la STC 236/2000, de 16 de octubre", *RTC,* n º 3, 2000, pp. 1835 y ss.

Barber Cárcamo, R. y Casal Hernández, J. M., "Nuevas coordenadas para el derecho de filiación en Europa", *Act. Civ.*, nº 6, 2009, pp. 1 y ss. (www.revistas-especializadas.laley.es).

Barberá Fraguas, M., "La Adopción: cuestión jurídica. Problema Humano", en *Boletín Aranzadi Civil-Mercantil,* nº 39, 2002 (www.westlaw.es).

Benavente Moreda, P., "La filiación de los hijos de parejas, casadas o unidas de hecho, del mismo sexo. La situación legal y jurisprudencia actual", *ADC,* nº 1, 2011, pp. 75 y ss.

Bercovitz Rodríguez-Cano, R., "Hijos made in California", *AC,* nº 3, 2009, pp. 2117 y ss.

— "Transexualidad, matrimonio entre personas de un mismo sexo y nombre", en *Boletín Aranzadi Civil-Mercantil,* nº 3, 2007 (www.westlaw.es).

— "La Investigación de la paternidad", *AC,* nº 2, 2005, pp. 2042 y ss.

— "A vueltas con la investigación de la paternidad", *AC,* nº 5, 2005 (www. westlaw. es)

— "La igualdad al revés", *AC,* nº 1, 2002, pp. 2165 y ss.

— "Reproducción asistida *post mortem*", *AC,* nº 2, 2001, pp. 2165 y ss.

Carbajo González, J., "La filiación de los nacidos a través de las técnicas de reproducción humana asistida en la nueva Ley española de 2006", en *Revista Jurídica Universidad Interamericana de Puerto Rico*, 2007, pp. 886 y ss.

— *Manual de Derecho de Familia,* Edisofer, Madrid, 2007, pp. 297 y ss.

— "El conflicto de intereses entre los progenitores y el hijo en los procesos sobre filiación", en *Ponencias del XIII Congreso Internacional de Derecho de Familia,* ponencias e informes presentados, director Carlos Lasarte Álvarez, Sevilla y Huelva del 18 al 22 de octubre de 2004, pp. 917 y ss.

— "Las acciones de impugnación en la jurisprudencia (A propósito de la Sentencia del Tribunal Supremo de 5 de junio de 1997)", *Act. Civ.,* nº 5, 2000, pp. 157 y ss.

— "Tratamiento jurisprudencial de las acciones de filiación (Análisis de determinados aspectos de su régimen jurídico)" (1), en *Revista Jurídica de Asturias,* nº 18, 1994, pp. 3 y ss.

— *Las Acciones de Reclamación de la Filiación,* Bosch, Barcelona, 1989.

— "El principio de verdad biológica y las relaciones de filiación derivadas de la inseminación artificial y la fecundación in vitro: el anonimato del dador", en *II Congreso Mundial Vasco. La filiación a finales del siglo XX. Problemática planteada por los avances científicos en materia de reproducción humana. Ponencias y Comunicaciones. Vitoria-Gasteiz, 28-IX a 2-X-1987,* Departamento de Derecho Privado. Universidad del País Vasco, Madrid, 1988, pp. 403 y ss.

Carrasco Perera, A., "Los hijos de mi mujer", *AJA,* nº 683, 2005 (www.westlaw. es).

— "Reproducción asistida", *AJA,* nº 674, 2005 (www.westlaw.es).

Castán Tobeñas, J., *Derecho Civil Español, Común y Foral,* t. 5, vol. II, revisada y puesta al día por García Cantero y Castán Vazquez, Reus, Madrid, 1985.

Cattaneo, G., *Filiazzione Legittima,* diretto da G. Grosso e F. Santoro-Passarelli, vol. I, fasc. IV, Casa Editrice Dr. Francesco Vallardi, Milano, 1961.

Ceberio Belaza, M., "La mejor familia, biológica o no", en www.temassociales. com.

CHAMPENOIS, G., *Réclamation d'état et revendication d'enfant légitime,* t. CXX, R. PICHON et R. DURAN-AUZIAS. Librairie générale de droit et de jurisprudence, París, 1971.

CORDERO CUTILLAS, I., "Investigación de la paternidad en los procesos de impugnación", *Act. Civ.,* nº 2, 1994, pp. 365 y ss.

CORRAL TALCIANI, H., "La nueva legislación española sobre técnicas de reproducción artificial", *RDP,* nº 3, 1992, pp. 195 y ss.

DE CASTRO GARCÍA, J., *La investigación de la paternidad,* Colex, Madrid, 1992.

DE CASTRO Y BRAVO, F., *Derecho Civil de España. El negocio jurídico y la persona jurídica,* vol. III, Aranzadi, Navarra, 2008.

— *Derecho civil de España. Derecho de Persona. Parte primera. La persona y su estado civil,* Instituto de Estudios Políticos, 1952, reimpresión, Civitas, Madrid, 1984.

DE LA CÁMARA ÁLVAREZ, M., *Comentarios al Código Civil y Compilaciones Forales. Artículos 108 a 141 del Código Civil,* dirigidos por ALBALADEJO y DÍAZ ALABART, t. III., vol. 1, Edersa, Madrid, 2000.

— "Los hijos no matrimoniales y la Constitución de 1978", *AJ,* 1981 (II), pp. 16 y ss.

DE LA CUESTA SÁENZ, J. M., "La filiación en las reformas del Código Civil" en *La reforma del modelo de familia en el Código civil español,* Comares, Granada, 2005, pp. 133 y ss.

DE LA IGLESIA MONJE, M. I., "Novedades en torno a la filiación, el consentimiento y la reproducción asistida en el supuesto de matrimonio de parejas homosexuales femeninas", en *Libro Homenaje al Profesor Manuel Cuadrado Iglesias,* Thomson Civitas, Pamplona, 2008, pp. 471 y ss.

DE LORA DELTORO, P., "¿Ser o no ser? El misterioso caso de los embriones «supernumerarios»", *ADC,* nº 1, 2003, pp. 101 y ss.

DE LOS MOZOS Y DE LOS MOZOS, J. L., "El matrimonio de los homosexuales: una tergiversación de los derechos fundamentales", en *La reforma del modelo de familia en el Código civil español,* Comares, Granada, 2005, pp. 59 y ss.

DE TORRES PEREA, J. M., "Tratamiento del interés del menor en el Derecho alemán", *ADC,* nº 2, 2006, pp. 675 y ss.

DE VERDA Y BEAMONTE, J. R., "Inscripción de hijos nacidos mediante gestación por sustitución (a propósito de la Sentencia del Juzgado de Primera Instancia número 15 de Valencia, de 15 de septiembre de 2010)", en *Diario La Ley,* nº 7501, 3 de noviembre de 2010.

— "La inscripción de la filiación en el registro civil", *RDN,* enero-marzo, 1984, pp. 13 y ss.

DÍEZ- PICAZO y PONCE DE LEÓN, L., *Fundamentos de Derecho civil patrimonial. Introducción a la teoría del contrato,* Civitas, Madrid, 1996.

— *Familia y Derecho,* Civitas, Madrid, 1984.

DÍEZ-PICAZO y PONCE DE LEÓN, L. y GULLÓN BALLESTEROS, A., *Sistema de Derecho Civil,* vol. IV, Tecnos, Madrid, 2007.

DURÁN RIVACOBA, R., "La riforma del matrimonio nel Diritto Spagnolo", en *La famiglia senza frontiere,* atti del Convegno tenuto presso la Scuola Superiore Sant´Anna di Pisa il 17 ottobre 2008, Scuola Superiore Sant´Anna, Pisa, 2011, pp. 74 y ss.

— "El anonimato del progenitor y derecho a la identidad de hijo. Decisiones judiciales encontradas sobre reserva de identidad en los casos de madre soltera y donante de esperma", en *Ius et Praxis,* nº 1, 2010, pp. 3 y ss.

— "Matrimonio homosexual y filiación: consecuencias del error español", en *El Derecho. Diario de Doctrina y Jurisprudencia,* Buenos Aires, martes 12 de junio de 2007.

— "El anonimato del progenitor", *AC,* nº 1, 2004, pp. 2081 y ss.

— "Adopción por los abuelos paternos contra la voluntad del progenitor. Comentario a la sentencia del Tribunal Supremo de 2 de marzo de 1989", en *La Ley,* nº 3, 1989, pp. 838 y ss.

— *La Inscripción en el Registro Civil del Matrimonio Canónico*, Montecorvo, Madrid, 1988.

— "La eficacia del reconocimiento de la filiación extramatrimonial del menor o incapaz", *ADC*, nº 1, 1987, pp. 139 y ss.

Espín Cánovas, D., *Manual de Derecho Civil Español,* t. IV, Revista de Derecho Privado, Madrid, 1981.

Estruch Estruch, J., "¿Es inconstitucional el párrafo segundo del artículo 140 del Código Civil?", *AJA,* nº 778, 2009 (www.westlaw.es).

Farnós Amorós, E., "*Evans v. The U. K (II)*: La Gran Sala del TEDH confirma la imposibilidad de utilizar los preembriones sin el consentimiento de la ex pareja", en *InDret. Revista para el análisis del Derecho,* abril de 2007, pp. 1 y ss. (www.indret.com).

— "¿De quién son los embriones? Crisis de pareja y revocación del consentimiento a la reproducción asistida", en *InDret. Revista para el análisis del Derecho*, enero de 2007, pp. 1 y ss. (www.indret.com)

Férez Fernández, M. D. y Garriga Gorina, M., "La presunción de paternidad matrimonial del artículo 116 CC en el caso de separación de hecho", *RJC*, nº 4, 1992, pp. 1065 y ss.

Fernández González, M. B., "La igualdad constitucional en materia de filiación", *Act. Civ.,* nº 2, 2004, pp. 1749 y ss.

— *El reconocimiento de los hijos no matrimoniales,* Dykinson, Madrid, 1998.

— "Impugnación de paternidad de una hija dentro de los ciento ochenta días siguientes al matrimonio e inscrita por el padre impugnante en el registro civil", *RDP,* nº 9, 1998, pp. 669 y ss.

Ferrer Riba, J., "Paternidad genética y paz familiar: los límites a la impugnación y a la reclamación de la paternidad", *RJC,* nº 3, 2006, pp. 729 y ss.

Fosar Benlloch, E., *Estudios de Derecho de familia,* t. I, Bosch, Barcelona, 1981.

Gámiz Sanfeliu, M., "Reflexiones sobre la fecundación *post mortem*: cuestiones interpretativas del artículo 9 de la Ley 14/2006, de 26 de mayo, sobre Técnicas de Reproducción Humana Asistida", *Act. Civ.,* nº 10, 2010, pp. 1163 y ss.

García Cantero, G., "Sobre el llamado matrimonio «homosexual». Análisis de algunas de las cuestiones debatidas", en *La reforma del modelo de familia en el Código Civil español,* Comares, Granada, 2005, pp. 43 y ss.

García de Enterría, E., "La Constitución como norma jurídica", *ADC*, nº 2-3, 1979, pp. 291 y ss.

García Gómez, R., "Mujer soltera y ocultación de la maternidad. Los derechos de la madre frente a los del nacido", en *Violencia y desigualdad,* Universidad de Salamanca, Salamanca, 2004, pp. 139 y ss.

García Más, F. J., "El menor ante el Derecho Comunitario", *Act. Civ.,* nº 4, 1998, pp. 923 y ss.

García Pastor, M., "Las dificultades para destruir la presunción de paternidad del marido", en *Los desafíos de la Familia Matrimonial. Estudio Multidisciplinar en Derecho de familia,* Instituto Andaluz de la Mujer, Sevilla, 2000, pp. 115 y ss.

García Vicente, J. R., "La previsible reforma de las acciones de filiación. Algunas propuestas", en *Derecho Privado y Constitución,* nº 20, 2006, pp. 203 y ss.

— "Los maridos pueden impugnar su paternidad sin plazo", *AJA,* nº 688, 2005 (www.westlaw.es).

— "Comentario a la Sentencia de 12 de julio de 2004", *CCJC,* nº 67, 2005, pp. 433 y ss.

— "Los principios del Derecho de las acciones de filiación", *AC,* nº 1, 2004, pp. 2151 y ss.

Garriga Gorina, M., *La adopción y el derecho a conocer la filiación de origen: un estudio legislativo y jurisprudencial,* Aranzadi, Pamplona, 2000.

González-Cuéllar García, A., "La función del Ministerio Público como representante del menor. Su intervención en los tribunales tutelares", en *Aspectos jurídicos de la protección a la infancia,* Consejo Superior de Protección de Menores. Ministerio de Justicia, Madrid, 1985, pp. 65 y ss.

González González, A., "La impugnación de la filiación paterna matrimonial", en *Libro Homenaje al Profesor Manuel Albaladejo,* t. I., Colegio de Registradores de la propiedad y mercantiles de España. Servicios de publicaciones de la Universidad de Murcia, Murcia, 2004, pp. 2109 y ss.

González Pillado, E., *Aspectos procesales civiles de la protección del menor,* Tirant lo Blanch, Valencia, 2007.

Goyena Salgado, F. J., "Los procesos de filiación en la nueva Ley de Enjuiciamiento Civil", en *Cuestiones de Familia en la nueva Ley de Enjuiciamiento Civil,* Consejo General del Poder Judicial, Madrid, 2001, pp. 337 y ss.

González Seoane, S., "El menor ante la nueva realidad jurídica", en *Libro Homenaje al Profesor Manuel Cuadrado Iglesias,* Thomson Civitas, Pamplona, 2008, pp. 609 y ss.

Grimaldi, M., "Observaciones sobre la verdad, la filiación y la reproducción médica asistida", en *Familia y discapacidad,* Colección Scientia Iuridica, Madrid, 2010, pp. 165 y ss.

Hernández Ibáñez, C., "Algunas reflexiones sobre los sujetos pasivos y la filiación de los hijos nacidos mediante técnicas de reproducción asistida", en *Familia y discapacidad,* Colección Scientia Iuridica, Madrid, 2010, pp. 181 y ss.

— "La impugnación de la paternidad matrimonial por el marido en la jurisprudencia del Tribunal Supremo", *Act. Civ.,* nº 1, 2004, pp. 853 y ss.

Hernández Orbegozo, A., *Filiación. Colección jurisprudencia: Familia,* Thomson Aranzadi, Pamplona, 2007.

Herrera Campos, R., *La investigación de la paternidad y la filiación no matrimonial,* Universidad de Granada, Granada, 1987.

HUET- WEILLER, D.; LABRUSSE, C. y Van CAMELBEKE, M., *La filiation,* sous la direction de René RODIÈRE, 1, Librairies Techniques (LITEC), París, 1981.

LACRUZ BERDEJO, J. L. y SANCHO REBULLIDA, F. A.; *Elementos de Derecho Civil,* t. IV, reimpresión actualizada, Bosch, Barcelona, 1984.

LACRUZ BERDEJO, J. L.; SANCHO REBULLIDA, F. A. y RIVERO HERNÁNDEZ, F.; *Elementos de Derecho Civil,* t. IV, vol. 2, Bosch, Barcelona, 1989.

LAMARCA I MARQUÉS, A., "Autonomía privada e intervención pública en las acciones de filiación. La reforma del BGB", en *InDret. Revista para el análisis del Derecho,* julio 2008, pp. 1 y ss. (www.indret.com).

LAMM, E., "El elemento volitivo como determinante de la filiación derivada de las técnicas de fecundación asistida", en www.diposit.ub.es, pp. 1 y ss.

LINACERO DE LA FUENTE, M., "La protección del menor en el Derecho civil español. Comentario a la Ley Orgánica 1/1996, de 15 de enero", *Act. Civ.,* nº 4, 1999, pp. 1573 y ss.

LLEDÓ YAGÜE, F., *Acciones de filiación,* La Ley, Madrid, 1987.

LÓPEZ y LÓPEZ, A. M., *La posesión de estado familiar,* Publicaciones de la Universidad de Sevilla, Sevilla, 1971.

LUCES GIL, F., "Exposición sintética del nuevo régimen de la filiación (I) y (II)", *BIMJ,* nº 1244, 5 de julio de 1981, pp. 3 y ss. y nº 1259, 5 de diciembre de 1981, pp. 3 y ss.

MAGALDI MENDAÑA, N., *Derecho a saber, filiación biológica y Administración Pública,* Marcial Pons, Madrid- Barcelona, 2004.

MARQUARDT, E., "New Reproductive Technologies and the age-old problem of father absence", en *John Marshall Law Review,* IV, 2011, pp. 114 y ss.

MARTÍN GARCÍA, M. L., "Inscripción en el Registro Civil de la adopción internacional: la protección de la intimidad personal y familiar a través del Registro Civil. Breve reflexión en torno al derecho del adoptado a conocer sus orígenes", *RDP,* nº 1-2, 2010, pp. 89 y ss.

— *La discriminación de la filiación extramatrimonial,* Montecorvo, Madrid, 1977.

MARTÍNEZ DE AGUIRRE Y ALDAZ, C., "Turismo reproductivo y fraude de ley", en *Aceprensa,* 14 de abril de 2011.

— "Adopción conjunta por personas del mismo sexo: las razones de un no", en *La reforma del modelo de familia en el Código civil español,* Comares, Granada, 2005, pp. 141 y ss.

MAYOR DEL HOYO, Mª. V., "Sobre la intervención del defensor judicial en los procesos de impugnación de la paternidad (comentario a la STS 481/1997 de 5 de junio), *ADC,* nº 2, 1998, pp. 917 y ss.

METTERS, J. S., "Artificial Reproduction Techniques in use and likely to be developed", en *Artificial Procreation, Genetics and the Law,* Schulthess Polygraphischer Verlag, Zürich, 1986, pp. 9 y ss.

MUÑOZ MARÍN, A., "Entrada y Registro. ADN", en *Revista Práctica de Derecho. Comentarios y casos prácticos,* nº 115-116, 2010, pp. 125 y ss.

NANCLARES VALLE, J. "Reproducción asistida y doble maternidad por naturaleza", *AC,* nº 7-8, 2008, pp. 15 y ss.

OCAÑA RODRÍGUEZ, A., *La filiación en España: jurisprudencia y doctrina,* Comares, Granada, 1993.

Olguín Brito, A. M., "Los derechos de filiación en la técnicas de fecundación artificial", en *Jornadas Internacionales de Derecho de Familia. La familia: naturaleza y régimen jurídico en el siglo XXI, Chiclayo, 26-27 de octubre de 2007,* Universidad Católica Santo Toribio de Mogrovejo, Chiclayo, 2007, pp. 11 y ss.

Parés Maicas, M., "La investigación de la paternidad en el derecho catalán y el Código Civil español", en *Boletín del Instituto de Derecho Comparado de México,* enero-abril, 1958, pp. 9 y ss. (www.juridicas.unam.mx).

Peña y Bernaldo de Quirós, M., *Derecho de Familia,* Universidad de Madrid Facultad de Derecho Sección de Publicaciones, Madrid, 1989.

— "De la Paternidad y Filiación", en *Comentarios a las Reformas del Derecho de Familia,* vol. I, Tecnos, Madrid, 1984, pp. 775 y ss.

Pérez Monge, M., "Cuestiones actuales de la maternidad subrogada en España: regulación *versus* realidad", *RDP,* nº 7-8, 2010, pp. 41 y ss.

Pérez Martín, A. J., *Tratado de Derecho de familia. Acciones de filiación,* t. IV, Lex Nova, Valladolid, 2010.

Pérez Vallejo, A. M., *El juego de la autonomía de la voluntad en las relaciones personales de los cónyuges,* Ilustre Colegio Notarial de Granada, Granada, 2000.

Pizarro Maqueda, M. J., "Fecundación *in vitro,* fallecimiento del marido y filiación", en *Boletín Aranzadi Civil-Mercantil,* nº 47, 2002 (www.westlaw.es).

Polo Arévalo, E. M., *Igualdad y filiación,* Aranzadi, Pamplona, 2011.

Pozo Vilches, J., *El reconocimiento de hijo no matrimonial de mujer casada,* Trivium, Madrid, 1993.

— *El reconocimiento de la filiación, sus requisitos complementarios,* Trivium, Madrid, 1993.

Presno Linera, M. A., "El Derecho Europeo de Familia", en *Cuadernos Aranzadi del Tribunal Constitucional,* nº 22, 2008 (www.westlaw.es).

Prieto Fernández, C., "El interés del hijo en los procesos de filiación: un interés de carácter preferente", *Act. Civ.,* nº 1, 1991, pp. 137 y ss.

Prosperi, F., *La famiglia non "fondata sul matrimonio",* Scuola di perfezionamento in diritto civile dell' Università di Camerino, Camerino, 1980.

Puig Brutau, J., *Compendio de Derecho Civil,* t. IV, Bosch, Barcelona, 1991.

— *Fundamentos de Derecho Civil,* t. IV, Bosch, Barcelona, 1985.

Pulido Quecedo, M., "¿El fin de la filiación anónima?", *RTC,* nº 2, 2005, pp. 2 y ss.

Quesada González, M. C., "Algunas reflexiones sobre la maternidad a principios del S. XXI", en *Estudios Jurídicos en Homenaje al Profesor Luis Díez-Picazo,* t. III, Civitas, Madrid, 2003, pp. 4859 y ss.

— "El derecho (¿constitucional?) a conocer el propio origen biológico", *ADC,* nº 2, 1994, pp. 237 y ss.

— *La acción de reclamación de la paternidad extramatrimonial,* vol. I, Universidad de Barcelona, Barcelona, 1988.

Quicios Molina, S., "Comentario a la Sentencia de 14 de julio de 2004", *CCJC,* nº 67, 2005, pp. 449 y ss.

— "La impugnación de la paternidad matrimonial. Estado de la cuestión tras las SSTC 138/2005, de 26 de mayo, y 156/2005, de 9 de junio", en *Derecho Privado y Constitución,* nº 19, 2005, pp. 259 y ss.

QUIÑONES ESCÁMEZ, A., "Doble filiación paterna de gemelos en el extranjero mediante maternidad subrogada", en *Indret. Revista para el análisis del Derecho,* julio de 2009, pp. 1 y ss. (www.indret.com).

REVERTE NAVARRO, A., *Intervención judicial en las situaciones familiares (Notas al Código Civil),* Secretariado de Publicaciones de la Universidad de Murcia, Murcia, 1980.

RICO PÉREZ, F., "La posesión de estado de filiación (en torno a la STS de 17 de marzo de 1988)", *Act. Civ.*, 1988, nº 33, pp. 2029 y ss. y nº 34, pp. 2093 y ss.

RIVERA SABATÉS, V., "Acerca del contenido del deber de fidelidad conyugal", *Act. Civ.*, nº 3, 2008, pp. 1 y ss. (www.revistas-especializadas.laley.es).

RIVERO HERNÁNDEZ, F., *El interés del menor,* Dykinson, Madrid, 2007.

— "Los reconocimientos de complacencia (Con ocasión de unas sentencias recientes)", *ADC*, nº 3, 2005, pp. 1049 y ss.

— "La constitucionalidad del anonimato del donante de gametos y el derecho de la persona al conocimiento de su origen biológico", *RJC,* nº 1, 2004, pp. 105 y ss.

— "De nuevo sobre el derecho a conocer el propio origen. El asunto *Odièvre* (Sentencia del Tribunal Europeo de Derechos Humanos de 13 de febrero de 2003), *Act. Civ.,* nº 2, 2003, pp. 593 y ss.

— *Las acciones de filiación en el Código de familia catalán,* Atelier, Barcelona, 2001.

— "*¿Mater semper certa est*? Problemas de determinación de la maternidad en el ordenamiento español", *ADC,* nº 1, 1997, pp. 5 y ss.

— "La Filiación", en *La Reforma del Derecho de Familia del Código Civil Español,* fasc. I, Institución Nacional de Prospectiva, Madrid, 1979, pp. 99 y ss.

— *La presunción de paternidad legítima,* Tecnos, Madrid, 1971.

RODRÍGUEZ ADRADOS, A., "La filiación", en *Las Reformas del Código Civil por Leyes de 13 de mayo y 7 de julio de 1981,* Instituto de Estudios Jurídicos. Ministerio de Justicia, Madrid, 1981, pp. 109 y ss.

RODRÍGUEZ-ARANA MUÑOZ, J., "Principio de seguridad jurídica y técnica normativa", *RTC,* nº 4, 2007, pp. 11 y ss.

RODRÍGUEZ VEGA, L., "Los límites del derecho a conocer la propia identidad", *RTC,* nº 4, 2003, pp. 1 y ss. (www.westlaw.es).

ROMERO COLOMA, A. M., "La identidad genética y la intimidad: un conflicto de derechos", *AJA,* nº 789, 2009, pp. 1 y ss. (www.westlaw.es).

ROMEO CASABONA, C., "Perspectiva legal de las técnicas de reproducción humana asistida. Los límites de la manipulación genética y experimentación embrionaria", en *Cuadernos de Derecho Judicial: La filiación: su régimen jurídico e incidencia de la genética en la determinación de la filiación*, Consejo General del Poder Judicial, Madrid, 1994, pp. 247 y ss.

RUBIO TORRANO, E., "Inscripción como hijos de un matrimonio de varones, nacidos mediante gestación por sustitución", *AC,* nº 9, 2011, pp. 11 y ss.

— "Proyecto de Ley del Registro Civil", *AC,* nº 6, 2010, pp. 17 y ss.

—"Madre no hay más que una", *AC,* nº 2, 2006, pp. 2085 y ss.

— "Inconstitucionalidad del artículo 133, párrafo 1º, del Código Civil", *AC,* nº 3, 2005, pp. 2152 y ss.

— "Inconstitucionalidad del artículo 136.1 *in fine* del Código Civil", *AC,* nº 2, 2005, pp. 2029 y ss.
— "Reconocimiento de complacencia", *AC,* nº 3, 2004, pp. 2282 y ss.
— "Reclamación de la filiación no matrimonial por el presunto padre", *AC,* nº 15, 2000, pp. 2029 y ss.
Ruiz-Rico Ruiz-Morón, J., "La supresión de las causas de separación y de divorcio: incidencia en otros ámbitos", *AC,* nº 2, 2005, pp. 2049 y ss.
Salas Carceller, A., "El cómputo del plazo de caducidad de la acción sobre impugnación de la paternidad matrimonial", *RJ,* nº 24, 2003 (www.westlaw.es).
Sanciñena Asurmendi, C., "La posesión de estado en la filiación", en *El Derecho,* t. 236, 2010, pp. 889 y ss.
— "La ficticia igualdad del matrimonio y las uniones de homosexuales", en *Jus. Doctrina & Práctica,* nº 4, 2008, pp. 165 y ss.
— "La verité biologique et la filiation paternelle", en *Revue de la Recherche Juridique Droit Prospectif,* nº 1, 2008, pp. 191 y ss.
Sanciñena Asurmendi, C., y Gonzáles Pérez, M. R., "La forzada igualdad entre el hijo y el hijastro. Comentario a la sentencia del Tribunal Constitucional de 30 de noviembre de 2007", en *Revista de Derecho de la Universidad de Piura,* nº 9, 2008, pp. 323 y ss.
Serrano Alonso, E., "La Constitución y relaciones privadas concretas. Filiación", en *Constitución y relaciones privadas,* Consejo Judicial del Poder Judicial, Madrid, 2004, pp. 137 y ss.
Serna Meroño, E., *La reforma de la filiación,* Montecorvo, Madrid, 1985.
Serrano Castro, F. A., *Relaciones paterno-filiales,* El Derecho, Madrid, 2010.
Sillero Crovetto, B. y Asencio Sánchez, C., "La investigación de la paternidad: principio y derecho en nuestro ordenamiento jurídico", *Act. Civ.,* nº 4, 1998, pp. 1083 y ss.
Tapia Fernández, I., "El nuevo proceso de divorcio tras la promulgación de la ley 15/2005, 8 de julio. ¿Necesidad de un proceso especial? ¿Necesidad de un proceso?", *AC,* nº 1, 2006, pp. 2255 y ss.
Tomás Martínez, G., "El consentimiento en relación con la doble filiación materna matrimonial y la práctica del Registro Civil", *Act. Civ.,* nº 7, 2010, pp. 748 y ss.
Toral Lara, E., "Novedades en materia de determinación y prueba de la filiación", en *Nuevos Conflictos de Derecho de Familia,* coordinado por Eugenio Llamas Pombo, La Ley, Madrid, 2009, pp. 315 y ss.
Torres García, T. F., "Régimen económico matrimonial y uniones de hecho", en *Matrimonio y uniones de hecho,* coordinado por E. M. Martínez Gallego, Ediciones Universidad de Salamanca, Salamanca, 2001, pp. 39 y ss.
Verdera Server, R., "El *dies a quo* en la acción de impugnación de la paternidad matrimonial por el marido: *Codi* de Familia y Código civil", *RDP,* nº 5, 2002, pp. 349 y ss.
— *Determinación y Acreditación de la Filiación,* Bosch, Barcelona, 1993.
Viana Garcés, A. y Gómez Fernández, I., "El puente está quebrado: Reflexiones sobre las causas y consecuencias de la STC 236/2000", en *Civitas. Revista española de Derecho Europeo,* nº 27, 2008, pp. 347 y ss.

VV. AA., *Elementos de Derecho Civil,* t. IV, Nueva edición revisada y puesta al día por Joaquín RAMS ALBESA, Dykinson, Madrid, 2002.

VV. AA., *La réforme du droit de la filiation. Perspectives Européennes,* Bruylant Bruxelles, Belgique, 1981.

COLECCIÓN DE MONOGRAFÍAS DE DERECHO CIVIL

Dirección de D. Mariano Yzquierdo Tolsada

I. PERSONA Y FAMILIA

- I.1. El mantenimiento de la familia en las situaciones de crisis matrimonial (2002). Yolanda B. Bustos Moreno
- I.2. Mediación familiar. Prevención y alternativa al litigio en los conflictos familiares (2003). Lucía García García
- I.3. Aspectos civiles de la sustración internacional de menores. Problemas de aplicación del Convenio de la Haya de 25 de octubre 1980 (2003). Blanca Gómez Bengoechea
- I.4. Masas patrimoniales en la sociedad de gananciales. Transmisión de su titularidad y gestión entre los cónyuges (2004). Montserrat Pereña Vicente
- I.5. La adopción internacional en el derecho español (2004). María Aránzazu Calzadilla Medina
- I.6. Cohabitación y matrimonio (la experiencia escocesa) (2007). Luis Arechederra
- I.7. Derecho a la identidad y filiación: Búsqueda de orígenes en adopción internacional y en otros supuestos de filiación transfronteriza (2007). Blanca Gómez Bengoechea
- I.8. Autonomía, libertad y testamentos vitales (2009). Ana Isabel Berrocal Lanzarot y José Carlos Abellán Salort
- I.9. La protección de los derechos del menor de edad frente a los contenidos discriminatorios por razón de género en los medios de comunicación (2012). M.a Carmen Núñez Zorrilla
- I.10. La autorización al tratamiento de información personal en la contratación de bienes y servicios (2012). M.a Rosa Llácer Matacás
- I.11. Tratamiento legal de las filiaciones no biológicas en el ordenamiento jurídico español: adopción "versus" técnicas de reproducción humana asistida (2013). Daniela Jarufe Contreras
- I.12. La verdad biológica en la determinación de la filiación (2013). Maricela Gonzáles Pérez de Castro

II. OBLIGACIONES Y CONTRATOS

- II.1. La rendición de cuentas en el Código civil con especial examen en la tutela (2003). Eva M.a Martínez Gallego
- II.2. La opción de compra (2003). Camino Sanciñena Asurmendi
- II.3. Evicción parcial en la compraventa en el Código Civil Español (2004). María Martínez Martínez
- II.4. El contrato para persona a designar. Nuevas perspectivas (2004). Mónica Navarro Michel
- II.5. Relajación formal de la donación (2004). Margarita Isabel Poveda Bernal
- II.6. El nuevo regimen legal de saneamiento en la venta de bienes de consumo (2005). Margarita Castilla Barea
- II.7. La cláusula penal ante la armonización del derecho contractual europeo (2009). Germán de Castro Vítores
- II.8. La usura: evolución histórica y patológica de los intereses (2011). Francisco Javier Jiménez Muñoz
- II.9. El contrato para persona por designar y la cláusula de reserva de nombrar (2011). Agustín Luna Serrano
- II.10. La dación en pago en Derecho español y en Derecho comparado (2012). M.a Raquel Belinchón Romo.
- II.11. Cuestiones sobre la compraventa en el Código Civil. Principios europeos y Draft (2012).María del Carmen Gómez Laplaza.
- II.12. El contrato de transporte aéreo de pasajeros: sujetos, estatuto y responsabilidad. Un análisis de la jurisprudencia española (2013). Belén Ferrer Tapia

III. RESPONSABILIDAD CIVIL

- III.1. Sistema de Responsabilidad Civil contractual y extracontractual (2001). Mariano Yzquierdo Tolsada
- III.2. Responsabilidad civil: Los «otros perjudicados» (2002). Miguel Gómez Perals
- III.3. El aseguramiento de la responsabilidad civil por daños al medio ambiente (2002). José Ignacio Hebrero Álvarez

III.4. Daños corporales y Carta Magna. Repercusión de la doctrina constitucional sobre el funcionamiento del sistema valorativo (2003). Mariano Medina Crespo
III.5. La culpa de la víctima en la producción del daño extracontractual (2003). María Medina Alcoz
III.6. La asunción del riesgo por parte de la víctima. Riesgos taurinos y deportivos (2004). María Medina Alcoz
III.7. Nuevas formas de gestión hospitalaria y responsabilidad patrimonial de la Administración (2004). Pedro Rodríguez López
III.8. Responsabilidad del promotor por daños en la edificación (2004). Miguel Gómez Perals
III.9. El riesgo de desarrollo: un supuesto paradójico de la responsabilidad por productos (2005). Ramiro José Prieto Molinero
III.10. La reparación del daño en forma específica. El puesto que ocupa entre los medios de tutela del perjudicado (2013). Paloma Tapia Gutiérrez

IV. PROPIEDAD Y DERECHOS REALES

IV.1. Vías pecuarias y propiedad privada (2002). M.a Ángeles Parra Lucán
IV.2. La posesión mediata e inmediata (2002). Cristina Fuenteseca
IV.3. La división de la cosa común en el Código Civil (3.a ed., 2006). José M.a Abella Rubio
IV.4. La normativa posesoria de la liquidación y su generalización (2005). Miguel L. Lacruz Mantecón
IV.5. Propiedad Horizontal: Sujetos obligados a la contribución de los gastos generales (2006). Carmen Muñoz García
IV.6. El Derecho de propiedad privada en los bienes de interés cultural (2006). Luis A. Anguita Villanueva
IV.7. La inmatriculación por título público (2006). Margarita Herrero Oviedo
IV.8. Aspectos críticos en la estructura de la hipoteca inmobiliaria (2006). Rosa M.a Anguita Ríos
IV.9. La ocupación imposible. Historia y régimen jurídico de los inmuebles mostrencos (2011).Miguel L. Lacruz Mantecón
IV.10. Derechos de vuelo y subsuelo. Doctrina registral y jurisprudencial (2011). José Arturo Matheu Delgado
IV.11. El embargo y la titularidad de los bienes embargados (2012). José Antonio García Vila

V. DERECHO DE SUCESIONES

V.1. El legado alternativo (2003). Carlos Cuadrado Pérez
V.2. El cónyuge supérstite en la sucesión intestada (2003). Marta Pérez Escolar
V.3. La Cautela gualdense o Socini y el artículo 820.3.° del Código Civil (2004). Luis Felipe Ragel Sánchez
V.4. Seguro de vida y derecho de sucesiones (2005). María del Pino Acosta Mérida
V.5. Los derechos sucesorios del cónyuge viudo en la nulidad, la separación y el divorcio (2006). Mª Ángeles Fernández González-Regueral
V.6. El principio *Nemo pro parte testatus pro parte intestatus decedere potest*. Evolución y significado (2006). Esteve Bosch Capdevila
V.7. La Sucesión «Mortis Causa» de los Títulos Nobiliarios. Incluye jurisprudencia actualizada (1978-2006) (2007). Manuel de Peralta y Carrasco
V.8. Ser Heredero. Una defensa del criterio subjetivo (2009). Jesús Ignacio Fernández Domingo
V.9. La sustitución fideocomisaria sobre la legítima estricta en presencia de incapacitados (2010). María Teresa Martín Meléndez
V.10. El derecho de acrecer entre coherededos (2011). Laura Zumaquero Gil
V.11. El legado de la legítma estricta en el derecho común español (2012). Juan C. Menéndez Mato
V.12. El largo camino hacia la libertad de testar (2012). Aurelio Barrio Gallardo
V.13 La sucesión nobiliaria (2013). Marcial Martelo de la Maza García

VI. TEORÍA GENERAL DE LA NORMA

VI.1. La irretroactividad: Problemática general (2006). Beatriz Verdera Izquierdo

Made in the USA
Monee, IL
08 November 2026

68113587R00208